# ロバーツコートの立憲主義

The Constitutionalism
of
the Roberts court

大林 啓吾・溜箭 将之【編】
Edited by Keigo Obayashi and Masayuki Tamaruya

成文堂

# はしがき

　2005年にロバーツコートが発足して以来，約10年が経過した。本書は，この10年に焦点を絞り，ロバーツコートの内実を探るものである。もし特定のコートを振り返るのであれば，そのコートをマネジメントしてきた長官が亡くなった後に分析を加えるのが一般的なスタイルである。しかし，10年という節目を迎え，ロバーツコートの特徴がおぼろげながら見え始めている。

　たとえば，処理事件の数が少ないこと，ビジネス関係の事件を積極的に取り上げること，表現の自由を他の利益に優先させる傾向にあること，先例変更をしたがらないこと，5対4の僅差の判決が多いこと，などが挙げられる。こうした動向は，ロバーツ自身または各裁判官の司法哲学や憲法思想に大きく影響されるところであり，それを分析することは憲法学や英米法学の興味をそそるものである。

　そこで本書では，ロバーツコートの10年を振り返ることで，アメリカの判例法理がどのような状況にあり，また21世紀の連邦最高裁がどこに向かおうとしているのかについて少しでも知見を得るべく，ロバーツおよびロバーツコートの特徴を踏まえながら，ロバーツコートの10年間における憲法判例を考察し，今後のゆくえを検討する。

＊　　　＊　　　＊

　アメリカでは，憲法の実践において司法が大きな影響力を有していることはすでに周知の通りであり，また憲法判断が社会に与える影響もきわめて強い。そのため，憲法判例を考察することは，司法動向を考えるにはうってつけであると同時に，アメリカの社会状況も垣間見ることができる。本書は，司法政治や各裁判官の動向，そして憲法判例の分析を通じてロバーツコートを考察するものでありそれによってロバーツコートにおける憲法判断の特徴やそこで重視される憲法価値などを明らかにしたいと考えている。こうした検討は，ロバーツコートが憲法秩序のあり方や司法府の役割をどのように考えてきたか，またその最初の10年間が憲法判例の動向にいかなる変化をもたらしたか，という大きなテーマにつながってくる。それが本書に「ロバーツ

コートの立憲主義」という題を冠した理由である。

＊　　　＊　　　＊

　具体的には，総論でロバーツ自身とロバーツコートの特徴を考察し，各論で判例法理の展開を中心に各分野を分析し，終論でロバーツコートの今後のゆくえを検討する。

　総論は2つの章からなる。第1章は，ロバーツ自身が抱いている裁判官像を中心にしながら，ロバーツの法思想やロバーツが考える司法のあり方などを分析した。第2章は，ロバーツを取り巻く8人の裁判官を取り扱い，ロバーツコート全体に光を当てた。ロバーツコートを構成する各裁判官の特徴を明らかにした上で，裁判所へのアクセスの問題を素材にしながら，ロバーツコートが全体としてアメリカの判例法理や憲法訴訟に与えた影響を探った。

　各論は，平等，中絶，信教の自由，表現の自由，刑事手続，統治の6つの章からなる。各論は，分野ごとに憲法判例の分析を行うため，本書の中でも最も比重が大きい。平等では，アファーマティブアクションや同性婚の判例を中心に取り上げた。中絶では，中絶方法の規制や中絶施設周辺の規制などを扱った上で，今後の動向を探るべく下級審の判決にも目を向けた。信教の自由では，信教の自由回復法の問題や政教分離の問題も含めて分析対象とした。表現の自由では，取り上げる判例が多いので，一定の観点から主要判例を中心に考察した。刑事手続も同様に多くの判例があり，論点ごとの整理を試みながら分析した。統治では，権力分立や連邦制の問題だけでなく，ヘルスケアの問題やテロ対策の問題もここで取り上げることにした。

　各論は憲法判例の分析を通じてロバーツコートの憲法観を少しでも浮き彫りにしようと試みるものであるが，そこですべての憲法判例を網羅しているわけではない。たとえば，銃規制問題や環境問題はロバーツコートの特徴が垣間見える分野であるが，これらは一般的な憲法問題とはやや趣が異なる特殊な領域の問題であり，これらを加えると問題意識が拡散してしまい，かえってロバーツコートの姿が見えにくくなると思い，今回は検討対象に含めていない。ただし，銃規制については総論と終論において部分的に取り上げる必要があったので，適宜考察を加えている。

　また，ロバーツコートの特徴の1つに選挙権の問題があり，当初は1章設

けていたが，そこでは投票権法が問題となるケースや政治資金規正が問題となるケースなど，平等，表現の自由，統治機構など領域横断的な検討が必要な分野であることもあり，本書で独立した章を設けるのは少々難しいことが判明した。そのため，選挙権関係の判例については，他の章で関係する限りで取り上げ，そこではあえて掘り下げた検討は行わず，簡単に言及するだけにとどめた。

終論では，スカリア裁判官の死去に伴い，今後ロバーツコートがどのような方向に進むのかを探るとっかかりとして，スカリア裁判官に光を当て，ロバーツコートにおいてスカリア裁判官が果たした役割を考察し，ロバーツコートにいかなる変化が生じうるのかを検討した。

＊　　　＊　　　＊

本書の対象は，基本的に，2005年から2014年の間に出た判決や出来事である。ただし，本書が出るまでの間に，同性婚の判決が下されたり，スカリア裁判官が死去したりするなど，新たな動きが生じている。そのため，10年間の動向を分析するにあたり，それに必要な限りにおいて2015年以降の出来事も取り上げることにした。なお，9章は今後のゆくえを考察するという性格上，スカリア裁判官の死去を含め，本書が出るまでの最新情報を加味することにした。また，本書では基本的にアメリカの一次的文献に当たってロバーツコートの状況を分析したため，特に触れる必要がない限り，邦語文献は挙げていない。特に，個々の判例については日本でも判例評釈等の蓄積があるが，本書の性格上，今回は最低限のものしか取り上げなかったことをお断りしておく。

＊　　　＊　　　＊

本書の企画が始まったのは2015年春であり，研究会を重ねながら原稿の執筆を進めた。先に述べたように，その間，同性婚の判決が出たりスカリア裁判官が死去したりするなど，大きな出来事がいくつかあったが，そのたびに研究会で話題になり色々な意見交換ができた。研究会での検討は各原稿を執筆する上で重要な作業であったと同時に，そこでの自由闊達な議論はこの上なく楽しい時間でもあった。このような研究会の場を提供してくださり，また本書の企画編集を担当してくださった成文堂の飯村晃弘氏には心から感謝

を申し上げたい。

＊なお，本書の各原稿の脱稿は2016年8月である（「はしがき」と「補論」（2016年9月脱稿）を除く）。

2016年9月　大林啓吾　溜箭将之

# 目　次

はしがき …………………………………………………………………………… i

## 総　論

**第1章　ロバーツの裁判官像** ……………………………［大林啓吾］…… 3
　はじめに ………………………………………………………………………… 4
　Ⅰ　アンパイアとしての裁判官 ……………………………………………… 6
　　1　ロバーツの経歴 ………………………………………………………… 6
　　2　ロバーツの裁判官像の背景 …………………………………………… 8
　　3　上院司法委員会でのロバーツの発言 ………………………………… 10
　Ⅱ　アンパイア発言をめぐる分析 …………………………………………… 13
　　1　アンパイア発言の評価 ………………………………………………… 13
　　2　アンパイア発言への批判 ……………………………………………… 14
　　3　反論 ……………………………………………………………………… 15
　Ⅲ　ロバーツと法の支配 ……………………………………………………… 17
　　1　先例拘束 ………………………………………………………………… 17
　　2　先例変更なき変更 ……………………………………………………… 20
　Ⅳ　ロバーツのリーダーシップ ……………………………………………… 21
　　1　長官としての役割 ……………………………………………………… 21
　　2　テンパラメント ………………………………………………………… 23
　　3　連邦最高裁のまとめ役 ………………………………………………… 26
　Ⅴ　ロバーツの立憲主義 ……………………………………………………… 29
　　1　ロバーツとイデオロギー ……………………………………………… 29
　　2　ミニマリズムと憲法判断回避 ………………………………………… 32
　　3　ロバーツの消極性と積極性 …………………………………………… 33
　　4　ロバーツの立憲主義 …………………………………………………… 36
　おわりに ………………………………………………………………………… 38

**第2章　ロバーツコートの裁判官たち** …………………………［溜箭将之］…… 41
　はじめに ………………………………………………………………………… 42
　Ⅰ　ロバーツコート …………………………………………………………… 43

|  |  |  |
|---|---|---|
| 1 | 政治的文脈と選任過程 | 43 |
| 2 | 全般的な特徴 | 45 |

Ⅱ レーンキストコート以来の裁判官 ········································· 48
 1 アントニン・スカリア（Antonin Scalia, 1936生・1986任命（レーガン））········ 48
 2 アンソニー・M・ケネディ（Anthony M. Kennedy, 1936生・1988任命（レーガン））
  ·········································································· 49
 3 クラレンス・トーマス（Clarence Thomas, 1948生・1991任命（ブッシュ父））
  ·········································································· 51
 4 ルース・ベーダー・ギンズバーグ（Ruth Bader Ginsburg, 1933生・1993任命
  （クリントン））································································ 52
 5 スティーヴン・G・ブライヤー（Stephen G. Breyer, 1938生・1994任命（クリントン））
  ·········································································· 54

Ⅲ 新たに就任した裁判官 ··················································· 55
 1 サミュエル・アンソニー・アリートJr.（Samuel Anthony Alito, Jr., 1950生・
  2006任命（ブッシュ子））························································ 55
 2 ソーニャ・ソトマイヨール（Sonia Sotomayor, 1954生・2009任命（オバマ））····· 57
 3 エレナ・ケイガン（Elena Kagan, 1960生・2010任命（オバマ））················· 58

Ⅳ スカリアとブライヤーの対立 ············································· 59
 1 「原意主義」対「生ける憲法」················································· 60
 2 州権主義対連邦主義························································· 64

Ⅴ キャスティングボート――ケネディかロバーツか ··························· 68
 1 典型的キャスティングボート··················································· 69
 2 長官の矜持・意地··························································· 72
 3 サプライズ································································· 74

Ⅵ リベラル派と保守派の動向 ··············································· 76
 1 5対4判決の割合····························································· 76
 2 保守的判例法の形成························································· 76
 3 リベラルの巻き返し？······················································· 78

Ⅶ ロバーツコートと立憲主義 ··············································· 82
 1 裁判所へのアクセス························································· 82
 2 裁判所を取り巻く状況······················································· 84

おわりに ···································································· 85

# 各　論

## 第 3 章　平等——ケネディ裁判官の影響力の増加 ……［髙橋正明］…… 89
　はじめに …………………………………………………………………… 90
　Ⅰ　アファーマティブアクション ………………………………………… 91
　　1　ロバーツコートに至るまでのAAに関する議論の流れ …………… 91
　　2　ロバーツコートにおけるAAに関する判例の流れ ………………… 94
　　3　小括 ……………………………………………………………………110
　Ⅱ　同性婚 ……………………………………………………………………111
　　1　ロバーツコートに至るまでの同性愛者の権利に関する議論 ………111
　　2　ロバーツコートにおける同性婚に関する判例 ………………………113
　　3　小括 ……………………………………………………………………123
　Ⅲ　差別禁止法 ………………………………………………………………124
　　1　判例 ……………………………………………………………………124
　　2　特徴 ……………………………………………………………………127
　おわりに ……………………………………………………………………127

## 第 4 章　ロバーツコートの中絶判例 …………………………［小竹　聡］…… 131
　はじめに ……………………………………………………………………132
　Ⅰ　ロバーツコート …………………………………………………………132
　　1　裁判官 …………………………………………………………………132
　　2　時期区分 ………………………………………………………………135
　Ⅱ　ロバーツコートの中絶判例 ……………………………………………136
　　1　Ayotte判決 ……………………………………………………………137
　　2　Scheidler判決 …………………………………………………………140
　　3　CarhartⅡ判決 …………………………………………………………144
　　4　McCullen判決 …………………………………………………………147
　Ⅲ　最近の裁量上訴不受理事件 ……………………………………………151
　おわりに ……………………………………………………………………153

## 第 5 章　信教の自由——法律による信仰保護と
　　　　　漂流する国教樹立禁止条項 ………………………［髙畑英一郎］…… 157
　はじめに ……………………………………………………………………158
　Ⅰ　宗教条項とその発展 ……………………………………………………158
　Ⅱ　自由な宗教活動条項とRFRA・RLUIPA ………………………………161

|     | 1　Smith判決とRFRA・RLUIPAの制定 ……………………………… 161 |
| --- | --- |
|     | 2　ロバーツコートでの信教の自由 …………………………………… 163 |
|     | 3　検討 ………………………………………………………………… 174 |
| Ⅲ   | 国教樹立禁止条項 ……………………………………………………… 176 |
|     | 1　ロバーツコートでの国教樹立禁止条項 …………………………… 176 |
|     | 2　検討 ………………………………………………………………… 181 |
| Ⅳ   | 国教樹立禁止条項と納税者訴訟 ……………………………………… 183 |
| Ⅴ   | その他 …………………………………………………………………… 185 |
|     | 1　言論条項と宗教的表現 ……………………………………………… 185 |
|     | 2　同性婚と宗教 ………………………………………………………… 186 |
|     | 3　信仰と採用 …………………………………………………………… 187 |
| おわりに ……………………………………………………………………… 187 | |

## 第6章　表現の自由――修正1条絶対主義？ ………［大林啓吾］…… 191

はじめに ……………………………………………………………………… 192
Ⅰ　修正1条によって保護されるか否かに関する判断 ………………… 194
　　1　有害または不快表現 ………………………………………………… 195
　　2　虚偽表現 ……………………………………………………………… 203
　　3　著作権と表現の自由 ………………………………………………… 205
　　4　脅迫表現 ……………………………………………………………… 207
Ⅱ　内容規制・内容中立規制をめぐる対立 ……………………………… 211
　　1　前哨戦 ………………………………………………………………… 212
　　2　内容規制と内容中立規制をめぐる問題 …………………………… 214
　　3　政治資金規正と言論 ………………………………………………… 218
Ⅲ　特定分野における敬譲 ………………………………………………… 221
　　1　公務員の表現および刑務所内の閲読 ……………………………… 221
　　2　学校および大学における表現の自由 ……………………………… 228
　　3　テロ対策と表現の自由 ……………………………………………… 233
Ⅳ　修正1条の保守化？ …………………………………………………… 235
　　1　各分野の特徴 ………………………………………………………… 235
　　2　各裁判官の動向 ……………………………………………………… 236
　　3　保守的影響？ ………………………………………………………… 239
Ⅴ　新カテゴリカルアプローチ …………………………………………… 240
　　1　新カテゴリカルアプローチの特徴 ………………………………… 240
　　2　2次的表現 …………………………………………………………… 241
　　3　カテゴリカルアプローチの二重の意味 …………………………… 243
おわりに ……………………………………………………………………… 244

## 第7章　刑事手続——保守的コート？　　［青野　篤］…247

　はじめに …………………………………………………………………… 248
　Ⅰ　修正4条 ……………………………………………………………… 249
　　1　「捜索」該当性 …………………………………………………… 249
　　2　無令状捜索の合理性 ……………………………………………… 251
　　3　自動車の停止 ……………………………………………………… 256
　　4　行政上の捜索 ……………………………………………………… 258
　　5　排除法則 …………………………………………………………… 261
　　6　小括 ………………………………………………………………… 263
　Ⅱ　修正5条 ……………………………………………………………… 264
　　1　二重の危険 ………………………………………………………… 264
　　2　自己負罪拒否特権 ………………………………………………… 265
　　3　ミランダルール …………………………………………………… 266
　　4　小括 ………………………………………………………………… 268
　Ⅲ　修正6条 ……………………………………………………………… 269
　　1　陪審裁判を受ける権利 …………………………………………… 269
　　2　対質権 ……………………………………………………………… 271
　　3　弁護人依頼権 ……………………………………………………… 273
　　4　小括 ………………………………………………………………… 277
　Ⅳ　修正8条 ……………………………………………………………… 278
　　1　死刑の対象 ………………………………………………………… 278
　　2　死刑の判断過程 …………………………………………………… 280
　　3　死刑の執行方法 …………………………………………………… 281
　　4　少年に対する仮釈放のない終身刑 ……………………………… 283
　　5　刑務所の過剰収容 ………………………………………………… 284
　　6　小括 ………………………………………………………………… 284
　おわりに …………………………………………………………………… 285


## 第8章　統治分野に関する諸判例　　［御幸聖樹］…289

　はじめに …………………………………………………………………… 290
　Ⅰ　連邦議会 ……………………………………………………………… 291
　　1　州際通商条項 ……………………………………………………… 291
　　2　必要かつ適切条項 ………………………………………………… 295
　　3　課税条項 …………………………………………………………… 299
　　4　支出条項 …………………………………………………………… 301
　　5　行政機関による連邦法の解釈 …………………………………… 304
　　6　小括 ………………………………………………………………… 307

## Ⅱ 大統領 ……………………………………………………………… 308
1 大統領の合衆国憲法上の権限 ………………………………… 308
2 連邦議会の授権に基づく（基づかなければならない）大統領の権限 … 313
3 大統領の権限についての小括 ………………………………… 317
## Ⅲ 裁判所 …………………………………………………………… 318
1 州の主権免責 …………………………………………………… 318
2 その他 …………………………………………………………… 321
3 裁判所の権限についての小括 ………………………………… 322
## Ⅳ 連邦制 …………………………………………………………… 322
1 専占 ……………………………………………………………… 322
2 その他 …………………………………………………………… 324
3 連邦制についての小括 ………………………………………… 325
## おわりに …………………………………………………………………… 325

# 終　論

## 第9章　ロバーツコートのゆくえ
### ——スカリア裁判官の遺産（の危機？） ……［会沢　恒］…… 329
### はじめに ………………………………………………………………… 330
### Ⅰ　問題領域 …………………………………………………………… 333
1 選挙・投票権関連 ……………………………………………… 333
2 平等・公民権 …………………………………………………… 334
3 "Kulturkampf" と宗教関係 …………………………………… 335
4 法人と所有 ……………………………………………………… 336
5 刑事司法 ………………………………………………………… 337
6 憲法分野以外の特徴的問題領域 ……………………………… 339
### Ⅱ　保守にとってのアメリカ的価値 ………………………………… 340
1 道徳，宗教，キリスト教 ……………………………………… 341
2 マイノリティ …………………………………………………… 345
3 アメリカ例外論 ………………………………………………… 347
4 反知性主義，デモクラシー，裁判官の限定的役割 ………… 349
### Ⅲ　原意主義と裁判所による歴史の参照―修正2条をめぐって …… 353
1 事案と判旨 ……………………………………………………… 354
2 原意主義の達成と限界 ………………………………………… 357
### おわりに ………………………………………………………………… 362
1 連邦最高裁におけるイデオロギーバランスの変動の見込み … 362
2 保守派裁判官としてのスカリアの遺産 ……………………… 364

| 補論 ………………………………………………………［大林啓吾］…367

 1 総論 ……………………………………………………………367
 2 各論 ……………………………………………………………368
 3 終論 ……………………………………………………………371
 4 整理 ……………………………………………………………372
 5 ロバーツコートの現在 ………………………………………374

事項索引 …………………………………………………………………377

判例索引 …………………………………………………………………382

# 総論

# 第 1 章　ロバーツの裁判官像

大林　啓吾

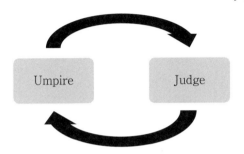

はじめに
Ⅰ　アンパイアとしての裁判官
Ⅱ　アンパイア発言をめぐる分析
Ⅲ　ロバーツと法の支配
Ⅳ　ロバーツのリーダーシップ
Ⅴ　ロバーツの立憲主義
おわりに

>　イントロダクション
>　　ロバーツは，連邦最高裁長官に就任する際の上院の公聴会において，裁判官を野球の審判になぞらえた。裁判官はルールを創造するのではなく，ルールを適用する存在であるという趣旨である。そこからは控えめな裁判官像がイメージされるが，裁判官は本当に法を創造しないといえるのか，そもそもそのような比喩は正しいのかなど，この発言は物議をかもした。本章ではロバーツの目指す裁判官像を考察しながらロバーツの司法哲学を検討する。

「アメリカ連邦最高裁長官の役職はエニグマの１つである」（Louis J. Virelli III, *Chief Justice Roberts' Influence on the Supreme Court: Introduction*, 40 STETSON L. REV. 661（2011））

## はじめに

2005年，第16代連邦最高裁長官レーンキスト（William Rehnquist）が在任中に亡くなった。連邦最高裁の裁判官が在任中に亡くなること自体はめずらしいことではないが[1]，このとき，ロバーツ（John G. Roberts, Jr.）はオコナー（Sandra Day O'Connor）裁判官の後継に指名されていた。そこでG・W・ブッシュ（George W. Bush）大統領は急遽ロバーツの指名をレーンキスト長官の後継に切り替えた[2]。というのも，当時ロバーツは50歳であり，長官になれば長期にわたって保守派の長官が連邦最高裁のマネジメントを行うことができるからである。

いうまでもなく，アメリカにおいて連邦最高裁はきわめて重要な存在である。連邦最高裁は，中絶問題[3]や人種差別問題[4]などのような重要な社会的問題について判断したり，場合によっては大統領選のゆくえを左右したりすることもあるほど[5]，政治や社会において大きな影響力を有している。しかも，９人の裁判官それぞれが独自の存在感を持つことが少なくなく，各裁判官の

---

1 連邦最高裁の裁判官は終身職であるため，弾劾の場合を除き，自身が辞めると決断するまで裁判官を務めることができる。そのため，在任中に亡くなる裁判官も多く，長官だけでもレーンキストで８人目である。*See* Todd C. Peppers and Chad M. Oldfather, *Till Death Do Us Part: Chief Justices and the United States Supreme Court*, 95 MARQ. L. REV. 709, 712（2011）.
2 G・W・ブッシュは2000年の大統領選挙のときから，保守系の連邦最高裁裁判官を指名することを公約しており，G・W・ブッシュにとっても共和党支持者にとっても，保守系裁判官を増やすことが重要な課題であったことがうかがえる。*See* Alberto R. Gonzales, *In Search of Justice: An Examination of the Appointments of John G. Roberts and Samuel A. Alito to the U.S. Supreme Court and Their Impact on American Jurisprudence*, 22 WM. & MARY BILL OF RTS. J. 647, 648-649（2014）.
3 *See, e.g.,* Roe v. Wade, 410 U.S. 113（1973）.
4 *See, e.g.,* Brown v. Board of Education of Topeka, 347 U.S. 483（1954）.
5 Bush v. Gore, 531 U.S. 98（2000）.

個別意見もしばしば注目される。

　そのような連邦最高裁をまとめる役割を担うのが長官である。長官といえども、判決における1票の重みは他の裁判官と同じであり、他の裁判官と大きな違いはないようにみえる。だが、長官は自らが多数意見の側に入っているとき、法廷意見を書く者を指名することができる[6]。誰が意見を書くかによってその判決の中身や射程が変わりうることから、意見の割当は判決の実質的内容を決めるものである。また、事件のカンファレンスの開催についても長官が日程や回数の調整を行い、カンファレンスでは長官が最初に発言することになっている。カンファレンスの回数はその事件に対する関心に比例し、最初の発言は議論の方向性をある程度決める意味を持つため、長官のカンファレンスマネジメントは大きな意味を持つことになる[7]。

　したがって、連邦最高裁長官は判決のゆくえを決める鍵を握っているといっても過言ではない。だからこそ、G・W・ブッシュ大統領は比較的年齢の若いロバーツを第17代長官に指名したのであった。

　とはいえ、自らの信念に基づきながら数々の重要判決を下してきたベテラン裁判官たちをまとめるのは容易ではない。とりわけ、21世紀の連邦最高裁は分断されたコート（divided court）とも呼ばれ[8]、保守派とリベラル派の溝が深い状況にあった。それはまさに長官の役割が期待される状況であり、ロバーツはいきなり長官としての資質を問われることとなった。

　実際、ロバーツコートでは5対4の僅差で決まるケースが増える傾向にあり、しかも医療保険[9]や同性婚[10]など世論を二分する問題にも直面することになった。ロバーツはこのやっかいな任務に対してどのようなスタイルで臨んだのだろうか。

　連邦最高裁長官の役割はその人の考え方次第で大きく変わる。それは、連邦最高裁内部における役割だけでなく、司法のあり方や政治部門との関係を

---

6　WILLIAM H. REHNQUIST, THE SUPREME COURT 259 (2001).
7　Joel K. Goldstein, *Leading the Court: Studies in Influence as Chief Justice*, 40 STETSON L. REV. 717, 722-723 (2011).
8　George T. Anagnost, *A Divided Court and the Power of "Five"*, 50 AZ. ATTORNEY 48 (2013) (book review).
9　National Federation of Independent Business v. Sebelius, 132 S. Ct. 2566 (2012).
10　United States v. Windsor, 133 S. Ct. 2675 (2013); Obergefell v. Hodges, 135 S. Ct. 2584 (2015).

どのように考えるかといった問題にも関わる。それを突き詰めると，そもそも裁判官とはいかなる存在なのかという根源的問題に直面することになる。そして採用したスタンス次第で，どのような形で歴史に名を残すかも変わってくる。Marbury v. Madison連邦最高裁判決[11]を下したマーシャル（John Marshall）長官のように歴史に名を刻むか[12]，トーニー（Roger Taney）長官のように悪名高いDred Scott v. Sandford連邦最高裁判決[13]を下した責任者とみなされるか，あるいは目立たない存在に終始するか。いずれにせよ，ロバーツが考える裁判官像がロバーツの評価のみならず，ロバーツコートにも影響を及ぼすことになるといえるだろう。

　本章では，ロバーツが考える裁判官像に光を当てながら，ロバーツがどのような方向を目指そうとしているのかを考察する[14]。

## I　アンパイアとしての裁判官

### 1　ロバーツの経歴

　G・W・ブッシュ大統領がロバーツを連邦最高裁長官に指名した後，上院の公聴会ではロバーツが長官として，あるいは裁判官としてふさわしいかどうかの審査が念入りに行われた。ここでロバーツの経歴を概観しておく。1955年にニューヨーク州で生まれたロバーツはカトリック系の学校に通い，高校ではフットボール部のキャプテンを務めた[15]。歴史に関心があったロバーツはハーバードカレッジに入学して歴史を学び，イギリスのリベラル政党の歴史に関する卒業論文を書き，1976年に同カレッジを最優秀（summa cum

---

[11]　Marbury v. Madison, 5 U.S. 137 (1803).
[12]　Richard H. Fallon, Jr., *Marbury and the Constitutional Mind: A Bicentennial Essay on the Wages of Doctrinal Tension*, 91 CAL. L. REV. 1, 5 (2003). 司法審査の成立過程については争いもあるが，一般にはMarbury判決で確立したとみなされており，マーシャル長官の名は歴史に残っている。
[13]　Dred Scott v. Sandford, 60 U.S. 393 (1857).
[14]　本章はロバーツ個人に狙いを絞って検討するものであるが，必要に応じてロバーツコートにも触れることがある。その場合は，ロバーツの分析とロバーツコートの分析が混ざらないように，ロバーツコートについての分析であることを明示する。
[15]　なお，ロバーツの家系はアイルランド，ウェールズ，チェコの血を引くとされる。また，ロバーツが4年生の時にインディアナ州に引っ越している。

laude）で卒業した。その後，ロバーツはハーバードロースクールに入学し，エリート法曹の道を歩んでいった。アメリカの法曹界では，ローレビューの編集に携わったり，ロースクールで最優秀の成績を修めたり，連邦最高裁裁判官のロークラークを務めたりすることがエリート街道を進む条件のようなものになっていた。ロバーツは，ハーバードローレビューの編集長を務め，1979年にハーバードロースクールを最優秀（magna cum laude）で修了し，1979年から1980年まで第2巡回区連邦控訴裁判所のフレンドリー（Henry Friendly）裁判官のロークラーク，1980年から1981年までレーンキスト連邦最高裁裁判官のロークラークを務めており，まさにエリート街道を歩んだのである。このロークラークの経験は後述するようにロバーツの裁判官像の考え方に大きな影響を与えた。

　ロバーツは，レーガン（Ronald Reagan）政権下で司法長官の特別補佐官や法律顧問の補佐官を務めた後，ホーガン＝ハートソン（Hogan & Hartson）法律事務所で弁護士をしたり，再度司法省に務めたりした。1992年，G・W・H・ブッシュ（George W.H. Bush）大統領によってDC連邦控訴裁判所（連邦高裁）の裁判官に指名されたが，G・W・H・ブッシュが1992年の大統領選挙で敗北したため，そのまま頓挫してしまった。その後，ロバーツは法律事務所に戻り，連邦最高裁への上訴案件を専門に扱う業務をこなした[16]。この仕事を含め，ロークラーク時代にも連邦最高裁に通っていたロバーツは，連邦最高裁にだいぶ慣れていたといえるだろう。

　ロバーツのキャリアは順風満帆のようにみえるが，唯一，スムーズにいかなかったのがDC連邦控訴裁判所裁判官への就任であった。2001年，今度はG・W・ブッシュ大統領によって再びDC連邦控訴裁判所の裁判官に指名されたが，民主党が上院で多数を占めていたので上院の承認が得られなかった。ロバーツ本人の問題とは言い難いため，このとき，ロバーツは政治状況によって左右される理不尽さを感じていたかもしれない。もっとも，2003年に指名されたときには上院の承認を得ることができ，ようやくDC連邦控訴裁判所の裁判官となった。この就任はロバーツが連邦最高裁判官になるた

---

16　連邦最高裁で39件の口頭弁論を行い，そのうち25件で勝利したとされる。See MARK TUSHNET, IN THE BALANCE: LAW AND POLITICS ON THE ROBERTS COURT 45 (2013).

めには重要な要素であった。というのも，近時，連邦最高裁の裁判官になるためには事実上裁判官の経歴が必要とされるようになっていたからである。それは，ロバーツが連邦最高裁長官に任命された同時期，任命に至らなかったマイヤーズ（Harriet Miers）の例をみると明らかである。

ロバーツがレーンキストの後任となったため，オコナーの後任に指名されたのがマイヤーズであった。しかし，マイヤーズに対しては裁判官の経験がないことが強く批判され，結局，G・W・ブッシュ大統領は指名を撤回することになったのである。そのため，任命はスムーズではなかったものの，ロバーツがDC連邦控訴裁判所の裁判官を務めたことは連邦最高裁裁判官（長官）になるためには重要なことだったといえよう。

## 2 ロバーツの裁判官像の背景

(1) ロークラーク時代の影響

ロバーツはフレンドリー裁判官の影響を強く受けていたと指摘される[17]。フレンドリー裁判官は，連邦高裁の裁判官ではあるものの，アメリカの司法界では有名な存在であり，「ホームズ（Oliver Wendell Holmes Jr.）やブランダイス（Louis D. Brandeis），ハンド（Learned Hand）と同様，最も優れた裁判官の1人である」[18]とまでいわれる。そのため，フレンドリー裁判官の知的実践が若き日のロバーツに大きな影響を与えたことは想像に難くない。

フレンドリーは，ブランダイス裁判官のロークラークを務め，弁護士を経て，1959年から1986年までの長期にわたり，連邦高裁の裁判官を務めた[19]。フレンドリーは，ロークラーク時代に，ブランダイスの司法の謙抑や個別意見の重要性，プラグマティックな判断を学んだとされる[20]。とりわけ，フレ

---

[17] Brad Snyder, *The Judicial Genealogy (and Mythology) of John Roberts: Clerkships from Gray to Brandeis to Friendly to Roberts*, 71 OHIO ST. L.J. 1149 (2010).

[18] A. Raymond Randolph, *Before Roe v. Wade: Judge Friendly's Draft Abortion Opinion*, 29 HARV. J.L. & PUB. POL'Y 1035 (2006).

[19] なお，フレンドリーのロークラークを務めた中にはアッカーマン（Bruce A. Ackerman）がおり，アッカーマンはフレンドリーの逝去に際し追悼文をハーバードローレビューに掲載している。*See* Bruce A. Ackerman, *In memorial: Henry J. Friendly*, 99 HARV. L. REV. 1709 (1986). フレンドリーのロークラークに民主主義論者で有名なアッカーマンがいたことも興味深い点である。

[20] Snyder, *supra* note 17, at 1204-1205.

ンドリーは司法の謙抑的姿勢を重視し，裁判官になってからもそれを実践した。

　そのため，フレンドリーの下でロークラークを務めたロバーツもその影響を受け，司法の謙抑や制度的限界を学んだと考えられている[21]。また，ロバーツは後に長官となるレーンキスト裁判官のロークラークも務めたので，レーンキストからは各裁判官をまとめる素質のようなものを学んだと指摘される[22]。

（２）連邦高裁裁判官時代

　ロークラーク時代に培った知識と経験は，ロバーツが連邦高裁裁判官を務めた際に発揮されることになる。ロバーツが連邦高裁裁判官を務めたのはわずか２年にすぎないが，この間に下した判断にはロバーツの特徴がうっすらとにじみ出ており，それはフレンドリー裁判官の影響を受けていたことを表すものであった。

　レイ（Laura Krugman Ray）は連邦高裁裁判官時代のロバーツの意見を分析し，言葉，比喩，引用文献，引用裁判官などに特徴を見出すことができるとする[23]。それによれば，ロバーツはイデオロギー的内容を判決に打ち出すことはなく慎重に言葉を選んで意見を述べるスタンスをとっていたという。もっとも，ロバーツはブランダイスやフランクファーター（Felix Frankfurter），ハンドなど，裁判官を引用する際にその特徴が表れている。かれらは司法の謙抑を説いた裁判官として有名であり，ロバーツもそれに親和的であったと考えられるからである。たとえば，ロバーツが最初に意見を書いたときに言及したのが，「ラーニッド・ハンドはかつて行政機関は"溝に落ちたりするが，……溝に入ったとき，神がそこから出るのを助ける"ことに着目していた」[24]というフレーズであった。ここでは，必ずしもハンドの引用が結論を左右しているとは思えないが，だからこそ，わざわざハンドに言及したことにロバーツのハンドに対する親近感または敬愛の念をうかがうことが

---

21　*Id.* at 1232.
22　*Id.* at 1231.
23　Laura Krugman Ray, *The Style of a Skeptic: The Opinions of Chief Justice Roberts*, 83 IND. L.J. 997 (2008).
24　Ramaprakash v. FAA, 346 F.3d 1121, 1122 (D.C. Cir. 2003).

できる。

　また，ロバーツはフランクファーター裁判官を引用する際に，「これはフェリックス・フランクファーターが法解釈の授業で学生に①法律を読み，②法律を読み，③法律を読め！と教えていたことにフレンドリー裁判官が言及していたことを想起させる」[25]と述べ，わざわざフレンドリー裁判官にも言及している。ここでは，フランクファーター裁判官に敬慕の意を表すと同時に，それ以上に，フレンドリー裁判官を慕っていることを表しているといえよう。

　このように，ロバーツは，ブランダイス裁判官のロークラークを務めたフレンドリー裁判官を介して，ブランダイス裁判官やフランクファーター裁判官の司法の謙抑的姿勢を学んだといえる。かかる姿勢はロバーツの考える裁判官像にも影響している可能性がある。なぜなら，ブランダイス裁判官の唱えた司法の謙抑は立法府こそが法創造機関であり，司法はその判断に敬譲すべきであると考えるものであり，法創造ではなく法適用こそ裁判官の役割であると考えるロバーツに親和的だからである。

### 3　上院司法委員会でのロバーツの発言

　合衆国憲法は，連邦最高裁裁判官に指名された者は上院に承認されなければならないと定めている[26]。上院の承認プロセスでは，純粋にその人物の適任性が審査されることもあれば，野党が承認手続を遅らせるなどして政治的駆け引きに用いられることもあり，場合によっては承認が否決される場合もある。かつてボーク（Robert Bork）が保守思想を前面に出したあまり上院の承認を得られなかったことは有名であり[27]，上院の承認は指名された者にとって最大の山場ともいえる。

　その際に重要な場面となるのが上院の公聴会である。この公聴会では，議

---

[25]　In re England, 375 F.3d 1169, 1181-1182 (D.C. Cir. 2004).

[26]　合衆国憲法2条2節2項「大統領は，……最高裁判所裁判官……を指名し，上院の助言と承認を得て，任命する」。高橋和之編『世界憲法集』〔第2版〕66頁（岩波書店，2012年）〔土井真一訳〕。

[27]　David J. Danelski, *Ideology as a Ground for the Rejection of the Bork Nomination*, 84 Nw. U. L. Rev. 900 (1990).

場で多くの議員の質問に答えなければならないばかりでなく，書面での質問にも回答しなければならない。そのため，公聴会の資料は千ページを超える量になることがある。

　この公聴会で，ロバーツはあるべき裁判官像について語った。それが有名なアンパイア発言である。次の文は，ロバーツの回答の一節である[28]。

「私の個人的理解では，私が他者を尊重するのはある種の謙虚さが司法の役割を性格づけるという自分の見解に沿っているからです。下級審の裁判官そして連邦最高裁の裁判官は法の従僕以外の何者でもありません。裁判官は審判のようなものです。審判はルールを作るのではなく，ルールを適用する存在です。審判および裁判官の役割は重要です。かれらはルールによって全員がプレイできるようにしますが，その役割は限定的です。審判を見るために野球を見に行く人はどこにもいないでしょう。

　裁判官は宣誓を破らないように励んできた他の裁判官によって築かれてきた先例の範囲内で行動することを謙虚に認識しなければならないと同時に，判断過程において裁判所の同僚たちが考慮した見解に敬意をもって対応しなければなりません。

　委員長，私は司法省の訟務長官のオフィスに勤務していたとき，連邦最高裁で政府側のために主張することが私の仕事でした。私は連邦最高裁裁判官の前に立つことにいつも感動していましたし，国のために主張していると話したものです。しかし，司法省を離れると，政府を相手とする事件で主張するようになり，我が国の立憲制度における連邦最高裁の重要性を一層認識するようになりました。ここアメリカは世界で最も強い存在ですが，私の顧客の相手方であり，私は法に基づいて正しいことと政府が誤っており，そして権力が法の支配に敬譲して手を引くということを連邦最高

---

28　John G. Roberts, Jr., Statement, Statement of John G. Roberts, Jr., Nominee to Be Chief Justice of the United States (Washington, D.C., Sept. 12, 2005), in Sen. Jud. Comm., Confirmation Hearing on the Nomination of John G. Roberts, Jr. to Be Chief Justice of the United States, 109th Cong. 158, 55-56 (Sept. 12, 2005) (*available at* http://www.gpoaccess.gov/congress/senate/judiciary/sh109-158/browse.html; select Download the entire S. Hrg. 109-158). [hereinafter Roberts hearing].

裁に納得させるためにできることをすべてやりました。

　それは刮目すべきことです。それはまさしく我々が人ではなく法の下にある政府であるということなのです。それはすべてのアメリカ人の権利と自由を守る法のルールなのです。法の支配がなければいかなる権利も意味がなくなってしまうので，それは世界がうらやむものなのです。

　レーガン大統領はソビエト憲法が人々にあらゆる種類の権利を付与しようと試みたものの，そのシステムは法の支配を維持し権利を実施する独立した司法がなかったので，そうした権利は空約束で終わってしまったことをよく話していました。我々は憲法起草者の知見や各世代の英雄の犠牲によって，そのビジョンを現実に変えてきました。

　委員長，私はいかなる議題も持たずに当委員会に来ました。私は政綱も持っていません。裁判官は票と引き換えに見返りを約束する政治家ではないからです。もし私が承認されれば，私はすべての事件において公平な態度で臨みます。私は精一杯公平に提示された法的主張を分析します。私は連邦最高裁の同僚たちの熟考された意見に耳を傾け，記録に基づいたすべての事件について，法の支配に従って，恐れや偏向なく，最善を尽くして判断し，私の仕事がボールかストライクを判断するものであって，投げたり打ったりするものではないことを忘れないでしょう」。（＊下線部筆者）

　このように，ロバーツは裁判官を野球の審判にたとえ，ルールに則って判断する存在にすぎないことをアピールした。つまり，裁判官は新たにルール（法）を創造するのではなく，立法府が作ったルール（法）を適用する存在であるとしたのである。

　ロバーツがこのような見解を持つに至ったのは，フレンドリー裁判官のロークラークを務めた経験が生かされていることは確かであるが，それ以外に，連邦高裁裁判官に就任するのに政治的影響を受けた経験が関係していると思われる。

　連邦高裁裁判官の任命の際に，司法人事が政治的影響を受けることを実感したロバーツは，政治と距離をとることの重要性を認識したと考えられるからである。そのことは，司法は政治の領域に不用意に踏み込むべきではない

というスタンスにつながり，公聴会においてアンパイアの例を出すことで政治部門を刺激しないように努めたといえよう。その努力が実り，上院では78対22でロバーツの長官指名が承認された。

## II アンパイア発言をめぐる分析

### 1 アンパイア発言の評価

　ロバーツのアンパイア発言は，アメリカのメジャースポーツである野球の審判を例に出すことで市民感覚をアピールすると同時に，説明能力に長けた一面をうかがわせるものであった。そのため，一般の人に連邦最高裁裁判官の役割をイメージさせることに成功したと考えられている[29]。同時に，野球の審判は最終的判断を行う役割を担っているので，連邦最高裁裁判官も同様に最終的判断を行うというイメージを抱かせることにも成功したとされる。

　他方で，審判の比喩は目新しいものではないものの，上院の承認をスムーズに進めるための有効な方法であったとも評される[30]。というのも，アメリカでは司法積極主義に対する警戒が強いことから，法適用に終始する審判像を連想させることで積極主義ではないことを明らかにしたと考えられるからである[31]。

　このように，ロバーツのアンパイア発言は，表面的にはわかりやすいイメージを提示したという側面がある反面，司法消極的な裁判官像を提示することで上院の警戒心を緩めようとした側面もあり，ロバーツのしたたかさがうかがえるところである。

　ところで，ロバーツといえば，古典的自由主義の観点から社会政策的立法を違憲にしてきたロックナーコートからの転換をはかったO・ロバーツ（Owen Roberts）も同じ名前であるが，彼もまた同じような司法のあり方を

---

29　Joseph Z. Fleming, *"Just Like Umpires": Why Chief Justice Roberts Correctly Relied on Baseball to Describe the Supreme Court of the United States*, 5 ALB. GOV'T L. REV. 286, 330 (2012).
30　James J. Sample, *Chief Justice Roberts Is Correct: Justices Are Different from Other Judges*, 21 ABA PROF. LAW. 15 (2012).
31　Robert Schwartz, *Like They See 'Em*, N.Y. TIMES, Oct. 6, 2005, at A37, (*available at* http://www.nytimes.com/2005/10/06/opinion/06schwartz.html?_r=0).

説いていた。O・ロバーツいわく，「連邦最高裁には人民の代表者たちの行為を覆したり統制したりする権限があるといわれることがある。だが，これは誤解である……連邦最高裁が行うのは，あるいはできるのは，法律の合憲性の問題についてアナウンスすることである。その権限が何と呼ばれようとも，ただ判断するだけの権限である。連邦最高裁は立法政策を肯定したり非難したりすることはしない」[32]と。この見解も，裁判官が行うのはただ判定を宣言するだけであり，それ以上の法創造的行為を行うものではないとする点で，アンパイア像と同じ趣旨のことを語っているといえる。

このような両者の発言はいずれも立法府（または上院）を相手にしていることから，立法府に対して警戒しないように呼びかけているものではないかと指摘されている[33]。それでは，ロバーツのアンパイア発言は十分その真意が伝わったのだろうか。

## 2　アンパイア発言への批判

ロバーツのアンパイア発言に対しては，裁判官の役割を適切に理解できていないとの批判がある。たとえば，裁判官を審判にたとえることは，憲法の現実から離れた理想を語っているにすぎず，誤った認識を提示していると指摘される[34]。ロバーツのアンパイア発言では，裁判官はルールを適用してその結果をアナウンスするだけの慎ましい存在と提示されていたが，しかし，現実の世界では裁判官が憲法秩序に大きな影響を与えている。つまり，裁判官がルール適用のみならずルール創造していることは疑いのない事実であり，そうした現実を無視していると批判されているのである[35]。

そもそも判決が先例拘束性を有する以上，裁判官の判断に法創造的性格がないとはいえないだろう。また，実際上も，裁判官が憲法秩序を形成する役割を担っていることは否定できず，審判と同一視できないのではないかという疑問もありうる。また，審判と裁判官とでは役割の大きさに違いがある。

---

32　United States v. Butler, 297 U.S. 1, 62-63 (1936).
33　Arnold H. Loewy, *Chief Justice Roberts*, 40 STETSON L. REV. 763, 764 (2011).
34　Theodore A. McKee, *Judges as Umpires*, 35 HOFSTRA L. REV. 1709, 1710 (2007).
35　Richard A. Posner, *The Role of the Judge in the Twenty-First Century*, 86 B.U. L. REV. 1049, 1051 (2006).

野球の試合では選手や監督が試合を動かしており，審判がゲームメイキングをすることはあまりない。審判はプレイヤーの各行為について判断を下すだけであり，試合の結果を直接決定する判断権を持っていないのである。これに対し，裁判では，勝敗のゆくえを決するのは裁判官である。裁判において弁論を行うのは当事者であっても，最終的な判断権者は裁判官であり，野球の審判以上に大きな権限を持っている。さらにいえば，野球のフェア／ファウル，ストライク／ボールのようなルールの判定と異なり，憲法判断ではそもそもどのようなルールを適用すべきかについて意見が合致しないことがある[36]。たとえば，憲法は中絶の権利を認めているのか，認めているとしたらどの程度認められるのかという問題である。そのため，裁判官はストライクかボールを決める審判ではなく，むしろメジャーリーグのコミッショナーのように，試合のインテグリティを維持する役割を担っているのではないかとも指摘されるところである[37]。

このようにロバーツのアンパイア発言に対しては批判も多く，司法の抑制という言葉を避ける代わりに審判という言葉を使っているにすぎず，何らかの保守的思想を隠しているのではないかとの指摘もある[38]。

### 3 反論

もっとも，これらの批判に対しては反論も考えられる。以上の批判は裁判官と審判の役割の違いや裁判官は法創造をしているという点が主なポイントであると思われる。前者の問題については，たしかに厳密に考えるのであれば，裁判官と審判は仕事内容やフィールドが異なる以上，同じであるわけがない。しかしながら，ロバーツはそれを踏まえた上で，審判のような控えめな存在であることが裁判官のあるべき姿だと説いているのであり，裁判官と審判の異同を取り上げることはロバーツの狙いを直接的に批判することには

---

36 Neil S. Siegel, *Umpires at Bat: On Integration and Legitimation*, 24 CONST. COMMENT. 701 (2007).
37 Aaron S. J. Zelinsky, *The Justice as Commissioner: Benching the Judge-Umpire Analogy*, 119 YALE L.J. ONLINE 113 (2010).
38 Michael P. Allen, *A Limited Defense of (at Least Some of) the Umpire Analogy*, 32 SEATTLE U. L. REV. 525, 533 (2009).

ならないように思える。また，後者の問題については，ルールの創造とは何を指すかによって回答が異なる。ルールそのものを変えることを指すのか，新たにルールを創ることを指すのか，ルールの適用時にその実質的内容を変更してしまうような判断を指すのか。たしかに，審判の方が裁判官よりもルールの創造を行う場面は少ないと思われる。しかし，ロバーツがここで強調しているのは裁判官も基本的にはルールの適用を行う存在であり，その役割は限定的だという点である。つまり，審判も裁判官もプレイヤー自身ではなく，控えめな存在であることに力点を置いているのである。

また，ここでの批判の要点は，ルール創造そのものというよりも，裁判官が現実には個人的思想を抱きながらルール創造をしているという点であるとした上で，野球の審判もストライクかボールかの判定について個人的な見解を持っているはずであり，裁判官だけが個人的思想を抱いて判断しているわけではないという反論がある[39]。むしろ，ロバーツの強調点は，裁判官は政府をチェックするという役割を持つ存在であることを述べると同時に，その権限は無制約なものではないことを確認する点にあったとする[40]。このことは，United States v. Stevens連邦最高裁判決[41]におけるロバーツの法廷意見にも表れており，ロバーツは修正1条の目的が政府の不当な介入に対する防御であると述べている[42]。

また，ロバーツの判断は保守的傾向が強く[43]，修正1条に関する強い保護はその典型であり[44]，90％以上のケースで保守派の裁判官の側についていることから[45]，ロバーツの審判像は法の支配の理想などを述べている点で保守的思想が含まれているかもしれないが，それはロバーツに限ったことではな

---

39 Kiel Brennan-Marquez, *The Philosophy and Jurisprudence of Chief Justice Roberts*, 2014 UTAH L. REV. 137, 159-160.
40 *Id.* at 167-169.
41 United States v. Stevens, 559 U.S. 460, 480 (2010).
42 *Id.* at 480.
43 Brennan-Marquez, *supra* note 39, at 170-171.
44 *See, e.g.,* Snyder v. Phelps, 562 U.S. 443 (2011).
45 *See* Stat Pack for October 2011 Term, SCOTUSblog at 20, http://sblog.s3.amazonaws.com/wp-content/uploads/2013/05/ SCOTUSblog_Stat_Pack_OT11_Updated1.pdf (last visited Jan. 5, 2014); Stat Pack for October 2010 Term, SCOTUSblog at 19, http://sblog.s3.amazonaws.com/wp-content/uploads/2011/06/ SB_OT10_stat_pack_final.pdf (last visited Jan. 5, 2014).

く，多くの法律家が共有しているものであると反論されている[46]。

このように，ロバーツのアンパイア発言は物議をかもしたため，ケイガン（Elena Kagan）の公聴会においてアンパイア発言が再び取り上げられることになった。ある意味，ケイガンはロバーツの発言の事後処理を任される形になったわけであるが，バランスのとれた回答を行っている。

ケイガンは，公聴会においてクロブシャー（Amy Klobucher）上院議員にロバーツ長官の審判の比喩についてどう思うかと質問され，まずは，適切な比喩であるがどんな比喩にも限界があると答え[47]，ロバーツのアンパイア発言をいったん肯定的に受け止めた。その上で，アンパイア発言の長所と短所について言及した。裁判官も審判同様公平な判断をしなければならず，片方に入れ込んではいけないことと，裁判官も審判同様重要な役割を担っているがプレイヤーではないことからその役割には限界があることを認識しなければならないことを述べた点は適切な比喩であるとする。一方，この比喩の限界としては，裁判官の仕事が機械的作業のように思わせてしまう可能性がある点である。裁判官の仕事は簡単にストライクやボールをコールできるものではないとした。つまり，ロバーツのアンパイア発言はおおよそにおいて適切な比喩であるものの，裁判官の仕事に多少なりとも誤解を生じさせてしまう点もあるとしたのである。ケイガンの指摘は裁判官の機能をプラグマティックに評価したものであり，アンパイア発言の炎上を鎮火させることとなった。

## III ロバーツと法の支配

### 1 先例拘束

ロバーツの公聴会での発言には，アンパイア以外にも重要なキーワードがある。法の支配である。先に抜粋した部分でも，法の支配が何度も登場す

---

46 Brennan-Marquez, *supra* note 39, at 169.
47 Confirmation Hearing on the Nomination of Elena Kagan to be an Associate Justice of the Supreme Court of the United States: Hearing Before the S. Comm. on the Judiciary, 111th Cong. 127 (2010) (*available at* https://www.senate.gov/pagelayout/reference/one_item_and_teasers/Supreme_Court_Nomination_Hearings.htm; select Download the entire S.Hrg. 111-1044).

る。法の支配は法に基づく統治システムを要請するものであり、裁判所に対しても法に基づく公平な判断を求める。つまり、裁判官が恣意的な判断によって不公平な判断をしないように要求するのである。それを実践する1つの方法が先例拘束である。先例拘束により、判例が十分な予測可能性を社会に提示し、法の安定性を維持し、裁判官の恣意的な判断を排除することができる。

　ただし、法の支配は裁判官が語るだけで成立するわけではない。判例を法源とみなすコモンロー国家においても、立法府が制定する法律の存在を抜きにして法の支配が実現するわけではない。つまり、コモンロー国家では、判例と法律という2つの異なる法が法源として位置づけられているのである。両者は共存しうるものの、時に衝突することもあり、法の支配において先例拘束がどのように機能すべきかについて物議をかもしてきた。

　先例拘束は法を安定させながら発展させる調和的なものと捉える見解がある一方で、裁判官が立法府の制定した法を支配する相反的なものと捉える見解があったからである[48]。そのため、先例拘束をどのように理解するか、そしてそれをどの程度尊重するかどうかは法の支配の理解に密接に関わる。

　ロバーツの上院公聴会において、バイデン（Joseph R. biden, Jr.）上院議員は文書質問を行い、先例拘束についてどのように理解しているかにつき、ロバーツに回答を求めた。これについてロバーツは以下のように答えた。

「私は先例拘束を立憲政体における裁判官の適切な役割に関する広い概念の文脈の中に位置づけてきました。ここでいう広い概念とは私が本質的な司法の謙抑としてみなしてきたことです――すなわち、司法職の限定的な性質を適切に理解するための謙抑、裁判所の同僚の見解に耳を傾ける謙抑、そして他の裁判官が何世紀にもわたって形成してきた先例の枠内において裁判官が判断するということを適切に理解するための謙抑。私の先例拘束に関する見解は適切な司法の役割の概念がその重要性を実質的なもの

---

[48] *See, e.g.,* Daniel A. Farber, *The Rule of Law and the Law of Precedents*, 90 MINN. L. REV. 1173 (2006).

にすることに根差しています」[49]。

　この内容を見る限り，ロバーツは先例拘束を重視すると同時に，先例拘束を司法の謙抑の一手段とみなしているといえる。ここでいう謙抑は他の機関に対してのみならず，裁判所内部をも対象としている。つまり，先例拘束は，司法が分をわきまえずに暴走しないように，自らの役割を限定的に抑え続けるという役割を果たすものと捉えられているのである。

　それでは，ロバーツはこの考え方を実践しているのだろうか。統計的手法を用いた分析を活用することで有名なクロス（Frank B. Cross）はロバーツが長官に就任すると早速ロバーツ自身の先例尊重について統計的分析を行った[50]。クロスによれば，一般に，ロバーツは先例に最大限の敬意を払う裁判官であるとみなされており，公聴会での証言がそうした人物像を抱かせていたという[51]。ところが，実際の統計をみると，ロバーツが先例を尊重しているとは断言できないとする。就任1年目の状況を確認すると，他の裁判官よりも先例に言及することは多かったものの，ロバーツが先例に従った割合は11.3％でロバーツとよく比較されるケネディ（Anthony M. Kennedy）裁判官よりも低かった。また，当該事案と先例との区別をはかった割合が22.7％でケネディ裁判官の3倍であり，部分的に先例を覆した割合も8.7％であったという[52]。つまり，ロバーツは先例に言及する割合が高いという点では先例を尊重する傾向にあるといえるものの，そこでの先例の取り扱いは必ずしもそれを尊重するのではなく消極的または否定的に用いることが少なくなかったため，必ずしも先例を尊重しているとはいえない可能性がある。したがって，ロバーツは先例を無視するわけではないが，少なくとも司法を抑制するという観点から先例を活用しているとは言い難い状況にある。

---

49　Roberts hearing, *supra* note 28, at 550.
50　Frank B. Cross, *Chief Justice Roberts and Precedent: A Preliminary Study*, 86 N.C. L. REV. 1251 (2008).
51　*Id.* at 1253.
52　*Id.* at 1270-1271.

## 2 先例変更なき変更

ロバーツコートにおいては先例変更を見かけることが少なく，ロバーツ自身も先例変更を行おうとしない傾向にあることから，ロバーツは先例拘束を重視しているようにみえる。しかしながら，実際には先例を尊重していないのではないかという批判がある[53]。連邦の部分出産中絶禁止法の合憲性をめぐって争われた2007年のGonzalez v. Carhart連邦最高裁判決[54]は，州の同様の規制に対して違憲判断を下した2000年のStenberg v. Carhart連邦最高裁判決[55]を覆さないまま，合憲判決を下した。先例変更を行っていないので，一見すると先例拘束を重視したかにみえる。だが，実際には結論が異なっているのであって，連邦法と州法の違いはあるにせよ，先例拘束を軽視しているのではないかと批判されている。Gonzalez v. Carhart判決はケネディ裁判官が法廷意見を書いたものであるが，ロバーツは法廷意見に加わっているので，かかる批判の対象になりうる。

また，事実上先例を変更したようにみえるにもかかわらず，先例変更しないというケースもある[56]。たとえば，1968年のFlast v. Cohen連邦最高裁判決[57]は連邦議会の課税または支出権限に基づく公金支出が政教分離に反している場合に納税者の当事者適格を認めたものとして有名であるが，2007年のHein v. Freedom from Religion Foundation連邦最高裁判決[58]はFlast判決の変更を行わないまま連邦議会の授権がない公金支出についての当事者適格を否定した。つまり，執行府が独自に支出する場合には納税者が政教分離を問うことをおよそ否定したのである。たしかに，Flast判決が連邦議会の課税または支出に基づく公金支出を要件としていたことからすれば，Hein判決

---

53 Eric J. Segall, *Is The Roberts Court Really a Court?*, 40 STETSON L. REV. 701 (2011).
54 Gonzales v. Carhart, 550 U.S. 124 (2007). 連邦法の部分出産中絶禁止法が合憲とされたが，Stenberg判決の先例変更はなされなかった。
55 Stenberg v. Carhart, 530 U.S. 914 (2000). ネブラスカ州の部分出産中絶禁止法が合憲とされた。
56 Michael J. Gerhardt, *Perspective on the Doctrine of Stare Decisis: The Irrepressibility of Precedent*, 86 N.C. L. REV. 1279, 1286-1291 (2008).
57 Flast v. Cohen, 392 U.S. 83 (1968). 宗教学校への支出の違憲性を納税者の立場で争い，当事者適格が認められた。
58 Hein v. Freedom from Religion Foundation, 551 U.S. 587 (2007). 政府の信仰に基づくおよびコミュニティによるイニシアティブ局（White House Office of Faith-Based and Community Initiatives）の違憲性を納税者の立場で争い，当事者適格が認められなかったが，Flast判決の先例変更はなされなかった。なお，ロバーツ長官はアリート裁判官の相対多数意見に加わっている。

はその要件を満たさないとしただけであり，先例変更は不要であると考えることもできる。しかし，それはFlast判決が切り拓いた納税者訴訟の当事者適格の射程を大幅に制限するものであり，事実上変更したのではないかとみることもできよう。

このように，ロバーツは表面上先例拘束を重視しているものの，実際には実質的に変更しているケースも少なくなく，どこまで先例を尊重しているのかが不明確である。もっとも，かかるスタンスは，司法が先例を変更して主導的に憲法秩序を変えるのではなく，徐々に変えていくという点において，ロバーツ流の司法のあり方を示しているともいえる。

## Ⅳ　ロバーツのリーダーシップ

### 1　長官としての役割

それでは，ロバーツは長官としてどのように振る舞っているのだろうか。アンパイアとしての裁判官や公平な裁判を実践するのであれば，コート全体がそうなるようにマネジメントしなければならない。

一般に，連邦最高裁長官には，判決における役割と司法行政における役割の2種類があるとされる[59]。判決における役割として，長官は事件の議論のペースや審議のスケジュールを組んだり[60]，多数の側に入った場合には法廷意見の執筆を割り当てたりする任務がある[61]。司法行政の役割としては，建物やスタッフの管理，予算の管理，メディアとの関係の調整，司法と立法の関係の調整，特別裁判所の裁判官の任命，下級裁判所の裁判官に他の裁判所の裁判への参加要請などがある[62]。

（1）長官による法廷意見の割当

以上の役割のうち，特に重要なのが法廷意見執筆の割当である。長官は自

---

59　Judith Resnik & Lane Dilg, *Responding to a Democratic Deficit: Limiting the Powers and the Term of the Chief Justice of the United States*, 154 U. PA. L. REV. 1575, 1588-1589 (2006).
60　*Id.* at 1589.
61　Theodore W. Ruger, *The Chief Justice's Special Authority and the Norms of Judicial Power*, 154 U. PA. L. REV. 1551, 1568 (2006).
62　Peppers and Oldfather, *supra* note 1, at 730.

らが多数の側に入っている場合には，法廷意見を執筆する裁判官を指名することができる。そのため，各裁判官の間で意見が分かれた際，長官は各裁判官の動向をうかがいながら，どの結論が多数になるか，どの意見が多数を得られるか，どの論点を軸にして結論に結びつけるかなどを考え，多数の側に入って法廷意見執筆者の指名を行える。その結果，自分で法廷意見を書いたり，自分の見解に近い裁判官に法廷意見を書かせたりすることができる。また，結論さえ多数を得られればいいことから，長官は結論に合わせて変幻自在に論点を操ることができる。たとえば，ある論点をめぐって裁判官がバラバラな見解を持っていた場合でも，長官は過半数の賛成が得られるような結論を提示して自らも多数の側につき，その上で自らが賛同してもよいと考える意見を法廷意見執筆者として指名することができる。つまり，長官はある種の論点操作をも行うことができるのである。とりわけ，重要な事件における論点操作は他の機関や社会に与えるインパクトも強く，判例法理にも大きな影響を与えるので，割当の差配がより重要な意味を持つことになる。

　したがって，法廷意見執筆の割当は個々の判決のみならず，コートの動向にも影響するものであり，長官の重要な責務であると同時に，自らのリーダーシップを発揮できる場面でもある。他方で，割当において露骨なやり方をすると，公平な長官ではないとのそしりを受ける可能性もあり，そのあたりの微妙なバランス感覚も問われるところである。

（2）ロバーツ長官の差配

　このように，割当任務は長官の重要な役割であるといえると同時に，その長官の特徴も垣間見ることができる。ロバーツの法廷意見執筆の割当について，統計を駆使しながら分析を試みているのがラザルス（Richard J. Lazarus）である[63]。ラザルスによれば，ロバーツは，各裁判官が法廷意見を執筆する割合に隔たりが出ないように，少なくとも数の上では公平に分配しているという[64]。当然，その中には自らに対する割当も含まれており，自己割当の数も他の裁判官の数と変わりないとされる。

---

63　Richard J. Lazarus, *Back to "Business" at the Supreme Court: The "Administrative Side" of Chief Justice Roberts*, 129 HARV. L. REV. F. 33（2015）.
64　*Id.* at 46-47.

また，僅差のケースで長官自らが法廷意見を書くとコートをまとめきれていないというレッテルが貼られやすいことから，長官は僅差の法廷意見を書きたがらない傾向にあったが，ロバーツはそのような事件について自分で書くのを避ける傾向にないとされる[65]。ここでも，ロバーツは公平な割当を行う外観を創出しているといえる。

　ところが，割り当てられた事件の内容に着目すると，必ずしも公平とはいえない側面が浮かび上がる[66]。重要な事件あるいは目立つ事件において法廷意見を執筆する割合は，ロバーツ自身が最も高く30％を超えており，それに次いでスウィングボートの傾向のあるケネディ裁判官も30％台にある。これに対し，古参のスカリア裁判官やブライヤー裁判官は15％前後にとどまっている。ケイガン裁判官やソトマイヨール裁判官など，途中から加わったリベラル系裁判官に至っては一桁台の％になっている。また，ロバーツと同じ保守派であっても，独自の法解釈観を展開するスカリア裁判官とは見解が合わないことが多く，ベテラン裁判官の割には重要事件の割当が少ないといえる。そのため，重要事件については，自ら執筆することで名を残そうとする傾向があると同時に，意見の合わない裁判官を遠ざける傾向にあり，ロバーツの戦略が透けてみえるところである。

　もっとも，割当数が公平になるように腐心し，重要な事件について自らが執筆する傾向にあるのは，ある意味，長官としてのリーダーシップを発揮しようと試みているようにもみえる。つまり，公平な割当を行うことで他の裁判官の信頼を確保し，自分が要所を締めることで長官としての存在感を示しているというわけである。

## 2　テンパラメント

　ロバーツ自身がどのように考えているのかにつき，裁判官インタビュアーとして有名なローゼン（Jeffrey Rosen）が直接ロバーツに聞き取りを行っている[67]。

---

65　*Id.* at 63-69.
66　*Id.* at 57-64.
67　Jeffrey Rosen, The Supreme Court: The Personalities and Rivalries That Defined America（2007）.

まず，ロバーツは裁判官のテンパラメント（temperament）を重視しているという。裁判官のテンパラメントとは，ある意味，達観的に自らを捉え，周りや外部に配慮したりする知的活動のようなものであり，その内容はやや漠然としている。ローゼンによれば，「裁判官のテンパラメントは定義しにくいことで有名である[68]。これについてジョン・ロバーツが良い定義を提示している。"裁判官のテンパラメントは正しい法的アプローチに関する自分自身の見解から一歩下がり裁判官としての自分自身の役割という観点からそれを考えようとすることであると私は考える"と，ロバーツはロバーツコートの第一期目の終わりに行った私のインタビューに答えた」[69]という。また，「言い換えれば，裁判官のテンパラメントは裁判官が自らのイデオロギー的アジェンダを抑えたりコンセンサスや安定性を達成することの利益に個人的関心を向けたりするという"裁判所の制度的役割"を考慮しようとすることである」[70]とされる。

あえて簡潔にいえば，ロバーツは，自らのイデオロギーに固執せず，裁判所という機関がどのように行動すべきかという視点を持つべきというのである。

実際，ローゼンによれば，ロバーツは，長官がイデオロギーに固執しないことを重要視しているとされる[71]。ロバーツはマーシャル長官のやり方に共感しており，個々の裁判官の意見を集める順繰り意見（seriatim opinion）ではなく，連邦最高裁の見解として1つの多数意見（unified majority opinion）を創り上げたことが重要であると考えているという[72]。

ただし，その運営がうまくいくかどうかは別問題である。ローゼンによれば，ロバーツがコンセンサスを求めたこともありロバーツコートの一期目は全員一致の意見が多かったが，各裁判官が自己の見解にこだわったことか

---

68 ここで使われている「テンパラメント」は，日本語でいうところの「窺知」に近いように思われるが，「窺知」は原語のニュアンスが伝わらない可能性があるので，ここでは「テンパラメント」とカタカナで表記することにした。
69 ROSEN, *supra* note 67, at 7.
70 *Id.*
71 *Id.* at 226.
72 *Id.* at 223.

ら，一期目の終わりには意見の分かれる判決が増えたという[73]。ロバーツは全員一致を目指してリーダーシップを発揮しようとしているが，同僚の裁判官がまるで法学教授であるかのような法的見解に固執しているので，それに成功していない側面があると，ローゼンは述べている[74]。

このような状況につき，ローゼンはロバーツに対して次のようなインタビューを行った。「誰かがスウィングボートを握っているようなケースをどのように判断しますか？ロバーツは頭を振って答えた。"私にはわからないが，我々は多数意見と少数意見との間をさまようことになる。その結果法の支配の概念から徐々に離れていくので，裁判官の個人化を弱める必要がある"」[75]。この回答からしても，ロバーツは裁判官が個人的イデオロギーに固執することを嫌い，裁判所全体の動きを考慮すべきであると考えていることがわかる。それはロバーツのリーダーシップにも関連しており，長官は全員一致の見解を出せるようにすべきであるという見解を有していることがわかる。

では，ロバーツはリーダーシップを兼ね備えているのだろうか。これについてローゼンは，高校時代のフットボールチームの主将を務めたことがいかされているとする[76]。また，大学生の時の論文においてイギリスの自由党の失敗について考察し，ロイドジョージ（David Lloyd George）やチャーチル（Winston Churchil）のいきすぎた個性が問題であったとして，そこから個人化した政治の問題を学んだとも指摘している。さらに，連邦高裁裁判官として務めた2年間の経験が，裁判所としての機能をどのように果たすかという意識をもつに至ったとして，裁判官のテンパラメントを学ぶ重要な経験になったと，ローゼンは述べている。

ローゼンの分析からすれば，ロバーツは長官としてリーダーシップを発揮する素質を持っていることになるが，しかし，分裂したコートをまとめるのは容易ではない。以下，実際にロバーツがどのようにコートをまとめているかについて，統計をみながら考察する。

---

73　*Id.* at 222.
74　*Id.* at 7.
75　*Id.* at 225.
76　*Id.* at 229-230.

### 3 連邦最高裁のまとめ役

連邦最高裁長官は同輩中の首席 (first among equal)[77]といえども，連邦最高裁の法廷の中央に座し，先述したような役割を担っていることからすれば，連邦最高裁をまとめる役を期待されているといってよい。ロバーツ自身，連邦最高裁が1つの機関として機能するように各裁判官の意見をまとめることを重視しており，当初から積極的に他の裁判官とコミュニケーションをはかるように心がけた結果，最初の年度（2005～2006年）は前年度のレーンキストコートよりも全員一致の数が増えたと指摘されている[78]。

このように，連邦最高裁をまとめているかどうかを知るバロメーターとしてしばしば注目されるのが，全員一致の意見の数や長官が多数意見側についた数である。

まず，最近のロバーツコートの（広義の）全員一致（反対意見がでなかったケース）の数をみてみよう。次の表1は2009年から2014年にかけての全員一致の割合を示したものであるが，おおよそ4割後半を推移していることがわかる。これを見る限り，分裂したコートと呼ばれる状況の中で4割後半をキープしていることは，ロバーツがそれなりに善戦しているといえるだろう。他のコートの平均値をみると，統計の出所は異なるが，バーガーコート（1970～1985年）が36％，レーンキストコート（1986～1990年）が38％であったという分析がある[79]。統計方法により数字に多少の誤差が生じる可能性はあるが，それでもロバーツコートが高い数字をキープしているといえるだろう。

次に，ロバーツ長官が多数意見側についた数などをみてみる。その割合が高ければ高いほど，ロバーツ長官はコートをまとめている可能性が高くなる。表2の割合をみると，8割～9割を推移しており，高確率を維持しているといえる。ロバーツ長官は2位のことが多いが，1位はキャスティングボ

---

[77] Diane S. Sykes, "*Of a Judiciary Nature*": *Observations on Chief Justice's First Opinions*, 34 PEPP. L. REV. 1027, 1042 (2007).

[78] Thomas R. Hensley, Joyce A. Baugh and Christopher E. Smith, *The First-Term Performance of Chief Justice John Roberts*, 43 IDAHO L. REV. 625, 640-642 (2007).

[79] Thomas R. Hensley and Scott P. Johnson, *Unanimity on the Rehnquist Court*, 31 AKRON L. REV. 387, 388 (1998).

＊表1　ロバーツコートにおける全員一致の割合

＊上記の表は，スコータスブログ〈http://www.scotusblog.com/reference/stat-pack/〉の毎年の統計を基に作成した。以下の表も同様。

＊表2　ロバーツと多数意見の関係

|  | 2009年度 | 2010年度 | 2011年度 | 2012年度 | 2013年度 | 2014年度 |
|---|---|---|---|---|---|---|
| A　ロバーツが多数意見に組した割合 | 91%<br>（1位タイ） | 91%<br>（2位） | 92%<br>（2位） | 86%<br>（2位） | 92%<br>（1位タイ） | 80%<br>（6位） |
| B　ロバーツの多数意見執筆数 | 8 | 8 | 7 | 8 | 7 | 7 |
| C　Bのうち全員一致となった数 | 1 | 3 | 2 | 5 | 5 | 1 |

ートを握りかつスウィングボートの傾向のあるケネディ裁判官が常連となっており，それはある意味当然のことといえよう。

　多数意見を書いた数については，ロバーツ長官自身が割り当てているので，ここではあまり大きな意味を持たないが，そのうち全員一致となった数は他の裁判官をどの程度納得させているかに関わる。この数字についてはややばらつきがあり，保守派とリベラル派の分裂状況を物語っているともいえる。

　もっとも，以上の数字だけでは，ロバーツ長官が他の裁判官と比べて多数意見側につくのが多いかどうかはわからない。割合や順位が高くても，他の裁判官もそれに近い数字であれば，ロバーツ長官だけが多く多数意見側につ

*表3 　各裁判官が多数意見に組した割合

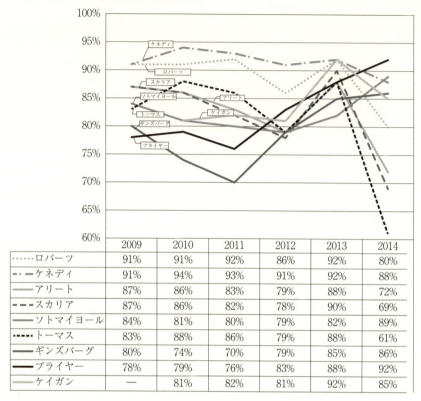

| | 2009 | 2010 | 2011 | 2012 | 2013 | 2014 |
|---|---|---|---|---|---|---|
| ロバーツ | 91% | 91% | 92% | 86% | 92% | 80% |
| ケネディ | 91% | 94% | 93% | 91% | 92% | 88% |
| アリート | 87% | 86% | 83% | 79% | 88% | 72% |
| スカリア | 87% | 86% | 82% | 78% | 90% | 69% |
| ソトマイヨール | 84% | 81% | 80% | 79% | 82% | 89% |
| トーマス | 83% | 88% | 86% | 79% | 88% | 61% |
| ギンズバーグ | 80% | 74% | 70% | 79% | 85% | 86% |
| ブライヤー | 78% | 79% | 76% | 83% | 88% | 92% |
| ケイガン | — | 81% | 82% | 81% | 92% | 85% |

いているわけではないことになるからである。そこで，各裁判官の多数意見に組した割合を示したのが表3である。これをみると，ケネディとロバーツがほぼ安定して上位にいることがわかる。

　また，ロバーツは個別意見を書くことが少ないこともまとめ役に関係している。たとえば，2005～2009年におけるロバーツの個別意見の数をみると，反対意見は3～5，同意意見は1～5と少ない[80]。他の裁判官の個別意見の数と比べると，2009年は反対意見および同意意見の数ともに9人の中で最も少なく，2005～2008年の間においても個別意見を書いた数は相対的に少ない[81]。

---

80　Goldstein, *supra* note 7, at 755.
81　*Id.*

このように，ロバーツは個別意見を執筆する数が少ないわけであるが，それは連邦最高裁が1つの機関としてまとまっていることを示すために個別意見を書くことを控えている可能性があると指摘される[82]。たしかに，個別意見が多いと連邦最高裁の権威が弱まる可能性があることは，個別意見の弊害として従来から指摘されてきたところでもある。そのため，ロバーツ自身が個別意見を控えることで全体の個別意見の数を減らし，連邦最高裁の権威を維持しようと努めていると考えられるのである。

もっとも，個別意見を控えることは自らの見解を抑えることであり，他の裁判官の意見がロバーツのそれと異なるとき，ロバーツが思い描くようなコートを実現できなくなる可能性もある。おそらく，ロバーツはそうならないように法廷意見執筆の割当やカンファレンスでのイニシアティブ的地位を最大限活用し，司法の謙抑やミニマリズムなど自分の考えるコートから外れないような意見に法廷意見を任せたりそのような方向に誘導したりしているものと推察される。

また，ロバーツが自分の見解を抑えながらも，漸進的に理想的なコートを形成しようと試みることができるのは，ロバーツの年齢にも関わる。長期にわたって長官職を務めることができる目算があるからこそ，ロバーツは自分の見解を抑えながら連邦最高裁の権威を保持し，かつ割当やカンファレンスを利用して少しずつ自分の理想に近づけていっていると思われるのである。

## V　ロバーツの立憲主義

### 1　ロバーツとイデオロギー

ロバーツは，G・W・ブッシュ大統領に任命されたことからもうかがえるように，基本的なスタンスは保守派と目されている。実際，ロバーツの投票行動をうかがうと，保守派に組することが多い。

もっとも，保守派の裁判官とはどのような裁判官のことを指すのだろうか。そもそも保守の定義については争いがあり，ここで明確に意味を措定することは難しいが，一般に以下のような特徴を持つ裁判官が保守派の裁判官

---

[82] Id.

と目されているように思われる。すなわち,①憲法制定時の意味や伝統的慣行を重視する,②条文に基づく解釈や一貫したルールなど形式主義的アプローチを行う,③目の前の事件の解決に必要な点についてのみ判断するミニマリズム的アプローチを行う,④経済,自由,州の権限,カトリック的道徳などを重視する保守的価値に根付いた判断を行う,⑤政治部門の判断に敬譲する,などである[83]。もちろん,これらの要素は保守派のみに当てはまるわけでもなく,ともするとリベラル的になる可能性を秘めている。たとえば,精神的自由を重視したり積極的政策について政治部門に敬譲したりする場合はリベラル的判断になるといえる。そうした重複部分がありうることを踏まえた上で,ここではさしあたり上記のような内容が保守派を意味するものとする。

これまでロバーツはある程度歴史や伝統を重視し,条文ベースの判断を行い,事件の解決に必要のないことはいわず,政治部門の判断に敬譲する傾向があるように思えるので,保守的思考をもっているといえる[84]。ただし,ロバーツはこうした保守性を強く打ち出すようなことはしない。たとえば,スカリア裁判官ほど原意にこだわらないし,道徳論を提示することもあるがそれに執拗にこだわり続けるわけでもない。むしろ,アンパイアとしての裁判官を目指すロバーツは党派的思考を前面に出すことを控える傾向にあるともいえる。それどころか,事案によってはリベラル的結果に終わる判断に組することもあり,一部の保守派から失望をかっている。

それでは,ロバーツはいったい何に基づいて行動しているのだろうか。この点につき,ロバーツコート発足以来10年の間で,最も注目を集めた2つのケースをみながら考えてみる[85]。

ランドマークケースの1つは,オバマケアの問題である。オバマ大統領が推し進めた医療保険制度に対し,政府の権限拡大を嫌う保守派は真っ向から

---

[83] Charles W. Rhodes, *What Conservative Constitutional Revolution? Moderating Five Degrees of Judicial Conservatism After Six Years of the Roberts Court*, 64 RUTGERS L. REV. 1, 4-7 (2011).
[84] なお,ロバーツコートは少なくとも伝統を重視する傾向があると指摘されている。Louis J. Virelli Ⅲ, *Constitutional Traditionalism in the Roberts Court*, 73 U. PITT. L. REV. 1 (2011).
[85] Mark Walsh, *John Roberts Marks 10 Years as Chief Justice by Taking the Long View*, 101 A.B.A. 54 (2015).

反対し，そもそも連邦議会にそのような権限があるのかどうかが連邦最高裁で争われることになった。2012年のNFIB v. Sebelius判決[86]はオバマケアについて合憲（一部違憲）の判断を下したことから，保守派は司法に失望すると同時に，批判の矛先をロバーツに向けた。というのも，この事件では，ロバーツ長官自ら法廷意見を執筆したからである。先述したように，連邦最高裁では，長官が多数意見の側に入っている場合，長官が法廷意見の執筆者を指名できる慣行になっている。つまり，本件においてロバーツが法廷意見を書いたということは，ロバーツが自分で法廷意見を書くと言ったことを示しているのである。そのため，保守派はロバーツに幻滅し，単に自分の名を歴史に残そうとしているだけではないかと疑いの眼差しを向けるようになった。

ところが，もう1つのランドマークケースである同性婚の問題では，ロバーツは保守派の意向にそう判断を行った。2015年のObergefell判決[87]では州が同性婚を禁じることが婚姻の権利などを侵害しているかどうかが争われ，連邦最高裁は違憲の判断を下した。このとき，ロバーツは反対意見側に回り，自らも反対意見を執筆した。そのため，反対意見ではあるものの，ロバーツの行動は同性婚を伝統的な婚姻形態からはみ出すと考える保守派の溜飲をわずかながら下げるものであった。

かかるロバーツの行動をみると，イデオロギーという観点からはあまり一貫性がないようにみえる。そのため，ロバーツは必ずしもイデオロギーに基づいて行動しているのではなく，司法の抑制という原理に基づいて行動しているのではないかという指摘がある[88]。

また，ロバーツ自身ではなく，ロバーツコートが約半世紀ぶりの保守的コートになっているという指摘がある[89]。たしかに保守的とみられる判決も多いが，しかし，グアンタナモ基地の被収容者に対して代替的な手続保障がなければ人身保護令状を停止することはできないとしたBoumediene v. Bush

---

86　*NFIB v. Sebelius*, 132 S. Ct. 2566.
87　*Obergefell*, 135 S. Ct. 2584.
88　Walsh, *supra* note 85, at 54.
89　Erwin Chemerinsky, *The Roberts Court at Age Three*, 54 WAYNE L. REV. 947, 956 (2008).

連邦最高裁判決[90]や子供に対するレイプ犯に死刑を科すことが違憲であるとしたKennedy v. Louisiana連邦最高裁判決[91]などがあり、こうした判断は従来の保守的判断からは距離がある。仮にロバーツが保守的思考を実践しようとしていたとしても、他の裁判官を説得できなければそれを実現することはできない。分断されたコートの状況でそれを完全に実現することは難しいといえるだろう。

## 2 ミニマリズムと憲法判断回避

　保守的行動と司法の抑制とを同時に説明できる行動原理がある。それがミニマリズムである。ミニマリズムといえば、サンスティンのいう、浅くて(shallow) 狭い (narrow) 判断が有名であるが[92]、ロバーツのミニマリズムはバーク (Edmund Burke) の保守的思想に基づいていると指摘される[93]。バークの保守主義は、その時代の知の結晶が伝統であると考え、裁判所は伝統に敬譲すべきであるとする。そうした伝統は漸進的に発展するものでもあり、裁判所はその伝統を尊重しながら発展させるために、狭い判断を行い、その射程を限定する。これこそがバーキアンミニマリズムであり、ロバーツはこのアプローチを採用しているというのである。

　裁量上訴を取り上げない点と判断内容において伝統に敬譲的であるという2点においてロバーツはバーキアンミニマリズムをとっているとされる[94]。裁量上訴を取り上げないことは必要以上に新しい判断をしないということであり、下級審が先例と異なる判断をしていない限り、先例を尊重することにもなる。たしかに、ロバーツコートは取り上げる事件数が少ないと指摘されており、レーンキストコート時代の半分近くにまで減っているとまでいわれ

---

90　Boumediene v. Bush, 553 U.S. 723 (2008).
91　Kennedy v. Louisiana, 554 U.S. 407 (2008). ただし、ロバーツ自身は反対意見の側についている。
92　CASS R. SUNSTEIN, ONE CASE AT A TIME: JUDICIAL MINIMALISM ON THE SUPREME COURT 10-11 (1999).
93　Henry T. Scott, *Burkean Minimalism and the Roberts Court's Docket*, 6 GEO. J.L. & PUB. POL'Y 753 (2008).
94　*Id.* at 776-781.

る[95]。また，Federal Election Commission v. Wisconsin Right to Life, Inc.連邦最高裁判決[96]にみられるように，適用違憲を下すなどして，違憲判決の射程をできるだけ狭くする傾向がある。

また，ミニマリズムは事件を取り上げた場合でもどこまで憲法判断に踏み込むかに関係する。すなわち，憲法判断を回避するか否かという問題である。たとえば，ロバーツは投票権法5条の合憲性が争われた2009年のNorthwest Austin Municipal Utility District No. 1 v. Holder連邦最高裁判決[97]において憲法判断回避のルールに言及しながら法律の例外規定の解釈で対応できるとした。また，同年には，ロバーツ自身が法廷意見を執筆したわけではないものの，消防士の昇任試験において人種的不均衡を理由にその結果を認めないことの合法性が争われたRicci v. DeStefano連邦最高裁判決[98]があり，ここでも憲法の平等問題ではなく市民権法の問題として判断された。

ところが，ロバーツは必ずしもつねに憲法判断回避を行っているわけではない。ロバーツ自身が法廷意見を書いたわけではないが，ロバーツコートにおける選挙資金規正関連の重要判決である2010年のCitizens United v. Federal Election Commission連邦最高裁判決[99]では正面から違憲判決を下した。

### 3 ロバーツの消極性と積極性

このようにロバーツの司法哲学（judicial philosophy）は，一般的には，保守的，司法抑制的，ミニマリズム的傾向にあるといえるものの，状況次第で揺れることもあり，1つの法理論として位置づけることが難しい。とすれば，ケースごとに対応しているのだからプラグマティズムに近いのではないかという見方もできそうであるが，しかし，必ずしもプラグマティズムを貫徹しているわけではなく，多くの場合は先に述べた保守的，司法抑制的，ミニマリズム的なスタンスを堅持しているといえる。

---

95 Jonathan H. Adler, *Getting the Roberts Court Right: A Response to Chemerinsky*, 54 WAYNE L. REV. 983, 987-988 (2008).
96 Federal Election Commission v. Wisconsin Right to Life, Inc., 551 U.S. 449 (2007).
97 Northwest Austin Municipal Utility District No. 1 v. Holder, 557 U.S. 193 (2009).
98 Ricci v. DeStefano, 557 U.S. 557 (2009).
99 Citizens United v. Federal Election Commission, 558 U.S. 310 (2010).

また，ウィッティントン（Keith E. Whittington）は，ロバーツコートの特徴につき，これまでになく違憲判決を下さないようになってきているとし，「史上最も消極的な最高裁」[100]と呼んでいる。ウィッティントンによれば，ロバーツコートの違憲判断の割合は年に3.8件しかなく[101]，それは南北戦争以来の少ない数字であり，特に，州法に対する違憲判決が少なく，年に1.6件しかないと指摘している。

（1）リバタリアン？

このように捉えどころのないロバーツの司法哲学であるが，人権保障に関するロバーツの対応をみていくと，積極的に憲法判断を行ったり違憲判断を下したりしているようにみえるため，リバタリアンとしては一貫しているのではないかという指摘がある[102]。たしかに，ロバーツは表現の自由，政治資金，銃所持の権利，刑事手続，信教の自由など，多くの分野において自由を擁護する側の判断に組している。

もっとも，すべての事例においてロバーツが自由を擁護する判断を行っているわけではない。たとえば，ロバーツは，表現の自由であってもMorse v. Frederick連邦最高裁判決[103]では規制を認める判断を行っているし，刑事手続についてもHeien v. North Carolina連邦最高裁判決[104]で捜査の合理性を認める判断を下している。また，リバタリアンを貫くのであれば，同性婚を認める判断あるいは婚姻の重要性を強調しない判断を下してもよいはずであるが，同成婚容認に対して反対意見を書いている。

（2）プロビジネス？

ロバーツはすべての人権分野について積極的に保障しているわけではないが，分野ごとにみれば積極的な保障を行っている領域がある。そして，その領域はプロビジネスに関わるという点で共通しているとされる[105]。とりわ

---

100 Keith E. Whittington, *The Least Activist Supreme Court in History? The Roberts Court and the Exercise of Judicial Review*, 89 NOTRE DAME L. REV. 2219 (2014).
101 *Id.* at 2227.
102 Michael Stachiw, *The Classically Liberal Roberts Court*, 10 NYU L.J. & LIBRARY 429 (2016).
103 Morse v. Frederick, 551 U.S. 393 (2007).
104 Heien v. North Carolina, 135 S. Ct. 530 (2014).
105 Corey Ciocchetti, *The Constitution, the Roberts Court, and Business: The Significant Business Impact of the 2011-2012 Supreme Court Term*, 4 WM. & MARY BUS. L. REV. 385 (2013).

け，専占と政治資金規正の分野ではその傾向が著しい[106]。たとえば，専占の分野をみると，National Meat Association v. Harris連邦最高裁判決[107]は連邦法がカリフォルニア州の屠殺場規制に優先するとし，Kurns v. Railroad Friction Products Corp.連邦最高裁判決[108]でも連邦法が州法に基づいてアスベスト被害による損害賠償請求を行うことに優先するとした。これらはいずれも企業側を利する結果となるため，プロビジネス的判断とされる。しかも，ロバーツは法廷意見を書いておらず，多数の側に入りながらも他の裁判官に法廷意見の執筆を割り当てている。つまり，目立たない形でプロビジネス的判断をしているともいえよう。

また，政治資金規正関係の判例では違憲判決が目立っており，これもプロビジネス的であるとみなされている。たしかに，Citizens United判決をはじめとして，Davis v. Federal Election Commission連邦最高裁判決[109]やArizona Free Enterprise Club's Freedom Club PAC v. Bennett連邦最高裁判決[110]など，数々の違憲判決が下されている。この領域でも，ロバーツ自身がすべて法廷意見を書いているわけではないが，多数意見の側に回っていることが多い。

もっとも，政治資金規正関係の問題は表現の自由の問題の領域であることから，プロビジネスとみるのか表現の自由の一環とみるのかが難しいところである[111]。というのも，第6章でみるように，ロバーツは表現の自由を手厚く保障する傾向にあるからである。

---

106 A.E. Dick Howard, *Out of Infancy: The Roberts Court at Seven*, 98 VA. L. REV. IN BRIEF 76, 80-85（2012）.
107 National Meat Association v. Harris, 132 S. Ct. 965（2012）. なお，ロバーツ長官も法廷意見側に入っているが，ケイガン裁判官が法廷意見を書いている。
108 Kurns v. Railroad Friction Products Corp., 132 S. Ct. 1261（2012）. なお，ロバーツ長官も法廷意見側に入っているが，トーマス裁判官が法廷意見を書いている。
109 Davis v. Federal Election Commission, 554 U.S. 724（2008）. なお，アリート裁判官が法廷意見を書いている。
110 Arizona Free Enterprise Club's Freedom Club PAC v. Bennett, 564 U.S. 721（2011）. なお，ロバーツ長官が法廷意見を書いている。
111 Russell L. Weaver, *The Roberts Court and Campaign Finance: "Umpire" or "Pro-Business Activism?"*, 40 STETSON L. REV. 839（2011）.

## 4 ロバーツの立憲主義

こうしてみると，ロバーツの司法哲学や投票行動を1つの物差しではかることは困難であるといえる。結局，ロバーツはアンパイアというペルソナをかぶりながらも，憲法問題に挑み続ける司法像を捨て切れていない[112]。

ただし，それは司法積極主義という方法ではなく，あくまで司法の謙抑を是としつつ，必要があれば目立たないように司法の憲法解釈を打ち出し，徐々に憲法秩序に変化をもたらす試みを行っているようにみえる。

たとえば，パウエル（H. Jefferson Powell）は，ロバーツコートにおける合理性の基準が従来のような敬譲的審査基準ではなく，法に合理性自体が存在していなければならないとする憲法的要請とみなし，司法がそれを判断するような形に変容していると指摘する[113]。パウエルがその例とみるのがDistrict of Columbia v. Heller連邦最高裁判決[114]における脚注27の存在である。同事件につきスカリア裁判官の法廷意見は次のように述べた。「合理的理由の審査は法自体が不合理であってはならないという憲法的要請に基づき法を評価する際に我々が用いてきた分析手法である。See, e.g., Engquist v. Or. Dep't of Agric., 553 U.S. 591, 602, 128 S. Ct. 2146, 170 L. Ed. 2d 975 (2008). 先例では，"合理的理由"は単なる審査基準ではなく，まさに憲法が保障する中身であるとする」[115]。ここでは，まさしく合理性の基準が審査基準ではなく，法それ自体に内在しなければならないものに昇華されている。たしかに，もともと「合理性の基準」（rational basis test）は合理的理由（基盤）（rational basis）に根ざしていなければならないことを要請するものであり，法それ自体に合理性が埋め込まれていなければならないことを求めるものと理解してもおかしくない。ここで見落としてはならないのが，脚注27が先例として引いているEngquist判決である。この判決ではロバーツ長官が法廷意見を執筆しており，ロバーツ自身が合理性の基準の転換の引き金を引いていた可能性

---

112 George T. Anagnost, *Uncertain Justice: The Roberts Court and the Constitution: Still Under Construction?*, 51 Az. ATTORNEY 26, 28 (2015) (book review).

113 H. Jefferson Powell, *Reasoning About the Irrational: The Roberts Court and the Future of Constitutional Law*, 86 WASH. L. REV. 217 (2011).

114 Dist. of Columbia v. Heller, 554 U.S. 570 (2008).

115 *Id.* at 628 n.27.

がある。該当箇所においてロバーツは「政府がある者を別に取り扱い，恣意的に分類している可能性がかなり高いようにみえる場合，平等保護条項は"その別異取扱いに合理的理由があること"を要求する」[116]と述べた。

　ロバーツ長官は，平等の問題においては別異取扱いそれ自体が合理的でなければならないことを述べているだけであり，スカリア裁判官のように憲法が法一般に合理性を要請しているとまで考えてはいなかった可能性もある。しかし，ロバーツ長官はHeller判決において特に異論を挟んでおらず，そのままスカリア裁判官の法廷意見に同調している。ロバーツ長官が脚注27を見落としていた可能性もあるが，少なくとも表面上は両者が接合している形になっているため，現状としては合理性の基準が合理的基盤に昇華している可能性が残されている。

　これがただちに司法の憲法態度に変化をもたらしているとは考えられないが，ロバーツまたはロバーツコートが実は牙を隠し持っている可能性を示唆するものといえる。また，もともとは平等の領域という限られた場面における要請が脚注27の黙示の承認を通して漸進的に憲法の一般的要請まで発展させるというプロセスはある意味ロバーツのミニマリズム的発想に近いともいえよう。

　そうだとすれば，これまでのロバーツの司法哲学や態度を総合して勘案するに，政治部門が法を創造する任にあたり，司法は憲法適合性の判断に終始するというアンパイア的役割を基本としながらも，司法は漸進的に憲法を発展させる役割を実践する可能性を残しているといえる。つまり，ロバーツの立憲主義は司法の謙抑を第一とするスタイルをとりつつも，司法が徐々に憲法秩序に変化をもたらすような判断をすることは認めていると考えられる。

　だからこそ，急な憲法秩序の転換に対して，ロバーツは政治部門の判断を尊重している。医療保険の事案や同性婚の事案はいずれも急な憲法秩序の転換であり，ロバーツとしては司法がその先導役になることは避けるべきであると考えていたように思える。また，ロバーツが，実質上は先例を変更しているようにみえる事案においても，形式的には先例を踏襲しながらそれを発展させるアプローチをとっているのもそうしたスタイルの一環といえよう。

---

116　*Engquist*, 553 U.S. at 602.

かかるロバーツのスタンスは，判決におけるロバーツ自身の言述にもうかがうことができる。ロバーツは，意見の中に否定的感情の言葉（negative emotion words）が少なく，ロバーツコートの中でも冷静な意見が目立つとみなされている[117]。感情を露にすることは目立つ行為であり，ロバーツはそうした行為を極力避けようとしているように思える。

また，分野によっては憲法判断や違憲判断を積極的に行うこともあるが，それは憲法適合性の判断にとどまっており，大きな変化をもたらすような判断をしているわけではないともいえる。

このように，司法の謙抑を旨としつつ，状況に応じて臨機応変に対応しながら，司法による憲法価値の実現を控えめながらじわじわと浸透させようとするのがロバーツの司法哲学，あるいはロバーツの考える立憲主義のあり方だといえる。それは，オーソドックスな立憲主義と民主主義の調整方法ともいえるが，それを司法のみならず長官という役職を意識して実践しようとしている点にロバーツの特色が垣間見えるように思える。

もっとも，以上のような分析はあくまでロバーツを俯瞰して得られたさしあたりの結論であり，実際の姿は個別の領域を考察しなければ明らかにならないといえる。ゆえに，本書各論（3章以下）では領域ごとにロバーツまたはロバーツコートの実態を探ることにする。

## おわりに

ここまでの考察をまとめると，表向きは謙抑な司法を提示し，同僚裁判官に気をつかいながら連邦最高裁をまとめ上げようとする献身的な長官の姿を見せつつ，随所に自らの功績を残そうとしたり，司法の憲法解釈を目立たないように示して漸進的な憲法秩序の変化を試みる人物として，ロバーツ像を描き出せるように思える。それは，ある意味，したたかな長官像である。

さて，2016年2月13日にスカリア裁判官が亡くなり[118]，オコナーを含める

---

117　Frank B. Cross and James W. Pennebaker, *The Language of the Roberts Court*, 2014 MICH. ST. L. REV. 853, 883-892.
118　スカリア裁判官の訃報については，大林啓吾「スカリア判事の急逝——時の魔術師が遺したもの」判例時報2286号145頁（2016年）を参照。

と，ロバーツコートが始まってから約半数（4名）の裁判官の顔ぶれが変わったことになる[119]。新たな裁判官が加わることもあり，ロバーツはその機会を利用してコートの分裂状況を幾分でも緩和し，一体性のあるコートを作り上げていけるだろうか。

もしロバーツが長官としての業績にこだわるのであれば，マネジメント能力以外に，在任中に重要な先例を残すことができるかどうかも重要である。たとえロバーツがミニマリズム的思考により，浅く狭い判決を心がけているとしても，ランドマークとなるような判決を残すことは別問題であり，それはそのコートに対する業績評価の対象となりうる。

この点につき，エプスタイン＝フリードマン＝スタウト（Lee Epstein, Barry Friedman and Nancy Staudt）は，ランドマーク的判決を残すためには裁判官のイデオロギー的一致が必要であるという[120]。なぜなら，判決の中で意見が分かれていると，確立した判例法理として将来の判例に指針を残すことができず，先例としての価値が減殺してしまうからである。ロバーツコートは分断されたコートであるがゆえに，Brown判決のような全員一致でランドマーク的判決を下すことが難しいかもしれない。実際，NFIB v. Sebelius判決において全員一致を形成できなかったことはそれを物語っている。逆に，ロバーツコートにおける全員一致の判決は同意意見を読むと実質的に5対4に分かれているケースが多いことから[121]，全員一致でもイデオロギー的一致を見ているとはいえない状況にある。

それにもかかわらず，エプスタインらはロバーツコートもランドマーク的判決を残す可能性を秘めているという。なぜなら，ロバーツコートにおいては5対4に明確に分かれるがゆえに，法廷意見内における各裁判官のイデオロギーの同一性が担保される傾向にあるからである。つまり，分断されたコートの副産物として法廷意見におけるイデオロギー上の一致が確保され，ラ

---

119　2009年にスーター裁判官がリタイアしてソトマイヨール裁判官が就任し，2010年にスティーブンス裁判官がリタイアしてケイガン裁判官が就任している。
120　Lee Epstein, *Barry Friedman and Nancy Staudt, On the Capacity of the Roberts Court to Generate Consequential Precedent*, 86 N.C. L. Rev. 1299 (2008).
121　大林啓吾「アメリカにおける少数意見の意義と課題」大林啓吾・見平典編『最高裁の少数意見』187-189頁（成文堂，2016年）。

ンドマーク的判決を残す余地が残されているのである。

　いずれにせよ，ロバーツの目論見が成功するか否かはロバーツコートの展開にかかっているといっても過言ではない。続く2章ではロバーツコートの状況を考察し，3章以下では分野ごとにロバーツコートの動向をみていくことにする。

# 第2章　ロバーツコートの裁判官たち

溜箭　将之

はじめに
Ⅰ　ロバーツコート
Ⅱ　レーンキストコート以来の裁判官
Ⅲ　新たに就任した裁判官
Ⅳ　スカリアとブライヤーの対立
Ⅴ　キャスティングボート──ケネディかロバーツか
Ⅵ　リベラル派と保守派の動向
Ⅶ　ロバーツコートと立憲主義
おわりに

---

イントロダクション
　保守化の傾向を強め，保守派とリベラル派がイデオロギー対立を深めるロバーツコート。総じて高学歴化と均質化が進んだ裁判官の経歴を個々にみながら，ロバーツコートの傾向を探ってゆく。そしてレーンキストコート以来の理論的対立，5対4の政治信条的対立，オコナーからケネディへのキャスティングボートの引渡し，またより広い視点から裁判所へのアクセスの問題を検討し，ロバーツコートを取り巻くアメリカ法曹界の地殻変動を探る。

## はじめに

　ロバーツ（John Roberts）長官を扱った第1章に引き続き，本章ではロバーツを含め9人の裁判官からなるロバーツコートを全体として取り上げる。

　レーンキストコートは，後半11年間にわたって裁判官の入れ替わりがなかった。しかし2005年にレーンキスト（William H. Rehnquist）長官が亡くなり，ロバーツが第17代連邦最高裁長官に就任すると，ロバーツコートでは相次いで3人の裁判官が入れ替わることになった。2006年には，以前から退任の意向を示していたオコナー（Sandra Day O'Connor）に代わり，アリート（Samuel Anthony Alito, Jr.）が着任した。さらにオバマ（Barack Obama）政権に入って，スーター（David Souter）とスティーブンス（John Paul Stevens）が退任し，2009年にソトマイヨール（Sonia Sotomayor），2010年にケイガン（Elena Kagan）が就任した。

　ハーバード大学ロースクールのトライブ（Laurence Tribe）は，ロバーツコートを総括する著書の中で，ロバーツコートの行方を見極めるには，連邦最高裁裁判官をステレオタイプで見る態度を退け，判決における各意見を虚心坦懐に検討する（explore their opinions with an open and welcoming mind）必要がある，と述べている[1]。しかし本章では，敢えて，トライブが退けるステレオタイプに沿って検討してゆきたい。すなわち，ロバーツコートによる判決の結論や裁判官の考え方を，リベラル対保守ないし民主党対共和党という政治イデオロギーといった対立軸を中心として叙述してゆく。そうすることによって，ロバーツコートの裁判官の考え方や個々の判決だけでなく，これを取り巻くアメリカ法を巡る大きな構造変化まで視野が広がると考えるからである。各判決の虚心坦懐な検討は，各論の個々の章に委ねることにする。

---

1　Laurence Tribe & Joshua Matz, Uncertain Justice: The Roberts Court and the Constitution, 319 (2014).

## I　ロバーツコート

### 1　政治的文脈と選任過程

　連邦最高裁における裁判官の司法哲学は，かなりの程度までリベラル対保守の対抗軸によって規定されてきた[2]。リベラルとは，1930年代のニューディールが体現した大きな連邦政府，福祉国家を重視する立場，これに対して保守とは，小さな政府，市場の自由競争，より広い州の権限といった価値を標榜する立場である。第二次世界大戦後のウォーレン（Earl Warren）長官の下での連邦最高裁（1953-69年）は，市民的自由や市民的権利を積極的に保障し，連邦裁判所の主導による社会改革を推進した。リベラル派は，こうした連邦最高裁の判例を擁護する立場をとる。対する保守派は，ウォーレンコートによるリベラルな司法積極主義を強く批判してきた。

　ウォーレンコートのリベラルな判例は，次のバーガー（Warren Earl Burger）長官のもとでの連邦最高裁（1969-86年）にも影響を及ぼしたが，1970年代後半の判例から，徐々に保守化傾向が強まってきた。続くレーンキストコート（1986-2005年）に入ると，保守とリベラルの勢力は均衡し，中道派の裁判官がキャスティングボートを握り，連邦最高裁の判決を左右する現象が定着していった。レーンキストコートの後半期にキャスティングボートを握ったのは，保守中道のオコナーだったが，ロバーツコートになって，保守派姿勢を明確にしたアリートが後任に任命されたことによって，それまで保守派と目されてきたケネディ（Anthony M. Kennedy）がキャスティングの地位に立った。

　レーンキストコートまでは，共和党大統領に任命されながらリベラル派にシフトしていったスーターとスティーブンスがいたので，裁判官の思想信条と彼らを任命した大統領の党派との間には，一定のずれがあった。しかし，スーターとスティーブンスが相次いで退任したことで，それぞれブッシュ父（George H. W. Bush）とフォード（Gerald Ford）の共和党両大統領による「失敗人事」が消えた。裁判官の思想信条が，任命した大統領の党派と直結する

---

[2] 溜箭将之「オバマのアメリカ：キイ・プレイヤーたちの法哲学と政治思想——［最高裁］「リベラル対保守」の構図から新たな法哲学へ？」法学セミナー55巻3号22頁（2010年）。

ことになった点で，ロバーツコートは前例のない状況だといえる[3]。これまでリベラル・保守の軸で論じられてきた連邦最高裁の対立は，端的に民主党・共和党の対立となったということもできる。

ロバーツコートは，これまでで最も深刻な政治対立を抱えた連邦最高裁ともいわれる。アファーマティブアクション，銃規制，選挙資金規正，雇用差別といった分野の判決の多くは，共和党5対民主党4で決している。共和党支持者は，オバマケアの合憲性が争われたNational Federation of Independent Business v. Sebelius連邦最高裁判決（Sebelius判決）[4]でも，5対4で違憲判決を期待したであろう。しかし，この事件ではロバーツがリベラル4人の側について合憲判決を下した。いわば「党議拘束」を乱した長官は，議会やメディアの保守派から非難にさらされた。

こうした中で，大統領や連邦議会による裁判官選任手続のもつ重要性も高まってきた[5]。連邦裁判所の裁判官は，大統領の指名と，上院過半数の承認により選任される。大統領に指名された裁判官候補を，上院の公聴会で厳しく審査する光景は，近年おなじみのものとなった。もともとこの手続は，民主党がボーク（Robert Bork）を保守的傾向が強すぎるとして承認を拒否することに成功し，また黒人保守派トーマス（Clarence Thomas）をセクハラ疑惑で追い落としかけて注目された。しかしその後この手続は，クリントン（Bill Clinton）やオバマ大統領の指名した裁判官をブロックするため，共和党議会によっても用いられた。上院の承認手続に向けて，裁判官の党派的忠誠をスクリーンするインフラの整備も進んだ。裁判官候補者の思想信条を同定するため，その経歴や政治活動，過去の発言，学者であれば公表論文，裁判官であれば過去の判決が精査される。ブッシュ（子）（George W. Bush）大統領に指名されたマイヤーズ（Harriet Miers）は，共和党内からも司法信条への疑義があがって任命を辞退した。マイヤーズが裁判官を経験していなかったことも，共和党内の支持が集まらなかった要因とされる。

連邦最高裁の政治化・分裂を増幅する構造は，任命過程に留まらない。連

---

3　MARCIA COYLE, THE ROBERTS COURT: THE STRUGGLE FOR THE CONSTITUTION, 5 (Paperback ed., 2014).
4　132 S.Ct 2566 (2012).
5　MARK TUSHNET, IN THE BALANCE: LAW AND POLITICS ON THE ROBERTS COURT, 72 (2013).

邦最高裁で弁論を行う弁護士も専門化が進み，エリート法廷弁護士と政府側弁護士からなる小さなサークルが形成されている。ロバーツはまさにそうしたサークルの出身である。当然にリベラル派の弁論を担う弁護士と，保守系の弁護士がいるが，近年は産業界側がこれらエリート法廷弁護士を起用して，連邦最高裁へのサーシオレイライの申立から，これが認められた後の本案の弁論においても影響力を強めていると指摘されている[6]。

連邦最高裁は，ロースクール卒業直後の弁護士が裁判官を補助するロークラーク制度を通じて，ロースクールとつながる。ロースクールはニューディール期以降リベラル派の牙城であったが，近年は保守派の伸張が著しい。1982年以降本格的に活動を始めたフェデラリストソサエティ（Federalist Society）は，今日ロースクールから政府の弁護士，裁判官まで，法曹界保守派を束ねる組織として知られる[7]。ロバーツコートでも，ロバーツ，アリート，スカリア（Antonin Scalia），トーマスの4人も，フェデラリストソサエティ出身者だとされる[8]。

## 2 全般的な特徴

ロバーツコートの一つの特徴として，裁判官の高学歴化と均質性の高まりが挙げられる。シカゴ出身のスティーブンスやテキサス出身のオコナーの退任後は，ほぼ東部とカリフォルニア出身者で占められることになった。ケネディとブライヤー（Stephen G. Breyer）がカリフォルニア出身，トーマスが南部ジョージアの出身のほかは，ロバーツも含めて6人の裁判官がニューヨークとニュージャージーの出身である。

学歴をみても，ロバーツ，スカリア，ケネディ，ギンズバーグ（Ruth Bader Ginsburg），ブライヤー，ケイガンはハーバード大学ロースクール出

---

6 Richard J. Lazarus, *Advocacy Matters Before and Within the Supreme Court: Transforming the Court by Transforming the Bar*, 96 GEO. L.J. 1487, 1490-91 (2008).

7 MICHAEL AVERY & DANIELLE MCLAUGHLIN, THE FEDERALIST SOCIETY HOW CONSERVATIVES TOOK THE LAW BACK FROM LIBERALS (2013).

8 ロバーツはフェデラリストソサエティに関与した記憶はないとしているが，彼の名前はフェデラリストソサエティのワシントンDC支部幹部名簿に掲載された時期があるとも報じられている。Charles Lane, *Roberts Listed in Federalist Society '97-98 Directory*, WASHINGTON POST, July 25, 2005.

身，トーマス，アリートʓソトマイヨールはイェール大学ロースクール出身と二つの名門校に絞られている。学部も，ロバーツ，ギンズバーグ，ケイガン，アリート，ソトマイヨールはアイビー・リーグ，ケネディとブライヤーはスタンフォード大学である。ブライヤーとケイガンはオックスフォードへ，ケネディはロンドンへと，イギリス留学を経験している。ただし，トーマスとソトマイヨールは恵まれない家庭の出身であることが知られている。

人種的には，イタリア系のスカリア，アフリカ系のトーマスにヒスパニック系のソトマイヨールが加わった。アジア系はまだいない。女性も，オコナー引退で一時期ギンズバーグが紅一点だったが，オバマ大統領の指名によって，ソトマイヨールとケイガンが加わった。ギンズバーグとソトマイヨールは女性として，トーマスが人種的マイノリティとしてアファーマティブアクションの恩恵を受けていることが知られている。ギンズバーグとソトマイヨールはそうした事実を公言しており，アファーマティブアクションを支持する立場をとるが，トーマスは一貫してアファーマティブアクションに否定的である。

ロバーツコートの裁判官構成のもう一つの特徴が，プロテスタントの裁判官がいないことである。カトリックの裁判官が6人，ユダヤ教の裁判官が3人である。具体的には，保守派は6人ともカトリック，リベラルでもソトマイヨールがカトリックで，残り3人がユダヤ教徒である。こうした宗派構成が，中絶や政教分離など宗教的信念の関わる争点にどのような影響を及ぼすのかは，興味深いところではある。しかし，裁判官の選任過程で，裁判官の様々な側面が審査される中で，こうした9人の構成が成り立つということは，宗派性の問題がそれほど大きな問題ではないことを示唆しているのかもしれない。

ロバーツコートの裁判官は，ケイガンを除いて全員が連邦高裁の裁判官を経ており，その中でDC巡回区が5人と多い。他方で連邦地裁裁判官の経験があるのは，ソトマイヨールだけである。州裁判所の裁判官の経験者はいない。ロースクールで教授として教鞭をとった経験のある裁判官が多数で，そうした経験のないロバーツ，トーマス，アリートの方が少数派である。また連邦政府での経験のある裁判官がほとんどであり，共和党では，スカリア，

トーマス，アリートがレーガン政権とかかわりが深く，民主党ではブライヤーがジョンソン政権，ケイガンがクリントン・オバマ政権の下で政府関係の要職を務めている。

　他方で，政党政治に直接かかわった経歴の持ち主はいない。トーマスが，ミズーリ州選出の共和党上院議員の立法補佐を務め，その後レーガン政権に取り立てられたのが目立つであろうか。アメリカ大統領を務めたタフト（William Howard Taft）や，カリフォルニア州知事から連邦最高裁長官となったウォーレンのような例は，もはや出にくくなったかもしれない。

　このことは，逆説的ではあるが，裁判官と政府や政治との関係が弱まったことを意味しない。象徴的なのが，ブッシュ政権のチェイニー（Dick Cheney）副大統領と狩りに出かけていたスカリアの中立性が問題となったCheney v. United States District Court連邦最高裁判決[9]である。この事件では，ホワイトハウスがチェイニーの主宰したエネルギー・タスクフォースの文書を提出すべきかが争われており，申立人のシエラクラブは，スカリアには利益相反があり，中立性に疑義があるとして忌避を求めた。しかしスカリアは，この請求を拒み，最終的にチェイニーを支持する判決を下した。

　アメリカの裁判官は，一般に多様な経験を積んでいる人が多い。これがアメリカ法曹界の誇りであったし，ロバーツコートも日本の裁判所に比べれば多様だということができよう。しかし，ロバーツコートにおいて多様性が相対的に低下し，その一方でワシントンDCの政界とのコンタクトが強まったことは，疑念と批判を招くことになった。ロバーツコートは，Citizens United v. Federal Election Commission連邦最高裁判決[10]で選挙資金規正立法を違憲無効とし，1965年投票権法に関するShelby County v. Holder連邦最高裁判決[11]でも違憲判決を下した。これら一連の判決に対しては，実社会とのコンタクトを失った連邦最高裁が，判決のインプリケーションを理解せずに保守派の司法積極主義に走ったとの批判が寄せられることになる[12]。

---

9　542 U.S. 367（2004）.
10　558 U.S. 310（2010）.
11　133 S. Ct. 2612（2013）.
12　COYLE, *supra* note 3, at 277.

## II　レーンキストコート以来の裁判官

ロバーツコートの裁判官を，先任順にみてゆくことにしよう。まずは，レーンキストコート時代からの裁判官である。

### 1　アントニン・スカリア（Antonin Scalia, 1936生・1986任命（レーガン））

ニュージャージー出身で，連邦最高裁としては初めてのイタリア系裁判官である。学部はジョージタウン大学とスイスのフライブルク大学を出て，ハーバード大学ロースクール出身である。弁護士としてのキャリアの後，ヴァージニア大学とシカゴ大学で教鞭をとり，連邦政府でも司法長官補などの役職を務めている。1982年にDC巡回区控訴裁判所裁判官に任命され，レーガン大統領の指名により1986年に連邦最高裁裁判官となった。

保守派の裁判官で，レーガン大統領は彼のイデオロギーを重視して任命したとされる。原意主義（originalism）と呼ばれる解釈方法論をとり，制定法の解釈においては文言を重視し，憲法解釈としては憲法制定時の条文の意味を重視する。スカリアは，自らの立場を明らかにする著述の中で，判例法理による法の発展は，民主主義的正当性を欠いた裁判官による立法であり，法の支配に反すると論じている[13]。この理論は，制限的な憲法解釈に民主主義的正当性をひきつけるもので，レーガン以降の共和党政権の理想とした憲法解釈論でもある。この解釈論は同時に，ウォーレンコートのリベラルな憲法解釈の正当性を掘り崩す役割を担ってきた。

原意主義者スカリアが本領を発揮したのが，District of Columbia v. Heller連邦最高裁判決[14]での法廷意見である。これは保守5対リベラル4の判決で，連邦憲法修正2条のもとで各個人に銃を保持する権利が保障されるとして，ワシントンDCの銃規制立法が違憲無効とされた。原意主義については，Ⅳ．1にて扱う。

---

13　A Matter of Interpretation: Federal Courts and the Law（Antonin Scalia & Amy Gutmann eds.,1997）．
14　554 U.S. 570 (2008)．

スカリアは，トーマスやアリートとともにロバーツコート保守派の最右翼を構成する。同時に，同僚の裁判官に対して辛らつな態度をとることでも知られる。こうした態度は，これまで他の裁判官を離反させ，リベラルにシフトさせていったともいわれる。選挙資金規正法の合憲性が争われたFederal Election Commission v. Wisconsin Right to Life, Inc.連邦最高裁判決（以下WRTL判決）[15]では，ロバーツが5対4の法廷意見を著し，選挙資金規正立法を事案との関係で適用違憲としつつ，これを合憲とした先例を維持する判断を下した。スカリアは，結論としては法廷意見に加わったが，本来は正面から先例変更すべきだとして，ロバーツの態度を「このような偽りの司法謙抑主義は，司法によるまやかしである」と皮肉った[16]。しかし，選挙資金規正立法に関しては，3年後のCitizens United判決において，正面からの先例変更が実現した。

2016年2月に，テキサスのハンティング先で死亡した[17]。79歳であった。連邦最高裁における保守派の要の位置にいただけに，民主党オバマ政権と共和党上院による後継者選任手続のゆくえが関心を集める。

## 2 アンソニー・M・ケネディ（Anthony M. Kennedy, 1936生・1988任命（レーガン））

カリフォルニア出身で，スタンフォード大学とロンドン・スクール・オヴ・エコノミクスを経て，ハーバード大学ロースクールを出ている。弁護士としてキャリアを積んだ後，1965年からカリフォルニアのパシフィック大学ロースクール教授として憲法を教えた。この間に連邦司法会議などの政府役職も務めている。1975年に第九巡回区控訴裁判所の裁判官に任命され，レーガン大統領の指名により，1988年に連邦最高裁裁判官に着任した。

中道寄り保守派の裁判官である。レーガン大統領は当初，ボークを指名していた。しかし民主党議会は，ボークの著述における憲法論が保守的であ

---

15　551 U.S. 449（2007）.
16　*Id.* at 499（Scalia, J., dissenting）("This faux judicial restraint is judicial obfuscation.")．
17　*See* Richard A. Epstein, *Antonin Scalia, A Most Memorable Friend*, Stanford University Hoover Institution, at
　　http://www.hoover.org/research/antonin-scalia-most-memorable-friend（Feb. 15, 2016）.

り，それまでのリベラルな判例が覆されることを恐れ，承認を拒否した。このため，イデオロギー的色彩の明らかでないケネディが指名されることになった。

ケネディは，レーンキストコート時代から，州の権限を重視して連邦政府の権限を制約し，学校の差別解消策を違法とするなど，連邦最高裁の保守化を決定づける判決に加わってきた。ロバーツコートになって，オコナーの後任に保守派アリートが就任したことで，オコナーに次ぐ中道派ケネディがキャスティングボートを握ることになったから，ロバーツコートは1人分保守に寄ったことになる。

オコナーからケネディへのシフトは，アファーマティブアクションや妊娠中絶に関する判決に見て取ることができる。Parents Involved in Community Schools v. Seattle School District No. 1連邦最高裁判決[18]では，5対4で初等教育のアファーマティブアクションを違憲とする結論に加わった。ただし，ロバーツら4人の保守派による相対多数意見の理由づけには与せず，保守派とリベラル派双方を批判する単独意見を付している。またGonzales v. Carhart連邦最高裁判決（Carhart II判決）[19]では，連邦議会の制定した部分的出生中絶禁止法を合憲と判断した5対4の判決の法廷意見を著した。ケネディはこの中で，1973年バーガーコートのRoe v. Wade連邦最高裁判決[20]や，1992年レーンキストコートのPlanned Parenthood of Southeastern Pa. v. Casey連邦最高裁判決[21]などの先例の是非に踏み込むことは回避しつつ，従来の判例を前提としても，同法は，女性が中絶を受ける権利に「不当な負担」を課すことにはならないと判示した。判決の射程を具体的事案に限定し，抽象的な判例法理を打ち出すことに慎重な態度から，キャスティングボートの立場を意識した判決行動を見て取ることができる。

他方で，個人の尊厳を絶対的に考える傾向の持ち主でもある。それが表現の自由に関する判例におけるリバタリアン的なアプローチとして現れることもあれば，婚姻を人と人との結びつきの中で最も深遠なものだとして同性愛

---

18 551 U.S. 701 (2007).
19 550 U.S. 124 (2007).
20 410 U.S. 113 (1973).
21 505 U.S. 833 (1992).

者の権利を認める判示の形をとることもある。前者の例としては，選挙資金規正立法が会社や労働組合の表現の自由を侵害するとした，Citizens United判決の5対4の法廷意見を挙げることができる。後者の例としては，Obergefell v. Hodges連邦最高裁判決[22]でリベラル4人と組んで，同性婚の憲法上の地位を確立した法廷意見が挙げられる。いずれをみても，連邦最高裁がリベラルと保守で分断された判決では，ケネディの動向がしばしば帰趨を左右している。

### 3 クラレンス・トーマス（Clarence Thomas, 1948生・1991任命（ブッシュ父））[23]

ジョージア州出身で，カトリック系の神学校Conception Seminaryとリベラル・アーツ大学Holy Cross Collegeを卒業し，イェール大学ロースクールを出ている。弁護士，ミズーリ州の法務総裁補，ダンフォース（John Danforth）上院議員（共和党・ミズーリ州）の立法補佐などを経て，1981〜82年にレーガン政権下の連邦政府で教育省公民権担当長官補，1982〜90年に平等雇用機会委員会委員長を務めた。1990年にDC巡回区控訴裁判所の裁判官に任命され，翌1991年にブッシュ大統領の指名により連邦最高裁裁判官となった。

スカリアと並んで最も保守的な裁判官のひとりである。ブッシュ政権は，トーマスの前に任命したスーターの時とは打って変わり，リベラルな積極主義に対し明確に批判的な裁判官を指名した。自己抑制を司法哲学とする裁判官の指名をめざす大統領と，議会民主党との間で厳しい任命劇が繰り広げられた。平等雇用機会委員会委員長だった時期のセクハラ疑惑も取りざたされ，上院での承認は52対48の僅差だった。

アフリカ系アメリカ人ながらアファーマティブアクションに否定的な態度をとる。レーンキストコート時代に，ミシガン州立大学ロースクールのアファーマティブアクションを合憲としたGrutter v. Bollinger連邦最高裁判決[24]

---

22 135 S. Ct. 2584 (2015).
23 CLARENCE THOMAS, MY GRANDFATHER'S SON (2007); Clarence Thomas, *Why Federalism Matters*, 48 DRAKE L. REV. 234 (2000).
24 539 U.S. 306 (2003).

では反対意見を書き，憲法の下では人種に基づく区別そのものが許されず，問題となった入試試験は厳格審査を満たさないと述べた。ロバーツコートに入ってからも，Parents Involved判決で単独同意意見を著し，政府による人種的区別に基づく政策決定は，決定者の善意・悪意に関わらず厳格審査にかかり，かつやむにやまれぬ政府利益を認める余地のほとんどないことを強調している。あくまで，1896年のPlessy v. Ferguson連邦最高裁判決[25]においてハーラン（John Marshall Harlan）裁判官が反対意見で示した「我が国の憲法は色盲であり，市民の間での階級を知らず，また許容もしない」との憲法観を奉ずる。州による人種差別的選挙を防止するための権限を連邦政府に与えた1965年投票権法についても，最も強硬に違憲性を主張するのがトーマスである[26]。

連邦最高裁での法廷弁論で，めったに弁護士に質問しないことで知られる。他の裁判官と妥協することがないため，単独の同意意見や反対意見を書くことが多い。原意主義と連邦主義でスカリアに近い立場をとるが，その理論的帰結を徹底し，これに反する判例は躊躇なく覆す姿勢を示す。当然に憲法の明文を欠いた権利を認めるのにも否定的であり，Carhart II判決では同意意見を著し，現状の中絶に関する最高裁判例法理には，憲法上の根拠がないとして，先例を覆す用意があることを明確にした[27]。

## 4 ルース・ベーダー・ギンズバーグ（Ruth Bader Ginsburg, 1933生・1993任命（クリントン））

ニューヨークのブルックリン出身である。学部はコーネル大学で，ハーバード大学ロースクールから転籍してコロンビア大学ロースクールでJDを取得した。ニューヨーク南部地区連邦地裁でのロークラーク，コロンビア大学ロースクールの国際訴訟手続プロジェクト担当を経て，ラトガーズ大学とコ

---

25 Plessy v. Ferguson, 163 U.S. 537, 559 (1896) (Harlan, J., dissenting).
26 *Shelby County*, 133 S. Ct. at 2631-32 (Thomas, J. dissenting); Northwest Austin Municipal Utility District No. 1 v. Holder, 557 U.S. 193, 226 (2009) (Thomas, J., concurring in judgment in part and dissenting in part).
27 *Carhart II*, 550 U.S. at 168-69 (Thomas, J., concurring); *see also* Stenberg v. Carhart (Carhart I), 530 U.S. 914, 980-83 (2000) (Thomas, J. dissenting).

ロンビア大学で教授として教鞭をとった。アメリカ自由人権協会（American Civil Liberties Union（ACLU））において，1971年に女性の権利プロジェクトを立ち上げ，1973-80年に法務統括General Counsel，74-80年に理事を務めるなど，重要な役割を果たした。1980年にDC巡回区控訴裁判所の裁判官に任命され，1993年にクリントン大統領の指名により連邦最高裁裁判官に着任した。

　リベラル派で，女性としては2人目の連邦最高裁裁判官である。ロースクール時代の専門分野だった民事訴訟法と差別禁止の分野で，判例法理の形成に重要な役割を果たしている。性差別禁止の分野では，コロンビア大学ロースクール教授時代に，ACLUを代表して連邦最高裁で法廷弁論も行っている。

　就任から一貫して，アファーマティブアクションや女性の中絶権利などリベラルな政策を支持している。Carhart II判決では反対意見を著し，部分的出生中絶禁止法は，従来の判例に照らして違憲だと論じた[28]。同法は，妊娠女性の健康に危険が及ぶと医師が判断した場合でも中絶を禁じており，妊娠女性に不当な負担を強いる中絶禁止立法を違憲としたCasey判決などの先例と相容れないと主張したのである。ケネディ法廷意見に対しても，先例拘束性の原則を逸脱するとして厳しく批判している。テキサス州立大学のアファーマティブアクションが問題となったFisher v. University of Texas at Austin連邦最高裁判決（以下Fisher I判決）[29]では，7人の裁判官が下級審で厳格審査の適用をやり直すよう差戻したのに対し，単独で反対意見を著し，大学の判断を尊重すべきだと主張した。

　保守5対リベラル4の判決で，雇用差別禁止立法の訴訟要件を厳格に解釈したLedbetter v. Goodyear Tire & Rubber Co.連邦最高裁判決[30]では，反対意見を著しただけでなく，これを連邦最高裁の法廷で朗読した。この判決は2008年大統領選挙の争点の一つとなり，選挙で勝利した民主党の多数からなる議会は，Lilly Ledbetter Fair Pay Act of 2009によって，判決を覆した。

　スティーブンスが引退したため，2010年以降はリベラル派を最長老として

---

28　*Carhart II*, 550 U.S. at 170-71（Ginsburg, J., dissenting）．
29　133 S. Ct. 2411 (2013)．
30　550 U.S. 618 (2007)．

率いる立場にある。オバマケアに関するSebelius判決，1965年投票権法にかかわるShelby County判決など，保守派5人によるリベラルな判例への攻撃に対し，獅子奮迅の少数意見を書いている。

### 5 スティーヴン・G・ブライヤー（Stephen G. Breyer, 1938生・1994任命（クリントン））

カリフォルニア出身で，学部はスタンフォード大学とオックスフォード大学モードリン・カレッジを卒業し，ハーバード大学ロースクールを出ている。連邦最高裁のゴールドバーグ（Arthur Golberg）裁判官のロークラークを務めた後，独占禁止法問題に関する司法長官特別補佐，ウォーターゲート特別検察班の特別検察官補，連邦議会上院司法委員会法律顧問などを歴任した。ハーバード大学ロースクールとケネディ公共政策大学院で教鞭をとった後，1980年に第一巡回区控訴裁判所の裁判官に任命され，連邦司法会議や連邦量刑委員会の委員も務めている。クリントン大統領の指名により1994年に連邦最高裁裁判官に着任した。

ハーバード大学で行政法を講じていた，リベラル派の裁判官である。スカリアやトーマスの原意主義に対抗し，憲法は時代の要請に従って柔軟に解釈すべきだとする論陣を張っている[31]。いわゆる「生ける憲法」の主張である。ただし，社会の道徳的発展とともに憲法も進化するというウォーレンコート時代の積極主義とは一線を画し，司法謙抑を原則と位置づける。裁判官は形式的に法を解釈するだけでなく，法律の文言をその目的に照らして解釈し，判決の帰結がその目的に沿うように判断を下さなければならない。憲法の文脈では，憲法の目的である民主主義を促進するため必要とされる場合には，積極的な憲法判断が正当化されるという。

Parents Involved判決では，人種を考慮に入れた公立学校の生徒配分制度は，やむにやまれぬ利益の実現のために必要最小限の施策として合憲だと主張したが，少数意見に留まった。ロバーツは法廷意見のなかで，「人種を理由とした差別をやめさせる方法とは，人種を理由に差別をやめることであ

---

31 STEPHEN BREYER, ACTIVE LIBERTY: INTERPRETING OUR DEMOCRATIC CONSTITUTION (2005); STEPHEN BREYER, MAKING OUR DEMOCRACY WORK: A JUDGE'S VIEW (2010).

る」と述べて当該施策を違憲としたが，ブライヤーはこれに対し，1954年のBrown v. Board of Education連邦最高裁判決[32]以来の先例から逸脱し，全米の州や自治体での差別解消に向けた民主的努力を一夜にして違法とするものだと，厳しく批判している。

時代の要請の中での法律判断を強調する立場は，判決でしばしば社会科学の知見を重視する姿勢にもあらわれている。Parents Involved判決では反対意見の後に付表を設け，その中で，1950年代以来の全国の公立学校における事実上の人種隔離の推移を示す統計やグラフ，また事実の適示の基礎となる社会科学的リサーチを列挙している。暴力的なビデオゲームを規制した州法の合憲性が争われたBrown v. Entertainment Merchants Association連邦最高裁判決[33]でも反対意見を著し，そうしたゲームが未成年にもたらす精神的悪影響を示す科学論文のリストを付表で列挙している。

## Ⅲ 新たに就任した裁判官

続いて，ロバーツの長官就任後に任命された裁判官の顔ぶれを見てゆこう。

### 1 サミュエル・アンソニー・アリートJr.（Samuel Anthony Alito, Jr., 1950生・2006任命（ブッシュ子））

ニュージャージー出身で，学部はプリンストン大学，ロースクールはイェール大学を出ている。第三巡回区連邦高裁でロークラークを務めた後，ニュージャージー地区連邦検察官，連邦司法省の訟務長官補佐と司法次官補，ニュージャージー地区連邦法務官を歴任。1990年に第三巡回区控訴裁判所の裁判官に任命され，2006年にブッシュ（子）大統領の指名により，オコナー裁判官の後任として，連邦最高裁裁判官に着任した。

スカリア裁判官らに近い保守派である。レーガン政権下の連邦政府で働い

---

[32] 347 U.S. 483 (1954).
[33] 564 U.S. 786 (2010) ; Stephen Breyer, The Court and the World: American Law and the World: American Law and the New Global Realities (2015).

ていた時期の言動から保守派とみなされ，任命過程では民主党議員から強い反対を受けた。McDonald v. City of Chicago連邦最高裁判決[34]では，5対4の法廷意見を著し，スカリアがHeller判決で認めた，修正2条による銃を所持する権利の保障を確固たるものとした。Heller判決で問題となったのはDC地区の連邦法だったが，McDonald判決は，修正2条上の権利を州に対しても主張できることを明らかにしたのである。アファーマティブアクションや雇用差別，投票権法・選挙資金規正立法，さらに労働組合に関わる事件においても，保守派の立場を堅持している。

Carhart II判決では，自ら意見は書いていないものの，部分的出生中絶禁止法を合憲とする法廷意見に加わった。レーンキストコートではStenberg v. Carhart連邦最高裁判決（Carhart I判決）[35]において，オコナーとリベラル4人による判決で同様の州法が違憲とされており，アリート裁判官の就任により，ロバーツコートは中絶への規制立法を広く容認する立場にシフトしたことになる。ただし，中絶に関する判例を覆すべきだとするスカリアやトーマス裁判官の同意意見には加わらず，最右翼の裁判官と同調するには至っていない。

最右翼の2裁判官とたもとを分かつことがある一つの理由は，後述のように，原意主義へのコミットメントがそこまで強くないことにある。刑事事件に関わる判決では，捜査の現場の事情やそこでのテクノロジーの発展を考慮する立場をとり，スカリアやトーマスと結論を分けることもある。これには，連邦検察官や連邦司法省での経歴もかかわっているであろう。政府の規制に対し肯定的な立場をとることもあり，United States v. Stevens 連邦最高裁判決[36]では，保守リベラル合わせて8人の裁判官が，動物に対する残虐行為の描写を頒布することを禁じた連邦法は，広範ゆえに違憲だとしたのに対し，単独で反対意見にまわった。

---

34　561 U.S. 742（2010）.
35　530 U.S. 914（2000）.
36　559 U.S. 460（2010）.

## 2 ソーニャ・ソトマイヨール（Sonia Sotomayor, 1954生・2009任命（オバマ））

ニューヨークのブロンクス出身である。学部はプリンストン大学で，イェール大学ロースクールでJDを取得した。ニューヨーク郡地区検事局での検事を経て，ニューヨークの法律事務所で国際的な民事案件や知的財産案件を扱った。1992年に共和党ブッシュ（父）の指名によってニューヨーク南部地区連邦地裁裁判官に任命され，1998年の民主党クリントンによる第二巡回区控訴裁判所裁判官への任命を経て，2009年オバマの指名により，連邦最高裁裁判官に着任した。

女性として3人目，ヒスパニックとしては初めての連邦最高裁裁判官である[37]。「ヒスパニック女性裁判官の声」と題された講演で「賢明なヒスパニック女性の豊かな経験をもってすれば，そうした人生を送っていない白人男性よりも優れた結論に至ることが多いのではないか」と発言をしたことが，しばしば連邦議会上院の公聴会で取りざたされた。以前の判決の傾向から推測された通り，リベラル派の立場をとってきた[38]。

法廷で弁護士に対し矢継ぎ早に質問をすることで知られるが，2013年開廷期までは，それほど大きな判決で注目される意見を書いてはおらず，特に大きな足跡を残したとはいいがたいといわれていた[39]。しかし，ミシガンの州民投票によって成立したアファーマティブアクションを禁ずる州憲法修正の合憲性が問題になったSchuette v. Coalition to Defend Affirmative Action連邦最高裁判決[40]では，6対2の反対意見を著した。相対多数意見は，立法が特定の人種に影響を与えることを精査することは，人種差別を固定させることになるとして，合憲判決を下したが，ソトマイヨールは，これを「人種を理由とした差別をやめさせる方法とは，人種問題についてオープンかつ率直に話しあい，数世紀にわたる人種差別のもたらしてきた不幸な影響を見据え

---

37 SONIA SOTOMAYOR, MY BELOVED WORLD (2013).
38 Symposium, *The Early Jurisprudence of Justice Sotomayor: Sonia Sotomayor's First Five Years on the Court*, 123 YALE L.J. FORUM 375 (2014), available at http://www.yalelawjournal.org/forum.
39 TUSHNET, *supra* note 5, at 82.
40 134 S. Ct. 1623 (2014).

つつ，憲法を適用することである」[41]と批判した。これは，Parents Involved判決におけるロバーツ長官の「人種を理由とした差別をやめさせる方法とは，人種を理由に差別をやめることである」という判示に対するあてつけである。これに対しロバーツは，同意意見の中で，「この問題について，真摯に議論をする人の間で見解の相違が生ずることもあり得る。しかし，議論のいずれかの立場の人のオープンさと率直さを疑うことは，百害あって一利なしである」と反論している[42]。いずれにせよ，この判決における反対意見で，ソトマイヨールは，連邦最高裁の中でも，社会においてでも，自らの立ち位置と役割を見出したと評されている[43]。

### 3 エレナ・ケイガン（Elena Kagan, 1960生・2010任命（オバマ））

ニューヨーク出身で，プリンストン大学で学士，オックスフォード大学で修士，そしてハーバード大学ロースクールでJDを取得した。DC巡回区控訴裁判所，さらに連邦最高裁マーシャル（Thurgood Marshall）裁判官の下でロークラークを務めた。ワシントンDCで弁護士として働いたのち，シカゴ大学とハーバード大学のロースクールで教鞭をとった。この間，クリントン政権で4年間，大統領付法律顧問補，国内政策担当大統領補佐補を務めた。2003-09年はハーバード大学ロースクールで女性初のディーンを務めていたが，2009年にオバマ大統領に訟務長官に任命された。訴務長官として最初の連邦最高裁法廷弁論はCitizens United判決であった。しかし2010年，スティーブンス裁判官の引退を受けて，オバマ大統領の指名により連邦最高裁裁判官に着任した。

女性として4人目の最高裁裁判官である。ロバーツコートの中でリベラル派裁判官として重要な地位を占める。就任した年，アリゾナ州の選挙資金規正立法を修正1条違反としたArizona Free Enterprise Club's Freedom Club PAC v. Bennett連邦最高裁判決[44]で，反対意見を著した。問題となった州法

---

41 *Schuette*, 134 S. Ct. at 1676.
42 *Id.* at 1639.
43 GARRETT EPPS, AMERICAN JUSTICE 2014: NINE CLASHING VISIONS ON THE SUPREME COURT, 47 (2014).
44 564 U.S. 721 (2011).

は，自己資金と献金により選挙を戦う候補者による支出が一定額を超えると，公的な選挙資金助成を受けている候補者に追加で助成がなされる，いわゆるマッチングファンド方式を導入したものである。ロバーツは保守派5人を代表した法廷意見で，これは自己資金を用いる候補者が，対抗者にマッチングファンドの利益がいかないよう支出を自己抑制することになり，表現の自由に対する負担となるので違憲だとした。しかしケイガンは，自らマッチングファンドを拒んだ候補者が，マッチングファンドの制度が負担になると主張するのは，イディッシュ語（ユダヤ人が用いる言葉）でフツパ（chutzpa＝厚かましいにもほどがある），と吐き捨てた。

　タシュネット（Mark Tushnet）はこの痛烈な反対意見に触れつつ，ケイガンをロバーツに対する反対陣営のリーダーと位置付け，ロバーツコートは将来ケイガンコートと呼ばれるかもしれない，と予想している[45]。ただしトライブは，ケイガンの司法信条はまだクエスチョン・マーク付きだと評している[46]。

## Ⅳ　スカリアとブライヤーの対立

　ロバーツコートは，レーンキストコートから裁判官を引き継いでいるから，レーンキストコート以来の憲法解釈の対立も引き継いでいる。憲法解釈理論の面で，保守とリベラルのアプローチの違いを体現するのが，保守派スカリアによる原意主義とリベラル派ブライヤーの提示する生ける憲法の対立である[47]。また，より実践的な対立として，保守派の州権主義とリベラル派の連邦主義との対立を挙げることができる。この二つの対立軸は，保守派裁判官とリベラル派裁判官の判決における結論の違いを，相当程度まで規定してきた。しかし他方で，それぞれの陣営における裁判官も一枚岩ではなく，またロバーツコートに入ってから，対立軸が変質してきた面もある。こうしたことが，通常の保守対リベラルとは異なる裁判官の組合せ（strange bed-

---

45　TUSHNET, *supra* note 5, at 92-94.
46　TRIBE, *supra* note 1, at 288.
47　大林啓吾・横大道聡「連邦最高裁裁判官と法解釈―スカリア判事とブライヤー判事の法解釈観―」帝京法学25巻2号157頁（2007年）。

fellows)、また保守的なはずのロバーツコートによる意外なリベラル判決につながってくる。

### 1 「原意主義」対「生ける憲法」

原意主義とは、裁判官が憲法を解釈するにあたっては、憲法の原意、すなわちその起草時点での意味に従うべきであって、自らの政策的な好みを反映させるべきではない、という考え方である。この憲法解釈論は当初、ウォーレンコートの司法積極主義に対抗すべく、レーガン共和党政権の訟務長官を務めたミース（Edwin Meese）を中心に主張された。当初は学界でも裁判所にも相手にされなかったが、スカリアの登場により、保守派の基本的憲法解釈理論として影響力も拡大していった。

憲法の原意を確定するにあたっては、マディソン（James Madison）やハミルトン（Alexander Hamilton）など起草者の意図を参酌する考え方もあるが、スカリアはそのアプローチは取らない。原意を探究にあたっては、立法当時の一般の人が条文から理解した内容を探究すべきだというのである[48]。このため、スカリアによる憲法解釈論には、18世紀や19世紀の古い辞典が頻繁に引用されることになる。

スカリアの議論の特徴は、原意主義を民主主義と法の支配とに基礎づけるところである。法が人々を拘束することが正当化できるのは、選挙で選ばれた立法者が条文に明記した内容であって、条文に表れていない立法者意思は、選挙民を拘束しえないとする。また、裁判官が憲法や制定法を解釈する条文の文言を基礎とすることによって、民主的な正当性のない裁判官が、自らの道徳的な選好によって法解釈を変えること、すなわち人の支配を回避することができる。

原理主義と対抗する憲法解釈理論が、「生ける憲法」というアプローチで、連邦最高裁のリベラル派、とりわけブライヤーを中心に主張される。憲法解釈にあたって文言が出発点であることは確かだと認めつつも、今日の解

---

[48] Scalia, *Common Law Courts in a Civil-Law System: The Role of the United States Federal Courts in Interpreting the Constitution and Laws*, in Scalia & Gutmann eds, *supra* note 13, at 3-28.

釈において憲法が制定された18世紀末の文言の理解に拘束されなければならないということはない。むしろ，憲法解釈は，時代の変化に伴って当然に変化するというのである。

　生ける憲法の立場は，原意主義の論者から，裁判官による主観的な憲法解釈に基づく司法積極主義を容認するものと批判されることが多い。しかし，生ける憲法の側からも，原意主義の主張する裁判官の謙抑性に対して反論がなされてきた。憲法や立法の文言には曖昧さが不可避であり，これが立法当時の一般人の理解によって確定される保障はない。そうであれば，依然として憲法解釈の主観性は排除できないことになる。原意主義は，原意主義の立場をとる裁判官による憲法解釈に反する立法に対しては，これを違憲無効とすることを辞さない考え方であり，また原意主義と相容れないとされる判例変更も厭わない。その実際上の帰結は，20世紀に入ってからの福祉国家的な立法を違憲無効とし，ウォーレンコート時代のリベラルな判例を変更するものであった。このため，原意主義は裁判官の謙抑性を標榜しつつも，実際は保守派による司法積極主義を正当化するものだとして，リベラル派は強く批判してきた。

　スカリアが，原意主義の筆を存分に振るったのが，連邦憲法修正2条に定める銃を保有する権利が問題となったHeller判決である。スカリア裁判官は保守派5人を代表する法廷意見の中で，修正2条の文言から，独立から修正2条の採択までの時期の文書，起草過程文書，さらに採択後の書籍を縦横に引用しつつ，修正2条が個人に自衛のための銃保有の権利を認めたものだと論じ，ワシントンDCの銃規制立法を違憲無効とする結論を導いた。

　リベラル側は原意主義での応戦を余儀なくされた。スティーブンスがやはり歴史的文書を引用しつつ反対意見を著し，修正2条は民兵の目的においてのみ銃保有の権利を認めているとして，問題の立法は合憲だと論じた。スカリアは法廷意見の本文と脚注でこれに逐一反論している。このことが，原意主義のアプローチがそこまで単純な作業ではなく，裁判官の価値判断を伴わざるを得ないことを示していると取るか否かは，論者によって見解が分かれるだろう。ブライヤーは，スティーブンスの反対意見に同調しつつ，スカリアの修正2条解釈を前提としても，DCは都市の犯罪多発地域による銃対策

という合理的な政策を打てないことにはならないと，DCの政策を詳細に検討した反論を加えている。

ロバーツコートでも，保守派のトーマスとアリート両裁判官が，大筋で原意主義の立場をとる。ただし，法分野によっては，スカリアと他の裁判官との間で原意主義のアプローチの違いが表面化する場面も見受けられる。トーマスが最も徹底した原意主義者で，古い文書から歴史を徹底的に掘り起こすとともに，原意主義の帰結を徹底する立場をとる。これに対して，アリートは相対的にプラグマティックな態度を取ることが多い[49]。これが，通常の保守対リベラルとは異なる裁判官の配置として現れることになる。

そうした分野の一つが，修正4条のプライバシーに関する分野である。United States v. Jones連邦最高裁判決[50]では，捜査機関が被疑者の自動車にGPSを装着し，4週間にわたり自動車の動きを監視したのが「捜索」にあたるかが問題となった。結論として連邦最高裁は全員一致でこれを肯定した。スカリアは，ロバーツ，ケネディ，トーマス，ソトマイヨールが加わった多数意見で，18世紀のイギリス不法行為判例を引用し，人の財産に何らかのものを貼付する行為は捜索に当たるとした。しかしアリートは，これと別に同意意見を著し，コンピュータにより人の動きを常時監視できる技術の発展を踏まえた判断をする必要があることを強調し，18世紀に同じことをするには，「巨大な馬車か，小人の巡査か，その両方が必要になる。その巡査も，ありえないような忍耐と不屈の精神と備えていなければならない」とスカリアを皮肉った。これにギンスバーグ，ブライヤー，ケイガンが加わっている。

アリートのこうした態度には，検察側で法廷弁論をした経歴が長いことにも求められるかもしれない。この点では，ブライヤーも政府寄りの態度をとる傾向があり，保守・リベラルが錯綜する要因となっている。例えば，警察によるDNAサンプルの収集が問題となったMaryland v. King連邦最高裁判決[51]では，ケネディが5人の裁判官を代表した法廷意見で，これを合理的だ

---

49　TRIBE, *supra* note 1, at 141.
50　132 S. Ct. 945 (2012).
51　133 S. Ct. 1958 (2013).

と判示し，これにブライヤーとアリート，トーマス，ロバーツが加わった。これに対しスカリアは，特定の個人による具体的な違法行為を根拠としない令状に基づく捜査を軽蔑した建国期の議論から説き起こして，法廷意見の結論に反対している。これには，リベラル派のギンスバーグ，ソトマイヨール，ケイガンが加わった。

　もう一つ，保守とリベラルの配置が錯綜しているのが，表現の自由に関する一連の判例である。リベラル派には，ウォーレンコート以来，表現の自由を手厚く保障する判例を築いてきた自負がある。他方で保守派も，修正1条に明記された表現の自由については一家言あり，リバタリアン的な表現の自由の保障を強調することがある。この二つの立場が，重なる場合とそうでない場合とで，裁判官の合従連衡と判例の振幅が見られることになる。

　その典型が，親の監督なく未成年に残酷なビデオゲームを販売することを禁ずる州法を違憲と判断したBrown v. EMA判決である。修正1条の表現の自由の侵害に当たるかが争われたこの判決では，スカリアが7対2の法廷意見を著し，これにケネディだけでなく，ギンスバーグ，ソトマイヨール，ケイガンとリベラル3人が加わった。アメリカには，未成年がわいせつな表現に触れるのを制約してきた歴史があるものの，暴力的な表現についてそうした制約を課してこなかった，というのがスカリアの見解である。しかし，アリートは法廷意見に加わらず，結論同意意見を付した。アリートは，結論としては問題の州法が曖昧であるがゆえに違憲だとしつつ，ビデオゲームのような新しいテクノロジーについては，憲法上の原則の適用にも慎重であるべきで，議会の判断も尊重すべきだとしている。この見解にはロバーツも加わった。

　反対意見も，トーマスとブライヤーという異例の保守リベラル相乗りだった。トーマスは，植民地時代の表現の自由を検討しつつ，親や後見人を介さずに未成年者に話しかけることまでは含まれなかったとした。ブライヤーは，問題となる表現を保護することの利害を検討すべきだとした上で，制限のあり方も親の監督をかませるのに留まるならば，表現の禁圧ではないことを強調している。

## 2 州権主義対連邦主義

　レーンキストコート保守派のもう一つの旗印が，州権主義だった。州は合衆国の成立にあたっても一定の主権を保持したのであり，これを連邦政府は侵すことができない。レーンキストは，バーガーコートの時代からこう主張していたし，彼が長官になってからもスカリアやトーマスが同調し，オコナーやケネディも多くの場合その帰結に従った。この州権主義の命題から，連邦議会に立法権を与えた連邦憲法 1 編 8 節，とりわけ同 3 項の州際通商条項に基づく権限行使には限界があり[52]，南北戦争後の憲法修正で，連邦議会に執行権限を与えた修正13条 2 項，修正14条 4 項，修正15条 2 項に基づく連邦政府の権限行使も，連邦議会が具体的措置をとる必要性を示す立法事実を明確にしない限り認めない[53]とする判決が，レーンキストコートの下で次々に下された。これら州権主義に連なる判決は，小さな連邦政府という保守主義の主張と呼応するものであると同時に，1920年代に保守派の連邦最高裁がニューディール政策を掲げる議会民主党とルーズベルト（Franklin D. Roosevelt）政権と衝突して以来の，連邦最高裁が連邦政府の権限を広く認める傾向を覆すものだった。また州権主義に基づく判決は，しばしばウォーレンコート以来の連邦裁判所による社会改革を縮減することも意味したから，ブライヤーやギンスバーグなどリベラル派の裁判官はこれに強く抵抗してきた。

　ロバーツコート最初の10年で，連邦議会の権限が争われた事件で最も注目されたのが，オバマケアに関するSebelius判決である。保守派 5 人は，国民に医療保険の購入を義務付け，購入しない者から罰金を徴収する立法を行う権限は，州際通商条項によっても，必要かつ適切条項によっても，歳出権限によっても，正当化できないとした。州際通商条項については，「複数の州の間の…通商を規制する権限」を認めたものであって，保険を買わないという不作為を取り締まる権限は導けない，というのである。これに対してギンズバーグは，連邦最高裁は1930年代以降の判例により，州際通商条項の下で連邦議会に広い権限を認めてきたと主張したが，リベラル 4 人の少数意見に留まった。なおトーマスによれば，そうした判例は文言からは導けず，端的

---
52　United States v. Lopez, 514 U.S. 549 (1995).
53　Board of Trustees of the University of Alabama v. Garrett, 531 U.S. 356 (2001).

に変更すべきだということになる。保守派とリベラル派を問わず驚かせたのは，ロバーツが問題の条項は課税権限によって根拠づけられるとして，最終的にオバマケア立法を合憲としたことである。このロバーツの行動については，あとで触れる。

　南部における黒人の投票権行使を確保するために1965年に制定された投票権法についても，合憲性を争う訴えが立て続けに提起され，ロバーツ率いる保守派5人が，連邦制の下での州の権限を強調する判決を下している。投票権法は，南部の特定の州に対し，選挙制度を変更する場合に，連邦政府の事前承認を義務付けている。ロバーツは，2009年のNorthwest Austin Municipal Utility District No. 1 v. Holder連邦最高裁判決（NAMUDNO判決）[54]において，こうした立法が連邦制の基本原則，とりわけ各州が同等の主権を有するという原則から，大きく外れるものだと強調した。この事件では，合憲性判断は回避されたが，4年後のShelby County判決では，再びロバーツが連邦制と州の主権平等理論を強調しつつ，保守5対リベラル4の違憲判決を下した。この規定は，修正15条に基づく連邦議会の権限行使であり，議会両院で超党派の賛成によりこれまで5回にわたって更新されてきた。ギンズバーグは，こうした連邦議会の判断を尊重すべきだと主張したが，少数意見に留まった。

　レーンキストの後任にロバーツが長官となり，またオコナーに代わってより明確に保守的なアリートが就任したから，スカリアやトーマスによる州権主義の主張は，レーンキストコート以上に強固な地盤を得てもおかしくない。しかしロバーツコートでは，州権主義がそれほど前面には出てこない。憲法理論として，長官ロバーツやキャスティングボートのケネディが，州権主義にそれほど執着していないことを指摘することもできる。しかしより根本的には，連邦憲法に基づく違憲判断によるオフェンスと州権を強調するディフェンスという対立軸において，保守とリベラルの攻守交代が起こっているとみるべきであろう。例えば，Parents Involved事件で，学校における事実上の人種隔離を解消しようとするシアトルの教育委員会の試みを擁護したのは，リベラル派の裁判官だった。保守派の裁判官は，こうした措置に対し

---

54　557 U.S. 193（2009）.

て修正14条の厳格審査を適用し，地域の教育委員会に広い裁量を認めるべきではないとして，違憲判決を下したのである。

デュープロセス条項による懲罰的賠償の制限が問題となったPhilip Morris USA v. Williams連邦最高裁判決[55]も，州権主義対連邦主義の図式で説明しにくい判決の一つである。実体的デュープロセスといえば，Roe判決以来，本来リベラルの生命線であり，保守派にとっては唾棄すべきものだった。しかし，ロバーツ，ケネディ，スーター，アリートを率いて法廷意見を著したのは，ブライヤーだった。反対意見も，スティーブンスにトーマスが加わり，ギンズバーグにスカリアとトーマスが加わるなど，保守リベラル同床異夢の様相を呈している。それぞれがどのような夢を見ているかを想像するに，保守・リベラル双方とも，州権主義対連邦主義の軸で考えている裁判官と，損害賠償を制約する不法行為改革の是非を軸に考えている裁判官とが混在しているように思われる。保守派の中では，ロバーツやアリートなど新任の裁判官が，共和党の不法行為改革アジェンダに乗って実体的デュープロセス違反を肯定したのに対し，レーンキストコートからの古参スカリアとトーマスは，州権主義にもとづく司法積極主義批判にこだわり，反対に回った。リベラルの側も，スティーブンスやギンズバーグは早々と州や陪審の自律性を説いて，保守派連邦最高裁の積極主義に対する塹壕戦に入ったが，理論派ブライヤーはデュープロセスにこだわって逃げ遅れ，不法行為の損害賠償の制約に対する支持を表明することになった。

このように考えると，連邦最高裁における対抗軸は，ニューディール型リベラル（連邦重視のリベラル派）と州権主義型保守というレーンキストコート時代の対立軸から，自由放任主義型保守（連邦側で積極主義をとる保守）と州権主義型革新派（ロックナー時代のホームズ・ブランダイスを思わせる考え方）という対立軸へシフトしているとみることができる。表でいえば，左上と右下の対立から，左下と右上の対立へのシフトである[56]。

---

55 549 U.S. 346 (2007).
56 溜箭将之「懲罰的賠償とデュー・プロセス」ジュリスト1361号169頁（2008年）。

|  | 連邦 | 州 |
|---|---|---|
| リベラル<br>（社会立法重視・<br>大きな政府） | ニューディール型リベラル<br>ブライヤー<br>（スーター）——————→<br>（スティーブンス）————→ | アンチ・ロックナー型革新<br>ギンズバーグ<br>→ソトマイヨール<br>（スティーブンス）—→ケイガン |
| 保守<br>（自由放任主義・<br>小さな政府） | 自由放任主義型保守<br>ケネディ<br>ロバーツ←——（オコナー）<br>アリート← | 州権主義的保守<br>スカリア<br>トーマス<br>————（レーンキスト） |

　連邦法による州法の専占に関わる事案も，リベラルが専占を主張し，保守州権主義者がこれに反対する，というのが従来の図式だった。ロバーツコートは，医薬品・医療器具規制[57]，銀行規制[58]，連邦仲裁法[59]，移民政策[60]など，多くの専占事件を扱っている。しかし，ここでも保守＝州権主義，リベラル＝連邦法拡張主義という図式は崩れている。クラスアクションを排除する契約に法的効力を与えない州法のルールが連邦仲裁法によって専占されるとしたAT&T Mobility v. Concepcion連邦最高裁判決[61]では，保守派5人が専占を認め，リベラル3人が専占を否定した。保守派の州権主義と矛盾するようだが，クラスアクションを回避したい産業保守派の利益に沿う判決と考えれば，説明できる。

　移民を厳しく取り締まるアリゾナ州法の合憲性が争われたArizona v. United States連邦最高裁判決[62]でも，連邦法によって専占され違憲無効とするケネディ法廷意見には，ロバーツとギンズバーグ，ブライヤー，ソトマイヨールが加わった（ケイガンは参加せず）。スカリアは残る保守派とともに少数に留まった。州権主義対連邦主義の対立よりも，オバマ民主党政権の政策に対する好悪や，ロバーツの関心事である政治部門への謙譲，といった観点

---

57　PLIVA v. Mensing, 131 S. Ct. 2567 (2011) ; Wyeth v. Levine, 555 U.S. 555 (2009) ; Riegel v. Medtronic,Inc., 552 U.S. 312 (2008).
58　Cuomo v. Clearing House Ass'n, L.L.C., 557 U.S. 519 (2009) ; Watters v. Wachovla Bank, N.A., 550 U.S. 1 (2007).
59　American Express Co. v. Italian Colors Restaurant, 133 S. Ct. 2304 (2013) ; AT&T Mobility v. Concepcion, 131 S. Ct. 1740 (2011)
60　Arizona v. U.S., 132 S. Ct. 2492 (2012) ; Chamber of Commerce v. Whiting, 131 S. Ct. 1968 (2011).
61　131 S. Ct. 1740 (2011).
62　132 S. Ct. 2492 (2012).

の方が説明しやすい。

## V　キャスティングボート——ケネディかロバーツか

　理論的対立が錯綜するロバーツコートは，むしろ端的に保守5対リベラル4に分かれた裁判所と説明した方が分かりやすい。キャスティングボートを握るのはケネディであり，ロバーツの長官としての役割もかすみがちである。

　ロバーツは当初，連邦最高裁内の党派的対立を克服する意欲を見せていた。実際に，最初の2005年開廷期では，5対4の判決は9件と前年の19件から半減した。この開廷期の妊娠中絶事件，Ayotte v. Planned Parenthood of Northern New England連邦最高裁判決[63]では，全員一致が実現した。

　しかし，翌2006年の開廷期では，5対4の判決が25件に跳ね上がった。この年からオコナーに代わってキャスティングボートを握ったケネディは，そのすべてで多数に加わっている。保守5対リベラル4の判決は，うち14件と半数を超えた。内容的にも，オコナーの後任アリートが，政教分離違反を争う納税者訴訟の原告適格を制限したHein v. Freedom from Religion Foundation連邦最高裁判決[64]，雇用差別訴訟の訴えを制限したLedbetter判決と暴れ，ロバーツ自身もParents Involved判決でアファーマティブアクションを否定し，WRTL判決で選挙資金規正法を修正1条違反と結論付けたことで，ロバーツコートが保守5対リベラル4で分かれたイデオロギー法廷であることを印象づけてしまった。

---

63　546 U.S. 320 (2006).
64　551 U.S. 587 (2007).

図表：ロバートコートにおける5対4の判決の内訳

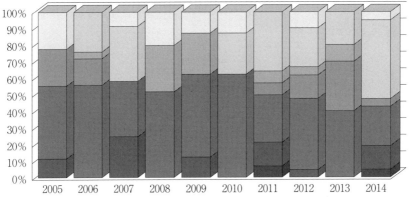

- ①ロバーツ＋リベラル
- ②ロバーツ多数（①③④除く）
- ③保守対リベラル
- ④ロバーツ・ケネディ一致（③除く）
- ⑤ケネディ多数（③④⑥除く）
- ⑥ケネディ＋リベラル
- ⑦ロバーツもケネディもいない

|  | 2005 | 2006 | 2007 | 2008 | 2009 | 2010 | 2011 | 2012 | 2013 | 2014 | 平均 |
|---|---|---|---|---|---|---|---|---|---|---|---|
| 総数 | 9 | 25 | 12 | 25 | 16 | 16 | 14 | 21 | 10 | 21 | 16.9 |
| 保守対リベラル③ | 4 | 14 | 4 | 13 | 8 | 10 | 4 | 9 | 4 | 5 | 7.5 |
| ケネディが多数③④⑤⑥ | 6 | 25 | 8 | 20 | 12 | 14 | 11 | 18 | 10 | 16 | 14.0 |
| ケネディとリベラル⑥ | 0 | 6 | 4 | 0 | 0 | 4 | 5 | 5 | 2 | 10 | 3.6 |
| ロバーツが多数①②③④ | 7 | 18 | 7 | 13 | 10 | 10 | 8 | 13 | 7 | 10 | 10.3 |
| ロバーツとリベラル① | 0 | 0 | 0 | 0 | 0 | 0 | 1 | 0 | 0 | 1 | 0.2 |
| ロバーツもケネディもいない⑦ | 2 | 0 | 1 | 5 | 2 | 2 | 0 | 2 | 0 | 1 | 1.5 |
| ロバーツ・ケネディ一致②③④⑤ | 7 | 19 | 7 | 20 | 14 | 10 | 8 | 14 | 8 | 9 | 11.6 |

## 1 典型的キャスティングボート

　キャスティングボートが伝統的に重要な役割を果たしてきたのが，アファーマティブアクションの分野である。この分野での合憲性判断の枠組を示したのが，1978年のRegents of the University of California v. Bakke連邦最高裁判決[65]におけるパウエル（Lewis F. Powell, Jr.）裁判官の意見である。パウエルは，アファーマティブアクションも人種による区別であるので厳格審査に服し，人種による定員割当ては違憲だとしたが，学生の多様性を確保する

---
65　438 U.S. 265（1978）.

ことはやむにやまれぬ政府利益だとして，アファーマティブアクションが合憲となる余地を残した。このパウエルの意見は保守派4とリベラル4の間で違憲の結論を決定づけたもので，厳密には先例拘束性は持たない相対多数だが，その後の連邦最高裁の議論と結論を大きく規定してきた。連邦最高裁が25年ぶりに高等教育機関でのアファーマティブアクションを取り上げたGrutter判決とGratz v. Bollinger連邦最高裁判決[66]は，マイノリティに一定の点数を付与するミシガン大学の学部入試は人種による定員割当てにあたり違憲だとしたが，人種も含めて柔軟な判断基準を採用したロースクールの入試は合憲とした。両方の判決で多数に加わったのはオコナーとブライヤーだけだった。

　ロバーツコートになって最初のアファーマティブアクションの事件は，シアトルの初中等教育における人種別学解消が問題となったParents Involved判決である。これも保守5対リベラル4で別れた判決であり，かつオコナーからケネディへのシフトが顕著な判決であった。保守派4人の法廷意見は，学校の入学資格を決めるにあたって人種を考慮することは許されないとしたのに対し，リベラル派4人反対意見は，人種の多様性，バランス，統合といった利益のため，地域の教育委員会は幅広い施策を取ることができると強調した。しかしケネディは単独で同意意見を付し，学校の人種構成に照らして多様な生徒集団を実現することは許されるとして，ロバーツを牽制する一方で，ブライヤー反対意見のように人種による区別を用いた施策を広く認めることはできない，とする立場をとった。しかし結論としてケネディも，シアトルの学区における人種を考慮に入れた生徒割当ては違憲とする側に回ったから，連邦最高裁はオコナーからケネディの分だけ，保守派にシフトしたことになる。

　テキサス大学のアファーマティブアクションが問題となったFisher I判決で，連邦最高裁はテキサス大学の措置を合憲とした下級審を破棄し，改めて厳格審査を行うよう求めて差戻した。単独で反対に回ったギンズバーグと忌避したケイガンを除く全裁判官を代表する法廷意見を書いたのは，やはりケネディであった。この事件では，口頭弁論から判決まで多くの日数を要した

---

66　539 U.S. 244 (2003).

ことから，裁判官の間で4対4の均衡が破れなかったのではないかと推測されている[67]。差戻審で，第五巡回区控訴裁判所は改めてテキサス大学の措置を支持した。この判決に対する上訴に，連邦最高裁は改めてサーシオレイライを下している。

妊娠中絶の分野では，ロバーツコート初年のAyotte判決では全員一致が実現していた。しかし翌年のCarhart II判決では，ケネディが保守5対リベラル4の法廷意見を書き，連邦一部出生中絶法を合憲とする判断を下した。トーマスはスカリアの同調した同意意見で，Roe判決やCasey判決などの判例を変更すべきだと主張したが，ケネディはこれらの判例を前提とした上で同じ結論を導いた。しかしこの結論は，7年前にレーンキストコートのCarhart I判決で違憲とされたネブラスカ州法と同様の連邦法を合憲としたものだから，実質的な判例変更だと受け取られている。またケネディは，Casey判決においてオコナーの意見に加わったが，Carhart Iでは反対意見を書いていたから，この案件では形式的には判例を維持しつつ，中絶禁止立法を許容する方向へのシフトを決定づけたといえる。

表現の自由の分野は，すでに触れたように保守とリベラルが錯綜しているものの，ケネディは多数派の常連の立場を維持している[68]。学校の生徒による薬物称揚を示唆する表現に修正1条の保護を認めなかったMorse v. Frederick連邦最高裁判決[69]，公務員の上司に対する批判的言論に修正1条の保護を認めなかったGarcetti v. Ceballos連邦最高裁判決[70]といった権威主義的な判決，逆に修正1条を根拠に選挙資金規正立法を違憲としたWRTL判決やCitizens United判決，選挙権法を違憲としたNAMUDNO判決やShelby County判決といったリバタリアン的な判決では，ケネディはいずれも保守5対リベラル4判決の多数に加わっている。他方で，意外事例として，暴力ビデオ規制に関するBrown v. EMA判決にすでに触れたが，ほかにも，動物虐待ビデオ規制に関するUnited States v. Stevens連邦最高裁判決[71]，軍の勲

---

67　COYLE, *supra* note 3 at 389.
68　TRIBE, *supra* note 1, at 148.
69　551 U.S. 393 (2007).
70　547 U.S. 410 (2006).
71　130 S. Ct. 1577 (2010).

章を保護するStolen Valor Actを違憲としたUnited States v. Alvarez連邦最高裁判決[72]など，修正１条を巡り保守とリベラルの入り乱れた判決もあるが，ケネディは常に多数に加わっている。

### 2　長官の矜持・意地

　ロバーツは，トーマス・スカリア・アリートほどではないにしても，保守的な姿勢を明らかにしているから，ケネディのようなキャスティングの立場に立つことはまずない。自らをアンパイアに例えた司法謙抑主義者のこだわりは，先例拘束性の尊重，立法府と行政庁など政府部門への敬譲といった形で，時折伺うことができるが，多くの場合には保守５の中に埋もれている。長官といえども，判決の多数・少数を決めるときには，１票をもつにすぎない。

　選挙資金規正立法の分野を例にとれば，ロバーツはWRTL判決で，立法を事案限りの適用違憲とした法廷意見を書いた。保守派５人の同意を得ながら，スカリアに「司法によるまやかし」と皮肉られた意見である。事実３年後には，正面から先例を変更して選挙資金規正立法を文面違憲とするCitizens United判決が下された。その中でロバーツは，ケネディ法廷意見に全面的に同意する少数意見を著し，司法謙抑性と判例拘束性は重要な原理だと共通しつつ，判例変更に同意することを正当化する，やや言い訳がましい弁明をしている。

　こうした中で，ロバーツがキャスティングボートを投じたといえるそうなのが，オバマケアを巡る事件と，州裁判所の裁判官選挙の事件である。10年間でただ２件，ロバーツとリベラルの組んだ５対４の判決が下された。

　オバマケアの合憲性を巡るSebelius判決では，すでに触れたように，ロバーツが保守派４人の同意を得て，医療保険の購入義務付けは，州際通商条項，必要かつ適切条項，歳出権限のいずれによっても，根拠づけられないと判示した。しかし結論としてはリベラル４人とともに購入義務付けを合憲とし，医療保険を購入しなかった者から罰金を徴収することは，課税権限に根拠を求めることができるとしたのである。ここから読み取るべきが，政府に

---

[72] 132 S. Ct. 2537 (2012).

よる自由を否定し,政府からの自由を軸に考えるロバーツの憲法観なのか,あるいは大統領・議会選挙直前に大統領との政治的衝突は避けたい長官としての計算なのかは,憶測の域を出ない[73]。しかし,今後の議会にとっては,規制立法が連邦最高裁で合憲とされるか否か,判断に困る理由が増えたことになる。

ロバーツは3年後,オバマケアの条文解釈が問題となったKing v. Burwell連邦最高裁判決[74]においても,ケネディとリベラル4人とともに,6対3で立法を擁護する判決を下した。争点は,憲法解釈よりも条文解釈の問題だったが,解釈によってはオバマケアの存続さえ危ぶまれるような問題だった。立法では,「州が設立した(established by the State)」医療保険市場において,低所得者に補助金を出すとされていたが,そうした医療保険市場を設立した州はごく少数に限られ,残りの州については連邦が市場を創設せざるを得なかった。補助金が「州が設立した」市場に限られると,大多数の州の低所得者が補助金を受けられず,広く比較的安価な医療保険を確保する制度を維持できるか,危惧されたのである。

ロバーツは,結論として,内国歳入庁の解釈に従う形で,補助金を州が設立した市場だけでなく,連邦の創設する市場にも支出できると判示した。判決を結ぶにあたって,ロバーツはマーシャルの言葉を引きつつ,裁判所の役割は「法とは何かを述べることである」として,次のように続けている。「我々裁判官は立法府の役割を尊重しなければならず,立法府のしたことが無に帰すようなことのないようにしなければならない。立法をフェアに読むためには,立法の枠組をフェアに理解するする必要がある」。

反対に回ったスカリアは,法廷意見に対し,オバマケアを護るために,制定法解釈の一般ルールを変更するものだと厳しい批判をぶつけている。「州が設立した」を「州または連邦が設立した」と解釈することはできない,というのである。そして,本件は「連邦最高裁とは,一部の立法を選り好みし,贔屓の立法の合憲性と実行可能性を確保するためには何でもするものだ,という情けない事実を白日の下に晒した」ものだと締めくくっている。

---

73 TRIBE, *supra* note 1, at 66-68.
74 135 S. Ct. 2480 (2015).

アリートとトーマスはこれに加わったが，ケネディはロバーツの法廷意見に従った。

もう一つ，ロバーツがリベラル4人と組んだ5対4の判決が，Williams-Yulee v. Florida Bar連邦最高裁判決[75]である。この事件では，州裁判所の裁判官選挙において，候補者による選挙資金の寄付の勧誘を禁止したフロリダ州の法曹倫理綱領が問題となり，選挙で敗れた候補者が，これは修正1条による表現の自由の保障に抵触すると訴えを提起したが，ロバーツはこれを退ける5対4の法廷意見を著した。この判示も，保守派のリバタリアン的な表現の自由保障と距離を取るものなのか，あるいは裁判官選挙は立法府の選挙とは異なることを認め，長官として司法の廉潔性を重視する立場を示したものなのか，解釈は分かれ得る[76]。

### 3 サプライズ

ロバーツコートがリベラルな判例の展開で人を驚かせたのが，同性婚の分野である。

同性婚の法的認知を求める動きは，ほぼ半世紀前に遡る。しかし，同性カップルに婚姻の権利が認められるまでには，2003年マサチューセッツ州最高裁判所判決まで待たなければならなかった。同州では翌2004年に同性カップルに結婚許可証が与えられた。ところが，同性カップルの婚姻の権利は，それから10年余りのうちに，連邦憲法上の権利としての地位を獲得することになった。それが2013年と2015年のサプライズ連邦最高裁判決である。ここでは，個人の尊厳を核としたケネディの憲法観が重要な役割を果たした。

2013年，United States v. Windsor連邦最高裁判決[77]では，ケネディがリベラルと組んだ5対4の多数意見により，連邦法との関係で婚姻を男性と女性との間のものと定義した立法Defense of Marriage Actが違憲無効とされた。このなかでケネディは，州で婚姻として異性間の婚姻と等しい地位と尊厳を認められたカップルを，連邦法で別異に扱うことは，連邦憲法修正5条の保

---

75　135 S. Ct. 1656（2015）.
76　STEVEN V. MAZIE, AMERICAN JUSTICE 2015: THE DRAMATIC TENTH TERM OF THE ROBERTS COURT, 52（2015）.
77　133 S. Ct. 2675（2013）.

障する本質的な自由を侵害することになる，と判示した。

　同年のHollingsworth v. Perry連邦最高裁判決[78]は，同性婚を認めないものとした，カリフォルニア州の住民投票プロポジション８に関わる事件だが，争点はテクニカルなものだった。この事件では，婚姻を求める同性カップルが州を訴えて，プロポジションの合憲性を争ったが，州はこれに対する防御を拒み，敗訴判決から上訴しなかった。プロポジションの提案者は，代わりに訴訟追行する訴訟適格を主張したが，ロバーツがリベラルと組み５対４の多数意見でこれを退けたのである。

　Windsor判決からさらに踏み込み，結婚する権利は連邦憲法で保障された基本的権利だとしたのが，2015年のObergefell判決[79]である。これによって，州は同性カップルによる婚姻を認める義務を負ったことになる。ケネディはリベラル４人と組んで法廷意見を著し，同性カップルを除外することは修正14条に違反すると判示した上で，次のように述べている。

　　婚姻とは，いかなる結合にもまして深遠なるものである。というのも，それは，愛，忠誠，献身，自己犠牲，そして家族というものの崇高なる理想を体現するものなのであるから。相互の結合を形成するにあたって，２人は以前の２人よりもより価値あるものになるのである。[80]

ここには，個人の尊厳を重視するケネディの法哲学が強くにじみ出ており，これはWindsor判決における判示にも通底するものである。同性婚での展開は，さらに2003年にテキサス州のソドミー法を違憲としたLawrence v. Texas連邦最高裁判決[81]でのケネディ法廷意見まで遡ると，一貫したものを読み取ることもできる。

---

78　133 S. Ct. 2652（2013）.
79　135 S. Ct. 2584（2015）.
80　*Id.* at 2608.
81　539 U.S. 558（2003）.

## VI　リベラル派と保守派の動向

### 1　5対4判決の割合

　既にみたように，2005年開廷期と2006年開廷期は，両極端の年であった。2005年開廷期は，5対4の判決が9件，そのうち保守5対リベラル4で別れたのが4件（2007, 2011, 2013年も同数の4件）と，いずれも10年間で最も少なく，ロバーツが合意形成に成功したとみられた。しかし，2006年開廷期は，5対4の判決が25件（2008年が同数），そのうち保守5対リベラル4で別れたのが14件と，10年間で最も多かった。残りの年の件数は，それぞれ2005年と06年開廷期の数字の間を上下しているが，平均で5対4の判決が16.9件，うち保守5対リベラル4で別れたのが7.5件である。

　連邦最高裁が政治的に分裂していることを強調しすぎてはならないといわれることもある。ロバーツコートの10年間においても，年平均24.6件，割合にして32.2％の判決は全員一致であり，同意意見があったが反対意見のなかった判決も加えれば，年平均33.2件43.4％に上る。しかし，保守対リベラルが厳しく対立する論点を含む判決が，多くの場合にイデオロギー通りの5対4の判決で決せられたのも事実である。修正2条に基づき個人の銃を保有する権利を認めたHeller判決も，その射程を連邦法から州法に及ぼしたMcDonald判決も，いずれも保守5対リベラル4の判決だった。

　保守5対リベラル4の対立の影響は，個々の判決に留まらない。保守派5人は，ロバーツコート最初の10年のうちに，特に政治的な対立の顕著な分野で，着実に保守的な判例法理を形成していった。これは，レーンキストコート以来の保守化傾向を継続するものであり，また1950年代から70年代にかけてのウォーレンコートや公民権運動のリベラルな遺産を着実に縮減するものである。

### 2　保守的判例法の形成

　最も議論を呼んだのが，選挙資金規正に関する一連の判例である。Buckley v. Baleo連邦最高裁判決[82]以来，レーンキストコートまでの連邦最高裁

---

82　424 U.S. 1 (1976).

は，選挙資金規正立法を，資金豊富な主体による政治過程の歪曲を防ぐという目的から正当化し得ると判示してきた[83]。しかしロバーツコートは，これを選挙運動コミュニケーションを制限するもので，修正1条の表現の自由に対する制約にあたるとして，一連の5対4の判決で着実に合憲の余地を狭めていった。ロバーツは，2007年のWRTL判決において5対4の判決により，法人による選挙運動支援のための一般資金支出を規制した超党派選挙運動資金改革法を，適用違憲の形を取りつつ無効とした。そして2010年のCitizens United判決では，ケネディ法廷意見による5対4の判決により，今度は明示的に判例を変更した上で，選挙資金改革法を違憲無効とした。Citizens United判決は，下級審では問題とされなかった文面上違憲の論点を，連邦最高裁であえて取り上げて判例変更を行ったため，ロバーツコートの保守的積極主義が際立った判決とされる。ロバーツは先例拘束性の観点から弁解的な同意意見を付している。さらに，2014年のMcCutcheon v. Federal Election Commission連邦最高裁判決[84]では，やはり5対4の判決で，個人寄付総額規制が，修正1条に反するとして違憲とされた。

　1965年投票権法についても，ロバーツコートは，違憲判断の締め付けを徐々に強めてきた。2009年のNAMUDNO判決では，ロバーツが合憲性判断を回避しつつ，連邦制と州の主権平等を強調する判決を著した。そして2013年Shelby County判決では，この理論に則る形で違憲判断を下した。違憲とされたのは，連邦政府の事前承認の対象となる州の選定基準を定めた条項である。トーマスはNAMUDNO判決から，事前承認の制度そのものが違憲であると主張してきた。ロバーツコートの多数派は，そこまでは踏み込まなかったものの，投票権法の実効性は大きく損なわれることになった。

　より広く差別禁止立法においても，連邦最高裁は，人種や性などを理由に会社に差別されたと主張する従業員らに対し，差別の証明を厳格に求める傾向を強めている。差別禁止立法については，1970年代の連邦最高裁が，人種や性について中立的な慣行であっても，特定の人種や性別の人に不利な効

---

83　Austin v. Michigan State Chamber of Commerce, 494 U.S. 652 (1990) ; McConnell v. Federal Election Comm'n, 540 U.S. 93 (2003).
84　134 S. Ct. 1434 (2014).

果・影響を及ぼす場合には，これを違法とする差別的効果の法理（disparate impact）を展開してきた[85]。しかしレーンキストコートはこれを限定する判決を下してきており，連邦議会がこれを覆す立法を行ったこともある[86]。ロバーツコートもレーンキストコートの保守化の流れを受け継いでいる。Ricci v. DeStefano連邦最高裁判決[87]では，市が消防士の昇進試験を行ったところ，白人に圧倒的で有利な結果が出たため，これが差別的効果を生じさせかねないとして実際の昇進に反映しないことにしたが，連邦最高裁は保守5対リベラル4の判決で，これが逆に差別的取り扱いにあたる，とする判断を下した。スカリアの同意意見は，差別的効果法理が憲法違反になり得ることさえ示唆するものであった。Gross v. FBL Financial Services連邦最高裁判決[88]でも，保守5対リベラル4のロバーツコートが，職場における年齢差別を主張する訴えでは，年齢と会社の行為との間に事実的因果関係があることを証明する必要がある，との判断を下した。

### 3 リベラルの巻き返し？

ニューヨーク・タイムズは，2014年開廷期の終わった6月29日の記事で，「ロバーツコート驚きの左旋回」との見出しで報じている[89]。実際，この年の保守5対リベラル4の判決は5件と少なく，むしろケネディがリベラルと組んだ5対4の判決は10件に上った。ロバーツがリベラルと組んだ5対4の判決も1件あり，これらを合わせると5対4の判決は21件の過半数で，リベラルが巻き返しに成功したことになる。

ケネディ+リベラル判決の中で特に注目を集めた判決は，婚姻をする権利は同性カップルにも認められる基本的権利であると宣言したObergefell判決である。Texas Department of Housing & Community Affairs v. Inclusive

---

85 Griggs v. Duke Power Co., 401 U.S. 424 (1971).
86 Wards Cove Packing Co. v. Atonio, 490 U.S. 642 (1989); Civil Rights Act of 1991.
87 557 U.S. 557 (2009).
88 557 U.S. 167 (2009).
89 Alicia Parlapiano, Adam Liptak, and Jeremy Bowers, *The Roberts Court's Surprising Move Leftward*, N.Y. TIMES, June 29, 2015. http://www.nytimes.com/interactive/2015/06/23/upshot/the-roberts-courts-surprising-move-leftward.html?_r=0

第 2 章　ロバーツコートの裁判官たち　79

TABLE I (*continued*)
(B1) VOTING ALIGNMENTS — ALL WRITTEN OPINIONS

|  |  | Roberts | Scalia | Kennedy | Tomas | Ginsburg | Breyer | Alito | Sotomayor | Kagan |
|---|---|---|---|---|---|---|---|---|---|---|
| Roberts | O | — | 45 | 47 | 35 | 45 | 48 | 42 | 48 | 45 |
|  | S | — | 14 | 1 | 12 | 2 | 1 | 9 | 1 | 0 |
|  | D | — | 59 | 48 | 47 | 46 | 48 | 51 | 48 | 45 |
|  | N | — | 74 | 74 | 74 | 74 | 72 | 74 | 74 | 74 |
|  | P (%) | — | 79.7 | 64.9 | 63.5 | 62.2 | 66.7 | 68.9 | 64.9 | 60.8 |
| Scalia | O | 45 | — | 41 | 35 | 38 | 40 | 38 | 39 | 40 |
|  | S | 14 | — | 4 | 19 | 2 | 0 | 11 | 0 | 4 |
|  | D | 59 | — | 45 | 53 | 40 | 40 | 49 | 39 | 44 |
|  | N | 74 | — | 74 | 74 | 74 | 72 | 74 | 74 | 74 |
|  | P (%) | 79.7 | — | 60.8 | 71.6 | 54.1 | 55.6 | 66.2 | 52.7 | 59.5 |
| Kennedy | O | 47 | 41 | — | 34 | 53 | 55 | 43 | 57 | 55 |
|  | S | 1 | 4 | — | 5 | 1 | 0 | 5 | 3 | 3 |
|  | D | 48 | 45 | — | 39 | 54 | 55 | 47 | 59 | 58 |
|  | N | 74 | 74 | — | 74 | 74 | 72 | 74 | 74 | 74 |
|  | P (%) | 64.9 | 60.8 | — | 52.7 | 73.0 | 76.4 | 63.5 | 79.7 | 78.4 |
| Tomas | O | 35 | 35 | 34 | — | 30 | 28 | 36 | 29 | 29 |
|  | S | 12 | 19 | 5 | — | 2 | 0 | 16 | 0 | 2 |
|  | D | 47 | 53 | 39 | — | 32 | 28 | 52 | 29 | 31 |
|  | N | 74 | 74 | 74 | — | 74 | 72 | 74 | 74 | 74 |
|  | P (%) | 63.5 | 71.6 | 52.7 | — | 43.2 | 38.9 | 70.3 | 39.2 | 41.9 |
| Ginsburg | O | 45 | 38 | 53 | 30 | — | 59 | 35 | 59 | 58 |
|  | S | 2 | 2 | 1 | 2 | — | 10 | 0 | 8 | 11 |
|  | D | 46 | 40 | 54 | 32 | — | 67 | 35 | 64 | 67 |
|  | N | 74 | 74 | 74 | 74 | — | 72 | 74 | 74 | 74 |
|  | P (%) | 62.2 | 54.1 | 73.0 | 43.2 | — | 93.1 | 47.3 | 86.5 | 90.5 |
| Breyer | O | 48 | 40 | 55 | 28 | 59 | — | 37 | 62 | 61 |
|  | S | 1 | 0 | 0 | 0 | 10 | — | 0 | 6 | 8 |
|  | D | 48 | 40 | 55 | 28 | 67 | — | 37 | 66 | 68 |
|  | N | 72 | 72 | 72 | 72 | 72 | — | 72 | 72 | 72 |
|  | P (%) | 66.7 | 55.6 | 76.4 | 38.9 | 93.1 | — | 51.4 | 91.7 | 94.4 |
| Alito | O | 42 | 38 | 43 | 36 | 35 | 37 | — | 38 | 36 |
|  | S | 9 | 11 | 5 | 16 | 0 | 0 | — | 1 | 0 |
|  | D | 51 | 49 | 47 | 52 | 35 | 37 | — | 38 | 36 |
|  | N | 74 | 74 | 74 | 74 | 74 | 72 | — | 74 | 74 |
|  | P (%) | 68.9 | 66.2 | 63.5 | 70.3 | 47.3 | 51.4 | — | 51.4 | 48.6 |
| Sotomayor | O | 48 | 39 | 57 | 29 | 59 | 62 | 38 | — | 60 |
|  | S | 1 | 0 | 3 | 0 | 8 | 6 | 1 | — | 7 |
|  | D | 48 | 39 | 59 | 29 | 64 | 66 | 38 | — | 65 |
|  | N | 74 | 74 | 74 | 74 | 74 | 72 | 74 | — | 74 |
|  | P (%) | 64.9 | 52.7 | 79.7 | 39.2 | 86.5 | 91.7 | 51.4 | — | 87.8 |
| Kagan | O | 45 | 40 | 55 | 29 | 58 | 61 | 36 | 60 | — |
|  | S | 0 | 4 | 3 | 2 | 11 | 8 | 0 | 7 | — |
|  | D | 45 | 44 | 58 | 31 | 67 | 68 | 36 | 65 | — |
|  | N | 74 | 74 | 74 | 74 | 74 | 72 | 74 | 74 | — |
|  | P (%) | 60.8 | 59.5 | 78.4 | 41.9 | 90.5 | 94.4 | 48.6 | 87.8 | — |

Communities Project, Inc.連邦最高裁判決[90]でも，ケネディがリベラル４人と組んだ５対４の判決で，住宅の譲渡・賃貸における差別を禁じた公正住宅法Fair Housing Actの下で，差別的効果の法理を維持する判断を下した。Williams-Yulee判決では，ロバーツがリベラルと組んだ５対４の判決で，州の裁判官選挙で選挙資金の寄付の勧誘を禁じた州の法曹倫理規定が合憲とされた。ロバーツとケネディがリベラルと組み，際どい条文解釈でオバマケアを救ったKing判決も，この年に下された。

　何がこのような巻き返しを可能にしたのだろうか。2014年開廷期の裁判官の投票行動を分析した統計（前頁）[91]をみると，リベラル派はリベラル同士で強い結束力を示している。ブライヤーとケイガンは94.4％の割合で同意しているし，ギンズバーグとブライヤーは93.1％，ブライヤーとソトマイヨールは91.7％，ギンズバーグとケイガンも90.5％と高い同意の割合を誇る。これに対してケネディを除く保守派は保守で固まる傾向があるものの，互いに同意する割合は意外に低い。もっとも高くてもロバーツとスカリアの79.7％に過ぎず，続いてスカリアとトーマスの71.6％，トーマスとアリートの70.3％，ロバーツとアリートの68.9％である。こうした現象は，保守派の側に理論的妥協をよしとせず，見解を共有しない者に容赦ない批判を浴びせる裁判官が揃っていることによるのかもしれない。

　しかし，リベラル派の結束に増して目を引くのが，ケネディの投票行動の数字である。2014年開廷期，ケネディが最も同意する割合が高かったのは，ソトマイヨールの79.7％，続いてケイガンの78.4％，ブライヤーの76.4％，ギンズバーグの73.0％である。保守派の裁判官で最も高かったのがロバーツでも，同意した割合は64.9％で，最低のトーマスは52.7％に過ぎない。

　ケネディの新任女性裁判官好きと古参原意主義者嫌いがどこまで続くかは，予断を許さない。2014年開廷期のロバーツの投票行動をそれまでの９年間と比べると，ケネディのロバーツ不信任は際立っており，原意主義者との関係も，振幅がある中でも特に悪い数字である。しかし，ソトマイヨールとケイガンとは，それぞれ前任のスーターとスティーブンスと比べて良い関係

---

90　135 S. Ct. 2507 (2015).
91　*The Supreme Court—The Statistics*, 129 HARV. L. REV. 381, 383 table I (B1) (2015).

## ケネディ裁判官の投票行動

Harv. L. Rev. vols. 120-09, issue 1 (2006-15), *The Supreme Court--The Statistics* Table I (B1) より溜箭作成

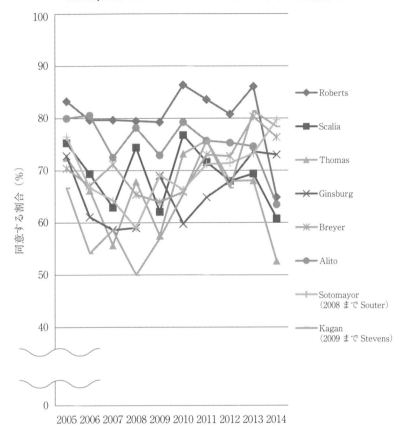

にあるだけでなく，同意する割合も年を追うごとに高まっている。またブライヤーとギンズバーグとの関係も，新任の2人ほどではないにせよ，着実に改善している。いずれにせよ，ロバーツが保守派原意主義者と手を組む傾向を強める一方で，今後の連邦最高裁のゆくえを左右するのは，ケネディのリベラル派との関係の深まり如何であるとみることはできそうである。

ただし，2014年開廷期のリベラルの巻き返しも，過大評価はできない。確かに同性婚の確立は耳目を引いたが，例えば差別禁止立法に関するTexas Department判決は，これまでの判例の中で風前の灯だった差別的効果の判

例法理が，公正住宅法についてかろうじて生きながらえたに過ぎない。保守派の攻勢が続くなかで一息ついた，というのが正確であるように思われる。

## VII ロバーツコートと立憲主義

ここまで見たように，ロバーツコートは理論的にも党派的にも深く分断された連邦最高裁であり，そこから一貫した立憲主義像を見出すことは難しい。しかし，憲法判例の実体面からやや視点をずらし，裁判へのアクセス，裁判所を取り巻く法曹や教育機関との関係まで観察の視野を広げると，ロバーツコートの時期までに，アメリカの裁判所と社会との関係には大きな変化が生じていることが分かる。

### 1 裁判所へのアクセス

手続面で憲法訴訟に直接かかわるのが，スタンディング（原告適格）の問題である。ウォーレンコートからバーガーコート前半にあたる1960代から70年代の連邦最高裁は，伝統的なコモンローの厳格なスタンディング要件を緩和し，原告適格を広く認める判決を下してきた。これは，連邦裁判所による社会問題への深い関与と，幅広い救済を可能にするものであった。しかし，1980年代以降の連邦最高裁は，司法積極主義に対する批判から，スタンディングを狭める判決を立て続けに下してきた[92]。

ロバーツコートは，この傾向を継承している。ウォーレンコートは，1968年のFlast v. Cohen連邦最高裁判決[93]により，連邦政府の公金支出の合憲性を争う納税者訴訟を初めて認め，その後も，特に公金支出と修正1条の保障する政教分離との関係を争う訴えでは，比較的広く原告適格が認められてきた。しかしロバーツコートは，2001年のHein判決と4年後のArizona Christian School Tuition Org. v. Winn連邦最高裁判決[94]で，立て続けに保守5対リベラル4で原告適格を否定し，Flast判決の射程を限定したのである。スカ

---

[92] Valley Forge Christian College v. Americans United for Separation of Church and State, 454 U.S. 464 (1982).
[93] 392 U.S. 83 (1968).
[94] 563 U.S. 125 (2011).

リアとトーマスに至っては，そもそもFlast判決は，連邦憲法3編の司法権の逸脱であり，判例変更すべきだとする同意意見を付している。

ロバーツコートは，憲法訴訟に限らず，広く民事訴訟の文脈で，裁判へのアクセスを制約する判決を下している。ロバーツ長官が着任した2005年以降，連邦最高裁では，民事訴訟手続に関する判決が立て続けに下されている[95]。その内容も，ロバーツコートの政府・ビジネス寄りの姿勢を示すものとして，批判を集めてきた。とりわけ憲法上の権利や市民的権利の侵害，独占禁止法や労働者・消費者保護法，さらに不法行為法や製造物責任法に関わる事案で，被告となる政府や企業に有利な判決が圧倒的に多い。こうした保守的な判決に対しては，市場主義イデオロギーに導かれ，都合よく文言主義，原意主義，伝統主義を援用している，との非難さえ寄せられてきた[96]。

民事訴訟に対する連邦最高裁の影響力は，連邦民事訴訟規則の解釈だけでなく制定・改正にまで及ぶ。連邦民事訴訟規則の改正手続にも，ロバーツの影響で保守派裁判官によるコントロールが強まっており，フェデラリストソサエティの影響力も強まっているとされる[97]。2015年には，開示手続の対象を縮減する連邦民事手続規則の改正が行われた。

ロバーツコートは，憲法や制定法の解釈，また判例の解釈や変更といった実体面を通じ，裁判所としてかなり強い存在感を示している。にもかかわらず「アンチ裁判所的な裁判所（anti-court Court）」と呼ばれるのは，一般の市民が政府や大企業による違法行為や権利侵害に対する責任追及しようというときに，裁判所が積極的役割を果たすことに否定的であるからにほかならない[98]。

---

95 Howard M. Wasserman, *The Roberts Court and the Civil Procedure Revival*, 31 REV. LITIG 313 (2012).
96 Edward A. Purcell Jr., *From the Particular to the General: Three Federal Rules and the Jurisprudence of the Rehnquist and Roberts Courts*, 162 U. PA. L. REV. 1731 (2014).
97 Patricia W. Hatamyar Moore, *The Anti-Plaintiff Pending Amendments to the Federal Rules of Civil Procedure and the Pro-Defendant Composition of the Federal Rulemaking Committees*, 83 U. CIN. L. REV. 1083, 1144-54 (2015).
98 TRIBE, *supra* note 1, at 298-99.

## 2 裁判所を取り巻く状況

アメリカの裁判所は，連邦憲法第3編2節1項の「事件及び争訟」要件から，抽象的な憲法審査は行わないのが建前である。しかし実際には，連邦最高裁に係属する事件の多くは，連邦最高裁を目指して綿密に準備されたものである。従来は訴訟を作り出すのは，ACLUや有色人種地位向上全国協会（National Association for the Advancement of Colored People（NAACP））などのリベラルの権利団体のお家芸だった。20世紀初頭の社会立法を連邦最高裁で擁護したブランダイスに続き，NAACPを代理したマーシャル，ACLUの女性プロジェクトを率いたギンズバーグなど，連邦最高裁で公益に関わる訴訟の法廷弁論で名をはせたリベラル派弁護士が，連邦最高裁の裁判官に就任していった。

しかし今日，メディア対策を通じて争点と世論を醸成し，最も戦略上有利な裁判所を選び，第一審から連邦最高裁それぞれの段階でベストの法廷弁護士を依頼するのは，保守系運動家やシンクタンクである。初中等教育のアファーマティブアクションを攻撃したParents Involved判決，銃を保有する権利を勝ち取ったHeller判決，選挙資金規正を無効にしたCitizens United判決，そしてオバマケアを葬りかけたSebelius判決など，ロバーツコート最初の10年を象徴する5対4の判決は，まさにそうした判決だった。ナショナル・ロージャーナル（National Law Journal）紙のワシントン特派員コイル（Marcia Coyle）によるロバーツコートの総括は，これらの事件の生成過程に裁判官や関係者らへのインタビューを交えて構成されている。

コイルによる総括と比べると，ハーバード大学教授のトライブとタシュネットによる総括は，より慎重である。トライブは不確実性（"UNCERTAIN JUSTICE"）を，タシュネットのバランス（"IN THE BALANCE"）を基調としつつ，連邦最高裁の対立は，裁判官の党派性によるものとは必ずしもいえないという。連邦最高裁には，憲法上の価値が複数競合するような，保守・リベラルそれぞれの裁判官の間でも見解が分かれるような難問が係属しているのだから[99]。しかしこうした総括は，よくいえば学者的であるが，悪くいえば弁解じみている。

---

99　TRIBE, *supra* note 1, 319; TUSHNET, *supra* note 5, at xiii.

2人のハーバード大学ロースクール教授の弁解じみた論調は，ロバーツコートを取り巻く政治社会情勢と密接に関わっているように思われる。既にみたように，現連邦最高裁の裁判官にはエリート大学の出身者が顕著に多い。ハーバード大学ロースクールは元ディーンを裁判官として連邦最高裁に送り込んだだけはなく，ロークラークも連邦最高裁に送り込んでいる。ロークラーク制度は，20世紀前半は，リベラルなロースクールと裁判所を結ぶものとして機能してきた。しかし20世紀末までにスカリアらが原意主義の理論的精緻化をすすめ，アリートやロバーツなど保守派裁判官が地位を固めると，ロークラーク供給体制も連邦控訴裁の保守派裁判官から連邦最高裁の保守派へ，連邦控訴裁のリベラル派裁判官から連邦最高裁リベラル派へ，と党派化が進んできた[100]。もとの供給源たるトップ・ロースクールとしても，自ずと保守・リベラルのバランスを取る必要が出てくる。

　トライブは，連邦最高裁でも弁論の経験があり，今後も弁論することがあるだろう。リベラルとされるトライブであっても，連邦最高裁をリベラルと保守の二分論で政治的に描写することは，利益にならない。トライブは，この本のプロモーション・キャンペーンの中で，オバマとロバーツがともに自分のリサーチアシスタントであったことを披露している。このことは，トライブ自身が，リベラルと保守のバランスを取るとともに，政治より法理論の意義を強調すべき立場にいることを象徴しているように思われる。

　ロバーツコートは，一方では社会との関係で消極的な役割を標榜しつつ，他方ではアメリカ社会や法曹界で深まる党派的対立との連続性を強めつつある。ロバーツコートの体現する立憲主義は，一種の危うさをはらんでいるといえよう。

## おわりに

　連邦裁判所の裁判官は，終身の身分を保障されている。大統領としては，自らと同じ政治的信条の裁判官を任命できれば，自分の任期4年（最長2期

---

100　Adam Liptak, *A Sign of the Court's Polarization: Choice of Clerks*, N.Y. TIMES, Sept. 7, 2010, at A1.

8年）をこえて政治的影響力を残すことができる。議会の対立党派は、これを阻止したい。アメリカ社会は、今後も連邦最高裁の判決が出ると5対4で一喜一憂し、次の大統領がだれかだけでなく、次の連邦最高裁裁判官が誰かで気をもむことになるだろう。同時に、連邦最高裁に向けて訴訟が創出されるプロセスを見ると、裁判所へのアクセス、アドヴォカシーの法曹集団、ロースクールとロークラーク、と大きな地殻変動が起こっていることにも気づかされる。

　3章以降では、各領域ごとにロバーツコートの憲法判例を検討してゆく。個々の分野の判例法理の変化も、ロバーツコートを取り巻く大きな政治社会的変化と併せて読み解くと、理解が深まるのではないかと思われる[※]。

---

[※] 本章の執筆にあたっては、リサーチアシスタントとして立教大学法学部4年の染谷美樹さんの助力を受けた。記して感謝する。

# 各論

# 第3章　平等
## ——ケネディ裁判官の影響力の増加

髙橋　正明

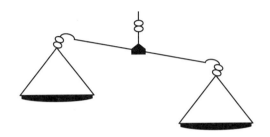

はじめに
Ⅰ　アファーマティブアクション
Ⅱ　同性婚
Ⅲ　差別禁止法
おわりに

---

イントロダクション
　ロバーツコートの平等判例は，人種に基づくアファーマティブアクションと同性婚に関する事件を中心としており，とりわけ，同性婚を容認したObergefell判決は，今後，アメリカ憲法史に深く名を刻むであろう。と同時に，判例法理も興味深い展開を見せており，その背景の一つにはケネディ裁判官の影響力の増加が挙げられる。この点も含め，本章では，ロバーツコートの平等判例の展開について整理し，その実態を明らかにする。

## はじめに

　ロバーツ（John Roberts）コートにおける平等判例は多岐に渡るが，中心的なものとしては人種に基づくアファーマティブアクション（以下「AA」という。）[1]と同性婚に関する事件を扱ったものが挙げられる。AAと同性婚は，その是非を巡ってアメリカ国民の間でも見解の分かれることの多い社会問題であり，ロバーツコートは，これまでに形成されてきた判例法理を継承しつつ，これらの問題に取り組んできた。

　AAについては，ロバーツコートは，発足当初，否定的な態度を示していると思われたが，近年はこれを支持する判決を下すなど，その立場は揺らいでいる。また，同性婚についても最高裁の中で見解が二分していたが，連邦・州それぞれのレベルでこれを容認するに至った。とりわけ，婚姻をする権利を合衆国憲法上の権利であることを確認し，同性カップルにも権利の享有を認めた，2015年のObergefell v. Hodges連邦最高裁判決[2]は，その社会的関心度の高さという点でもアメリカ憲法史に深く名を刻むものである。と同時に，AAや同性婚に関する判例法理の内容それ自体も注目に値するものであり，その法理の発展の背景にはケネディ（Anthony Kennedy）裁判官の影響力の増加がある。

　また，これらの他にも，連邦レベルでの差別禁止法[3]の適用・解釈に関する判決も数多く下されている。これらは，かならずしも憲法上の争点を直接的に論じたものではないものの，ロバーツコートの平等判例の特徴を把握する上で役立つであろう。

　そこで，本章では，まずAAと同性婚に関する判例を中心に取り上げ，その特徴について整理する（IおよびII）。次に，差別禁止法に関する判例につ

---

[1] 本章では，AAとは，公的機関が，教育，雇用，政治参加などの場面において人種・性別などに基づいてマイノリティ集団を優遇する措置と定義しておく。なお，AAの訳としては，優先処遇ないしは積極的差別是正措置という語が当てられることが多い。

[2] Obergefell v. Hodges, 135 S. Ct. 2584 (2015).

[3] 本章における「差別禁止法」とは，出自，人種，性別などに基づいて政治・経済・社会的関係における差別を禁止する，種々の連邦議会制定法の総称である。これには，具体的には，1964年公民権法（Civil Rights Act of 1964），1965年投票権法（Voting Rights Act of 1965），1968年公正住宅法（Fair Housing Act of 1968）などが含まれる。

いて，憲法の観点からロバーツコートの特徴を明らかにするのに必要な限りで取り上げ，分析を行う（III）。その上で，ここまでの分析を踏まえて，ロバーツコートの平等判例の全体的特徴について述べることとする（おわりに）。

## I　アファーマティブアクション

Iでは，ロバーツコートに至るまでのAAに関する議論の流れを，判例法理の変遷を中心に整理した上で，同コートにおけるAAに関する判例について検討する。

### 1　ロバーツコートに至るまでのAAに関する議論の流れ

雇用や教育の分野における割当制といった，現在想定されるAAと同様の制度が本格的に実施され始めたのは，ニクソン（Richard Nixon）大統領の政権期のころである[4]。この時代，フィラデルフィア周辺において，連邦政府が関与する建設契約を締結する際に，十分な就労機会を与えられてこなかった黒人労働者を，一定数，雇用するように請負業者に命じる，いわゆる「フィラデルフィア計画」が1969年に発布されたのを皮切りに，とりわけ公契約の分野でAAが活発に実施されるようになった。

この時代の背景を簡単に整理すると，1950年代から1960年代には，Brown v. Board of Education連邦最高裁判決[5]，異人種間婚姻の禁止を違憲としたLoving v. Virginia連邦最高裁判決[6]が下されており，また，公民権運動を経て連邦議会が種々の差別禁止法[7]を制定していた。そのため，この時代には，法文に人種という文言を明示してマイノリティに不利益を課す差別（直接差別）はある程度解消されたといえる[8]。そのため，当時の政治的関心も，過去

---

[4] ただし，AAという語が最初に登場したのは，1961年のケネディ大統領命令10925号においてである。このあたりの詳しい叙述として，川島正樹『アファーマティヴ・アクションの行方』1, 115-118頁（名古屋大学出版会，2014年）を参照。
[5] Brown v. Board of Education, 349 U.S. 294 (1955).
[6] Loving v. Virginia, 388 U.S. 1 (1967).
[7] 具体的な法律名については，注(3)を参照。
[8] ただし，法文上は人種や性別に中立的であるものの，一定の人種や性に属する者に不均衡な割

になされた差別によって生じた人種間の社会経済的格差をどのように解消すべきであるか，という点に徐々に変化しつつあったのである。

こうした背景の下で，当初，AAは差別是正措置として位置付けられていた。また，AAへの白人からの社会的反発はあったものの，ウォーレン（Earl Warren）コートの時代には，まだAAの合憲性について連邦最高裁は判断を示していなかった。他方で，一部の高等教育機関においては，AAの意義は，差別の是正という点からではなく，人種的多様性を確保することで異人種間理解の促進をはじめとする教育的効果を生み出す点にあるとの見解が示されるようになっていた。そして，AAの判例法理も，差別の是正に加えて，人種的多様性の確保という観点から，それぞれ独自の展開を遂げることになるのである。

まず，差別の是正を目的とするAAの合憲性が最高裁で本格的に争われるようになるのは，1980年代に入ってからである。ここでの争点は，AAによって是正すべき差別の内容は何か，また，AAに対する違憲審査基準としてどのような基準を設定すべきであるかといったものが中心であり，これらの点を巡って，長い間，最高裁の中でも意見は一致していなかった。

その中で，AAの合憲性判断枠組を判例規範として明確に示したのが，1989年のRichmond v. Croson連邦最高裁判決[9]である。本件では，リッチモンド市の条例が，同市と建設契約を取り交わす元請負契約者（prime contractor）に対して，その契約受注額のうちの30％を，「人種的マイノリティが経営する企業」（MBE）との下請契約に利用するように義務付けており，その合憲性が問われた。判決では，オコナー（Sandra Day O'Connor）裁判官の意見のうち，相対多数となった部分が，AAに対する違憲審査基準として厳格審査基準を設定した上で，法廷意見となった部分がAAは特定可能な（identifiable）差別の是正に限定して許容されると述べ，差別行為者を特定するのが難しい社会的差別の是正を目的とする本件条例は違憲であると判断した。

合で不利益をもたらす行為の規制のあり方を巡っては，その後も議論が続いている。*See* Washington v. Davis, 426 U.S. 229 (1976).

9 Richmond v. Croson, 488 U.S. 469 (1989). なお，Croson判決に至るまでの判例（差別の是正に関するもの）として，Fullilove v. Klutznick, 448 U.S. 448 (1980), Wygant v. Jackson Board of Education, 476 U.S. 267 (1986) がある。

第3章　平等——ケネディ裁判官の影響力の増加　93

これによって，差別の是正を目的としたAAの実施は，実際上，困難になっていった[10]。

このような傾向もあり，とりわけ教育機関においては，AAの実施目的を，多様性の確保という観点から基礎づける流れが拡大し，1990年代以降，最高裁が取り扱う事件の多くが，教育機関における人種的多様性の確保を目的とするAAの合憲性に関するものとなっていく[11]。そして，時間軸が前後するが，こうしたAAの合憲性を争う訴訟の嚆矢が，バーガー（Warren E. Burger）コートの時代に下された，1978年のRegents of the University of California v. Bakke連邦最高裁判決[12]であった。

この事件では，カリフォルニア州立大学が人種的マイノリティのみに入学枠を割り当てる特別入学制度を設けており，当該制度の下で入学した学生の試験成績が，一般的な入学制度の受験生よりも低かったために，特別入学制度の合憲性が問題となった。本件では，この入学制度の目的の一つとして，大学側は，人種的多様性の確保があると主張した。

これに対して，パウエル（Lewis F. Powell, Jr.）裁判官の単独意見は，この主張を受け入れ，合衆国憲法修正1条に基づく大学の自治に配慮を示しつつ，学生集団の多様性を確保することは，「やむにやまれぬ利益」（compelling interest）を有するとした。しかしながら，同意見は，人種的多様性はその一要素に過ぎないとした上で，本件制度は出願者を多面的に評価していないために，学生集団の多様性を確保する手段として不適当であるとし，違憲の判断を下したのである[13]。

---

10　なお，Croson判決以後に，連邦法に基づく公契約におけるAAを違憲としたAdarand判決（Adarand v. Pena, Secretary of Transportation, 515 U.S. 200（1995））において初めて，AAの違憲審査基準として厳格審査基準を設定することが法廷意見で認められた。ただし，本判決の法廷意見はオコナー裁判官が執筆したこともあり，その述べるところは，Croson判決のオコナー裁判官一部法廷意見および相対多数意見と同様の趣旨と言ってよい。
11　ただし，放送事業における人種的多様性の利益を争点としたものとして，Metro Broadcasting v. FCC, 497 U.S. 547（1990）がある。
12　Regents of the University of California v. Bakke, 438 U.S. 265（1978）.
13　本件では法廷意見は形成されず，パウエル裁判官意見が「原判決一部認容，一部破棄」，ブレナン（William J. Brennan, Jr.）裁判官グループ共同意見（3名の裁判官が参加）が「原判決全部破棄」，スティーブンス（John Paul Stevens）裁判官意見（3名の裁判官が同調）が「原判決全部認容」と，意見が分かれており，パウエル裁判官が判決主文として「原判決一部認容，一部破棄」を言い渡し，入試において大学が人種を考慮することを一切禁止する原審判決の差止命令を

このパウエル単独意見は以降の訴訟にも影響を与えている。すなわち，ミシガン大学ロースクール（以下「LS」という。）の入学者選考において人種が評価要素の一つとされていたことの合憲性を争った2003年のGrutter v. Bollinger連邦最高裁判決[14]においては，オコナー裁判官の法廷意見は，パウエル単独意見を踏まえつつ，多様性を確保することは，「…学生の人種間理解を促進させ，人種的偏見を打破するのに役立つ」と敷衍した[15]。さらに，オコナー裁判官は，政治・経済界における指導的地位への門戸がすべての人種集団に開放されるべきとの考えを示し[16]，エリート養成機関としてのLSの役割を強調し，LSの入試制度は合憲であるとした。

このように，連邦最高裁判例は，高等教育機関で人種的多様性を確保する重要性を認めている。ただし，この背景には，そもそも，判例が，大学の自治に配慮を示し，多様性のもたらす教育効果などに関する大学側の専門的判断を尊重しているという事情がある。また，Grutter判決ではAAの合憲性審査基準として厳格審査基準が設定されたものの，法廷意見が大学の自治に配慮した結果として，その審査密度が一般的な厳格審査基準に比して若干低くなっているとの印象を受ける[17]。いずれにせよ，教育機関という特定の文脈の中で判例法理が形成されている点には注意がいるであろう。

## 2　ロバーツコートにおけるAAに関する判例の流れ

（1）Parents Involved in Community Schools v. Seattle School District No.1連邦最高裁判決[18]

こうした流れを受けて，ロバーツコートが最初に下したAAに関する判決

---

　　破棄するものの，バッキの入学を命じる作為命令，および特別入学制度を適法でないとした宣言的判決を認容した。
14　Grutter v. Bollinger, 539 U.S. 306 (2003). また同日に下されたGratz v. Bollinger, 539 U.S. 244 (2003) では，レーンキスト（William Rehnquist）長官が法廷意見を執筆し，ミシガン大学の学部入試で成績点100点のうち20点を人種に基づいて自動的に割り当てる措置は違憲であると判断した。
15　Grutter, 539 U.S. at 330 (majority opinion).
16　See id. at 332-333.
17　この点については，他ならぬ本判決において，レーンキスト長官の反対意見が指摘している。See id. at 378-380 (Rehnquist C. J., dissenting).
18　Parents Involved in Community Schools v. Seattle School District No.1, 551 U.S. 701 (2007).

が，2007年のParents判決である[19]。この事件は，初等中等教育機関が実施した人種統合政策の合憲性に関するものであった。すなわち，ワシントン州シアトル市の学校区は，定員数を超える志願者を集めた公立高校への入学者を選考する基準の一つとして[20]，学校区全体の白人学生と非白人学生の人口比率と個々の学校の人種構成比を考慮する制度[21]（以下「本件選考制度」という。）を設けており，本件では，その合衆国憲法修正14条の平等保護条項への適合性が争われた[22]。

本判決は，本件選考制度を合憲とした原審判決を5対4で破棄差し戻すものであり，ロバーツ長官が判決主文を言い渡し，その意見の一部が法廷意見（スカリア（Antonin Scalia），ケネディ，トーマス（Clarence Thomas），アリート（Samuel Alito）の各裁判官が同調）となり，それ以外のロバーツ長官の意見は相対多数意見（スカリア，ケネディ，トーマスの各裁判官が同調）となった[23]。

まず，ロバーツ長官の法廷意見は，違憲審査基準の選択にあたって，先例に依拠しつつ，人種区分（racial classification）は「単純に有害（pernicious）である」ため，その合理性を審査するには厳格審査が妥当であるとする[24]。

---

19 本件で争われた学校区による人種統合施策を，雇用や高等教育の場で実施されるAAと同列に論じてよいのか否か，以下の二つの点から議論の余地がある。まず，後述する本件人種統合施策においては，各高校の人種構成比によっては，人種的マイノリティであっても，自身の希望する学校に通えない事態も生じ得るという点で，ここまでに紹介したAAと違いがあることに留意がいる。

次に，本来であれば，ブラウン判決以降の人種統合政策の合憲性を争った諸判例の流れの中で本判決を分析する必要もある。ただし，本章はロバーツコートのAA判例の流れを整理することを目的としているため，本件については，この目的との関係で，多様性を巡る議論が初等中等教育機関の文脈でどのように位置付けられるのか，という点を中心に検討する。なお，アメリカにおける人種統合政策の展開を論じる文脈の中で本判決を詳細に分析する文献として，溜箭将之「初中等教育機関における人種統合のゆくえ」『アメリカ憲法判例の物語』47頁以下（成文堂，2014年）を参照。

20 その他にも，①志願者の兄弟の在学の有無，②志願者の自宅から学校までの距離が考慮される。

21 学校区全体の高校生の人種構成比は白人：非白人＝41：59であり，この比率から10％以上離れると（例えば51:49になると），学校区は，学校区全体の人種比率に近づくように志望者の人種を考慮することができるようになる。

22 本件ではケンタッキー州ジェファソン郡による，人種を考慮した，小学校入学者の選抜制度の合憲性も争われたが，こちらについては省略する。

23 なお，本判決には本文で紹介する各裁判官の意見の他に，トーマス裁判官の同意意見，スティーブンス裁判官の反対意見があるが，省略する。

24 Parents Involved in Community Schools, 551 U.S. at 720 (majority opinion).

その上で，同意見は，判例上，厳格審査を通過する「やむにやまれぬ利益」を有する政府目的として認められるものには，「過去の故意になされた差別の影響の是正」と「学生集団の多様性の確保」があり，前者についてはシアトルの学校区が法律上の分離状態（de jure segregation）にあったことはないため，本件では認められないとした[25]。

さらに，「学生集団の多様性」に関する利益を評価するにあたり，Grutter判決では高等教育機関の憲法上の特別の地位に配慮して当該利益が認定されたことに触れ，本件ではGrutter判決は先例とならないとした。また，人種的多様性を確保する手段の態様については，先例上，高等教育機関において人種属性は入学志願者の能力を評価する要素の一つとして扱う必要があったが，本件ではそれが選考における決定的要素となっている点を指摘する。その上で，本件の選考制度は，多様性を確保する手段として適切ではないと述べた[26]。

また，ロバーツ長官の相対多数意見は，「人種的孤立の解消」や「人種統合」などの州が主張するその他の政府目的は，本件では人種的均衡（racial balancing）を維持することと同義であり，それ以上の意味を有していないとした[27]。さらに，人種分離のもたらす弊害に関して，Brown判決では人種区分それ自体が劣等感をもたらすものであると認識されていたとの解釈を提示しつつ，「人種に基づく差別をやめる道は，人種に基づいて差別するのをやめることである」と結論付けた[28]。

本判決でロバーツ長官の意見の一部が相対多数意見となったのは，ケネディ裁判官が同意見の一部に同調することを避けたからであり，その理由について以下のような一部結論同意意見を述べている。

ケネディ裁判官は，まず，シアトル市の選考制度は，「白人」と「非白人」という区分しか設けていないため，多様性を確保する手段として適合性に欠けるとする[29]。しかしながら，州および地方の学校区は，憲法上，学校教育

---

25　Id. at 720-722.
26　See id. at 722-725.
27　Id. at 732（plurality opinion）.
28　Id. at 746-748.
29　Id. at 786-787（Kennedy. J., concurring in part and concurring in the judgment）. 例えば，高校

における事実上の人種に基づく再分離（de facto re-segregation）を解消できないとする「相対多数意見」を支持できないとの立場を示した。その上で，「学生の人種構成がすべての学生に平等な機会を提供する目的を阻害するのであれば」，学校当局は，学生を人種で分けることなく，人種を意識した措置（race-conscious measures）を講じることができると述べ，具体的な政策例として，新設校の配置の選択，通学区域の変更，特別なプログラムへの予算分配などを挙げた[30]。

また，法律上の分離と事実上の分離を区別すべきであり，前者を是正するためには人種区分も許されるが，後者の場合，州は人種区分を用いずに事態を解消する方法を追求しなければならないとした上で，人種分離の性格によって州政府が取れる是正措置の態様に違いがあることを指摘した[31]。

これらの意見に対して，ブライヤー（Stephen Breyer）裁判官が反対意見を執筆しており，スティーブンス，ギンズバーグ（Ruth Bader Ginsburg），スーター（David Souter）の各裁判官が同調した。まず，ブライヤー裁判官の反対意見は，審査基準を設定する際には，人種区分が，人種統合と人種排除いずれを促すものかを文脈に照らして判断すべきであるとする。そして，本件の選考制度は人種統合を目指すものであるために，法廷意見が適用した類型の厳格審査は不要であるとした[32]。

さらに，ブライヤー反対意見は，仮に厳格審査基準を適用したとしても，本件選考制度は合憲であると主張する。すなわち，本件では「やむにやまれぬ利益」として，①過去の人種分離の影響の是正，②過度に隔離された教育環境のもたらす悪影響の解消，③多元的な社会へ適応するための機会の提供，の3つを認定できるとした[33]。さらに，手段審査においては，人種統合政策に関する判例の多くで，学校当局の専門性や経験（地域の実情や教育ニーズを理解し，対応する能力）に一定の配慮がなされてきたことなどを指摘し

---

の人種比率がアジア系アメリカ人：白人＝50：50の場合，その中にアフリカ系，ラテン系，ネイティブアメリカンがいなくとも，人種に基づく選考は実施されないことになると指摘している。
30　Id. at 788-789.
31　See id. at 793-796.
32　See id. at 834-837（Breyer, J., dissenting）.
33　See id. at 838-840.

つつ、手段の目的適合性を認定した[34]。また、人種分離の性格によって政府の取る対応を変えるべきとするロバーツ長官やケネディ裁判官の見解に対して、「学校区の制度に起因する法律上の分離」と、「居住パターンや社会的差別に起因する事実上の分離」は混在することが多いために、両者は区別しがたいとした[35]。

以上が判決の概要であるが、これまでのAA判例との関係で先に注目すべきは、法廷意見が、高等教育機関の憲法上の特別の地位を強調しつつ、Grutter判決の射程を限定した点であろう[36]。Grutter判決では、ミシガン大学LSが、人種的多様性を確保する目的として、授業における議論の活性化、人種的に多様な雇用環境への適応、政治・経済界への門戸の拡大などを挙げていたことを踏まえると、高等教育と初等・中等教育において語られる多様性の意味を全く同列に扱うことはできないであろう。ただし、ブライヤー反対意見が指摘するように、初等・中等教育において多様性を確保することは、高等教育の場面とは異なる独自の意義を有する可能性がある。

しかし、この点については、法廷意見は多様性の意義を拡大的に捉えることに慎重な態度を示した。この背景には、ブライヤー反対意見が初等・中等教育機関の裁量に敬譲を示した一方で、法廷意見がそのような裁量の有無について言及しなかったことも影響していると思われる。ここからは、目的審査においては、多様性の意義を一義的に確定するというよりも、むしろ各教育機関の裁量を容認できる場合には、各機関の教育的知見を尊重しつつ政府目的の認定を柔軟に行うという手法が最高裁で採用されている可能性がある。

次に、ロバーツ長官の相対多数意見が事実上の人種分離の解消という政府目的を認定しなかった点について、ケネディ一部結論同意意見がそれに異を唱えたことも本件の特徴の一つである。ロバーツ長官の意見がこれを認定しなかった背景には、法律上のものと異なり、事実上の分離は州が積極的に生

---

[34] *See id.* at 848-849.
[35] *Id.* at 806.
[36] また、この結果として、ロバーツ長官意見が適用した違憲審査基準は、大学の自治に配慮したGrutter判決のそれよりも厳格化している可能性がある。

じさせたわけではないため，それに伴う弊害（教育格差）を解消する州の責任はそれほど大きくはないという考えがあると思われる。

しかし，ケネディ裁判官は，本件の選考制度の目的を事実上の人種分離の解消という点から正当化できるとした。そのため，ブライヤー反対意見が，事実上の人種分離の解消のための措置としても本件制度を容認できるとしたことと併せれば，当該措置は，その具体的態様に応じて合憲となる可能性が留保されているのである。加えて，ケネディ裁判官は，合憲的に州政府が実施できる政策の内容を例示しており，人種統合政策のあり方を導いているともいえる。

ただし，こうした傾向がうかがえるのと同時に，初等中等教育機関が，訴訟を恐れて，合憲的な統合政策すら実施するのを控えるようになったとして，本判決が人種間の教育格差を固定化する役割を果たしているとの批判もあり[37]，事実上の人種分離の是正を巡っては今後も検討すべき課題は多い[38]。

最後に，本判決以後，ロバーツ長官が平等判例で法廷意見を執筆する機会が極めて少なくなる背景に触れておきたい。本判決では，ロバーツ長官は，Brown判決を参照しつつ，人種区分それ自体を一律に禁止すべきであるとの考えを示したようにもうかがえる。レーガン政権下で司法長官の特別補佐官などを務めていた頃から，彼がAAに否定的であったことを踏まえれば[39]，カラーブラインドの理念に強くこだわることも不思議ではない。しかしながら，Brown判決の理解を巡っては対立があり[40]，同判決を根拠として，人種

---

[37] *See* Erwin Chemerinsky, *Making Schools More Separate And Unequal: Parents Involved in Community Schools v. Seattle District No.1*, 2014 MICH. ST. L. REV. 633, 641 (2014).

[38] 1990年代以降，とりわけ南部を中心として教育機関における事実上の分離が再び進みつつあるとの調査もある。また，人種分離と教育格差の関係性について，アフリカ系アメリカ人やヒスパニック系学生の比率が高い学校であればあるほど，学生の貧困率は高くなるとのデータもあり，経済格差が教育の格差につながっている可能性がある。*See* Gary Orfield and Erica Frankenberg, *Brown at 60: Great Progress, a Long Retreat and an Uncertain Future*, The Civil Rights Project（May, 2014）.
https://civilrightsproject.ucla.edu/research/k-12-education/integration-and-diversity/brown-at-60-great-progress-a-long-retreat-and-an-uncertain-future/Brown-at-60-051814.pdf
　こうした人種分離・格差が生じる背景を詳しく分析するものとして，秋葉丈志「アメリカの人種マイノリティを巡る憲法論と社会実態」法社会学77巻48-54頁（2012年）を参照。

[39] *See* LAURENCE TRIBE AND JOSHUA MATZ, UNCERTAIN JUSTICE, 20 (2014).

[40] この点については，Brown判決は，人種区分それ自体を問題にしたというよりも，あくまで人種に基づいて不平等な教育機会を提供することが児童に劣等感を植え付けるために，平等保護条

別学の悪影響を解消するためになされる人種区分も一律に禁止されるべきとの規範を導くことは，リベラル派の裁判官にとって受け入れがたいものであろう[41]。この長官の判示はかえって保守とリベラルの対立を強め[42]，後述するように，スウィングボートを握るケネディ裁判官の影響力が増していくのである。

（２）Fisher v. University of Austin連邦最高裁判決[43]

次に連邦最高裁が下したAAに関する判決が，2013年のFisher判決である。本件では，テキサス大学オースティン校が大学の学部入試で人種を選考基準の一つ[44]として考慮したこと（以下「本件AA」という。）の平等保護条項への適合性が争われた。本判決は，本件AAを合憲と判断した原審判決[45]を7対1で破棄差し戻すものであり，ケネディ裁判官が法廷意見（ロバーツ長官，スカリア，トーマス，ブライヤー，アリート，ソトマイヨール（Sonia Sotomayor）の各裁判官が同調）を執筆した。また，ケイガン（Elena Kagan）裁判官は審理に参加しなかった。

本件AAは，Grutter事件においてミシガンLSが実施したAAに類似するものであり，本件に対しては，2003年のGrutter判決が先例として維持されるのか否か，維持されるとして同判決の判断枠組が本件でどのように適用されるのかという点に関心が寄せられていた。

---

項に違反すると判示したという解釈も十分に可能である。*See* Mark Tushnet, *Parents Involved and the Struggle for Historical Memory*, 91 IND. L.J. 493, (2015-2016). また，Brown判決では，教育機関以外での不平等な取扱いがマイノリティに劣等感を与えるか否かは不明確にされている。

41　この点については，*See* Parents Involved in Community Schools, at 862-868 (Breyer, J., dissenting).

42　こうした影響は，当時の裁判官の間に限られない。後の最高裁のメンバーとなるソトマイヨール裁判官は，就任後，本判決のロバーツ長官が「人種に基づく差別をやめる道は，人種に基づいて差別するのをやめることである」と述べたことを自身の講演会で痛烈に批判している。*See* MARCIA COYLE, THE ROBERTS COURT, 117 (2013).

43　Fisher v. University of Austin, 133 S. Ct. 2411 (2013).

44　選考は，PAI（Personal Achievement Index）とAI（Academic Index）のスコアに基づいて行われる。前者は，学力以外の観点から学生の能力を評価するものであり，評価項目として，就労経験，課外活動の有無の他に，学生の人種属性も含まれている。また，人種属性にスコアがあらかじめ設定されているわけではないが，人種が評価要素として意味を有するという点について，本件では争いはなかった。

45　631 F. 3d 213 (5th Cir. 2011).

まず先例との関係について，ケネディ裁判官の法廷意見は，Grutter判決の基本的枠組を維持した。これは，本件では，そもそも当事者がGrutter判決の判示の妥当性について争わないと述べたという経緯にもよる[46]。次に，法廷意見は，原審の連邦高裁が本件で適用した厳格審査基準の内容は，Grutter判決の法廷意見の考えに即したものではないとし，その理由を以下のように説明した。

すなわち，ケネディ法廷意見は，Grutter判決の法廷意見は学生集団の多様性の確保が大学の教育にとって重要であるとの大学側の判断に敬譲を示しつつも，多様性を確保するための手段がこの目的との関連で狭く仕立てられたものか否か（narrowly tailored）の判断については敬譲を示さなかった，とする[47]。また，ケネディ法廷意見によれば，ここでいう「狭く仕立てる」ということは，「想像できる，すべての人種中立的な代替手段を使い尽くすことを要求するものではない」[48]。

さらに，法廷意見は，厳格審査は，「実施可能な人種中立的代替策に関する真剣かつ誠実な大学の考慮について…慎重に審査するように」裁判所に要請するものであると敷衍する。これを踏まえて，厳格審査基準においては，人種中立的代替策が多様性による教育上の利益を生み出さないということについて，裁判所が，最終的に納得する必要がある，とした[49]。また，連邦高裁が，この点について大学が誠実に行動したとの推定を置いたことは，選考過程の証拠の分析の仕方として適切さに欠けると批判した[50]。それゆえ，法廷意見は，連邦高裁は当裁判所の示す基準に従って再度審査を行うべきである，と結論付けた[51]。

これらの意見が先例の当否について論じなかった一方で，Grutter判決の判例変更を積極的に求めたのがトーマス裁判官の同意意見である。まず，同

---

46 Fisher, 133 S. Ct. at 2419 (majority opinion).
47 See id. at 2419-2420.
48 Id. at 2420.
49 Id.
50 Id. at 2420-2421.
51 See id. at 2421. また，スカリア裁判官が同意意見を執筆しており，それは，上告人がGrutter判決の判例変更を要求しなかったことを考慮して法廷意見に同意するものであった。See id. at 2422 (Scalia, J., dissenting).

意見は，厳格審査の下で人種区分を正当化するためには，「切迫した公共上の必要性」（pressing public necessity）の提示が求められるとする。そして，Grutter判決を除けば，そのような必要性が認定される場合は，国家の安全保障[52]や過去の差別の救済に関する場合に限られることを指摘する[53]。

その上で，本件では，多様性による教育上の利益は，厳格審査を満たす水準の「やむにやまれぬ利益」を有していない，と判断した。この根拠として，トーマス裁判官は，1950年代に人種分離を支持した者が，人種別学は黒人がリーダーシップを発揮する機会を増やすものであると主張していたことに注目する。しかし，トーマス裁判官は，このような主張は受け入れることはできないとして，テキサス大学による本件AAも，この人種別学と同様の発想に基づくものであり，より優れたリーダーを輩出するという観点から正当化することはできないとした[54]。

他方で，ギンズバーグ裁判官は，テキサス州が実施したトップ10パーセント法（Top Ten Percent Law）[55]の特徴に触れながら，反対意見を執筆した。まず，同意見は，テキサス大学は，トップ10パーセント法に基づき選抜を行っているが，「この計画を動かしているのは，人種に対する盲目さではなく，人種への意識である」とする。そして，大学が人種を明白な形で考慮できなくなると，「マイノリティの入学者数を維持するためのカモフラージュに頼る者が多くなる」ことを問題点として指摘し，憲法上許容される選択肢の中では，「人種を考慮したことを真摯に明らかにする者の方が，それを隠す者よりも好ましい」と述べた[56]。

この考えに基づいて，ギンズバーグ裁判官は，人種を考慮したことを明示する本件AAの合憲性を判断するにあたり，「大学側は，…1年間にわたる調査を通じて，想定される人種中立的な措置が学生集団の多様性による教育上の利益を得るのに不十分であるとの合理的で誠実な結論に達した」と評価

---

52 Korematsu v. United States, 323 U.S. 214 (1944).
53 Fisher, at 2422-2423 (Thomas, J., concurring).
54 See id. at 2424-2626.
55 テキサス州の各高校のクラスの成績上位10%以内の学生は，テキサス州における任意の州立大学への入学を許可される。この措置は，テキサス州の各高校の人種構成比に偏りがあることに着目したものであり，人種中立的なAA（race-neutral affirmative action）といわれることもある
56 Fisher, at 2433 (Ginsberg, J., dissenting).

した。それゆえ，同裁判官，連邦高裁は，「法廷意見の要求する審査を既に完了しており」，事件を差し戻す必要はないと結論付けた[57]。

まず，先例との関係については，ケネディ裁判官の法廷意見は，Grutter判決の基本的枠組を維持した。ただし，これは，上述したように，当事者がGrutter判決の妥当性について争わないと述べた経緯によるところが大きい。

次に，具体的な違憲審査基準の内容については，法廷意見は，多様性を確保するための手段の選択・実施に関しては裁量を認めない立場を示した。ここからは，大学の裁量を尊重しつつ多様性の意義・効果を評価する一方で，多様性を確保する手段は厳格に審査するとの姿勢がうかがえる。ただし，すぐ後で触れるFisher II判決では，ケネディ裁判官の法廷意見は多様性を確保する手段の合理性を認定した上で合憲判断を下しているため，手段審査の運用のあり方については，なお検討すべき点が多いように思われる。

さらに，ケネディ裁判官の手段審査の特徴を考えるという意味では，ギンズバーグ裁判官がテキサス州のトップ10パーセント法に言及している点も興味深い。すなわち，ギンズバーグは，トップ10パーセント法は，実際は，人種的な動機に基づいて制定されたことを強調しつつ，人種を考慮していることを隠すよりも明らかにするほうが，政策担当者としては誠実な対応の仕方であることを指摘した。この点については，ケネディが人種中立的な措置の実施可能性について大学に十分な説明を求めるのと対照的である。この背景を考えるにあたり，ケネディが人種区分を用いることそれ自体に独自の害悪を見出している可能性が夙に指摘されているところである[58]。

また，本件AAの合理性を考える際にはテキサス州に固有の事情にも目を向けておく必要がある。というのも，本判決の法廷意見は詳しく言及していないが，トップ10パーセント法が導入されたのは，同州では依然として居住に関する人種的棲み分けがあるがゆえに各高校の人種比率に違いがある，という事情が関わっているからである。これに関連して，テキサス州の居住政策上の差別を争点とした，2015年の連邦最高裁判決[59]では，ケネディ裁判官

---

[57] Id. at 2434.
[58] See Reva Siegel, *From Colorblindness to Antibalkanization*, 120 YALE. L. J. 1278 (2011).
[59] Texas Department of Housing and Community Affairs v. The Inclusive Communities Project, 135 S. Ct. 2507 (2015).

法廷意見は,テキサス州における人種的棲み分けと経済格差は,テキサス州における過去の法律上の差別に起因する側面があることを指摘している。この点を踏まえると,本件AAも,トップ10パーセント法と並んで,実際は,経済格差是正措置として機能する側面もあるのではないかとの印象を受けるところでもある。

なお,差し戻された事件に関して連邦高裁が合憲判決を下し[60],連邦最高裁は,それに対する裁量上訴を認め,2016年6月に同高裁判決を4対3で認容する合憲判決(Fisher II)を下した[61]。本件ではケネディ裁判官が法廷意見(ギンズバーグ,ブライヤー,ソトマイヨールの各裁判官が同調)を,トーマス裁判官とアリート裁判官が反対意見(後者の意見にはロバーツ長官,トーマス裁判官が同調)を執筆し,ケイガン裁判官は審理に参加しなかった。

また,Fisher判決ではAAの合憲性は判断されなかったため,AAに否定的と思われるロバーツ長官の具体的見解を同判決から推し量るのは困難であったといえる。そのため,Fisher II判決については,反対意見の分析を含め,Fisher判決との異同を今後詳細に検討すべきである。しかしながら,本章の検討対象とする判例は,2014年開廷期までのものに限られるため,本章では立ち入らない。

(3) Schuette v. Coalition to Defend Affirmative Action連邦最高裁判決[62]

これまでロバーツコートは,既に実施されているAAの合憲性を争う事件に関する判決を下してきた。しかし,2014年には,州がAAを実施すること自体を禁止する法律の合憲性を争うという憲法上の興味深い論点を提起した事件を審理することとなった。

本件では,2006年のミシガン州の州憲法改正によって,州立大学を含め,ミシガン州の公的機関は,出自,人種,性別などに基づいて優遇措置(preferential treatment)を行うことを禁止する規定が設けられた[63]。そこで,マイ

---

60 758 F.3d 633 (5th Cir. 2014).
61 Fisher v. University of Austin, 579 U.S.__ (2016).
62 Schuette v. Coalition to Defend Affirmative Action, 134 S. Ct. 1623 (2014).
63 Article I,§26, of the Michigan Constitution.

第3章 平等——ケネディ裁判官の影響力の増加 105

ノリティの人権擁護団体であるBAMN[64]は，ミシガン州の大学入試において優遇措置の実施禁止を義務付ける州憲法を人種的マイノリティが改廃するのは，人種的マジョリティに比して困難であるという意味で，当該規定は，政治過程における負担をマイノリティにのみ課すものであり，平等保護条項に違反すると主張し，訴訟を提起した（以下，こうした主張を基礎づける法理のことを「政治過程の法理」（political process doctrine）という。）。

　連邦最高裁の判決は，違憲判断を下した原判決[65]を6対2で破棄し，自判するものであった。本件では法廷意見は形成されず，ケネディ裁判官が判決主文を言い渡し，その意見が相対多数意見（ロバーツ長官，アリート裁判官が同調）となった。

　まず，同意見は，本件の争点は，人種を考慮する入学方針の合憲性ではなく，州の有権者が，人種優遇（racial preferences）の実施を禁止できるか否かであると整理した[66]。

　この争点を扱った先例として，人種統合を目的としてシアトル市の教育委員会が採用した強制バス通学を州の住民投票によって禁止したことが合衆国憲法に反すると判示した，Washington v. Seattle School District No.1連邦最高裁判決など[67]があるが，ケネディ相対多数意見は，連邦高裁による，政治過程の法理に関する先例の理解に誤りがあるとする。続けて，Seattle判決は，住民投票によるバス通学の禁止という「問題となった州の行為が，人種に基づく特定の損害（specific injuries）を引き起こす目的で実施されたのではないにせよ，そうした損害を引き起こす深刻な危険を有する事例として理解するのが最適である」とした上で[68]，Seattle判決を取り巻く背景を以下のように説明する。

　まず，相対多数意見は，「1940～50年代のシアトル市の学校区での人種別

---

64　Coalition to Defend Affirmative Action, Integration and Immigrant Rights and Fight for Equality By Any Means Necessary（BAMN）.
65　Coalition to Defend Affirmative Action, Integration and Immigrant Rights and Fight for Equality By Any Means Necessary v. Regents of the Univ. of Mich., 701 F.3d 466 (2012).
66　See Schuette, 134 U.S. at 1630 (plurality opinion).
67　Washington v. Seattle School District No.1, 458 U.S. 457 (1982), Reitman v. Mulkey, 387 U.S. 369 (1967), Hunter v. Erickson, 393 U.S. 385 (1969).
68　Schuette, 134 U.S. at 1633.

学が生じたのは，同市教育委員会が，黒人が多くいる学校からの白人学生の転校を認めつつ，白人が多くいる学校へと黒人学生が転校することを制限したことが原因の一つであったこと」を指摘する。さらに，1970年代には，NAACP（有色人種地位向上全国協会）がシアトル市の教育委員会の種々の施策が法律上の人種別学にあたるとして訴訟を提起した後，同委員会と和解が成立しており，その結果として，同委員会が（後に住民投票で禁止されることになる）強制バス通学を開始したという経緯を確認した[69]。

それゆえ，相対多数意見は，Seattle判決では，「教育委員会の強制バス通学という救済措置を州が承認しないことは，州自身が共犯として関わった，まさにその人種的損害（racial injury）を悪化させると考えられた」と解するのである[70]。その意味で，Seattle判決が，「人種的マイノリティが自身の利益となる立法を実現することをその他の集団と比べて一層困難とさせる，人種に焦点を当てる州の行為が，すべて厳格審査に服する」と判示したと解釈する連邦高裁の先例理解は否定されるべきである，とした[71]。

また，同意見は，連邦高裁の先例解釈に従い，「どのように人種集団が政治問題に関する自身の利益を定義するのかを調べる」ことになると，「個人を人種によって定義する」必要が生じることを指摘する[72]。しかしながら，同意見は，人種的ゲリマンダリングを違憲とした先例を参照しつつ[73]，連邦最高裁は，同じ人種に属する者であれば，みな同様の考えを持っているという前提を否定してきたとして，こうした前提を受け入れることは人種的ステレオタイプにつながりうると述べた[74]。

このほかに，ロバーツ長官が同意意見を，スカリア裁判官，ブライヤー裁判官が結果同意意見を執筆している。まず，ロバーツ長官の同意意見は，人種優遇がもたらす費用・便益について，彼がその費用を大きいと考える点で反対意見と認識が異なるとする。さらに，この点について見解が分かれるの

---

69　*Id.*

70　*Id.*

71　*Id.* at 1634.

72　*Id.* at 1634.

73　Shaw v. Reno, 509 U.S. 630 (1993).

74　*See* Schuette, at 1634-1635.

第3章　平等――ケネディ裁判官の影響力の増加　107

は市民も同様であり，見解を異にする人々の判断に裁判所が疑義を示すことの弊害は大きいとした[75]。

　また，スカリア結果同意意見（トーマス裁判官が同調）は，人種中立的な国家行為が平等違反となるか否かを争う事例では，「そのような行為が人種差別的な目的を反映しているか否か」が争点となり，本件における州憲法の改正はそうした問題を有していないとした[76]。また，反対意見が政治過程の法理の理論的根拠としたUnited States v. Carolene Products連邦最高裁判決の脚注4[77]は傍論にすぎず，これに依拠して法理を形成するのは妥当ではないとの見解も示した[78]。

　ブライヤー裁判官の結果同意意見は，まず，本判決は，ミシガン州憲法の改正が，過去の差別及びその影響を是正するために実施される人種を考慮した入試プログラムを禁止する場合についての判断を示すものではないとする[79]。続けて，本件では，多様性のもたらす教育上の利益を得るために入試で人種を考慮することを禁止できるか否かのみを検討し，合衆国憲法は，この類の人種考慮の実施を要求も禁止もしていないと述べた[80]。

　さらに，Seattle判決などとの異同に触れつつ，政治過程の法理は本件に適用されないとした。すなわち，まず，Seattle判決では，「選挙で選ばれた教育委員会による意思決定が，州議会と有権者にとって代わられており」，多数派が政治過程を「再編」（reordering）したことで，教育委員会の選挙過程でマイノリティが得た政治的成果が破棄されたという点に注目する[81]。しかしながら，本件における大学入試に関する意思決定を行う権限は，選挙で選ばれていない教員スタッフと入試担当者に委ねられており[82]，Seattle判決などとは対照的に，州憲法の改正に先立つ，「人種的マイノリティの参加す

---

75　*See id.* at 1638-1639 (Roberts, C.J., concurring).
76　*Id.* at 1648 (Scalia, J., dissenting).
77　United States v. Carolene Products, 304 U.S. 144, 153, n4 (1938).
78　*See* Schuetee, at 1645.
79　*See id.* 1649 (Breyer, J., concurring in the judgment).
80　*See id.* at 1649.
81　*Id.* at 1650-1651.
82　州憲法の規定に基づいて，入試事項に関する決定権限は各大学の理事会に付与されており，各大学の理事会のメンバーは公選である。*See* Article VIII,§5 of Michigan Constitution. ただし，理事会は入試に関する意思決定の権限を教員スタッフと入試担当者に委任できる。

る選挙手続がなかった」と述べた[83]。

　これらの意見に対して，ソトマイヨール反対意見（ギンズバーグ裁判官が同調）は，政治過程の法理を本件に適用すべきとした。まず，同意見は，ミシガン州の州立大学では，親が大学の卒業生であることや，運動能力に優れていることを入試における評価要素の一つにするように大学に働きかけることができる一方で，人種を考慮してもらうためには州憲法を改正しなければならなくなったことを指摘する[84]。また，政治過程の法理を適用して保護すべきマイノリティの利益の内容を人種的損害の有無と関連付けて把握する相対多数意見に対しては，多様性がもたらす教育上の利益が，当該法理を適用して保護されうるマイノリティの利益になることを確認する[85]。

　その上で，人種を考慮した入試に反対するミシガン州の有権者は，「人種を考慮した入試方針に関する決定にのみ反対するのではなく，入試方針に関する一切の権限を各大学の理事会から自由に取り上げることができた」とする。そして，Carolene判決の脚注4は政治過程の法理の理論的基礎を成すものであり，Seattle判決の判示もCarolene判決に依拠するものであると評価しつつ，上述の選択肢を取り得る多数派であっても憲法上なしえないことが，「人種的マイノリティのみが目標を実現することをより困難にさせるようなやり方で政治過程の基本的ルールを変更すること」である，とした[86]。

　本判決の舞台となったミシガン州では，2003年にGrutter判決及びGratz判決が下されている。とりわけ前者は，高等教育機関が合憲的に実施できるAAの態様を具体的に示したものであり，後のFisher判決に大きな影響を与えたのは先に述べたとおりである。しかしながら，ミシガン州では2006年に州憲法が改正され，その合衆国憲法への適合性が本判決で確認されたことによって，他州においてはGrutter判決に整合する限りで実施し得るAAが，他ならぬミシガン州では実施できなくなるという皮肉な結果となった。

　本件の主たる争点は政治過程の法理の射程に関するものであったが，本判決のケネディ相対多数意見は，連邦高裁によるSeattle判決の解釈と異なっ

---

83　Schuette, at 1651.
84　*See id.* at 1653 (Sotomayor. J., dissenting).
85　*See id.* at 1659-1660.
86　*Id.* at 1668-1670.

第 3 章　平等——ケネディ裁判官の影響力の増加　109

て，政治過程の法理が適用される場面を，州の行為によって人種的損害が発生ないしは悪化する場面に限定した。そのため，この人種的損害をどのように認定するのかという点は重要な論点となろう。

　この点につき，人種的損害の内容は相対多数意見からは必ずしも明確でない。しかし，同意見が引用した先例からは，ここでの人種的損害は，人種差別と関連付けられた形で説明されている[87]。それゆえ，同意見からすると，今後，AAの実施を禁止する法律については，これまでの人種差別と何らかの関連性があることを示すことができなければ，政治過程の法理は適用されないことになろう。

　また，本件では，人種的マイノリティの利益についてヒスパニック系のソトマイヨール裁判官が，アフリカ系のトーマス裁判官と異なった見解を示したことも注目に値する。すなわち，ソトマイヨールは，相対多数意見と異なって，多様性による教育上の利益もマイノリティの利益となるとして，多元主義的な平等観を展開する一方で，トーマスはFisher判決で多様性による利益を否定したのである。このような見解の対立は，マイノリティの利益の捉え方が多義的であることを示唆している。

　最後に，ロバーツ長官は，AAを実施しないという州民の決定を尊重すべきとの意見を付したが，この見解は後述する同性婚の是非をめぐる議論でも提示されており，ここからは政治的対立のある問題については市民の判断に委ねるべきという彼の姿勢が垣間見える。

---

87　まず，相対多数意見のSeattle判決の理解からすると，「法律上の人種分離」（あるいはそれに等しい行為）を行った州以下の公的機関が，その影響を是正するための措置を講じているときに，それをより高次の政治レベルで禁止する場合，政治過程の法理の適用が想定される。また，Hunter判決（1969年）では，私人による居住に関する差別を禁止する条例を制定するためには，市議会の議決に加えて市の住民投票による同意が要求されるとした市憲章の改正が，政治過程の法理の下で違憲とされた。同判決では，人種的損害を発生させているのは私人であり，それを固定化しているのが市（公的機関）という構造を取っている。それゆえ，人種的損害は私人の差別とも関連付けて理解できる概念であるといえる。

## 3 小括

ここまでの検討を踏まえて，ロバーツコートにおけるAA判例の特徴について，簡単ではあるが，整理しておきたい。

まず，教育機関が実施するAAの合憲性を争う判例においては，人種的多様性の意義と効果は，Grutter判決の枠組を維持しつつ，高等教育機関の憲法上の地位を尊重した上で認定されており，その効果が認められる範囲は限定されているといえる。また，人種間の社会経済的格差や社会的差別といった人種問題に対して，連邦最高裁がどのように考えているのかについて，ロバーツコートのAA判例ではあまり明確になっていないのも一つの特徴といえるだろう[88]。

次に，Parents判決でロバーツ長官が法廷意見を執筆したのを最後に，ケネディ裁判官が法廷ないし相対多数意見を執筆しており，彼の存在感がこの分野において増加しつつある。連邦最高裁が，人種に基づくAAに対して厳格審査を行うという，これまでの判例法理の枠組を維持していることを踏まえれば，今後も，厳格審査の運用の在り方にケネディが少しずつ変化を与えていくことが予想される。

さらに，Schuette判決については，既に実施されているAAの合憲性を論じたものではなく，法理の観点からも従来のAA判例とは異なった分析が求められるところであろう。とりわけ，政治過程の法理については，Carolene判決の脚注4に連邦最高裁が従うべきではないとしたスカリア裁判官や，同判決を継承しつつその射程を広げようとするソトマイヨール裁判官の間に見解の対立がみられた点は注目に値する。こうした見解の対立は，AA判例の枠組を超えて，「司法審査と民主主義」という論点の再考を促すものであり，今後，理論的に分析する必要があろう。

また，AA禁止法は，ミシガン州のみならず，いくつかの州で制定されて

---

[88] ただし，ソトマイヨール裁判官は，人種間の社会経済的格差が現在も存在するからこそ，人種が若い世代の社会認識にとって重要な意味を持つことを強調しており（See Schuette, 134 U.S. at 1676 (Sotomayor. J., dissenting))，ギンズバーグ裁判官も過去の人種差別による長期にわたる被害について公的機関は目を背けるべきでないと述べている（See Fisher, 133 S. Ct. at 2433 (Ginsburg. J., dissenting))。

いる[89]。しかしながら，それらの動向を見ると，人種という範疇を用いない中立的なAAを実施している州もある[90]。それゆえ，これらの州でAAが全面的に廃止されたと考えるのは必ずしも適切ではなく，今後の動向について慎重に分析する必要がある。

## II 同性婚

IIでは，ロバーツコートに至るまでの同性愛者の権利に関する議論の展開を，判例を中心に整理した上で，ロバーツコートにおける同性婚に関する判例について検討する。なお，同性婚は同コートの重要問題の1つであり，他の章でも言及されているが，本書では本章がこの問題を本格的に取り扱う。

### 1 ロバーツコートに至るまでの同性愛者の権利に関する議論

後述するように，判例の展開を含め，ロバーツコートに至るまでの同性愛者の権利に関する議論は，現在の判例法理に影響を与えているため，その流れを簡単に同性愛者の性的自由，婚姻の自由，平等取り扱いを求める権利に分けて整理しておきたい。

まず，同性愛者の性的自由については，バーガーコートの時代に，Bow-

---

89 2016年7月時点で，カリフォルニア，ワシントン，フロリダ，ミシガン，ネブラスカ，コロラド，アリゾナ，ニューハンプシャー，オクラホマ（成立順に記載）の各州がAA禁止法を採択している。

90 人種中立的なAAの例として，テキサス州のトップ10パーセント法があるが（注55を参照），AAを禁止する州も類似の入試制度を実施している。例えば，カリフォルニア州では，州内の各高校の成績上位9％に入る学生はカリフォルニア大学の各校の1校に自動的に入学できる（ただし，学生は希望する進学先を大学当局に伝えることはできるものの，希望する大学校に進学できるという保証はされない）。また，フロリダ州にも同様の制度がある。*See* Stella M. Flores and Catherine L. Horn, *Texas Top Ten Percent Plan: How It Works, What Are Its Limits, and Recommendations to Consider*, ETS White Paper, 2015.

しかしながら，こうした人種中立的なAAの有用性については見解が分かれている。人種中立的AAによって多様性を十分に確保できると主張する論文として，*See* Richard D. Kahlenberg, *A Better Affirmative Action*, A Century Foundation Report, 2012. 他方で人種中立的AAは，高校間の学力に偏りがある場合，入学者の質の低下を招くなどの弊害を指摘するものとして，*See* Mark C. Long, *Is There a "Workable" Race Neutral Alternatives to Affirmative Action in College Admissions?*, Journal of Policy Analysis and Management, Volume 34, Issue 1（2015, Winter）.

ers v. Hardwick連邦最高裁判決[91]において，ソドミー行為を禁止するジョージア州法が，合衆国憲法修正14条の適正手続条項に基づいてソドミー行為をする権利を侵害するか否かが争われた。この点について，ホワイト裁判官の法廷意見は，「ソドミー行為をする権利」は，「秩序だった自由の概念に内在する，あるいは我が国の歴史に深く根差している」ものではないとした上で，適正手続条項の下で認められる基本的権利には含まれないとした[92]。

しかし，レーンキストコートは，Lawrence v. Texas連邦最高裁判決[93]において，Bowers判決を覆し，州のソドミーを禁止するテキサス州法は適正手続条項に反すると判示した。本判決ではケネディ裁判官が法廷意見を執筆しており，同意見は，「ソドミー行為をする権利」があるという言い方をするのではなく，私的な領域において他者とどのような関係を結ぶのかを自律的に選択する自由を認め，その中にソドミー行為をするという選択の自由も含まれるとした[94]。また，自由と平等の相関性を認めつつ，ソドミー行為に刑罰を科すことによって，同性愛者に対する私的・公的領域における差別が助長されるという弊害を指摘した[95]。

同性婚については，その承認を求める運動それ自体が本格化したのは1970年代ごろからであり，ミネソタ州において同性婚の承認を求める訴訟が同州の裁判所に提起された。しかし，連邦最高裁はこの事件を審理することなく斥けており[96]，以降，この問題は連邦下級裁判所および州裁判所で争われてきた。そうした中で，1993年にハワイ州の最高裁判所が同性婚を認めないことが州憲法に違反する可能性があるとの判断を示した[97]。しかし，当時は，連邦はもとより，どの州も同性婚を認めていなかったこともあり，この州裁判所の判決には社会的反発も大きかった。こうした世論を受けて，1996年，クリントン（Bill Clinton）政権下で連邦レベルでの同性婚を禁止する婚姻防

---

91 Bowers v. Hardwick, 478 U.S. 186 (1986).
92 *Id.* at 194 (majority opinion).
93 Lawrence v. Texas, 539 U.S. 558 (2003).
94 *Id.* at 567 (majority opinion).
95 *See id.* at 575.
96 Baker v. Nelson, 291 Minn. 310 (1971), *appeal dismissed*, 409 U.S. 810 (1972).
97 Baehr v. Nelson, 74 Haw. 530 (1993).

衛法（Defense of Marriage Act, DOMA）[98]が制定された。

その後，2003年にマサチューセッツ州の最高裁判所が同州憲法の下で同性婚をする権利を認めたことを受けて[99]，再び政治的論争が活発化した。その結果，2000年代後半から，立法を通じて同性婚を容認する州が増えたのと同時に[100]，訴訟を通じて州裁判所が同性婚を容認することを避けるために，南部諸州を中心として州憲法レベルで同性婚を明示的に禁止する州が増加した。こうした流れもあって，連邦最高裁は，後述するように，DOMAも含めて，婚姻を異性間のみに限る法律の合憲性について統一的判断を示す必要に迫られることとなったのである。

また，一般的な平等取り扱いを巡っては，Romer v. Evans連邦最高裁判決（1996年）[101]において違憲判断が示されている。本件では，同性愛者に法的保護を与えること[102]を広く禁止するコロラド州憲法の規定が合衆国憲法修正14条の平等保護条項に違反するか否かが争われた。本判決ではケネディ裁判官が法廷意見を執筆しており，同意見は，人種や性別といった集団への差別は州法で規制が可能である一方で，同性愛者への差別を禁止するためには州法ではなく州憲法を改正する必要が生じており，同性愛者のみが政治過程において負担を課されているとした。さらに，同意見は，同法の立法目的が同性愛者への敵意（animus）以外から説明することが難しいことを踏まえ，同法は合理性に欠けるものであり，平等保護条項に反するとした。

## 2 ロバーツコートにおける同性婚に関する判例

（1）United States v. Windsor連邦最高裁判決[103]

同性婚を巡る論争が激化する中で，まず，ロバーツコートは，2013年の

---

98　Pub. L. No. 104-109, 110 Stat. 2419.
99　Goodridge v. Department of Public Health 440 Mass. 309 (1996).
100　2015年のObergefell判決の付属資料によれば，同性婚を容認する法律を制定した州は判決時点で12州であった。
101　Romer v. Evans, 517 U.S. 620 (1996).
102　ここでいう法的保護とは，同性愛者への差別的取り扱いを禁止することを主に指す。
103　United States v. Windsor, 133 S. Ct. 2675 (2013). なお，Windsor判決と同日に下されたHollingsworth v. Perry, 133 S. Ct. 2652 (2013) では，連邦最高裁は，同性婚を禁止するカリフォルニア州憲法改正のための州民発案（Proposition 8）が合衆国憲法に反するか否かを審査することはできないとした。本件では，カリフォルニア州政府が，違憲判断を下した連邦下級裁判所の

Windsor判決において，連邦レベルでの同性婚の承認の可否について判断を下した。本件では，カナダのオンタリオ州で婚姻をした，ニューヨーク在住の同性カップルに対して，ニューヨーク州が当該婚姻を承認していた。その後，片方の配偶者が死亡したために，生存配偶者（surviving spouse）が遺産を相続するにあたり，内国歳入法（連邦法）の規定に基づいて遺産税の配偶者控除を申請したところ，以下の理由で拒否をされた。すなわち，DOMA 3条が連邦法上の婚姻を異性間によるものに限定し，かつ配偶者を異性のパートナーに限定していたため，内国歳入法に基づく当該税控除の対象とされる配偶者には同性のパートナーが含まれないという理由であった。そこで，生存配偶者は税を納めた上で，DOMA 3条が合衆国憲法修正5条の適正手続条項（以下「適正手続条項」という。）に反することを理由として税金還付請求訴訟を提起した。

連邦最高裁判決は，DOMA 3条が適正手続条項に反するとした原審判決[104]を5対4で認容するものであり，ケネディ裁判官が法廷意見を執筆し，ギンズバーグ，ブライヤー，ソトマイヨール，ケイガンの各裁判官がそれに同調した。

まず，本件では，2011年にオバマ大統領と連邦司法省がDOMA 3条の合憲性を擁護しないとの見解を示していたため，そもそも連邦最高裁は，合衆国憲法3条に基づいて裁判管轄権を行使できるか否かが争点となった。この点について，ケネディ裁判官法廷意見は，大統領が上記の見解を示した一方で，合衆国政府は上告人の還付請求に応じていない点や，仮に政府が請求に応じたとしても国庫に損害が生じる点を踏まえて，本件は事件・争訟性の要件を満たすとした[105]。

次に，DOMA 3条が適正手続条項に違反するか否かについては，家族関係にかかわる法は伝統的に州が規律してきたものであり，このような法領域の中心に位置するのが婚姻であることを指摘し，DOMA 3条が，州が伝統

---

判決に従い，上訴しないとすでに述べていたため，州民発案の提案者が州政府に代わって訴訟を提起した。しかしながら，連邦最高裁は，当該提案者に具体的な損害がないことなどを理由として，当事者適格を認定しなかった。これによって，連邦地裁の違憲判決が確定した。
104　Windsor v. United States, 699 F.3d 169 (2d Cir. N.Y., 2012).
105　See Windsor 133 S. Ct., at 2684-2689 (majority opinion).

的に規律してきた領域に介入する性格を有するものであることを確認する[106]。しかしながら，法廷意見は，本件では，連邦制の観点から「州の権限への連邦の介入が合衆国憲法に違反するか否かを決定する必要はない」とし[107]，連邦と州の関係を以下のように整理しつつ，本件の争点を明確にする。

すなわち，法廷意見は，州が同性カップルに婚姻をする権利を付与することは，同時に，彼らに「計り知れないほど重要な尊厳と地位」を与えるとする[108]。そして対照的に，DOMA 3条は，ニューヨーク州が尊厳のある存在としてみなした同性カップルに不利益を課す性質を有するため，同意見は，「これによって生じる損害と侮蔑（injury and indignity）が修正5条の保護する自由の本質的部分を剥奪するか否か」を争点に設定した[109]。

この点について考えるにあたり，法廷意見は，まず修正5条は適正手続と平等保護の保障の双方を要請するものであることを指摘し[110]，平等の観点からは「政治的に不人気な集団に害悪を与えるという，議会のむき出しの欲望は別異取扱いを正当化しない」とする[111]。その上で，法律が「敵意」（animus）に基づくものであるか否かを判断する際に，「『異様な性質の差別（discrimination of unusual character）』には特に慎重な考慮が求められる」とした[112]。

この判断枠組みに基づいて，法廷意見は，上述のDOMA 3条の性格を踏まえ，同条が同性カップルを承認しないという目的と効果を有するとし，その理由を，①差別的動機と②法律がもたらす効果の観点から敷衍する。①については，下院報告書などを参照しつつ，DOMAの立法目的は，「異性間のみが対象とされる婚姻法の中に見出される伝統的，道徳的な教えを保護するという利益」[113]を促進することにあり，さらには，同性カップルの婚姻を異性カップルのそれに比べて二級のものとして扱う狙いがあったとした[114]。

---

106  See id. at 2691-2692.
107  Id. at 2692.
108  Id.
109  Id.
110  適正手続条項に平等保護を要請する文言はないが，同項は，修正14条1節の平等保護の要請を含むものであると解されている。See Bolling v. Sharpe, 347 U.S. 497 (1954).
111  Windsor, at 2693, quoting Department of Agriculture v. Moreno, 413 U.S. 528, 534-535 (1973).
112  Id. at 2693, quoting Romer v. Evans, 517 U.S. 620, 633 (1996).
113  Id. at 2693, quoting H.R. Rep. No. 104-664, pp 16 (1996).
114  See id. 2693-2694.

また、②については、尊厳の侵害という観点から、DOMAが、州では認められている同性婚が「連邦の承認に値しないことを世界中に知らしめる」ものであり、こうした扱いは「同性カップル、…彼らの性的・道徳的選択、そして州が権威を付与しようとした関係性を卑しめる（demean）」ものであるとする[115]。さらに、実体的な権利義務の側面においても、DOMAによって、同性カップルは、租税、居住、保険サービスなど様々な局面で不利益を課されるとした[116]。

最後に、法廷意見は、こうしたDOMAの目的と効果が、同性婚を認める州に住む人々を卑しめるものであり、修正5条の保護する自由を侵害するとした。また、修正5条には平等保護の要請が含まれており、修正14条の平等保護の要請は、修正5条の規範要請に関する具体的な理解を導くとした[117]。

これに対して、ロバーツ長官の反対意見は、まず、連邦最高裁に本件の裁判管轄権が存しないとするスカリア反対意見に同意を示し、本案審理に関しては法廷意見の指摘するようなDOMA制定過程における連邦議会や執行府の差別的意図は認定できないとする。その上で、法廷意見の議論は連邦主義を基礎に置いていることを指摘し、今後の州レベルでの同性婚の可否を争う訴訟では、州の権限の尊重が今回と逆の結論を導く可能性を示唆した[118]。

また、スカリア裁判官の反対意見（トーマス裁判官が同調、ロバーツ長官はPart Iのみ同調）は、裁判管轄権を否定するとともに、本案審理については、法廷意見が、DOMAの立法目的が差別的動機に基づいていると認定したこと、平等違反を認定する際に審査基準を用いなかったことなどを批判した。その上で、憲法は政府が道徳的規範を実現することを禁止していないとした、Lawrence判決における自身の反対意見を引用しつつ、憲法は同性婚を要求も禁止もしていないのであり、本件の解決は国民の政治的判断に委ねるべきであると結論づけた[119]。

---

115　*Id*. at 2694.
116　*See id*. 2694-2695. なお、法廷意見は、権利の剥奪のみならず、婚姻に伴う義務の賦課も婚姻の本質的な要素であるとした。
117　*See id*. at 2695.
118　*See id*. at 2696-2698（Roberts, C.J., dissenting）.
119　*See id*. at 2706-2707（Scalia, J., dissenting）.

さらに、アリート裁判官の反対意見（トーマス裁判官がPart II, IIIに同調）は、本件では立法権の侵害という意味で連邦議会に損害が生じており、下院の見解を代弁するための組織である超党派法諮問会議（Bipartisan Legal Advisory Group, BLAG）に当事者適格が認められるとした。しかしながら、Washington v. Glucksberg連邦最高裁判決において示された、基本的権利を新たに承認する際の判断基準（以下「グラックスバーグテスト」という。）[120]に照らせば、同性婚を行う権利は「我が国の歴史と伝統に深く根差したものではない」とした[121]。

本判決の法廷意見は、簡単にまとめると、次のような論理展開を取っている。まず、法廷意見は、①州が同性婚の権利を認めることは尊厳や地位を付与する機能を有するとした上で、DOMAがそうした尊厳を害するものであることを指摘する。次に、②このような尊厳の侵害が適正手続条項の下で保障される自由に反するものであるか否かを判断する際に、DOMAが同性カップルを承認しないという目的と効果を持つか否かという観点から分析を行った。そして、DOMAの制定過程及びそれに伴う有形・無形の不利益[122]はこうした目的・効果を有するとした。

①の部分については、連邦主義との関係でどう理解するかが問題となる。すなわち、一見すると、この箇所は、伝統的に州が専管してきた法領域に連邦が介入することを連邦主義との関係で問題としたように見えるが、法廷意見は、本件では連邦主義は争点とならないとする。この点に関する同意見の説明は十分ではなく、ロバーツ長官及びスカリア裁判官反対意見による鋭い批判を受けている。しかし、これは、連邦主義の考えに基づいて州の主権を強く認めてしまうと、同性婚を否定する州にも裁判所が一定の敬譲を示す必要が出てくる可能性を懸念したのではないかと思われる。

次に、②の部分については、法廷意見は、適正手続条項の下で保障される

---

120 Washington v. Glucksberg, 521 U.S. 702 (1997). 本件は、医者の助力を得て自殺をする権利が基本的権利として認められるか否かを争ったものである。連邦最高裁は、当該権利が長い歴史と伝統に支えられたものか否かなどを基本的権利を承認する判断基準としつつ、当該権利は基本的権利にあたらないとした。

121 See id. Windsor, at 2711-2715 (Alito, J., dissenting).

122 税制や居住に関する実体的不利益から、道徳的・性的判断を否定されることに伴う尊厳感情の侵害といった人格的不利益を指す。

自由の内容を明確に定義していないことに留意がいる。ここから読み取れることは，州が同性カップルに対して付与した尊厳や地位を連邦が剥奪することが，本件では適正手続条項に反するということであり，法廷意見は，同性カップルが婚姻をする権利があるとは述べなかった。

また，こうした損害が同項に反するか否かを判断する際にDOMAの目的・効果に分析を加えているが，そこで引用されている判例の多くは，平等保護違反を差別的動機の観点から認定した判例（Department of Agriculture v. Moreno連邦最高裁判決及びRomer判決）である。この点を踏まえると，本件では，適正手続条項に含まれる平等保護の要請を重視して法廷意見は違憲判断を下したのではなかろうか。ただし，法廷意見が動機審査を積極的に実施した背景には，同性カップルが婚姻をする権利を基本的権利として承認するという実体的判断に踏み切れなかったという事情があると思われる。

そして，この婚姻をする権利の射程について画期的な判断を示したのが，次のObergefell判決である。

（２）Obergefell v. Hodges連邦最高裁判決[123]

本件では，ミシガン，ケンタッキー，オハイオ，テネシーの4州が婚姻を異性間にのみ認めていたため，同性愛カップルが，合衆国憲法第14修正を根拠として，婚姻する権利，ないしは他州で承認されている同性婚について承認を得る権利の侵害を主張し，婚姻の承認を各州に請求する訴えを提起した。連邦最高裁の判決は，州が同性婚を認めないことは第14修正に反しないとした原審判決[124]を5対4で破棄し，自判するものであり，ケネディ裁判官が法廷意見（ギンズバーグ，ブライヤー，ソトマイヨール，ケイガンの各裁判官が同調）を執筆した。

婚姻をする権利が同性カップルに認められるか否かについて，まず，ケネディ裁判官の法廷意見は，婚姻という制度が人類の長い歴史の中で常に社会の中心的制度として位置付けられてきたことを確認した上で，これまでの連邦最高裁判例は，婚姻をする権利を既に基本的権利として認めているとす

---

123 Obergefell v. Hodges, 135 S. Ct. 2584 (2015).
124 Deboer v. Snyder, 772 F. 3d 388 (6th Cir. 2014).

る[125]。そして，婚姻が基本的権利として承認される理由を以下の4つの原理に照らして説明することを通じて，婚姻をする権利が同性カップルに認められるか否かを検討する。

すなわち，同意見は，まず，①婚姻に関する選択は個人の自律に深く関係すること，②婚姻は当事者2人の結びつきを支えるものであることを指摘する。その上で，③婚姻は，子供と家族を保護し，養育，生殖，教育に関する権利を生み出すものであるとし，最後に，④婚姻は社会秩序の基礎であり，各州は，法と社会秩序の中心に婚姻制度を位置付けつつ，婚姻をする権利の基本的性格の形成に寄与してきたとする[126]。

続けて，同意見は，4つ目の原理について，同性愛と異性愛カップルの間に区別を設けることはないと述べ，同性愛カップルを婚姻制度から排除することの害悪が，物的な負担以上の帰結をもたらすことを指摘する。そして，この点について「州自身が婚姻をなによりも貴重なものとするがゆえに，その地位からの排除は，同性愛者が（婚姻という）重要な事項について同等でないと知らせる効果を有する。…州が国家社会の中心的制度から同性愛者を締め出すことは，彼らの地位を卑しめる」（括弧内は筆者）と敷衍した[127]。これらの検討を踏まえ，同意見は，同性カップルに婚姻をする権利を認めないことは適正手続条項に違反すると結論付けた。

また，平等保護との関係について，同性カップルが婚姻をする権利は，平等保護条項からも導かれるとした。すなわち，法廷意見は，「適正手続条項と平等保護条項は，深いところでつながっており，平等保護の保障する権利と，自由に内在する権利は，常に同一の広がりを持つわけではないが，場合によっては，両者は，互いの意味と射程を知るのに有益である」として，両者の関係性を明らかにする[128]。

さらに，異人種間の婚姻を禁止する州法を適正手続条項における自由及び平等双方の要請に違反するとしたLoving判決や，ソドミー行為を規制する

---

125 See Obergefell, 135 S. Ct. at 2593-2599 (majority opinion). 先例として，Loving v. Virginia 388 U.S. 1 (1967), Zablocki v. Redhail, 434 U.S. 374 (1978) などが挙げられている。
126 See id. at 2599-2602.
127 Id. at 2601-2602.
128 Id. at 2602-2603.

ことが同性愛者への差別を助長するとしたLawrence判決に言及しつつ，この自由と平等の「動的関係性」（dynamics）は同性婚問題にも適用されるとした。その上で，各州の婚姻法は本質的に不平等であるとし，「同性カップルは異性カップルに与えられる利益をすべて否定されており，基本的権利の行使を禁止されている。…このような障害を課すことは同性愛者を侮蔑し，彼らの地位を従属化させる」とした[129]。それゆえ，適正手続条項と同様に，平等保護条項も婚姻をするという基本的権利の不当な侵害を禁止していると判示した。

これに対して，ロバーツ長官の反対意見（スカリア，トーマスの各裁判官が同調）は，まず，「合衆国最高裁は立法府ではない」と述べ，連邦最高裁が政治過程に深く介入することに反対する。同意見は，本件について裁判所は関心を持つべきでなく，婚姻の範囲を同性カップルに広げるか否かは政策的な議論に委ねるべきとした[130]。

さらに，スカリア裁判官の反対意見（トーマス裁判官が同調）は，修正14条の制定当時，州に婚姻を異性間に限定するとの解釈は存在しなかった点で憲法起草者の意図と異なること，連邦最高裁が「超立法権」（super-legislative power）を行使することで，市民が民主的に議論する機会を奪われることなどを指摘するものであった[131]。また，トーマス裁判官の反対意見（スカリア裁判官が同調）は，憲法制定者の意思に照らせば修正14条の保障する自由は政府による介入を禁止するものであり，婚姻の承認のように，資格の給付を政府に求める自由は含まれないとした[132]。

最後に，アリート裁判官の反対意見（スカリア，トーマスの各裁判官が同調）は，Windsor判決の自身の反対意見を踏まえて，同性婚をする権利は認められないとした。加えて，同意見は，「法廷意見は，市民が婚姻に関する伝統的な理解を維持するか否かを決定する憲法上の権利を奪っている」としつつ，こうした考えの背後にある「連邦主義という仕組みは，…単一の国家で，異なる信条を有する市民がともに生きるための方法を提示している」と

---

129  *Id.* at 2603-2605.
130  *Id.* at 2611（Roberts, C.J., dissenting）.
131  *Id.* at 2628-2629（Scalia, J., dissenting）.
132  *See id.* at 2631（Thomas, J., dissenting）.

述べた[133]。

　以下，本判決とWindsor判決の異同について先に触れた上で，婚姻をする権利および平等保護に関する争点を中心に本判決の分析をする。

　まず，Windsor判決との相違点として，Windsor判決は，連邦議会の差別的動機を指摘するなど平等の観点を強調して事件を処理した一方で，本判決は，差別的動機の有無についてはほとんど言及せずに，婚姻をする権利の内容を詳しく論じた点が挙げられる。同性婚を禁止する州憲法の改正の背景にはDOMAの制定過程と同様に，同性婚への社会的反発があったことを考慮すれば，差別的動機の有無の審査が十分になされなかったことには疑問が残るところである。

　また，Windsor判決では，州が同性婚を認めることは同性カップルに尊厳を与える機能があるとされたが，本判決は，州が同性婚を認めないことが同性カップルの尊厳を否定すると指摘した。前者の場合，婚姻の承認という州による給付を連邦が剥奪することが問題であり，州の主権の尊重という視点から判示を理解することも可能であった。しかし，本判決は州に給付を義務付けており，従来的な連邦主義の観点[134]からは両判決を整合的に説明するのは困難であると思われる[135]。

　このように，両判決の関係性を必ずしも整合的に説明できない背景には，Windsor判決時点では同性カップルの婚姻の承認を権利として州に要求することができるか否かを判断するには至らなかったのであり，同判決の法廷意見は，違憲判断を導くために様々な論点に触れておく必要があったという事情も抑えておく必要があろう。

　さて，次に，本件では，ケネディ裁判官の法廷意見は，同性婚をする権利ではなく，婚姻をする権利が，判例上，基本的権利として認められていることを確認した。この点について，アリート反対意見は，グラックスバーグテストに依りつつ，「同性婚をする権利」は「国家の歴史と伝統に深く根差し

---

133　*Id.* at 2642-2643（Alito, J., dissenting）.
134　Windsor判決のロバーツ長官反対意見や，本判決のアリート裁判官反対意見は，州の主権を尊重する，従来的な連邦主義の視点に立つものといえる。
135　ただし，Windsor判決の法廷意見は，そもそも同事件では連邦主義の議論をしているわけではないとしており，十分ではないが，ここでの疑問に応えている。

たものではない」としている。ケネディ法廷意見としては，同性婚をする権利ではなく，あくまで「歴史と伝統」のある「婚姻をする権利」を基本的権利として認めることで，この批判をかわし，先例との整合を取る必要があったと思われる。

　加えて，歴史上，婚姻という制度が社会共同体の基礎を成してきたという伝統的な価値観を強調しつつ，法廷意見は，婚姻の価値を積極的に論じる一方で，婚姻という制度に依拠せずに形成される親密な関係について言及していない。後者について言及しなかったことで，連邦最高裁は，婚姻や家族の在り方に関して保守的な印象を示す結果になったといえるであろう[136]。

　判決の射程に関しては，婚姻をする権利を同性愛カップルに認めたことからして，同性婚世帯と異性婚世帯を別異に取り扱う公的給付（公営住宅の入居資格を異性婚世帯に限定するなど）は原則的に禁止されるであろう。また，どのような結合関係（union）が婚姻をする権利を享受できるのかについても，議論が起きるであろう。法廷意見は，婚姻は「二人の」結びつきを支えるものであると指摘するが，これは，今後，「複婚」を承認しない根拠となりうるのではなかろうか。

　最後に，平等保護については，適正手続条項違反を論証する際に，法廷意見が，州が貴重なものと考える婚姻を承認しないことが，同性愛カップルの地位を卑しめると法廷意見が指摘したのは，権利の制約に付随して別の害悪（スティグマ付与・地位の低下）が発生し，結果として平等保護違反が認定されることを示唆するものといえる。また，平等保護条項違反の論証の際にも，同様の見解が示されている。

　このような判断枠組は，不合理な別異取扱いを「差別」と定義しつつ，区別事由に着目して審査密度を変化させる従来の平等判例法理と異なり，Lawrence判決やWindsor判決を通じて，他ならぬケネディ裁判官によって形成されてきたものといえる。また，法廷意見は，Loving判決を引用したが，この判決は，異人種間での婚姻の権利を認めると同時に，人種区分は疑わしい区分であり，制約される権利の性質を考慮することなく違憲の推定が

---

[136]　駒村圭吾「同性婚と家族のこれから——アメリカ最高裁判決に接して」世界873号25-26頁（2015年9月）を参照。

及ぶとしたものであり，法廷意見の判断枠組と異なる。それゆえ，法廷意見の判断枠組は，Loving判決ではなく，むしろ，疑わしい区分論を用いなかったBrown判決の論理[137]と類似するとの見解もある[138]。

### 3 小括

ここまでの検討を踏まえて，平等の観点を中心にロバーツコートの同性婚判例の特徴や今後の課題を整理しておきたい。

いうまでもなく，Obergefell判決は，婚姻をする権利を同性カップルに認めた点で，画期的な判決であることに違いはない。また，法廷意見と反対意見の対立は大きく，前者は時代状況に応じて権利の内容・射程に修正を加える立場を取る一方で，反対意見は，起草者意図，及び政治過程への敬譲，連邦主義に基づく州権の尊重といった複数の視点を重視しつつ，同性カップルに婚姻をする権利の享有を認めることに反対した。

なかでもロバーツ長官は，政治的意思決定の重要性を強調し，当該権利を司法の手で認めることを強く拒否した。この視点は，Schuette判決の長官の意見にも見出すことができるため，論争的な政治問題の解決は政治過程に委ねるというロバーツ長官のスタンスを見て取ることができる。反対に回ったその他の裁判官も，Windsor判決から一貫した主張を続けており，法廷意見は，これら一つ一つに十分に対応しているわけではない。この背後には，連邦主義・民主政などの統治構造論，原意主義に基づく憲法解釈方法論などの多岐に渡る論点が存在している。これらについては，平等の領域のみならず，それぞれの問題領域と関連づけてさらに検討を深めていくべきであろう[139]。

次に，平等理論に関しては，Lawrence判決以降の判例が示すように，連邦または州が同性カップルの基本的権利を制約するか，または不利益を課す態様が同性カップルの尊厳を害する場合，それに付随して別の害悪（スティ

---

137 この点については，注(40)を参照。
138 *See* Katie Eyer, *Brown, Not Loving*, 125 YALE L.J. F. 1 (2015). ただし，Eyerの論考は，本判決以前に発表されたものであり，判決結果を予測して執筆されたものである。しかし，その見解は実際に下された判決にも妥当するものといえる。
139 ただし，この点については，本章では，紙幅の都合上，立ち入ることはできない。

グマ付与など）が発生し，結果として平等保護違反が認定されるという判断枠組が，ある程度定着しつつあるといえる。そして，この判断枠組を長い時間をかけて展開してきたのがケネディ裁判官であった。ここに，人種判例と同様に，平等判例における彼の存在感を見て取ることができる。

ただし，こうした平等違反の判断枠組は，あくまで同性カップルの権利に関する事件で展開されてきたものであり，雇用や住宅契約に関する同性愛者への差別事案に適用できるのか否かが，不明確でもある。特に，Brown判決が，社会に与えたインパクトとは対照的に，先例法理としてそれほど機能していない側面があることからすると，同判決との類似性が指摘されるObergefell判決も，先例としての有用性に疑問が残る[140]。こうした点を踏まえると，同性愛者への差別問題については，今後も検討すべき課題が残されているといってよい。

## III 差別禁止法

IIIでは，「差別禁止法」[141]の解釈・運用を争点とした判例について整理する。なお，ここでは，紙幅の都合上，憲法の観点からロバーツコートの特徴を分析する上で重要な判例を選択的に取り上げ，訴訟経過等を含め，各判例について立ち入った紹介・分析も行わない。

### 1 判例

（1）Ricci v. DeStefano連邦最高裁判決[142]

コネティカット州のニューヘイブン市が，消防士の昇進試験を実施したと

---

140 判決の有用性に否定的見解を示す論者が多い中で，トライブ（Laurence H. Tribe）は，本判決を「平等な尊厳」（equal dignity）の保障という観点から分析した上で，「平等な尊厳」という法概念が，雇用や居住に関する同性愛者に対する差別の是正にとって有効であると指摘する。ただし，トライブは，この概念を各国家機関や国民相互間の対話を促すものとして捉えているようであり，必ずしも，国家機関を積極的に規範統制するためのものとして扱おうとしているわけではないことに留意がいる。*See* Laurence H. Tribe, *Equal Dignity: Speaking Its Name* 129 HARV. L. REV. F. 16 (2015), at 29-30. なお，トライブは，本判決の有用性に懐疑的な論者として，Ilya Somin, Mark Joseph Stern, Jeffrey Rosenなどを挙げている。

141 定義については，注(3)を参照。

142 Ricci v. DeStefano, 557 U.S. 557 (2009).

ころ，人種的不均衡が生じたため，市民権利保護法第6編の下で不均衡な効果（disparate impact）を禁止する規定に違反する可能性があると考え，試験結果の公証を拒否した。それゆえ，当該試験に合格したにもかかわらず昇進できなかった白人及びヒスパニック系の消防士が，当該公証の拒否が市民権利保護法の下での差別的取り扱い（disparate treatment）を禁止する規定に違反すると主張した。

本判決では，ケネディ裁判官が法廷意見（ロバーツ，トーマス，スカリア，アリートの各裁判官が同調）を執筆した。同意見は，ニューヘイブン市による差別的取り扱い（公証拒否）に対する抗弁として，不均衡な効果を禁止する規定に違反することを避けるという目的があったことを主張するには，仮に市が試験結果を公証した場合には同規定に違反するという「証拠上の強力な根拠」の証明が市に求められるとした。その上で，本件では市がこうした証拠を提示できなかったとして，ニューヘイブン市の抗弁を斥け，差別的取り扱い規定違反を認定した。

（2）Coleman v. Court of Appeals of Maryland連邦最高裁判決[143]

メリーランド州控訴裁判所に雇用されていた上告人は，家族医療休暇法（Family and Medical Leave Act of 1993, FMLA）の下で認められる病気休暇（sick leave）を同裁判所に要求したところ，それを拒否された。そこで，FMLAは，州裁判所に損害賠償を求める私訴権を認めていたため，上告人が病気休暇の要求拒否を理由として損害賠償を求める訴えを提起した。

本件の争点は，病気休暇の要求を拒否した場合に州の機関に損害賠償を請求することを認めるFMLAの規定（セルフケア条項）が，州の主権免責（States' immunity）を排除できるか否かであった。本判決では，ケネディ裁判官が，上告人の請求を退けた高裁判決を認容するとの判決主文を言い渡し，同裁判官の意見が相対多数意見（ロバーツ長官，トーマス，アリートの各裁判官が同調）となった。

ケネディ裁判官の意見は，まず，連邦議会は，修正14条5節に基づく立法であれば，州の主権免責を排除することも可能であるとしつつ，そのような

---

143 Coleman v. Court of Appeals of Maryland, 132 S. Ct. 1327 (2012).

立法が5節の枠内に収まることを論じるには，ここで「防止ないし救済されるべき損害とそのために採用される手段の間に適合性と比例性（congruence and proportionality）が存在しなければならない」とした[144]。その上で，同意見は，病気休暇を認める際に性に関する偏見や差別があったことを示す十分な証拠がないことを踏まえ，セルフケア条項の目的である性差別の是正と，当該条項違反を根拠に州に損害賠償を課すことの間に適合性と比例性は存在しないとした。

（3）Shelby County v. Holder連邦最高裁判決[145]

1965年投票権法5条は，同法4条（b）において指定される州等が選挙制度を変更する条件として，その変更が人種を理由に投票権を剥奪する意図および効果を持たないことを確認するための連邦当局による事前審査を課していた。本件では，この事前審査が州の主権を侵害するか否かが争われた。この点について，ロバーツ法廷意見（スカリア，ケネディ，トーマス，アリートの各裁判官が同調）は，アフリカ系アメリカ人の投票率が1960年代以降顕著に増加したことなどを指摘し，4条（b）の事前審査の合理性を基礎づける立法事実が変化したことを理由として，同条が合衆国議会の執行権限の範囲を超えるものであり，州の主権を侵害すると判示した。

（4）Texas Department of Housing and Community Affairs v. The Inclusive Communities Project連邦最高裁判決[146]

テキサス州の行政機関が行った，低所得者向け住居のデベロッパーへの税額控除（Low-Income Housing Tax Credits, LIHTC）の配分方法が，人種的に分離した居住パターンを固定化させる不均衡な効果をもたらしていたため，低所得世帯の住居選択を支援する，テキサス州に拠点を置く非営利企業（ICP）は，人種や性別などを理由に住居の利用を拒むことを禁止する1968年公正住宅法（FHA）805条（a）等に違反するものであると主張した。

---

144　*Id.* at 1334 (majority opinion), *quoting* City of Boerne v. Flores, 521 U.S. 507, 520 (1997).
145　Shelby County v. Holder, 133 S. Ct. 2612 (2013).
146　Texas Department of Housing and Community Affairs v. The Inclusive Communities Project, 135 S. Ct. 2507 (2015).

連邦最高裁では，そもそも，こうした不均衡な効果をもたらす税額控除の配分をFHA違反として主張することができるか否かという点が争われた。ケネディ裁判官の法廷意見（ギンズバーグ，ブライヤー，ソトマイヨール，ケイガンの各裁判官が同調）は，FHAは，市民権利保護法と同様に，国民の経済に関わる分野における差別的慣習を禁止することを目的としており，これらの慣習にはゾーニング規制などが含まれるとした。その上で，これらの規制の違法性を争う訴訟では，不均衡な効果の法的責任について中心的に議論してきたのであり，FHAを根拠に，不均衡な効果を生む行為の禁止を求めることはできるとし，事件を原審に差し戻した。

### 2　特徴

以下，簡単ではあるが，2点，指摘をしておきたい。

まず，上記の4つの判決のうち，3つの判決でケネディ裁判官が法廷意見を執筆しており，差別禁止法の領域においてもケネディの影響力が顕著であることを指摘できる。また，2013年のShelby判決までは保守派に回っていた一方で，2015年にはリベラルの側に付いている。この変化は，近年のAA判例や同性婚判例におけるケネディの立場とある程度整合しているといっていいであろう。

次に，Coleman判決やShelby判決のように，差別禁止法の州への適用が州の主権を侵害するか否かが争われる場合，連邦最高裁は，州の主権を尊重する傾向がある。しかし，こうした傾向は，平等の領域に固有の論点として分析するのではなく，ロバーツコートの連邦主義の特徴と併せて分析する方が適切ではないかと思われる。

## おわりに

ここまで平等判例について三つの領域に分けて検討をしてきた。各領域の検討と小括はすでに終えているため，最後に，ロバーツコートにおける平等判例の全体的特徴と今後の展望について述べる。

まず，平等判例の全体的特徴として，すべての領域でケネディ裁判官の影

響力が増加していることが挙げられる。Parents判決・Shelby判決を除き，ほとんどの重要判例で法廷意見・相対多数意見を執筆したのはケネディ裁判官であり，もはや平等判例に限って言えば，「ケネディコート」なるものが成立しているといってよい[147]。

しかし，ケネディ裁判官の憲法解釈が説得的なものとして受容されているからこそ，このような状況が生まれているというのは早計であろう。むしろ，ケネディを除くリベラルと保守派の裁判官の間で見解の相違が大きいからこそ，中間的な立場をとり，事件の結論を左右することが多いケネディ裁判官の意見を尊重せざるを得ない結果となっているのではなかろうか。

また，ケネディの存在感が増している一方で，ロバーツ長官の印象が薄いということも，ロバーツコートの平等判例の特徴であるといえよう。こうした状況は，ロバーツ長官が，平等の領域においてリベラル・保守の対立を十分に解消できなかったことを示唆している。

ここまでの検討を踏まえると，この背景として，まず，AA判例については，Parents判決で人種問題について保守的な印象を強めてしまい，リベラルと保守の対立をかえって助長してしまったことが挙げられよう。次に，同性カップルに関する判例については，もともと，Romer判決・Lawrence判決を通じて，ケネディ裁判官が判例法理を形成してきた領域でもあり，ロバーツ長官が後手に回らざるを得ない状況が当初よりあった。さらには，AAや同性婚の問題は政治過程への敬譲を巡る議論と密接にかかわっており，この論点に長官が強くこだわったことも，リベラル派との協調を困難にさせたように思われる。

次に，平等保護理論の展開については，ケネディ裁判官が従来の判例規範を大きく変更しているわけではないことに留意すべきであろう。すなわち，AA判例については厳格審査の適用のあり方に修正を加えているものの，AAに厳格審査基準を設定することをケネディ裁判官は否定しているわけではない。また，同性婚判例については，権利侵害に付随して別の害悪（スティグマ付与・地位の低下）が発生し，結果として平等保護違反が認定される

---

147 また，Shelby判決は投票権に関する重要判例でもあり，単純に平等判例として位置付けることができないことにも留意がいる。

という判断枠組が示されている。しかし，すでに述べたように，この判断枠組の射程もそれほど広くはないように思われる。それゆえ，ケネディ裁判官の影響力が増加していることは確かであるとしても，それによって平等保護理論の新たな地平が開かれたとまでいえるわけではない。

　最後に，今後の展望について，ロバーツコートは，これまでと変わらず，平等の領域で多くの難しい事件を抱える可能性がある。人種問題については，引き続き，中心的なものとしては，人種的に不均衡な効果を生む行為や，AAの是非を巡って議論がなされていくであろう。また，同性愛者への雇用・住居の選択などに関する差別の問題についても今後議論が活発化するであろう。こうした課題に対して今後も連邦最高裁は対応を求められるであろう。

　2016年にケネディ裁判官が80歳を迎えたこと，平等判例においてリベラル派と保守派の対立が際立っていることを踏まえると，ケネディ裁判官が判例法理をどう形成するのかという点と同時に，彼の退任後，彼の積み上げた判例法理がどのように継承されるのかという点も注目の的になるであろう。

【付記】
　本章は，JSPS科研費（研究活動スタート支援）「憲法上の平等原則の解釈について—社会構造上の差別の是正に向けて—」（課題番号15H06624・研究代表者　髙橋正明）の交付を受けて行った研究成果の一部である。

# 第4章　ロバーツコートの中絶判例

小竹　聡

```
Certificate of Death

This is to acknowledge the death of

Roe v. Wade

On the Xth day of June, In The Year 20XX.
At :   the Supreme Court of the United States
Signed:   John Glover Roberts, Jr.
```

はじめに
Ⅰ　ロバーツコート
Ⅱ　ロバーツコートの中絶判例
Ⅲ　最近の裁量上訴不受理事件
おわりに

---

イントロダクション
　本章の課題は，2005年度開廷期から2014年度開廷期までの最初の10年間におけるロバーツコートの中絶判例および中絶に関わる裁量上訴不受理事件を概観することである。それでは，そこから，一体，何が見えてくるか。本章では，この時期の判例の動向から一定の結論を導き出し，中絶判例の今後の行方を大胆に予測する。

## はじめに

　本章は，2005年度開廷期から2014年度開廷期までのロバーツコートの中絶判例および中絶に関わる裁量上訴不受理事件を取り上げ，その意義を明らかにするとともに，中絶判例の形成を通して，ロバーツコートの特徴を描き出そうとするものである。ロバーツコートは，純粋な中絶規制に関する事件のみならず，中絶反対派の妨害に対する取締りに関する事件，および，修正1条と中絶施設へのアクセスに関する事件を含めると，この10年間で，4つの中絶に関する事件を取り上げている。そこで，本章では，現在までのロバーツコートの陣容を簡潔に振り返った後に，これらの事件と裁量上訴不受理事件を概観し，その意義を考察するとともに，今後の中絶判例の行方を展望することとしたい[1]。

## I　ロバーツコート

### 1　裁判官

　中絶訴訟の検討に入る前に，ロバーツコートの裁判官とその全体的な傾向について，その概要を確認しておくことは，判例を理解する際の視点を提供することになるであろう。というのも，妊娠中絶をめぐる法的紛争は，個人の価値観等にも左右される可能性のある社会的，文化的争点であり，個々の裁判官の経歴や生育環境等に予め触れておくことは，判決の十全な理解に資することになるからである。本書においては，ロバーツコートの裁判官について詳細に論じる一章が設けられているので，ここでは，各裁判官の経歴等とロバーツ長官の下での連邦最高裁の全体的な特徴について，若干の言及をすることにとどめたい。

　ロバーツコートの現職の裁判官については，以下の4点を指摘することが

---

[1] なお，周知のように，その後，2016年2月13日のスカリア裁判官の急死によって，ロバーツコートを取り巻く内外の情況は激変している。しかし，本章は，ロバーツコート10年の節目（2015年6月末）での中絶判例の動向を概観しようとするものであり，本章を叙述する際には，スカリアの死去とそれに伴う後任裁判官の人事をめぐる争いは考慮に入れていないことを予めお断りしておく。

できる。第一に，現在のロバーツコートにおいては，公選の政治職経験者が一人もいないことが挙げられる。連邦最高裁判所の裁判官にあって，公選の政治職を経験したことのある最後の者は，アリゾナ州上院議員を務めたオコナーであった。もっとも，連邦司法省勤務や雇用機会均等委員会委員長，連邦検察官といった連邦の政治職には，ケネディ，ギンズバーグ，ソトマイヨールを除く全員が携わった経験を有している[2]。ここから推測できることは，連邦と州との間での法的紛争が生じた場合には，州政治の現状にはあまり詳しくない一方で，連邦政治の機微に通じた裁判官がこの種の紛争の判断を下すことになるということである。第二に，現職の裁判官は，ケイガンを除く全員が，前職として，連邦控訴裁判所の裁判官職に就いていたことが注目される[3]。そのケイガンも，レーンキスト，パウエル以来，39年ぶりに裁判官職を経験することなく，連邦最高裁判所入りしたことにはなるものの，1999年には，クリントン大統領によってコロンビア特別区巡回区の裁判官に指名され，ただ上院の承認がないまま棚晒しにされた経験があった。また，よく知られているように，ケイガンは，連邦最高裁に入る直前まで，オバマ政権下で合衆国訟務長官を務めていた[4]。そうすると，現職の裁判官は，全員がその経験を通じて，司法の役割ないし機能についての一定の見識を有しているものと推測できよう。第三に，連邦最高裁の裁判官の指名に当たっては，地域バランスや宗教が今日では重要性を有していないということを指摘することができる。特に宗教については，スティーブンスを最後に，プロテスタントの各宗派に属する裁判官が一人も在籍していないことは特筆すべきことである。さらに言えば，ケイガンまでの歴代117名の連邦最高裁の裁判官のうち，カトリック教徒は12名，ユダヤ教徒は8名しかいない[5]。そうすると，この点からは，現在のロバーツコートは，かなり特異な裁判所ということになる。しかし，一般には，このことは特に問題視されているわけではない。第

---

2 *See* LEE EPSTEIN, JEFFREY A. SEGAL, HAROLD J. SPAETH & THOMAS G. WALKER, THE SUPREME COURT COMPENDIUM: DATA, DECISIONS, AND DEVELOPMENTS 353-66 (6th ed. 2015).
3 *See id.* at 367-74.
4 *See* JEFFREY TOOBIN, THE OATH: THE OBAMA WHITE HOUSE AND THE SUPREME COURT 177-80 (2012).
5 *See* EPSTEIN, SEGAL, SPAETH, WALKER, *supra* note 2, at 308-20.

四に，現在の裁判官は，すべてが東部のエリートロースクールの出身者で占められ，連邦最高裁の裁判官のロークラーク経験者も，ロバーツ（1980年度開廷期，レーンキスト），ブライヤー（1964年度開廷期，ゴールドバーグ），ケイガン（1987年度開廷期，マーシャル）の3名が含まれている[6]。この点では，スカリアの揶揄するように，この組織体は，「際立って国を代表していない性格」[7]を持つものと言えよう。なお，関連して，オコナーやスーターに典型的に見られたように，連邦最高裁入りした後に，各裁判官に「イデオロギーの緩やかな変化」が生じうることは，どのように考えればよいのであろうか。この問いは，一般には，分別のある，専門職の経験を積んだ個人のグループで見解が大きく変わることは，どのように説明することができるのかを問うものである[8]。連邦最高裁で職務を行うという経験は，それまでの思考傾向を追い立てる，何か特有の意識を裁判官本人に与え，その後の裁判官の行動に何らかの影響をもたらすということがありうるのであろうか。しかし，ここでは，問題の提起だけにとどめることとしたい。総じて，現在のロバーツコートは，極めて同質的な裁判官からなり，結局，異質なのは，各裁判官のイデオロギーだけであると言えるのかもしれない。

最後に，総体としてのロバーツコートに対しては，「我々は，相当に保守的な司法積極主義の時代にある」[9]との評価がなされている。保守性の測定の視点には多様なものがありうるのであり，ロバーツコートのこれまでの軌跡をそのように断じることができるのかどうかについては，慎重な考察が求められるが，先例の尊重と先例の何らかの操作による明示的な判例変更の回避，連邦制や合衆国議会に対する敬意，一部裁判官の原意主義への傾斜といったこれまでの10年間に見られた様々な特徴—これらは，また，中絶訴訟を検討するに当たっても，考慮に入れられるべき視点である—は，一般論として，同コートの保守性を語るには十分であるように思われる。しかし，この論点については，これ以上，ここでは立ち入らない。

---

6 See id. at 321-34.
7 Obergefell v. Hodges, 135 S. Ct. 2584, 2629 (2015) (Scalia, J., dissenting).
8 See LINDA GREENHOUSE, THE U.S. SUPREME COURT: A VERY SHORT INTRODUCTION 32-33 (2012).
9 Erwin Chemerinsky, *Conservative Judicial Activism*, 44 LOY. L.A. L. REV. 863, 863 (2011).

第4章　ロバーツコートの中絶判例　135

表1　2014年度開廷期におけるロバーツコートの裁判官

|  | 指名大統領 | 在職年数 | 生年月日 | 出身LS | 裁判官職 | 出身地 | 宗教 |
|---|---|---|---|---|---|---|---|
| ロバーツ | ブッシュ（子） | 10年目 | 1/27/55 | Harvard | D.C.Cir. | NY | カトリック |
| スカリア | レーガン | 29年目 | 3/11/36 | Harvard | D.C.Cir. | NJ | カトリック |
| ケネディ | レーガン | 27年目 | 7/23/36 | Harvard | 9th Cir. | CA | カトリック |
| トーマス | ブッシュ（父） | 24年目 | 6/23/48 | Yale | D.C.Cir. | GA | カトリック |
| ギンズバーグ | クリントン | 22年目 | 3/15/33 | Harvard/Columbia | D.C.Cir. | NY | ユダヤ |
| ブライヤー | クリントン | 21年目 | 8/15/38 | Harvard | 1st Cir. | CA | ユダヤ |
| アリート | ブッシュ（子） | 9年目 | 4/1/50 | Yale | 3d Cir. | NJ | カトリック |
| ソトマイヨール | オバマ | 6年目 | 6/25/54 | Yale | D. NY, 2d Cir. | NY | カトリック |
| ケイガン | オバマ | 5年目 | 4/28/60 | Harvard | なし | NY | ユダヤ |

表2　ロバーツコート時代の合衆国訟務長官（2015年度開廷期の前まで）（代理を除く）

| ブッシュ政権　ポール・クレメント（6/2005-6/2008），グレゴリー・ガー（10/2008-1/2009） |
|---|
| オバマ政権　エレナ・ケイガン（3/2009-8/2010），ドナルド・ヴェリーリ（6/2011-） |

## 2　時期区分

　2015年度開廷期前までのロバーツコートは，その裁判官の構成に着目すると，4期に分けることができる[10]。第1期は，2005年9月29日から2006年1月31日までの時期であり，ロバーツ長官と，スティーブンス，オコナー，スカリア，ケネディ，スーター，トーマス，ギンズバーグ，ブライヤーの各裁判官からなり，2006年1月31日に，オコナーが引退し，アリートが加わった。第2期は，2006年1月31日から2009年8月8日までの時期であり，ロバーツ長官と，スティーブンス，スカリア，ケネディ，スーター，トーマス，ギンズバーグ，ブライヤー，アリートの各裁判官からなる。第3期は，2009年8月8日から2010年8月7日までの時期であり，2009年6月30日にスーターが引退して，2009年8月8日にソトマイヨールが加わり，ロバーツ長官と，スティーブンス，スカリア，ケネディ，トーマス，ギンズバーグ，ブライヤー，アリート，ソトマイヨールの各裁判官からなる。第4期は，2010年

---

10　See Epstein, Segal, Spaeth, Walker, supra note 2, at 444.

8月7日以降であり，2010年6月30日にスティーブンスが引退して，2010年8月7日にケイガンが加わり，ロバーツ長官と，スカリア，ケネディ，トーマス，ギンズバーグ，ブライヤー，アリート，ソトマイヨール，ケイガンの各裁判官からなる。

ロバーツコートにおいては，この10年間を通じて，保守，リベラルのパワーバランスは不変であり，どの時期においても，保守派とされる裁判官5名とリベラル派とみなされている裁判官4名から構成されている。また，イデオロギーラインで4対4に票が分かれた場合，決定票の所在は，第1期はオコナー，第2期以降はケネディが握っていると一般に考えられている。こうして，イデオロギーラインによる5対4判決において，リベラル側の勝訴が起こりうるのは，リベラル派にオコナーまたはケネディが加わったときであり，その場合に最先任者に与えられる意見執筆者指名権は，第1期から3期まではスティーブンス，第4期からはケネディである。また，保守側が勝訴し，リベラル側が反対意見の場合は，長官がさしあたりの法廷意見の執筆者指名権を持つが，リベラル側は，第1期から3期まではスティーブンス，第4期からはギンズバーグがリーダーシップを握っている。

## II ロバーツコートの中絶判例

以下では，2005年度開廷期から2014年度開廷期までの10年間における，中絶に関する4つのフルオピニオン付きの判決——Ayotte v. Planned Parenthood of Northern New Eng.連邦最高裁判決[11]，Scheidler v. National Organization for Women, Inc. 連邦最高裁判決[12], Gonzales v. Carhart (Carhart II) 連邦最高裁判決[13], McCullen v. Coakley連邦最高裁判決[14]——を取り上げ，ロバーツコートにおける中絶判例の内容を見てゆくことにする。なお，その際には，中絶事件はほとんどすべてが「作られた」訴訟であることに鑑み，訴訟を主導した運動体，原審の巡回区，裁量上訴受理の理由，そして，とりわ

---

[11] See Ayotte v. Planned Parenthood of Northern New Eng., 546 U.S. 320 (2006).
[12] See Scheidler v. National Organization for Women, Inc., 547 U.S. 9 (2006).
[13] See Gonzales v. Carhart (*Carhart II*), 550 U.S. 124 (2007).
[14] See McCullen v. Coakley, 573 U.S. __; 134 S. Ct. 2518 (2014).

け合衆国によるアミカスキュリィ（裁判所の友）に着目する。また，判決の論理を内在的に検討するのではなく，判決の実際上の法的，政治的影響に焦点を合わせて，その意義を考察する。

## 1　Ayotte判決[15]

（１）事実の概要と判決の内容
①事案

　2003年に制定された，ニューハンプシャー州中絶前の親への通知法（the Parental Notification Prior to Abortion Act）は，未だ行われていない中絶についての書面による通知が親または後見人に交付された後の48時間までは，医師が妊娠した未成年者（または後見人または財産管理者が選任された女性）に中絶を行うことを禁止していた。但し，同法は，未成年者の親に通知をしなくても医師が中絶を行いうる3つの情況を認めている。即ち，第一に，「中絶が当該未成年者の死を防止するために必要であり，かつ，要求される通知を与えるには不十分な時間しかないことを担当中絶医が妊娠した未成年者の記録の中で証明する」場合には，通知が要求されない。第二に，通知を受け取る権限のある者は，既に通知されたことを証明しうる。第三に，未成年者は，親への通知なしに医師が中絶を行うことを認めるよう裁判官に申請しうる。裁判官は，当該未成年者が成熟し，かつ，インフォームドコンセントを与える能力があること，または，通知のない中絶が当該未成年者の最善の利益であることを認定する場合には，そのように許可しなければならない。しかしながら，同法は，医学的緊急状態において，親への通知なしに医師が中絶を行うことを明示的には認めていない[16]。

　同法が施行される前に，州内の家族計画連盟支部等の３つのクリニックと１名の医師が1983条訴訟を提起し，同法は，同法に内在する遅延によって

---

15　同判決については，小竹聡「アメリカ合衆国における妊娠中絶をめぐる法理の展開」同志社アメリカ研究44号27頁，46頁（2008年），同「『一部出生中絶』の禁止と中絶の権利の将来」大沢秀介・大林啓吾編『アメリカ憲法判例の物語』237頁，250-51頁（成文堂，2014年）において，既に触れている。本章の叙述は，これらと一部重複する箇所がある。なお，後者の論考における上訴人の表記をエイヨットに改める。
16　See Ayotte, 546 U.S. at 323-24.

「健康が危険にさらされる未成年者に対して，迅速な中絶を与えることを医師に認めて」いないから，違憲である旨主張する[17]とともに，同法に対する差止命令の申立てを行った。なお，ケリー・A・エイヨット（Kelly A. Ayotte）は，ニューハンプシャー州の司法長官であり，2011年からは同州選出の上院議員（共和党）を務めている。

②訴訟の経緯

2003年12月29日，連邦地裁は同法を違憲とし，本案的差止命令を認めた[18]。2004年11月24日，第1巡回区連邦控訴裁判所は，原判決を維持した[19]。2005年5月23日に裁量上訴が受理され[20]，同年11月30日に口頭弁論が開かれた後に，2006年1月18日に判決が下された。

③裁量上訴受理の理由

連邦最高裁は，「妊娠した未成年者の健康を保持するための例外規定を欠いていることを理由として同法を全体として無効とした点で，下級裁判所が誤っていたかどうかを決定するために」[21]，裁量上訴を受理した。なお，合衆国は，2003年連邦「一部出生中絶（partial-birth abortion）」禁止法についての継続中の訴訟に，本判決の文面上違憲の主張の基準等に関する判断が直接の影響を持ちうることを理由として，上訴人を支持するアミカスキュリィを提出し，被上訴人の文面上違憲の主張には価値がないと主張した[22]。

④連邦最高裁判決

オコナー裁判官が，ロバーツ長官，スティーブンス，スカリア，ケネディ，スーター，トーマス，ギンズバーグ，ブライヤーの各裁判官が同調した全員一致の法廷意見を執筆した[23]。

---

17　See id. at 324-25.
18　See Planned Parenthood of Northern New Eng. v. Heed, 296 F. Supp. 2d 59 (D.N.H. 2003).
19　See Planned Parenthood of Northern New Eng. v. Heed, 390 F.3d 53 (1st Cir. 2004).
20　See Ayotte v. Planned Parenthood of Northern New Eng., 544 U.S. 1048 (2005).
21　Ayotte, 546 U.S. at 326.
22　See Brief for the United States as Amicus Curiae Supporting Petitioner, at 2, Ayotte v. Planned Parenthood of Northern New Eng., 546 U.S. 320 (2006) (No. 04-1144), 2005 WL 1900328.
23　本判決は，オコナーによる最後の意見であり，通常は激しく意見の対立する中絶事件であるにもかかわらず，全員一致で判決が出されたことには，後任の裁判官の就任を待って引退することを表明していたオコナーの花道を飾るという配慮があったのかもしれない。

法廷意見は，その冒頭で，「我々は，本日，我々の中絶の先例を再考するのではなく，むしろ，救済手段の問題に取り組む。即ち，もし中絶へのアクセスを規制する制定法を執行することが医学的緊急状態において違憲であるならば，何が司法部の適切な反応であるのか。我々は，そのような制定法を完全に無効にすることは必ずしも必要または正当化されないと判示する。というのも，下級裁判所は，より狭い宣言的および差止命令による救済を出すことができるであろうからである」[24]と述べる。そして，「本件が我々の前に来るときに，3つの命題——2つは法的な命題，1つは事実に関する命題である——が確立されている」とし，「第一に，未成年者が自己の妊娠を終了させることを考慮するときには，……州は，疑いなく，親の関与を要求する権利を持つ」こと，「第二に，『適切な医学的判断により，母体の生命または健康の保持のために必要な』中絶に対するアクセスを州は制限しえないということをニューハンプシャー州は争わず，我々の先例もそう判示している」こと，「第三に，ニューハンプシャー州は，本件訴訟の事実に関する基礎，即ち，いくつかの非常にわずかな割合の事例で，妊娠した未成年者は，成人女性と同様に，健康に対する重大で，しばしば元に戻せないほどの損害を避けるために，速やかな中絶が必要であるということに，真の異議を唱えていない」ことを提示する[25]。そして，判決は，「三つの相互に関連する原則が救済手段に対する我々のアプローチに満ちている。第一に，我々は，……必要である以上に多くの立法部の成果を無効にしないように試みる」，「第二に，我々の憲法上の命令と制度上の能力が限られていることに留意して，我々は，当該州法を救おうと努めるときでさえも，『憲法上の要件に州法を一致させるために，州法を書き換えること』は慎む」，「第三に，救済手段についてのいかなる判決にとっても試金石となるのは，立法部の意図である……ある法律の適用または一部を違憲であると認定した後に，我々は，次いで，問わなければならない。即ち，全く法律がないことよりも，その法律に残されているものを当該州議会が望んでいたであろうかということを」と述べた上

---

24　Ayotte, 546 U.S. at 323.
25　See id. at 326-28 (citations omitted).

で[26]，本件においては，最もそっけない救済手段である同法を全面的に違憲とするのではなく，より精緻に引き出される救済手段を考えることができるのであり[27]，憲法問題を提起するのは同法のほんのわずかの適用にすぎないのであるから，「立法部の意図に忠実である限り，本件において，下級裁判所は，当該制定法の違憲の適用を禁止する宣言的判決および差止命令を出すことができる」[28]と判示する。しかし，州議会が同法にそのような救済手段を許すことを意図していたかどうかには争いがあるから，この未解決の問題を決定するために，事件を下級裁判所に差戻すとした[29]。

(2) 本判決の意義

本判決の意義としては，次の2点を指摘することができる。第一に，実体判断に関する第二，第三の命題は，親の関与（同意または通知）ないしは中絶規制一般と健康の例外規定との関連を考察する際に一定の示唆を与えうる[30]。もっとも，親の関与（同意または通知）に関する法律について言えば，本件の当時，そのような州法を持つ44州のうち，緊急状態における未成年者の健康の例外規定を持たないのは，同州を含む4州にすぎず[31]，判決の影響はあまり大きくはなかったとも言える。

第二に，救済手段の論点に関する判示は，部分違憲の手法に道を開くものであり，効率と司法の節度に資するというメリットがある。他方で，法律を全体として違憲とすることを回避しようとするあまり，かえって違憲な規定の故意の制定を州議会にもたらす呼び水となってしまうのではないかとの懸念が残ることにもなる。

## 2 Scheidler判決

(1) 事実の概要と判決の内容

①事案

---

26　*See id.* at 329-30（citations omitted）.
27　*See id.* at 330-31.
28　*Id.* at 331.
29　*See id.*
30　本判決は，従来から中絶反対派が強く批判しきたところの「健康例外」を全員一致で確認している。これは，州側が争わなかったことが大きかったものと思われる。
31　*See* Ayotte, 546 U.S. at 326 n.1.

1986年に，中絶を行う複数の健康管理クリニックと，中絶の合法的な利用可能性を支援するプロチョイスの全国的な非営利組織（被上訴人）は，プロライフの，中絶に反対する抗議活動に従事する個人と団体（上訴人）が暴力およびその他の様々な違法活動によって中絶を実施する健康管理クリニックでの活動を混乱させようとしていたと信じて，訴訟を提起し，損害賠償および全国のどこでもそのような活動に携わることを上訴人に禁止する差止命令を求めた。被上訴人は，その法的主張を，ホッブズ法（the Hobbs Act），強要を禁止するいくつかの他の法律，そして，RICO（事業への犯罪組織等の浸透の取締りに関する法律）に根拠づけた。なお，ジョセフ・シャイドラー（Joseph Sceidler）は，元ベネディクト派の修道士であり，1980年にプロライフ行動連盟（the Pro-Life Action League）を結成するなど，直接行動を志向する活動家たちの父親的存在として知られていた人物である。

②訴訟の経緯

　1991年5月28日，連邦地裁は訴えを斥け[32]，1992年6月29日，第7巡回区連邦控訴裁判所もこれを維持した[33]。しかし，1994年1月24日，連邦最高裁判所は，原判決を破棄し，差戻した[34]。その後，連邦地裁が全国規模での差止命令を出した後，2001年10月2日，第7巡回区連邦控訴裁判所は，これを維持[35]。しかし，2003年2月26日，連邦最高裁は，再びこれを破棄し，差戻した[36]。2004年2月26日，第7巡回区連邦控訴裁判所は，これを差戻した[37]ので，2005年6月28日に同種の事件とともに裁量上訴が受理され[38]，2つの事件は併合されて，同年11月30日に口頭弁論が開かれた後に，2006年2月28日に判決が下された[39]。

③裁量上訴受理の理由

---

32　*See* National Organization for Women, Inc. v. Scheidler, 765 F. Supp. 937 (N. D. Ill. 1991).
33　*See* National Organization for Women, Inc. v. Scheidler, 968 F. 2d 612 (7th Cir. 1992).
34　*See* National Organization for Women, Inc. v. Scheidler, 510 U.S. 249 (1994).
35　*See* National Organization for Women, Inc. v. Scheidler, 267 F. 3d 687 (7th Cir. 2001).
36　*See* Scheidler v. National Organization for Women, Inc. (*NOW II*), 537 U.S. 393 (2003).
37　*See* National Organization for Women, Inc. v. Scheidler, 91 Fed. App. 510 (7th Cir. 2004).
38　*See* Scheidler v. National Organization for Women, Inc., 545 U.S. 1151 (2005); Operation Rescue v. National Organization for Women, Inc., 545 U.S. 1151 (2005).
39　本判決に至るまでの訴訟の経緯の詳細については，*see* Scheidler, 547 U.S. at 14-16.

142

「我々は，以下の3つの問いを考察するために，裁量上訴を受理した。即ち，(1) 控訴裁判所は，地方裁判所によって出された差止命令が無効にされる必要はないかもしれないと判示することによって，NOWⅡにおける当法廷の命令を不適切に無視したかどうか，(2) ホッブズ法は，強要または強盗とは無関係の暴力行為を禁止するかどうか，(3) RICOは，私人が差止命令を得ることを認めるかどうか。我々は，今や，第2の問題に答える。我々は，強盗または強要と無関係の物理的暴力はホッブズ法の射程の範囲外であると判示する。そして，第2の問題に対する我々の答えは，上訴人の側に有利な判決の登録を要求するから，我々は，第1および第3の問題に答えることはしないものとする」[40]。なお，合衆国は，原判決を破棄すべきとするアミカスキュリィを提出し，ホッブズ法は計画または意図された強盗または強要と結びつけられていない身体的暴力の行為または脅迫を犯罪としないこと，および，RICOは差止命令による救済のための私人の訴訟原因を認めていないことを主張した[41]。

④連邦最高裁判決

ブライヤー裁判官が，ロバーツ長官，スティーブンス，スカリア，ケネディ，スーター，トーマス，ギンズバーグの各裁判官が同調した全員一致の法廷意見を執筆した。なお，アリート裁判官は，本件の審理および判決に関与していない。

法廷意見は，次のように判示する。即ち，ホッブズ法の関連する条項は，「誰であれ，どのような方法または程度であっても，強盗または強要によって，通商または通商における物品もしくは商品の移動を妨げ，遅らせまたは影響を及ぼし，または，そのように行うよう企てまたは共謀し，または，本条に違反する事柄を行う計画または目的を促進するために身体もしくは財産に対する物理的暴力を犯しまたは脅かす者……」に刑事責任を課す。問題は，「物理的暴力」という語を修飾する語句，即ち，「本条に違反する事柄を行う計画または目的を促進するために」の意味に関わる。これらの言葉は，

---

40　*Id.* at 16.
41　*See* Brief for the United States as Amicus Curiae, Scheidler v. National Organization for Women, Inc., 547 U.S. 9 (2006) (No. 04-1244, 04-1352), 2005 WL 2138277.

第4章　ロバーツコートの中絶判例　143

「強盗または強要によって……通商に影響を及ぼす」ための計画または目的を促進する暴力を指すのか，それとも，単に「通商に影響を及ぼす」ための計画または目的を促進する暴力を指すのか。「我々は，前者の，テクストのより制限的な読み方である，その暴力を強盗または強要と結びつける読み方が正しいと信じる」[42]。こうして，「合衆国議会は，ホッブズ法において，独立した物理的暴力の犯罪を創設することを意図しなかったと我々は結論づける。合衆国議会は，当該制定法が強盗または強要（および関連する未遂または共謀）と呼ぶものに携わる計画または目的を促進するための物理的暴力の行為または脅迫を禁止することを確かに意図していた。控訴裁判所の判決は破棄され，上訴人に有利な判決の登録のために差戻される」[43]と法廷意見は結論づけた。

（2）本判決の意義

　本判決は，ホッブズ法の制定法解釈に関わる。連邦最高裁は，全員一致で，長年にわたる訴訟に決着をつけ，同法の適用に当たっては，「強盗または強要を通じて州際通商に影響を及ぼす計画または目的に従って犯される暴力」が要求されるものとし，従って，上訴人が行う活動のような，「純然たる州際通商に影響を及ぼす計画または目的に従って犯される暴力」は，同法の射程の範囲外であるとした。もっとも，連邦レベルでは，既に，1994年クリニックの入口へのアクセスの自由（the Freedom of Access to Clinic Entrance）（FACE）法が制定されており，「生殖に関する健康サービスを提供するという理由により，そのような施設の財産に故意に損害を与え，もしくはこれを破壊し，またはそのように試みる」者には誰にでも刑事責任を課すこのFACE法によって，本件訴訟の被上訴人である，ジョセフ・シャイドラーやプロライフ行動連盟，オペレーションレスキューといった中絶反対派による過激な直接活動は大幅に抑止されている[44]。

---

42　*See* Scheidler, 547 U.S. at 17.
43　*Id.* at 23.
44　なお，1960年代から90年代までの中絶反対派の運動の軌跡については，小竹聡「アメリカ合衆国における妊娠中絶政治の展開と中絶反対派の動向」法学新報119巻9・10号317頁（2013年）参照。

## 3 CarhartⅡ判決[45]

(1) 事実の概要と判決の内容

①事案

　本件は，2003年連邦「一部出生中絶（partial-birth abortion）」禁止法の合憲性が争われた事案である。「一部出生中絶」とは，「中絶を行う者が，（A）部分的に分娩された生きている胎児を殺すであろうことを認識してそのような外的行為を行うという目的を持って，熟慮した上で，かつ意図的に，頭位の場合は，胎児の頭部全体が母親の体の外にあるまで，または，臀位の場合は，臍を越えた胎児の胴体の一部が母親の体の外にあるまで，生きている胎児を膣に分娩し，かつ（B）分娩の完了以外の，部分的に分娩された生きている胎児を殺すという外的行為を行うこと」と定義されており，同法は，「妊娠自体により惹起され，または妊娠自体に起因する生命を危険にさらすような身体的状況を含む，身体的疾患，身体的疾病または身体的障害により，その生命が危険にさらされている母体の生命を救うために必要である一部出生中絶には，適用されない」と規定し，母体の生命を救うための例外規定のみを設けていた。同法に対して，原告を異にする3件の訴訟が提起された。

②訴訟の経緯

　第一に，リーロイ・カーハート（LeRoy Carhart）ら4名の医師がネブラスカ地区連邦地方裁判所に提訴した。同地裁は，本案的差止命令を認め[46]，第8巡回区連邦控訴裁判所も原判決を維持した[47]。第二に，アメリカ家族計画連盟およびゴールデンゲイト家族計画連盟がカリフォルニア北部地区連邦地方裁判所に提訴し，サンフランシスコ市と同カウンティが原告として訴訟参加した。同地裁は，本案的差止命令を出し[48]，第9巡回区連邦控訴裁判所

---

45　同判決については，小竹・前掲注15，同志社アメリカ研究44-45，46-48頁，および，『アメリカ憲法判例の物語』251-75頁のほか，小竹聡・アメリカ法2008-1，121頁，小竹聡・比較法学42巻2号298頁（2009年）において，既に触れている。一部，これらの記述を利用した箇所がある。
46　See Carhart v. Ashcroft, 331 F. Supp. 2d 805 (D.Neb. 2004).
47　See Carhart v. Gonzales, 413 F.3d 791 (8th Cir. 2005).
48　See Planned Parenthood Federation of America v. Ashcroft, 320 F. Supp. 2d 957 (N.D.Cal. 2004).

第4章　ロバーツコートの中絶判例　145

も原判決を維持した[49]。第三に，全国中絶連盟および7名の医師がニューヨーク南部地区連邦地方裁判所に提訴し，同地裁は，本案的差止命令を認めた[50]。第2巡回区連邦控訴裁判所は，同法を違憲と判示しながらも，適切な救済手段についての判断は延期するとした[51]。こうして，第2巡回区を除く，2件の控訴裁判決に対する裁量上訴が各々認められた。2006年11月8日に口頭弁論が続けて開かれた後に，2007年4月18日に判決が下された。

③裁量上訴受理の理由

　裁量上訴の申立ては，カーハート医師らに対するものについては，2005年9月23日に，家族計画連盟等に対するものについては，2006年5月1日になされ，前者については，2006年2月21日に，後者については，2006年6月19日に，裁量上訴がそれぞれ受理された[52]。合衆国訟務長官による裁量上訴の申立ては，「健康の例外規定は母体の健康を保持するために不必要であるとの合衆国議会の決定にもかかわらず，2003年連邦一部出生中絶禁止法は，健康例外を欠いているので無効である，または，その他の点で，文面上違憲であるかどうか」[53]を問うものである。

④連邦最高裁判決

　ケネディ裁判官が，ロバーツ長官，スカリア，トーマス，アリートの各裁判官が同調した法廷意見を執筆した。この他に，スカリア裁判官が同調したトーマス裁判官の同意意見がある。他方で，スティーブンス，スーター，ブライヤーの各裁判官が同調したギンズバーグ裁判官の反対意見がある。

　法廷意見は，同法の作用と効果について，「我々は，同法が漠然性故に無効ではなく，どんな過度広汎性からする過度の負担をも課さず，文面上違憲ではないと結論づける」[54]と述べた後，同法が過度の負担を課すかどうかに

---

49　See Planned Parenthood Federation of America, Inc. v. Gonzales, 435 F.3d 1163 (9th Cir. 2006).
50　See National Abortion Federation v. Ashcroft, 330 F. Supp. 2d 436 (S.D.N.Y. 2004).
51　See National Abortion Federation v. Gonzales, 437 F.3d 278 (2d Cir. 2006).
52　See Gonzales v. Carhart, 546 U.S. 1169 (2006); Gonzales v. Planned Parenthood Federation of America, Inc., 547 U.S. 1205 (2006).
53　Petition for a Writ of Certiorari, at I, Gonzales v. Carhart, 550 U.S. 124 (2007) (No. 05-380), 2005 WL 2367030; Petition for a Writ of Certiorari, at I, Gonzales v. Planned Parenthood Federation of America, Inc., 550 U.S. 124 (2006) (No. 05-1382), 2006 WL 1167527.
54　Carhart II, 550 U.S. at 147.

ついては,「同法の規制によって影響を受ける中絶は,母体外生存可能時より前と後の双方で生じる。それ故,引用された言い回しとそれが依拠する過度の負担分析が適用される。問題は,この文面上違憲の攻撃において,そのテクストによって評価される同法が,後期の,しかし,母体外生存可能時より前の中絶に実質的障害を課すかどうかである。同法は,文面上,実質的な障害を課すものではなく,我々は,その有効性に対するこのさらなる文面上違憲の攻撃を退ける」[55]と結論づける。しかし,法廷意見は,「同法は,個別的な事案で,適切な適用違憲の主張に開かれている」[56]とし,適用違憲の可能性に含みを残している。

(2) 本判決の意義

本判決の最大の意義は,2000年6月のStenberg v. Carhart (CarhartⅠ) 連邦最高裁判決[57]以来,再び,「一部出生中絶」を禁止する立法の合憲性の問題を取り上げ,しかも,CarhartⅠ判決とは異なり,これを合憲としたことにある。これは,CarhartⅠ判決において問題となったネブラスカ州法と当該連邦法との間には,母体の健康の保持のための例外規定を欠く点では違いがなかったにもかかわらず,健康例外を欠くことを一つの理由として当該ネブラスカ州法を違憲であるとした2000年判決を変更し,健康例外の欠如は,文面上,当該連邦法の違憲無効を要求しないと判示したことによる。しかし,法廷意見は,この黙示的な先例変更を正面からは認めていない。また,連邦最高裁判所の中絶判例は,純粋な中絶規制に関する事件については,CaseyおよびRoeの両連邦最高裁判決[58]を中心として形成されてきたところ,法廷意見は,Casey判決の共同意見で述べられた諸原則を「仮定」[59]し,過度の負担基準を本件に適用しているが,スカリアが同調するトーマス同意意見は,CaseyおよびRoeの両判決の正当性をそもそも否定している[60]。

医学上の観点からは,本判決によってその禁止が是認された「そのままの

---

55 *Id.* at 156.
56 *Id.* at 168.
57 *See* Stenberg v. Carhart (*CarhartⅠ*), 530 U.S. 914 (2000).
58 *See* Planned Parenthood of Southeastern Pennsylvania v. Casey, 505 U.S. 833 (1992); Roe v. Wade, 410 U.S. 113 (1973).
59 CarhartⅡ, 550 U.S. at 146.
60 *See id.* at 169 (Thomas, J., concurring).

D&E」の処置は，そもそも極めて稀にしか行われず，また，それに代わって，安全で，容易に利用できる処置が存在するとされており，本判決は，実際上は，中絶の実施に大きな影響を及ぼすことはないとの評価がなされている。

判決の政治的影響についても，本判決は，特定の中絶処置を禁止するにすぎず，中絶反対派内の立場によってその評価は異なるとはいえ，当初に考えられていたよりも，はるかに限定的であると主張されている。もっとも，本判決は，中絶の制約が過度の負担となるかどうかという決定的に重要な医学的判断をなすことを政府自らに認めるものであり，今後，州議会に対して，より厳しい制約を課すことの誘因を与えることにもなりかねない。

## 4　McCullen判決[61]

（1）事実の概要と判決の内容
①事案

マサチューセッツ州生殖に関する健康管理施設法（the Massachusetts Reproductive Health Care Facilities Act）は，2007年に改正され，「病院の中または敷地以外の，中絶が提供され，または，行われる場所」と定義される生殖に関する健康管理施設の入り口，出口または車道の35フィート（約10.7メートル）以内の「公道または歩道」上に，故意に立ち止まることを犯罪とする。但し，当該州法は，個人の免除規定があり，「そのような施設に入り，または出る者」，「その職務の範囲内で行動する，そのような施設の被用者または代理人」，「その職務の範囲内で行動する，法の執行，救急車，消防，建設，公益事業，公共事業その他の地方自治体の代理人」，そして，「そのような施設に隣接する公共の歩道または道路の通行権を，単にそのような施設以外の目的地に到着するという目的のためだけに用いる者」には同法の免除を認める。

2008年1月，ボストン，ウスター，スプリングフィードの家族計画連盟クリニックで「歩道での助言（sidewalk counseling）」を行う者たちが同法の差

---

[61] 本判決については，その全訳が，小竹聡「翻訳―McCullen v. Coakley, 573 U.S. ＿ (2014) 判決」拓殖大学政治行政研究7巻53頁（2016年）にある。

148

止めを求めて提訴し、文面上違憲および適用違憲の主張を行った。

②訴訟の経緯

2008年8月22日、連邦地裁は、同法を文面上、合憲とし[62]、2009年7月8日、第1巡回区連邦控訴裁判所も原判決を維持した[63]。2010年3月22日、連邦最高裁判所は、裁量上訴を斥けた[64]。その後、2010年9月17日に、原告側は、①修正された訴えの提出許可の申立て、②文面上無効についての主張許可の申立てを提出し、これに対して、2010年10月7日、被告側は、③適用違憲の主張の一部に関する訴答についての判決の申立てを提出した。2010年12月29日、連邦地裁は、①につき一部斥け、一部認め、②につき斥け、③につき認めた[65]。さらに、2012年2月22日、連邦地裁は、原告側の残りの適用違憲の主張を斥け[66]、2013年1月9日、第1巡回区連邦控訴裁判所も原判決を維持した[67]。こうして、2013年6月24日に裁量上訴が受理され[68]、2014年1月15日に口頭弁論が開かれた後に、同年6月26日に判決が下された[69]。なお、マーサ・コウクリー（Martha Coakley）は、マサチューセッツ州の司法長官であり、エドワード・ケネディ上院議員の死去に伴う2010年1月の補選および2014年11月の州知事選に民主党から立候補し、いずれも落選している。

③裁量上訴受理の理由

上訴人の裁量上訴の申立ては、第一に、「第1巡回区は、修正1条および14条の下、文面上および上訴人に適用される限りで、マサチューセッツ州の選択的排除法を支持した点で間違っていたかどうか」、第二に、「Hill v. Colorado, 530 U.S. 703（2000）が本法の執行を認めるのであれば、Hillは制限または先例変更されるべきか」を問うものである[70]。なお、合衆国は、原判決を維持すべきであるとするアミカスキュリィを提出し、FACE法に従って司

---

62　See McCullen v. Coakley, 573 F. Supp. 2d 382（D.Mass. 2008）.
63　See McCullen v. Coakley, 571 F.3d 167（1st Cir. 2009）.
64　See McCullen v. Coakley, 559 U.S. 1005（2010）.
65　See McCullen v. Coakley, 759 F. Supp. 2d 133（D.Mass. 2010）.
66　See McCullen v. Coakley, 844 F. Supp. 2d 206（D.Mass. 2012）.
67　See McCullen v. Coakley, 708 F.3d 1（1st Cir. 2013）.
68　See McCullen v. Coakley, 570 U.S. __; 133 S. Ct. 2857（2013）.
69　本判決に至るまでの訴訟の経緯の詳細については、see McCullen, 134 S. Ct. at 2528.
70　See Petition for a Writ of Certiorari, at i, McCullen v. Coakley, 573 U.S. __; 134 S. Ct. 2518（2014）（No. 12-1168）, 2013 WL 1247969.

法長官により提起される民事訴訟における差止命令による救済は，健康管理施設からの一定の距離内にある範囲に入りまたはとどまることに対する制約を含むことができるところ，連邦最高裁が本件で明確に述べる原則は，FACE法の下で利用できる差止命令による救済の範囲に影響を及ぼすことがありうるから，合衆国は本件の解決に重要な利益を持つと主張するものであった[71]。

④連邦最高裁判決

ロバーツ長官が，ギンズバーグ，ブライヤー，ソトマイヨール，ケイガンの各裁判官が同調した法廷意見を執筆した。この他に，ケネディ，トーマスの各裁判官が同調したスカリア裁判官の結果同意意見，アリート裁判官の結果同意意見がある。

法廷意見は，第一に，同法は中絶クリニックのみで緩衝区域設定しており，「中絶に関する言論」のみを標的にしているから内容規制であるとの上訴人の主張，第二に，同法はクリニックの「被用者または代理人」を免除しており，中絶についての見解の一方を優遇するから見解差別であるとの上訴人の主張をいずれも斥け，「同法は内容に基づくものでも見解に基づくものでもなく，それ故，厳格審査の下で分析される必要はない」[72]と結論づける。その上で，法廷意見は，緩衝区域は政府利益の達成にとって必要である以上に多くの言論に実質的に負担を課すから，その規制は，Ward v. Rock Against Racism 連邦最高裁判決[73]で打ち出されたテストを満たさないとして，同法を違憲と判示する。これに対して，スカリア結果同意意見は，「当該制定法は，内容に基づいており，かつ，厳格審査を通らない」[74]とするとともに，当該規定の実際の目的である「歓迎されないコミュニケーションから人々を保護すること」は，やむにやまれぬ州の利益ではないと述べる[75]。

---

71 *See* Brief for the United States as Amicus Curiae Supporting Respondents, at 1, McCullen v. Coakley, 573 U.S. __; 134 S. Ct. 2518 (2014) (No. 12-1168), 2013 WL 6157111.
72 McCullen, 134 S. Ct. at 2534.
73 *See* Ward v. Rock Against Racism, 491 U.S. 781 (1989).
74 McCullen, 134 S. Ct. at 2543 (Scalia, J., concurring in the judgment).
75 *See id.* at 2548 (Scalia, J., concurring in the judgment) (quoting Hill v. Colorado, 530 U.S. 703, 748-49 (2000) (Scalia, J., dissenting)).

また，アリート結果同意意見は，当該法律を見解差別として違憲とする[76]。
（２）本判決の意義

本判決は，州法による生殖に関する健康管理施設の35フィート（約10.7メートル）の固定された緩衝区域を全員一致で違憲とするものである。但し，結論における全員一致の外観とは裏腹に，法廷意見には，本法は中絶に関連した言論を標的にし，かつ，中絶に反対する言論を標的にするから内容規制として違憲であるとするスカリア裁判官と，当該法律は見解差別として違憲であるとするアリート裁判官の各結果同意意見とが対峙している。従って，実質的には，5対4の判決となっている[77]。

本判決の影響について述べれば，中絶クリニック周辺の固定された緩衝区域を設置する州法は他には存在しないとされており[78]，判決の直接的影響は限定的であるものと言える。また，州法による健康管理施設の100フィート（約30.5メートル）の範囲内における8フィート（約2.4メートル）の変動する接近禁止区域を合憲としたHill判決は，本判決の影響を受けず，無傷のままである。

本判決後にあって，広義の緩衝区域を設定しているのは，Hill判決で合憲とされたコロラド州法，「生殖に関する健康管理施設の入り口または車道へのアクセスまたはそこからの退去を実質的に遅らせる」者の移動を命じる書面による命令を発することを警察官に認め，移動命令が発せられると，その者は，8時間にわたってまたはそのクリニックの開業時間が終了するまで，当該施設の入り口または車道から少なくとも25フィート（約7.8メートル）離れていなければならないと規定する，本判決後に改正されたマサチューセッツ州法，そして，36フィート（約10.9メートル）の範囲内で8フィート（約2.4メートル）の変動する接近禁止区域を設置するモンタナ州法の3州にとどま

---

76 *See* McCullen, 134 S. Ct. at 2549 (Alito, J., concurring in the judgment).
77 リベラル派の4名の裁判官がなぜ文面上違憲とする結論に与したかは，下級審では4回すべての判決で文面上合憲とする判決が出ていただけに興味深い。おそらくは，結論の妥当性に加えて，違憲判決の影響が限定的であったこと，Hill判決の正当性が担保されるのであれば，内容中立規制とするロバーツの意見を多数意見としておくことには意味があると考えたことなどが推測される。
78 *See* McCullen, 134 S. Ct. at 2537. 但し，本法と類似した法律は5つの地方自治体で見られるとされる。*See id.* at 2537 n.6.

っている[79]。

　以上，ロバーツコートにおける2006年1月と2月，2007年4月，2014年6月の計4つの中絶判決を見てきた。これらの4つの判決は，単に中絶を素材としているということだけに共通点があるにすぎず，当然のことながら，9年近くの期間に及ぶこれらの判決から，全体として何か一定の傾向を語ることはできない。

## Ⅲ　最近の裁量上訴不受理事件

　2010年11月の中間選挙では，連邦議会において，草の根保守の政治運動であるティーパーティ（茶会）運動の支援を強く受けた多くの共和党新人議員が誕生しただけでなく，地方政治においても，多くの州で，共和党の新人知事が当選し，共和党議員が州議会で多数を握った結果，2011年の春には，共和党の支持者が多数を占める「赤い州」を中心に，保守的な政策課題を実現すべく，様々な主題に関する保守的な法案が全国規模で見られるようになった[80]。こうして，妊娠中絶規制をめぐっても，保守的な州を中心に，最終的には連邦最高裁判所による合憲性の判断がなされることを見越して，さらに言えば，当時の保守4名（ロバーツ，スカリア，トーマス，アリート），リベラル4名（ギンズバーグ，ブライヤー，ソトマイヨール，ケイガン）の裁判官構成を前提として，ケネディの1票の獲得を目指して，より多くの制限を是認させ，あるいは，判例によって確立された法理にあえて挑戦するような立法が制定されるようになっている[81]。以下では，そのうち，連邦最高裁判所で裁

---

[79] *See* Guttmacher Institute, State Policies in Brief (as of June 1, 2015): Protecting Access to Clinic. なお，この情況は，2016年7月1日現在でも，変わっていない。*See* Guttmacher Institute, State Policies in Brief (as of July 1, 2016): Protecting Access to Clinics, https://www.guttmacher.org/state-policy/explore/protecting-access-clinics (last visited July 12, 2016).

[80] その一端は，小竹聡「ペンシルベニア大学ロー・スクール滞在記」拓殖大学論集政治・経済・法律研究15巻2号133頁，138-40頁（2013年）において，素描した。

[81] なお，これは，中絶反対派内部における「漸進主義者（incrementalist）」と「絶対主義者（absolutist）」との対立が，依然として繰り返されているということを意味している。両者の対立については，小竹・前掲注(15)，『アメリカ憲法判例の物語』272-73頁，参照。

量上訴が受理されず，下級審の判決が確定した最近の事件を見てゆくことにしよう。

2012年12月4日，オクラホマ州最高裁判所は，妊娠中絶薬の服用を禁止する2011年オクラホマ州法を違憲と判示したが，2013年11月4日，連邦最高裁は，その裁量上訴を受理しなかった[82]。同じく，2012年12月5日，オクラホマ州最高裁判所は，中絶前に医師に超音波診断を義務づける2010年オクラホマ州法を違憲と判示したが，2013年11月12日，連邦最高裁は，その裁量上訴を受理しなかった[83]。2013年10月31日，第5巡回区連邦控訴裁判所は，病院での患者受け入れ特権の取得を中絶クリニックの医師に要求し，また，中絶薬の投与が一定のプロトコルに従うことを求める2013年テキサス州法の差止命令を停止し，2013年11月19日，連邦最高裁も停止の取消の申立てを否定し，その判断を受け入れた。なお，この決定には，スカリア同意意見（トーマス，アリート同調）があるほか，ブライヤー反対意見（ギンズバーグ，ソトマイヨール，ケイガン同調）がある[84]。2012年8月1日，第9巡回区連邦控訴裁判所は，医学的緊急事態の場合を除いて，妊娠20週以降の中絶を禁止する2012年アリゾナ州法を違憲と判示したが，2014年1月13日，連邦最高裁は，その裁量上訴を受理しなかった[85]。2014年10月2日，第5巡回区連邦控訴裁判所は，病院での患者受け入れ特権の取得を中絶クリニックの医師に要求し，また，救急外科センターに求められるものと同様の最低基準を中絶クリニックに要求する2013年テキサス州法の差止命令を停止したが，2014年10月14日，連邦最高裁は，前者の要件については，2つのクリニックに適用される限りで，差止命令の停止を取消し，後者の要件については全面的に差止命令の停止を取消した。なお，停止の申立てを全面的に否定するスカリア，ト

---

82 *See* Oklahoma Coalition for Reproductive Justice v. Cline, 292 P.3d 27 (Okla. 2012), *cert. dismissed as improvidently granted*, 571 U.S. ＿, 134 S. Ct. 550 (2013).

83 *See* Nova Health Systems v. Pruitt, 292 P.3d 28 (Okla. 2012), *cert. denied*, 571 U.S. ＿, 134 S. Ct. 617 (2013).

84 *See* Planned Parenthood of Greater Texas Health Services v. Abbot, 734 F.3d 406 (5th Cir. 2013), *motion to vacate stay denied*, 571 U.S. ＿, 134 S. Ct. 506 (2013).

85 *See* Isaacson v. Horne, 716 F.3d 1213 (9th Cir. 2013), *cert. denied*, 571 U.S. ＿, 134 S. Ct. 905 (2014).

第4章　ロバーツコートの中絶判例　153

ーマス，アリートの反対意見がある[86]。2014年12月22日，第4巡回区連邦控訴裁判所は，中絶を求める女性に超音波画像を見せるよう医師に要求する2011年ノースキャロライナ州法を違憲と判示したが，2015年6月15日，連邦最高裁は，その裁量上訴を受理しなかった。なお，スカリア反対意見がある[87]。2015年6月9日，第5巡回区連邦控訴裁判所は，病院での患者受け入れ特権の取得を中絶クリニックの医師に要求し，また，救急外科センターに求められるものと同様の最低基準を中絶クリニックに要求する2013年テキサス州法の差止命令を1つのクリニックとその医師に対するものを除いて停止したが，2015年6月29日，連邦最高裁は，第5巡回区連邦控訴裁判所の命令を停止する申立てを認め，裁量上訴の申立ての時宜にかなった申請と処理が未決定の間，控訴裁判所の命令の発給を停止した。なお，停止の申立てを否定するロバーツ，スカリア，トーマス，アリートの反対意見がある[88]。ちなみに，第5巡回区と連邦最高裁の間を三度も行き来したこの2013年テキサス州法をめぐっては，2015年11月13日に裁量上訴が受理され[89]，2015年度開廷期において，その合憲性をめぐる争いに最終的な決着がつけられることになった。

　これらの最近の裁量上訴不受理事件からは，連邦最高裁の裁判官の中には，中絶判例の見直しをめぐって，これに積極的な裁判官と消極的な裁判官が存在し，そこには深刻な対立が潜在しているのではないかということが看取できよう。

## おわりに

　以上，本章では，ロバーツコートにおける4つの中絶判決と裁量上訴不受理事件の内容を概観してきた。ここで，最後に，中絶判例の概観から得られ

---

86　*See* Whole Woman's Health v. Lakey, 769 F.3d 285 (5th Cir. 2014), *vacated in part*, 574 U.S. __, 135 S. Ct. 399 (2014).
87　*See* Stuart v. Camnitz, 774 F.3d 238 (4th Cir. 2014), *cert. denied*, 576 U.S. __, 135 S. Ct. 2838 (2015).
88　*See* Whole Woman's Health v. Cole, 790 F.3d 563 (5th Cir. 2015), *mandate stayed*, 576 U.S. __, 135 S. Ct. 2923 (2015).
89　*See* Whole Woman's Health v. Cole, 577 U.S. __, 136 S. Ct. 499 (2015).

る本章の結論を提示すれば，以下の通りである。即ち，現在のロバーツコートにおける中絶判決と裁量上訴不受理事件に見られる特徴としては，第一に，ロバーツコートにおいては，妊娠中絶の権利について好意的ではないと見られる裁判官が多数を占めているにもかかわらず，おそらくは，ケネディ，ロバーツ，アリート各裁判官のプラグマティズムとスカリア，トーマス両裁判官の形式主義の分裂に起因する保守ブロックの不一致により，CaseyおよびRoeの両判決を中心とした先例の変更がなされず，法理の相対的安定が見られること，第二に，それにもかかわらず，2010年の中間選挙で草の根の保守派の支持を受けた州知事，州議会議員が数多く誕生したという政治環境の変化によって，中絶を規制する州法が各州で制定され，純粋な中絶規制事件に関わる訴訟が下級審を中心に多発していること，第三に，従って，連邦最高裁判所が，2007年のCarhart II 判決以来となる純粋な中絶規制事件を，いつ，どのような事件について取り上げるかが，現在，最も注目されていること，である。そこで，以上の結論から中絶判例の今後を展望すれば，以下の通りとなるであろう。即ち，特に，スカリア，トーマスの両裁判官，そして，おそらくはアリート裁判官を含む，保守派の裁判官にとっての最悪のシナリオは，2016年11月に，民主党の大統領の当選と民主党による上院の多数派の獲得が実現し，保守派裁判官の引退等による後任裁判官の指名，承認がリベラル派の主導で行われてしまうことであろう。そこで，この推論が正しいとすれば，少なくとも現職の2名ないし3名の連邦最高裁の裁判官は，現在の裁判官構成のうちにCaseyおよびRoeの判例変更をもくろむのではないかという予測をすることができる。そうすると，中絶反対派からすれば，積年の悲願を達成し，先例変更を実現するためには，できるだけ「筋の良い」事件を作り出し，連邦最高裁判所の先例に従わない，または，先例との区別を見出してくれそうな「勇気」を持つ，連邦控訴裁判所の2名以上の裁判官からなる合議法廷にその訴訟を担当してもらい，先例と抵触する何らかの判決を得て，裁量上訴の受理を待つという戦略を立てることになるであろう[90]。

---

90 しかし，この戦略は，冒頭で記したように，スカリアの死により，その前提を欠くこととなった。のみならず，2016年6月27日に，連邦最高裁は，先に述べた，患者受け入れ特権および外科

施設の要件を定める2013年テキサス州法を違憲と判示したが，その票決は，ブライヤーの法廷意見（ケネディ，ギンズバーグ，ソトマイヨール，ケイガン同調）に，ギンズバーグの同意意見が加わり，他方で，トーマス反対意見，アリート反対意見（ロバーツ，トーマス同調）が対峙する，5対3であった。See Whole Woman's Health v. Hellerstedt, 579 U.S. ＿, 136 S. Ct. 2292 (2016). 結局，ケネディが違憲の側に回ったことにより，スカリアの不在は，判決の帰趨に影響を持たなかったことになる。その限りで，本章の予測は見事に外れたが，この点は，同判決を分析する際の一つの視点を提供することになろう。

# 第5章　信教の自由
## ——法律による信仰保護と漂流する国教樹立禁止条項

高畑　英一郎

はじめに
Ⅰ　宗教条項とその発展
Ⅱ　自由な宗教活動条項とRFRA・RLUIPA
Ⅲ　国教樹立禁止条項
Ⅳ　国教樹立禁止条項と納税者訴訟
Ⅴ　その他
おわりに

> イントロダクション
> 　ロバーツコートの10年での宗教判例は，この数十年には見られないほど扱う事件数が減少している。しかし，それは連邦最高裁の信教の自由に対する保護が後退したことを意味せず，むしろ連邦法を活用して，その自由を伸長させている。その伸長があまりに著しいので，最近ではその限界が論じられているところである。他方，政教分離については，その方向性は定まらず，漂流したままである。本章では宗教問題について，異なる2つのベクトルを示す連邦最高裁の姿勢を明らかにする。

## はじめに

本章は，2005年10月のロバーツコート発足からの10年で宗教判例がどのように展開していったのかを考察するものである。「宗教判例」とするように，本章は連邦憲法の「宗教条項」のみならず，宗教に関連する連邦法についての判例も検討対象とする。

その詳細は下で述べるが，宗教に関連するロバーツコートの最初の10年の顕著な特徴は，それ以前の連邦最高裁と比べ，判決数が激減していることである。判決数はこの10年でわずか8件だけであり，これはロバーツ（John G. Roberts）長官の前任者であるレーンキスト（William Rehnquist）長官の最初の10年の判決数（11件），さらにその前のバーガー（Warren E. Burger）長官の判決数27件とは際立って違う[1]。またレーンキストコートの最後の10年では8件の宗教関連判決が下され，その中で3件の違憲判決が出されたが[2]，ロバーツコートではわずか1件である[3]。本章では，こうした特徴のあるロバーツコートがどのように宗教判例を下してきたのかを明らかにしたい。

そこでまず，連邦憲法の宗教条項の基本的性質とその発展を確認したのちに，ロバーツコートでの自由な宗教活動条項と国教樹立禁止条項の進展および政教分離原則に関する原告適格法理の展開を考察する。

## I 宗教条項とその発展

連邦憲法は，修正1条の定める自由な宗教活動条項（Free Exercise Clause）によって信教の自由を保障し，国教樹立禁止条項（Establishment

---

1 *See* Marc O. DeGirolami, *Constitutional Contraction: Religion and the Roberts Court*, 26 STAN. L. & POL'Y REV. 385, 388-389 (2015).

2 McCreary Cnty. v. ACLU, 545 U.S. 844 (2005); Good News Club v. Milford Cent. Sch., 533 U.S. 98 (2001); Santa Fe Indep. Sch. Dist. v. Doe, 530 U.S. 290 (2000)（以上違憲判決）; Locke v. Davey, 540 U.S. 712 (2004); Zelman v. Simmons-Harris, 536 U.S. 639 (2002); Mitchell v. Helms, 530 U.S. 793 (2000); Agostini v. Felton, 521 U.S. 203 (1997).

3 Hosanna-Tabor Evangelical Lutheran Church v. EEOC, 132 S. Ct. 694 (2011). *See* DeGirolami, *supra* note 1, at 389-391. これを受けて，ロバーツコートは宗教事件について極めて自制的と評する見解もある。*See id.* at 390 n.24.

第5章 信教の自由——法律による信仰保護と漂流する国教樹立禁止条項 159

Clause）によって政教分離原則を規定する。両条項をあわせて「宗教条項（Religious Clause）」と呼ぶことが多い。

連邦憲法は元来連邦政府の権限と限界を画する憲法であり，権利章典（Bill of Rights）を含めて州に適用することは予定されていなかった。とくに独立13州はそれぞれの宗教制度を採用していたので[4]，連邦政府は州の宗教制度に容喙しないものと理解されていた[5]。

だが，南北戦争以後連邦が州への統制を強めるなかで制定された修正14条により，権利章典の多くが州にも適用されると考えられるようになった。この「編入理論」は20世紀中盤には連邦最高裁の採用するところとなり，上記の宗教条項も修正14条を通して州の活動を規制するものと理解されるようになった[6]。これ以降，連邦最高裁は本格的に宗教条項の判例法理を形成するようになる。

信教の自由では，宗教活動に制約を課す法令は，それが政府のやむにやまれぬ利益を達成する目的があり，かつ自由に対して必要最小限の制約のみを課すものである場合に合憲とする判断基準，すなわち「やむにやまれぬ政府利益（compelling interest）」テストがSherbert v. Verner連邦最高裁判決[7]で確立された。そこでは，信仰上の休日を遵守したために解雇された者への失業保険給付の否認は「やむにやまれぬ政府利益」テストを通過せず，自由な宗教活動条項に違反すると判決された。このテストの下，信仰上15歳を超えて公立学校へ通学するのを拒む主張は容認されたが[8]，社会保障税の賦課や社会保障番号の付与が宗教活動を制約するという主張や[9]，軍隊勤務者の勤務中の宗教的装飾品の着用を求める主張[10]は連邦最高裁で退けられた。このほかにも，人種差別的な入学選抜を行い学生間の異人種デートを禁止していた私立大学から免税資格を剥奪した内国歳入庁の決定は，「やむにやまれぬ政府

---

4 LEONARD W. LEVY, THE ESTABLISHMENT CLAUSE: RELIGION AND THE FIRST AMENDMENT 27-78 (2nd ed. rev. 1994).
5 *Id.* at 95.
6 Cantwell v. Connecticut, 310 U.S. 296 (1940) ; Everson v. Board of Educ., 330 U.S. 1 (1947).
7 374 U.S. 398 (1963).
8 Wisconsin v. Yoder, 406 U.S. 205 (1972).
9 United States v. Lee, 455 U.S. 252 (1982) ; Bowen v. Roy, 476 U.S. 693 (1986).
10 Goldman v. Weinberger, 475 U.S. 503 (1986).

160

利益」テストを通過するとした[11]。この「やむにやまれぬ政府利益」テストは、しかし、1990年のEmployment Div. v. Smith連邦最高裁判決[12]において覆された。Smith判決については、後で検討する。

　国教樹立禁止条項に関しては、自由主義的な風潮が広まるにしたがい、アメリカ社会に残る宗教遺制に厳しい目が向けられるようになり、その合憲性を問う裁判が増えていった。例えば連邦最高裁は、日曜休業法を労働者の休息確保の面から正当化したが[13]、公立学校での祈祷・聖書朗読[14]や進化論教育の禁止を憲法違反とした[15]。他方、1960年代から私立学校の経営難に対して公的支援が実施されるようになると、宗教系私立学校への補助が問題視されるようになった。連邦最高裁は、1970年代から80年代にかけて、レモンテスト (lemon test) を活用しつつ、そうした補助を比較的厳格に判断し、特に宗教系私立学校に直接給付される場合には憲法違反の判断を下してきた[16]。ただ1980年代以降、補助が生徒やその親を経由して宗教系私立学校に（結果的に）流入するようなものは合憲とみなされ[17]、審査の厳格度は大きく緩和されたが、いまだ直接の金銭補助を合憲とした判決はない。その他にも、州議会開会時の聖職者による祈祷は合憲とされた[18]。公有地で宗教的装飾（十字架や十戒の石碑など）だけを展示することは違憲と判断されているが[19]、他の世

---

11　Bob Jones University v. United States, 461 U.S. 103 (1983).
12　494 U.S. 872 (1990).
13　McGowan v. Maryland, 366 U.S. 420 (1961).
14　公立学校での祈祷・聖書朗読は、19世紀中ごろの移民へのアメリカ同化政策の一環として導入されたものであり、宗教遺制とは一概にみなしにくい。高畑英一郎「ブレイン連邦憲法修正案について」日本法学74巻2号349頁（2008年）参照。
15　Engel v. Vitale, 370 U.S. 421 (1962); School Dist. v. Schempp, 374 U.S. 203 (1963); Epperson v. Arkansas, 393 U.S. 97 (1968). 公立学校での祈祷や沈黙する時間については、*see also* Wallace v. Jaffree, 472 U.S. 38 (1985); Lee v. Weisman, 505 U.S. 577 (1992); Santa Fe Independent Sch. Dist. v. Doe, 530 U.S. 290 (2000). また進化論教育については、*see also* Edwards v. Aguillard, 482 U.S. 578 (1987).
16　Lemon v. Kurtzman, 403 U.S. 602 (1971); Levitt v. Committee for Pub. Educ., 413 U.S. 472 (1973); Committee for Pub. Educ. v. Nyquist, 413 U.S. 756 (1973); Meek v. Pittenger, 421 U.S. 349 (1975); Grand Rapids Sch. Dist. v. Ball, 473 U.S. 373 (1985); Aguilar v. Felton, 473 U.S. 402 (1985).
17　Mueller v. Allen, 463 U.S. 388 (1983); Zobrest v. Catalina Foothills Sch. Dist., 509 U.S. 1 (1993); Agostini v. Felton, 521 U.S. 203 (1997); Mitchell v. Helms, 530 U.S. 793 (2000); Zelman v. Simmons-Harris, 536 U.S. 639 (2002).
18　Marsh v. Chambers, 463 U.S. 783 (1983).
19　Allegheny County v. Greater Pittsburgh ACLU., 492 U.S. 573 (1989); McCreary County v.

俗的装飾とともに展示される場合には合憲と判断されている[20]。

　国教樹立禁止条項では，前述のレモンテストが長く判断基準として適用されていたが，1980年代末からエンドースメントテスト (endorsement test) や強制テスト (coercion test) などレモンテストを補強し，あるいはそれにとって代わる基準が提唱され適用された。しかしレモンテストの命脈は尽きたわけではなく，ロバーツコート発足直前の判決でも，断片的ではあるが，レモンテストの一部が用いられている[21]。ただ，総じて連邦最高裁は統一的な判断基準の適用に消極的であると評することはできよう。

## II　自由な宗教活動条項とRFRA・RLUIPA

### 1　Smith判決とRFRA・RLUIPAの制定

　自由な宗教活動条項を考察する場合に，前述のSmith判決に言及する必要がある。この判決は，上記のSherbert判決で確立された「やむにやまれぬ政府利益」テストを，信教の自由に対する付随的制約の事案には適用しないと判示したものである[22]。宗教を特に対象として不利益を科す場合（及び信教の自由が他の憲法上の権利と融合している場合）を除いて，信教の自由に対する制約は厳格審査基準の対象にならないとしたのであり，この判決によって，裁判所は，宗教規制を目的としてない，広く適用される一般的な法規制からの，信仰を理由とした免除は原則として認めないこととなった。

　Smith判決は，Sherbert判決以降の信仰保護のあり方を大きく変更するものであった。確かにそれまでの連邦最高裁も，結論としてはそれほど多くの宗教免除を認めてこなかったが，そうした判断に到達するにおいても「やむにやまれぬ政府利益」テストを適用し，厳格に免除の可否を検討してきた。しかしSmith判決以降は，宗教免除否定の是非を合理性から判断することが可能となったのであり，信仰に対する保護の程度は大きく下がったとみなさ

---

　　ACLU, 545 U.S. 844 (2005).
20　Lynch v. Donnelly, 465 U.S. 668 (1984) ; Van Orden v. Perry, 545 U.S. 677 (2005).
21　*See, e.g.*, McCreary County v. ACLU, 545 U.S. 844 (2005).
22　Employment Div. v. Smith, 494 U.S. 872 (1990).

れたのである[23]。

こうした連邦最高裁の判例変更を大いに危惧した宗教界からの要望を受け，連邦議会は1993年に修正14条5節に基づき「信教の自由回復法（Religious Freedom Restoration Act）」（以下「RFRA」とする）を制定した[24]。この法律はSmith判決を立法上覆すことを目的とするもので[25]，連邦・州を問わず，あらゆるレベルの政府が人の宗教活動に対して実質的負担を与える場合にはやむにやまれぬ政府利益達成の目的と最小限の制約手段によって正当化されなければならないと定めた[26]。連邦議会は，意図せず偶然に宗教活動に制約を加える場合であっても，厳格審査に服さなければならないとしたのである[27]。しかし，連邦議会が修正14条の規定を執行する権限を付与する同条5節に基づいて信教の自由回復法を制定したことが，同法の命運を大きく左右することとなった。連邦最高裁は1997年のCity of Boerne v. Flores連邦最高裁判決[28]において，連邦議会が同法制定の際に修正14条5節の定める権限を逸脱したと判断し，憲法違反の判決を下した。

しかし連邦議会は信教の自由に対する負担を軽減させる法律制定の動きをやめず，支出条項及び州際通商条項に基づいて「宗教的土地使用及び被収容者法（Religious Land Use and Institutionalized Persons Act）」（以下「RLUIPA」とする）[29]を2000年に制定した。適用範囲を土地使用規制と（刑務所や精神病院，老人介護施設など[30]の）公的施設に収容されている人々に限定して，連邦財政援助を受けているプログラムで宗教に実質的な負担を与えているケース

---

23 その後，Church of the Lukumi Babalu Aye, Inc. v. City of Hialeah連邦最高裁判決（508 U.S. 520（1993））は，宗教に中立で一般に適用される法令は厳格審査に服さないというSmith判決を踏襲しつつも，宗教に中立的ではなく，一般性もない法令は「やむにやまれぬ政府利益」テストの対象となることを明確にし，宗教を制約する法令の中立性・一般性は具体的実体的に審査することを明らかにした。高畑英一郎「信教の自由と『やむにやまれぬ政府利益』テスト」日本法学72巻2号623-624頁（2006年），山口智『信仰と法規制』66-68頁（神戸市外国語大学外国学研究所，2015年）も参照。
24 See 42 U.S.C. §§ 2000bb-2000bb-4.
25 See 42 U.S.C. §§ 2000bb（b）.
26 See 42 U.S.C. § 2000bb-1（a）（b）.
27 高畑・前掲注（23）624-625頁を参照。
28 521 U.S. 507（1997）.
29 See 42 U.S.C. §§ 2000cc-2000cc-5.
30 146 CONG.REC. S7774（2000）.

第5章 信教の自由——法律による信仰保護と漂流する国教樹立禁止条項　163

や，その実質的な負担が州際通商に影響を及ぼしているケースにおいて，宗教に対する実質的負担に「やむにやまれぬ政府利益」テストを用いると定めた[31]。連邦最高裁は2005年のCutter v. Wilkinson連邦最高裁判決[32]において，RLUIPAの被収容者規定は文面上，国教樹立禁止条項に違反しないと判決した。

## 2　ロバーツコートでの信教の自由

次に，ロバーツコートでの信教の自由に関連する判例を検討し，同コートの10年が信教の自由の分野でどのような法理を示し，その自由を拡縮したのかを考察する。ここでは，その判例の類型から，RFRA・RLUIPAによる保護，RFRA・RLUIPA違反の賠償請求と主権免責，解雇禁止規制と「聖職者例外」法理および宗教団体の自律性について検討する。

（1）RFRA・RLUIPAによる保護

前述のように，宗教を狙い撃ちするような法規制ではない限り，修正1条は信教の自由に対する付随的制約を保障しないが，RFRA・RLUIPAといった法律が憲法に代わって，そうした付随的制約から信教の自由を保護することとなった。このように信教の自由の保障の構造が変更されたのに伴い，憲法問題ではなく法律問題として，その保護の範囲が検討される。以下，RFRA・RLUIPAに関する事件をみていくことにしよう。

Gonzales v. O Centro Espirita Beneficente Uniao Do Vegetal連邦最高裁判決[33]において，連邦最高裁は，RFRAの連邦法に対する効力について判断を示した。この事件は，ブラジルのアマゾンを起源とする宗教団体（UDV）が，その宗教儀式の際に飲む幻覚誘発物質（DMT）を包含する植物を煎じた茶（ワスカ）の輸入が連邦薬物規制法[34]の下で制約されたため，RFRAに基づき救済を求めて提訴したものである。

連邦最高裁は，RFRAの有効性を前提に「やむにやまれぬ政府利益」テス

---
31　高畑英一郎「立法による許容的宗教配慮」憲法訴訟研究会・戸松秀典編『続アメリカ憲法判例』136-137頁（有斐閣，2014年）参照。
32　544 U.S. 709 (2005).
33　546 U.S. 418 (2006). ロバーツ長官による法廷意見で8-0。アリート裁判官は審議に不参加。
34　21 U. S. C. §801 et seq.

トを当該連邦法に適用した。そして政府利益に対する具体的実体的審理を行い[35]，連邦政府がネイティブアメリカン部族の伝統的な宗教儀式においてDMTを包含するペヨーテの使用を認めているにもかかわらず，ワスカにDMTが含まれているとの理由からその飲用を認めないのは理解しがたく[36]，UDVにワスカの飲茶を認めることでやむにやまれぬ政府利益に相当するような行政上の害悪が生じることを具体的に立証する証拠を連邦政府が提示していないので，本件輸入禁止処分は憲法に反すると判決した[37]。その際，連邦最高裁はSmith判決の法理に対して，宗教を理由とした一般法令からの免除を裁判所が認めうることが，RFRAの下で可能であることを明示し，さらに「やむにやまれぬ政府利益」テストを適用して個別に免除が必要であるかを判断することは裁判所の義務だとも述べたのである[38]。

Smith判決の法理を覆すRFRAの正統性には疑念が表明されていたところ[39]，本判決はそれらを顧慮することなくRFRAの有効性を認めて判決を下した[40]。そしてRFRAの下，連邦法を対象に裁判所が宗教を理由に一般法令からの免除を認めうることを確認した。とはいえ，連邦政府はすでにネイティブアメリカン部族に対して信仰に基づく免除を認めていたのであって[41]，本判決は既存の免除をUDVにも拡大しただけと評することもできる[42]。連邦最高裁は，免除が一切認められていないところから，判決による配慮を創設したのではないのである。

また，連邦最高裁はSmith判決を立法上くつがえすことを目的とした連邦議会の意図に忠実であり，Sherbert判決などで示された信教の自由に対する

---

35　*O Centro*, 546 U.S. at 430-432.
36　*Id*. at 433.
37　*Id*. at 436-437.
38　*Id*. at 434.
39　See City of Boerne v. Flores, 521 U.S. 507, 535-536 (1997). *See also* Christopher L. Eisgruber & Lawrence G. Sager, *Why the Religious Freedom Restoration Act is Unconstitutional*, 69 N.Y.U. L. REV. 437, 471 (1994)；Marci A. Hamilton, *The Religious Freedom Restoration Act Is Unconstitutional, Period*, 1 U. PA. J. CONST. L. 1, 3 (1998).
40　*See Statutory Exemptions*, 120 HARV. L. REV. 341, 350 (2006).
41　*See, e.g.*, 21 CFR §1307.31; 42 U.S.C. §1996a（b）(1).
42　*See* Alan Brownstein, *Taking Free Exercise Rights Seriously*, 57 CASE W. RES. L. REV. 55, 115 (2006).

第5章　信教の自由——法律による信仰保護と漂流する国教樹立禁止条項　165

裁判上の保障を回復させたといえよう[43]。ただし，こうした保障はすべて立法によるものであり，自由な宗教活動条項に基づくのではない[44]。連邦最高裁は，法の一律適用からの例外をRFRAは要請するのであり，それはケースバイケースによる対応が許されるとした[45]。

　O Centro判決以後，自由な宗教活動条項やRFRA・RLUIPAについての連邦最高裁の沈黙を数年ぶりに破ったのは，医療保険改革法[46]，いわゆるオバマケア法に関する事件であった。同法は，一定規模以上の企業が加入する団体医療保険の従業員への追加負担なき避妊検査と治療（以下「避妊治療法」とする）の提供を義務づけ[47]，その違反に対しては重い課徴金が予定されていた[48]。提供すべき具体的な避妊治療法の内容は連邦保健福祉省の内局が決定し，その中には受精卵の着床防止などの避妊法が含まれていた[49]。なお，同法は宗教団体や宗教系の非営利法人に避妊治療法の提供義務を免除する[50]。

　Burwell v. Hobby Lobby Stores, Inc.連邦最高裁判決[51]は，非公開（closely held）の同族経営の企業を信仰に基づいて経営する者が，生命の誕生は受胎から始まるとの信仰の下，特に受精卵の着床防止という避妊治療法の提供義務からの免除をRFRAに基づいて要請したものである[52]。

　法廷意見は，営利法人も法律上「人」であるからRFRAの適用が及ぶこと[53]，当義務違反に対する重い課徴金は宗教活動に対する実質的負担となる

---

43　高畑・前掲注（23）630-632頁を参照。
44　*See O Centro*, 546 U.S. at 439.
45　*See id.* at 435-436. *See also* Michael Barone, Jr., Comment, *Delegation and the Destruction of American Liberties: The Affordable Care Act and the Contraception Mandate*, 29 Touro L. Rev. 795, 825 (2013) ; Richard W. Garnett & Joshua D. Dunlap, *Taking Accommodation Seriously: Religious Freedom and the O Centro Case*, 2006 Cato Sup. Ct. Rev. 257, 274 (2006).
46　*See* 42 U.S.C. § 18001 (2010).
47　*See* 42 U.S.C. §300gg-13 (a) (4).
48　課徴金は，受給対象の従業員1名につき1日100ドルである。*Hobby Lobby Stores*, 134 S.Ct. at 2762.
49　*Id.* at 2762-2763.
50　*Id.* at 2763. さらに，既存の団体医療保険プランに加入している営利企業および一定規模以下の企業も免除対象である。*Id.* at 2763-2764.
51　134 S.Ct. 2751 (2014). アリート裁判官による法廷意見で5-4。ケネディ裁判官の同意意見，ギンズバーグ裁判官の反対意見（ソトマイヨール裁判官が同調，ブライヤー裁判官とケイガン両裁判官は一部同調），ブライヤー裁判官とケイガン裁判官の共同反対意見がある。
52　*Id.* at 2762, 2764-2767.
53　*Id.* at 2767-2775.

ことから[54]，「やむにやまれぬ政府利益」テストを適用した。そして当避妊治療法提供義務にはやむを得ない政府利益があると認めながらも[55]，宗教団体や宗教系非営利法人に免除を認めていることから[56]，政府はより制約的ではない他の規制手段の不存在を立証できなかったとして[57]，RFRA違反の判決を下した[58]。その際に，法廷意見は，RFRAによる宗教活動への保障の範囲をSmith判決以前の判例法理と同程度に限定する理由はないとして[59]，より手厚い宗教への保護をRFRAの下で認めた[60]。

本判決は，団体医療保険による従業員への避妊治療法の提供義務から同族非公開会社の経営者を免除したものである[61]。宗教団体などへの免除を営利法人の経営者の信仰にも認めるものであり，O Centro判決と同様に既存の免除を拡張してその免除の範囲を広げる判断を示した[62]。

RFRA（ひいては自由な宗教活動条項）の保護範囲に営利法人が含まれるのかという問題とともに，法廷意見とギンズバーグ（Ruth Bader Ginsburg）反対意見が鋭く対立したのは，RFRAが宗教活動を保護する範囲についてである[63]。前述のように法廷意見は，RFRAの保護範囲はSmith判決以前の判例法理に限定されないとの立場を取るのに対して，反対意見は限定されるとの見解を示した。法廷意見は，RFRAにはSmith判決以前の判例法理への回帰が明記されていないこと，RFRAの改正とRLUIPAの制定に際して，条文の自由な宗教活動の定義から修正1条への参照が削除されたこと，Smith判決以前の判例法理が扱っていない領域は広いので，それへの回帰とRFRAを硬直

---

54　*Id.* at 2775-2779.
55　*Id.* at 2779-2780.
56　*See* 45 C.F.R. § 147.131 (a) (b).
57　*Hobby Lobby Stores*, 134 S. Ct. at 2780-2785.
58　法廷意見は，本件では憲法判断はしていないと明言した。*Id.* at 2785.
59　*Id.* at 2767 n.18.
60　*Id.* at 2767. *See also id.* at 2761 n.3.
61　本判決の射程も，同族経営の非公開会社に限定されよう。*See* Paul Horwitz, *The Hobby Lobby Moment*, 128 HARV. L. REV. 154, 163, 184 (2014).
62　*See* Kent Greenawalt, *The Hobby Lobby Case: Controversial Interpretive Techniques and Standards of Application* 3 (Columbia Law Sch. Pub. Law & Legal Theory Working Paper Grp., Paper No. 14-421, 2014), http://ssrn.com/abstract=2512906.
63　*See* Terri R. Day et al., *A Primer on Hobby Lobby: For-Profit Corporate Entities' Challenge to the HHS Mandate, Free Exercise Rights, RFRA's Scope, and the Nondelegation Doctrine*, 42 PEPP. L. REV. 55, 101 (2014).

第5章 信教の自由——法律による信仰保護と漂流する国教樹立禁止条項　167

的に理解するのには問題が多いことなどから，RFRAの解釈の余地を広く認めたのである[64]。他方，反対意見は，連邦議会はRFRAの保護の範囲を拡大していないとの立場を堅持して，法廷意見に異を唱えた。

本件で企業経営者が信仰に反するとしたのは，医療保険で提供される一部の避妊治療法の保険料負担であった。また，連邦最高裁はそれを拒否することで課される重い課徴金を信仰への実質的負担と認定した。こうした保険料負担や課徴金は，経営者の信仰を直接制約するものではない[65]。にもかかわらず，自らの信仰に反する他人の行為を促す金銭負担（および巨額な潜在的課徴金）を間接的ながらも実質的負担とみなしたのである。確かに連邦最高裁は原告の信仰上の主張が適正であるのかを審査できないが[66]，その信仰上の主張が原告にとってどれほど真摯なものであるのかを問うべきではなかったかといった疑問は提起されよう[67]。

本判決はその射程を限定するよう試みる。すなわち，法廷意見は本判決の射程は狭いと述べ[68]，本件の免除対象は避妊治療法のみであることを強調した[69]。また，本判決は信仰に反するとの理由から医療保険での提供義務を拒否する根拠になると理解されてはならないと明言して[70]，ギンズバーグ反対意見が懸念するような，輸血治療，抗鬱剤治療，ワクチン接種などの拒否[71]には及ばないとしたのである。

本判決を受けて，連邦政府は非公開の営利企業も避妊治療法の提供義務から免除した[72]。

Wheaton College v. Burwell連邦最高裁判決[73]は，以下のような事件であ

---

64　See id. at 2772-2773.
65　See id. at 2799 (Ginsburg, J., dissenting).
66　See id. at 2777-2779.
67　See Travis Gaspera, Comments, *A Religious Right To Discriminate: Hobby Lobby And "Religious Freedom" As A Threat To The LGBT Community*, 3 TEX. A&M L. REV. 395, 400 (2015).
68　See id. at 2760.
69　See id. at 2783.
70　See id. at 2783.
71　See id. at 2805 (Ginsburg, J., dissenting).
72　See 45 C.F.R. § 147.131 (b) (2) (ii).
73　134 S. Ct. 2806 (2014). Per curiamであり6-3。スカリア裁判官の結果同意意見（意見文なし），ソトマイヨール裁判官の反対意見（ギンズバーグ裁判官とケイガン裁判官が同調）がある。

る。プロテスタント系リベラルアーツ大学[74]が，オバマケア法の要請する，医療保険による避妊治療法の提供からの免除を申し立てた。医療保険は，一般に大学の従業員と学生にも適用される。オバマケア法は宗教団体の同治療法からの免除を規定し[75]，宗教系の非営利法人への免除を一定の要件下で容認していた[76]。宗教団体ではない組織が免除を受けようとする場合，信仰を理由とする免除の要請書と当該組織の非営利団体性および宗教性についての自己申告書を，所定の様式で保険会社や従業員給付管理業務代行会社（third-party administrator）に送付しなければならない[77]。そして書類を受け取った保険会社は，避妊治療法の費用を保険料から差し引くことになっていた[78]。

当大学は，所定の用紙の保険会社への提出が第三者による代替的な避妊治療法の提供義務の契機となり[79]，その義務に当大学を関わらせることになるとの理由から[80]，それを拒否し，連邦保健福祉省への書面での通告でもって免除要件に該当すると主張したのである[81]。当大学は，所定の手続を経なかったため過重な課徴金の支払いに直面していたので，オバマケア法施行直前に仮差止命令を求め提訴した。連邦地裁は請求を棄却し[82]，連邦高裁もそれを支持した[83]。これに対して，大学側が上訴したのが本件である。

無記名法廷意見（per curiam）は，仮差止命令の事案であることを前提に，連邦保健福祉省への書面通告で足るとした大学側の主張を認めて，連邦高裁の判決が下されるまでは当大学に避妊治療法の提供義務を免除した[84]。

本判決は，オバマケア法が規定する医療保険による避妊治療法の提供義務

---

74 ただし，特定の宗教団体の系列にあるわけではない。*See* Wheaton College v. Burwell, 791 F.3d 792, 793 (7th Cir. 2015).
75 *See* 45 C.F.R. § 147.131 (a).
76 *See* 45 C.F.R. § 147.131 (b).
77 *See* 45 C.F.R. § 147.131 (c) (1).
78 *See* 45 C.F.R. § 147.131 (c) (2) (i).
79 Hobby Lobby判決で見られたように，保険者が同治療法の費用負担を免除されるとき，保険会社が代わってその費用を負担する。*See* Hobby Lobby Stores, 134 S. Ct. at 2763.
80 *See Wheaton College*, 134 S. Ct. at 2808 (Sotomayor, J., dissenting).
81 *See id.* at 2807 (per curiam).
82 *See* Wheaton College v. Burwell, 50 F.Supp.3d 939, 943 (2014).
83 *See* Wheaton College v. Burwell, 2014 WL 3034614 (7th Cir. 2014).
84 *Wheaton College*, 134 S.Ct. at 2807 (per curiam).

第5章　信教の自由——法律による信仰保護と漂流する国教樹立禁止条項　169

からの免除を宗教系の非営利団体に認めるに際して，法定の申請手続ではなく別の形式による免除申請を認めるものである。裁判所がその判断で行政手続を変更することが許されるのかという問題[85]もあるが，避妊治療法の提供義務制度への関与拒否という理由から，当該義務からの免除を認めたという点に本判決の特徴があるといえよう。本件はオバマケア法施行直前に提起されたもので，過重な課徴金を回避するのに時間がない中で下された仮差止命令であるが，それを差し引いても，連邦最高裁は信仰を理由とする申し立てを広く認めたといえるであろう。そして，本判決でもまた連邦最高裁は審理することなく原告の主張が信仰上真摯なものであるとした[86]。

　この連邦最高裁判決の後，手続上の優遇により避妊治療法の提供義務からの免除を得た大学側は，連邦保健福祉省への書面通告も保険会社による「代替的な避妊治療法の提供義務の契機となり，その義務に当大学を関わらせるという理由から」拒否しようとしたが，連邦高裁はそれを退けた[87]。

　連邦最高裁の本判決を受けて，連邦政府は保健福祉省への書面での通告でも免除申請を受け付けることにした[88]。また連邦保健福祉省への書面通告をも拒否する主張に対して，そうした通告なしに従業員に当該保険会社が避妊治療法を提供する方策を検討するよう，連邦最高裁が事件を下級審に差し戻したものもある[89]。

　Holt v. Hobbs連邦最高裁判決[90]は，州刑務所内での受刑者のヒゲそり規定と信仰との対立が問題となった事件である。アーカンソー州の刑務所では，皮膚病などの症状がある者の1/4インチのヒゲ以外は，ヒゲを剃るよう受刑者に義務づけていたところ，受刑者であるイスラーム教徒の原告が信仰から1/2インチのヒゲをたくわえたいとの申出が拒絶されたため，RLUIPAに基づいて提訴した[91]。

---

85　*See id.* at 2814 (Sotomayor, J., dissenting).
86　*See* Day, *supra* note 63, at 105.
87　*See* Wheaton College v. Burwell, 791 F.3d 792, 793 (7th Cir. 2015).
88　*See* 45 C.F.R. § 147.131 (c) (1) (ii).
89　*See* Zubik v. Burwell, 136 S. Ct. 1557 (2016).
90　135 S. Ct. 853 (2015). アリート裁判官による法廷意見で9-0。ギンズバーグ裁判官の同意意見（ソトマイヨール裁判官が同調），ソトマイヨール裁判官の同意意見がある。
91　*Id.* at 860-861.

連邦地裁は仮差止命令を出したが，連邦治安判事はそれを撤回し，原告が正当な主張をしなかったことを理由に敗訴とした。連邦地裁も連邦高裁も治安判事の判断を支持した[92]。

連邦最高裁は，刑務所のヒゲそり規定が原告の信仰に実質的負担を与えていると認定した上で[93]，当該規定が禁制品の隠匿防止，受刑者の変装防止に役立つとの州の主張に「やむにやまれぬ政府利益」を認めつつも，それは必要最小限の制約手段ではないとして，RLUIPA違反と判断した[94]。すなわち，皮膚病罹患者への1/4インチのヒゲを容認できるなら，1/2インチのヒゲを許容することも可能だというのである。また，アーカンソー州以外の大半の州や連邦の刑務所では1/2インチのヒゲを受刑者に認めていることも重視された[95]。その際に，RLUIPAもRFRAと同様に宗教の自由を広く保護するものであるとして[96]，政府当局の判断への無条件の敬譲を許さないものであると判示した[97]。

本判決は，Hobby Lobby判決がRFRAを広く理解するのと同じく，RLUIPAも宗教の自由を広く保護するものと説示した。このような理解を前提に，刑務所当局の裁量的判断への強い敬譲という判例法理[98]を連邦法の解釈により変更し，RLUIPAは刑務所の判断の単なる敬譲を超えた審査を要求するのであって裁判所は刑務所当局の主張を鵜呑みにしてはならないと述べた[99]。そして，「やむにやまれぬ政府利益」テストを適用したのである。確かにCutter判決も，傍論ではあるが，刑務所内での「やむにやまれぬ政府利益」テストの適用を容認して先例変更を示唆したが[100]，それでも「刑務所内

---

92　*Id.* at 861.
93　*Id.* at 862-863.
94　*Id.* at 863-865.
95　*Id.* at 866.
96　*Id.* at 859, 862.
97　*Id.* at 863-864.
98　*See, e.g.*, O'Lone v. Estate of Shabazz, 482 U.S. 342（1987）; Turner v. Safley, 482 U.S. 78（1987）.
99　*See Holt*, 135 S. Ct. at 866. この点につき，連邦最高裁は刑務所当局の判断に対してどの程度の審査を行うべきは明確にしなかったとの批判がある。*See The Supreme Court, 2014 Term - Leading Cases*, 129 HARV. L. REV. 351, 356, 359-360（2015）.
100　*See* Cutter v. Wilkinson, 544 U.S. 709, 722-723（2005）. この点については，高畑・前掲注（31）137頁も参照。

の秩序はやむにやまれぬ政府利益であり，刑務所長の専門知識に敬意を払うべきである」[101]と述べており，本判決ほどは踏み込んだ判断を示していなかった[102]。本判決は，憲法解釈に関する判例法理を連邦法の解釈により変更したのであるが，それは連邦最高裁がRLUIPA（およびRFRA）を憲法規定と同等であるとみなしている証左といえるのではないだろうか[103]。

本判決の第二の特徴は，既存の例外規定（ここでは皮膚病罹患者に対するもの）を足掛かりに，信仰への配慮を容認していることである。これは前述の3つの判決と同じ構図であり，RFRA・RLUIPAは既存の免除規定を拡大する手段として用いられているのである。これらの判決は，立法による宗教配慮規定が数多く存在していることを前提としているのであって，裁判所がRFRA・RLUIPAを通して認める（あるいは拡大する）宗教配慮は，立法府が宗教に対して特別な対応を許していないところで認められているのではないことを指摘しておくべきであろう[104]。

(2) RFRA・RLUIPA違反の賠償請求と主権免責

コモンローでは，それが仮に違法な行為であっても政府は被害者に対して金銭賠償の責任を負わないとする主権免責（sovereign immunity）の法理が確立しており，アメリカでもそれを採用する（第8章「統治」も参照）。連邦憲法修正11条は，ある州に対しての他州の市民が提起した訴訟は連邦裁判所の管轄外とすることで主権免責を規定するが，連邦最高裁はさらに，自らの州民からの訴訟に対する州の免責を容認した[105]。また州裁判所においても州の主権免責は自州の州民に対して認められるとした[106]。州は主権免責を放棄

---

101 See id. at 725.
102 この点につき，ソトマイヨール裁判官同意意見は本判決がCutter判決から逸脱した理由を述べていないと指摘する。See Holt, 135 S. Ct. at 867 (Sotomayor, J., concurring). Boerne判決でその適用が否定される前にRFRAが州に適用されていたときでも，連邦下級審はやむにやまぬ政府利益テストを修正して，事実上刑務所当局の判断への敬譲を示していたが，Cutter判決以降，刑務所の判断に対して同テストを適用する下級審判決も見られるようになったという。See The Supreme Court, 2014 Term, supra note 99, at 357-359.
103 See Douglas Laycock, The Religious Freedom Restoration Act, 1993 B.Y.U. L. Rev. 221, 254; Horwitz, supra note 61, at 166.
104 この点で，RFRA・RLUIPAの判例は，Sherbert判決やYoder判決と区別されよう。
105 See Hans v. Louisiana, 134 U.S. 1 (1890).
106 See Alden v. Maine, 527 U.S. 706, (1999).

できるが，その場合は放棄を明言していなければならない[107]。

Sossamon v. Texas連邦最高裁判決[108]は，テキサス州の受刑者が州刑務所の規則がRLUIPAに違反するとして，その差止めと損害賠償を求めて提訴した事件である。連邦地裁は，刑務所の規律違反を理由に独房に収監中の受刑者の宗教儀式への参加を制限する規定と，刑務所内礼拝堂の宗教的使用の禁止規定をRLUIPA違反と認定したが，州の主権免責を理由に賠償請求を却下し[109]，連邦高裁もそれを支持した[110]。

本件の争点は，その違反に対する「適切な救済（appropriate relief）」を原告に認めるRLUIPAの規定が[111]，金銭賠償請求権を包含するものであるかどうかであった[112]。法廷意見は，私人の訴訟からの免責は主権の尊厳の中核であるとの法理を前提に[113]，州が免責を放棄したかどうかは州が私人の訴訟に明示的に同意したのかにより判断されるとした[114]。そして，RLUIPAのいう「適切な救済」の内容が定かではないこと[115]，連邦議会が法律で明示的に州の主権免責の放棄を宣言していないところで連邦裁判所はその免責を放棄しえないこと[116]を理由に，RLUIPAの規定は賠償訴訟からの免責を明示的に放棄するものではないと判決した[117]。

本判決は，金銭賠償からの主権免責を州が放棄する場合にはそれを明示する必要があり，また連邦が放棄を要求する場合もそれを法律に明記しなければならないという判例法理を確認したものである。これにより，RLUIPA（及びRFRA）違反に対しては，原告はその侵害行為の差し止め命令を求める訴訟以外提起できないこととなった。

---

107  See Edelman v. Jordan, 415 U.S. 651 (1974); Pennhurst State School and Hospital v. Halderman, 465 U.S. 89 (1984).
108  563 U.S. 277 (2011). トーマス裁判官による法廷意見で6-2。ソトマイヨール裁判官の反対意見（ブライヤー裁判官が同調）があり，ケイガン裁判官は審議に不参加であった。
109  See Sossamon v. Lone Star State of Tex., 713 F. Supp. 2d 657 (W.D. Tex. 2007).
110  See Sossamon v. Lone Star State of Tex., 560 F.3d 316 (5th Cir. 2009).
111  See 42 U.S.C. 2000cc-2 (a). RFRAも同様の規定をもつ。See 42 U.S.C. 2000bb-1 (c).
112  RLUIPA自体は，原告に対する金銭賠償請求権を明記していない。
113  See Sossamon, 563 U.S. at 283.
114  Id. at 284. この同意は，含意であってはならないという。Id.
115  Id. at 286-288.
116  Id. at 290-291.
117  Id. at 285-286.

## （3）解雇禁止規制と「聖職者例外」法理および宗教団体の自律性

信仰を理由とした解雇は一般に禁止されているが[118]，この禁止が宗教団体による雇用にも及ぶのかについて，下級審レベルで判例法理が形成されている。それを「聖職者例外」法理（ministerial exception）という。この法理は，宗教団体の宗教的結社の自由，なかでも宗教的自律権の保障に密接に関係するものである。

Hosanna-Tabor Evangelical Lutheran Church and Sch. v. EEOC連邦最高裁判決[119]は，ルター派の宗教学校で教師をしていた聖職者（原告）が，病気休暇中に学校側の許可なく復職しようと出校したため，学校側が聖職からの退任と解雇を申し渡したのに対して，アメリカ障がい者法（ADA）違反の不当解雇として平等雇用機会委員会（EEOC）に申し立て訴訟が提起された事件である。連邦地裁は上記の「聖職者例外」法理を適用して原告敗訴の判決を下したが[120]，連邦高裁は原告が「聖職者」ではないとして地裁判決を破棄した[121]。

法廷意見は，まず中世ヨーロッパでの聖職者就任をめぐるローマ教皇と王権との間の「叙任権闘争」の歴史を振り返り[122]，アメリカにあっては国教樹立の禁止と自由な宗教活動の保障から連邦憲法は連邦政府の聖職者叙任権限を否定したとする[123]。そして，自由な宗教活動条項が宗教団体の聖職者選任権を保障すると説示した[124]。また長く下級審で認められてきた「聖職者例外」の法理を連邦最高裁として初めて認定し[125]，その望まない者を聖職に就任させるよう宗教団体に要求することは宗教団体の内部自律権を侵害するので自由な宗教活動条項に違反し，また連邦政府に聖職者選任権を認めることは国

---

118　雇用における信仰問題については，山口・前掲注（23）112-144頁を参照。
119　132 S. Ct. 694（2012）．ロバーツ長官による法廷意見で9-0。トーマス裁判官の同意意見，アリート裁判官の同意意見（ケイガン裁判官が同調）がある。
120　*See* EEOC v. Hosanna-Tabor Evangelical Lutheran Church & Sch., 582 F. Supp. 2d 881 （E.D. Mich. 2008）．
121　*See* EEOC v. Hosanna-Tabor Evangelical Lutheran Church & Sch., 597 F.3d 769 （6th Cir. 2010）．
122　*Hosanna-Tabor*, 132 S. Ct. at 702-703.
123　*Id*. at 703.
124　*Id*. at 703.
125　*See, e.g.*, Leslie C. Griffin, *The Sins of Hosanna-Tabor*, 88 IND. L.J. 981, 982-983 （2013）．

教樹立禁止条項に違反すると判決した[126]。法廷意見は，当該法理の性質について，それを司法権の限界として理解するいくつかの連邦高裁の判決[127]を退け，本案審査において自由な宗教活動条項に基づきなされる抗弁であると定めた[128]。そして当該法理を本件に適用して，原告の主張を棄却した[129]。

連邦最高裁はまた，ADAも宗教に中立の一般的法律であると認めつつも，Smith判決は外的な物理的行為に対する規制を問題にしたのであり，本件のような宗教団体の信仰や使命に関する内部的判断に対する政府の介入が問題となっている事件は適用対象ではないとして[130]，その射程範囲を限定した[131]。

本判決の論点は多岐にわたるが[132]，Smith判決の範囲を限定して「聖職者例外」の法理を容認することにより，宗教団体の権利を強く保護したことはその特徴といえよう。本判決は，宗教条項，特に自由な宗教活動条項の法理において，信者個人の重視から宗教団体の自律性への重視への転換を示すものといえ[133]，Hobby Lobby判決とあいまって，その傾向は強まることが想定されよう[134]。

### 3 検討

信教の自由におけるロバーツコートの特徴は，連邦法を活用することでそれを保護しようとする姿勢にあるといえよう。RFRA・RLUIPAをめぐる判

---

126 *Hosanna-Tabor*, 132 S. Ct. at 706.
127 *See* Hollins v. Methodist Healthcare, Inc., 474 F.3d 223 (6th Cir. 2007) ; Tomic v. Catholic Diocese of Peoria, 442 F.3d 1036 (7th Cir. 2006).
128 *Hosanna-Tabor*, 132 S. Ct. at 709 n.4.
129 *Id*. at 707-09.
130 *See id*. at 707.
131 Smith判決自体も，自由な宗教活動条項の内容について，政府による信仰規制の禁止とともに，政府による宗教論争当事者の一方への加担の禁止を意味すると判示していた。*See* Employment Div. v. Smith, 494 U.S. 872, 877 (1990). *See also* MICHAEL S. PAULSEN & LUKE PAULSEN, THE CONSTITUTION: AN INTRODUCTION 298 (2015).
132 その詳細は福嶋敏明「『聖職者例外』法理とアメリカ連邦最高裁（2・完）」神戸学院法学43巻3号163-82頁（2014年）を参照。
133 *See* Michael W. McConnell, *Reflections on Hosanna-Tabor*, 35 HARV. J.L. & PUB. POL'Y 821, 835-36 (2012).
134 *See* Zachary Bray, *RLUIPA and the Limits of Religious Institutionalism*, 2016 UTAH L. REV. 41, 90-91.

第 5 章　信教の自由——法律による信仰保護と漂流する国教樹立禁止条項　175

例でみたように，法律が設定する既存の免除規定（それは必ずしも宗教に対する免除に限られない）を契機に，その免除を他の宗教信仰者へ拡張しないことに「やむにやまれぬ政府利益」テストが適用されるのである。これは，法定免除の拡大としてのRFRA・RLUIPAの活用といえ，それだけ立法による宗教配慮が一般化している証左ともいえよう[135]。他方で，連邦最高裁は既存の法定免除規定がないところで，RFRA・RLUIPAを用いて新規の宗教免除を認定しているわけではない。

　連邦最高裁は，RFRA・RLUIPAによる信教の自由保護の範囲はSmith判決以前の保護の範囲よりも広いと明言した。これは，法律による信教の自由保護の産物と位置づけることもでき，すでにO Centro判決で見られたものである。こうした連邦法による信教の自由保護の拡大は，自由な宗教活動条項の判例法理とRFRA・RLUIPAでの判例の発展を切り離すものであり，自由な宗教活動条項と連邦法との解釈のズレをもたらすのである。また，一般に連邦憲法に関する連邦最高裁の判例法理は州裁判所の憲法解釈に大きな影響を与えてきたのであるが[136]，連邦最高裁の連邦法に関する判例法理が州憲法の宗教条項や州RFRAの解釈にどの程度作用するのか定かではない[137]。ここにも解釈のズレが生まれるとするならば，信教の自由に関して全米的な統

---

135　25年ほど前の時点で，配慮を定める法律規定は2000を超えると推定されている。See James E. Ryan, Note, *Smith and the Religious Freedom Restoration Act: An Iconoclastic Assessment*, 78 VA. L. REV. 1407, 1445-47 (1992).

136　See G. Alan Tarr, *Church and State in the States*, 64 WASH. L. REV. 73, 77 (1989). *See also* ROBERT F. WILLIAMS & LAWRENCE FRIEDMAN, STATE CONSTOTUTIONAL LAW 151 (5th ed. 2015).

137　Boerne判決によりRFRAは州には適用されないこととなったため，各州はその憲法もしくは法律でRFRAと同様の規定を制定した。これらを州RFRAという。See Ala. Const. art. I, § 3.01; ARIZ. REV. STAT. ANN. §§ 41-1493 to -1493.02 (2011)；CONN. GEN. STAT. ANN. § 52-571b (2013)；FLA. STAT. §§ 761.01-.05 (2010)；IDAHO CODE ANN. §§ 73-401 to -404 (2006)；ILL. COMP. STAT. ANN. 35/1-99 (2011 & Supp. 2015)；H.B. 279, 2013 Reg. Sess. (Ky. 2013)；KAN. STAT. ANN. §§ 60-5301-60-5305 (West 2013)；KY. REV STAT. ANN. §446.350 (West 2013)；LA. REV. STAT. ANN. §§ 13:5231-:5242 (2012)；2014 MISS. LAWS WL No. 196; MO. REV. STAT. §§ 1.302 .307 (West Supp. 2014)；N.M. STAT. ANN. §§ 28-22-1 to -5 (2012 & Supp. 2014)；OKLA. STAT. ANN. tit. 51, § § 251-258 (2006)；71 PA. CONST. AND STAT. ANN. §§ 2401-2407 (West 2012)；R.I. GEN. LAWS §§ 42-80.1-1 to -4 (2006)；S.C. CODE ANN. §§ 1-32-10 to -60 (2003)；TENN. CODE ANN. § 4-1-407 (2011)；TEX. CIV. PRAC. & REM. CODE ANN. §§ 110.001-0.12 (2014)；UTAH CODE ANN. §§ 63L-5-101 to -403 (West 2015)；VA. CODE ANN. §§ 57-1 to -2.02 (2007). *See also* Douglas Laycock, *Religious Liberty and the Culture Wars*, 2014 U. ILL. L. REV. 839, 845 n. 26; Gaspera, *supra* note 67, at 410.

一解釈は期待できず，多様化・複雑化していくことが予測されよう。

さらにロバーツコートは，Smith判決の範囲を限定して「聖職者例外」の法理を容認することにより，宗教団体の権利を強く保護した。RFRA・RLUIPAでの信仰保護の傾向と相まって，信教の自由への手厚い保護の姿勢を示すものといえる。ただし，その保護も実際の制約からの解放を意味するにとどまり，事後的救済である金銭賠償は原則として認められないことが確認された。

## Ⅲ 国教樹立禁止条項

### 1 ロバーツコートでの国教樹立禁止条項

ここでは，ロバーツコートの国教樹立禁止条項に関する判例を検討し，同コートの10年での進展を考察する。下記のように，国教樹立禁止条項に関する判例は数が極めて少なく，判断基準の変容や法理の展開を検討するには素材に乏しい。そこで，まず判例の内容を紹介するとともに，下級審の動向にも触れ，この領域における特徴を示すことにする。

Salazar v. Buono連邦最高裁判決[138]は，公有地での十字架の展示をめぐる事件である。海外戦争退役軍人協会（VFW）が，1934年に第一次世界大戦での戦死者を慰霊する十字架をアメリカ南西部のモハベ砂漠の連邦所有地の岩（「サンライズ岩」）の上に建立した。原告は，公有地に宗教シンボルがあることは国教樹立禁止条項に違反するとしてその撤去を求めて提訴した。連邦地裁は十字架の宗教性を認めて，サンライズ岩付近での十字架の展示を連邦政府に禁止する差止命令（以下「当差止命令」という）と十字架の撤去を命じ[139]，高裁は十字架撤去を停止しつつも当差止命令を支持した[140]。連邦政府

---

[138] 559 U.S. 700 (2010). ケネディ裁判官による相対多数意見で5-4。相対多数意見にはロバーツ長官が同調し，アリート裁判官が一部同調した。他に，ロバーツ長官の同意意見，アリート裁判官の一部同意・結果同意意見，スカリア裁判官の結果同意意見（トーマス裁判官が同調），スティーブンス裁判官の反対意見（ギンズバーグ裁判官とソトマイヨール裁判官が同調），ブライヤー裁判官の反対意見がある。

[139] *See* Buono v. Norton, 212 F. Supp. 2d 1202 (C.D. Cal. 2002).

[140] *See* Buono v. Norton, 371 F.3d 543 (9 th Cir. 2004).

第5章 信教の自由——法律による信仰保護と漂流する国教樹立禁止条項 177

は上告しなかったので，高裁の判決が確定した（第1次訴訟）[141]。当該十字架は撤去されなかったが，連邦政府によりベニヤ板で囲まれ防水シートがかけられた[142]。この訴訟の係属中に，連邦議会は当十字架のある土地を近隣のVFW所有の土地と交換する法律を制定した。本件は，この法律が先の高裁判決に違反するかが問われた事件である。連邦地裁も高裁も，本法による土地交換は当十字架を岩の上にとどめる試みであるとしてその執行停止を判決した[143]。

相対多数意見は，まず原告が本法の執行停止を求める原告適格をもつかどうかにつき，原告は当差止命令の内容を骨抜きにしようとする連邦議会の動きを防止しようとしたのであり，これは十分個人的で具体的な利益であるから原告適格は認められるとした[144]。次に，当十字架の建立目的は第一次世界大戦でのアメリカ軍兵士の戦死者を顕彰することであり，それゆえ連邦政府もこれを国立記念建造物（National Memorial）に指定したのだと述べ，キリスト教のメッセージを奨励する目的はないとした[145]。そして，地裁の命ずる十字架撤去が戦死者顕彰を求める人たちの軽視になると考える連邦政府はその苦境を解消のために本法を制定したのであって，連邦政府に対立する利益を調整する権限と能力が認められている以上，その政策決定は尊重されると説示し，さらに当十字架の展示がもたらすであろう宗教是認の効果を回避する目的は不当なものではないとして，本法の目的を容認した[146]。私有地にある宗教シンボルは宗教是認とは評価されないと示唆しつつ，相対多数意見は，下級審に本法の無効とは別の代替案を示すよう，事件を差し戻した[147]。

本件は，連邦所有の土地にある戦没者顕彰の十字架に宗教性を認めて，その展示を宗教の是認と認定し展示の差止めを命じた連邦下級審の確定判決を前提に，その十字架の展示がもたらす宗教是認を回避するために当該土地を

---

141 *Buono*, 559 U.S. at 709.
142 *Id.* at 708.
143 *See* Buono v. Norton, 364 F. Supp. 2d 1175 (C.D. Cal. 2005) ; Buono v. Kempthorne, 502 F.3d 1069 (9th Cir. 2007).
144 *Buono*, 559 U.S. at 713.
145 *Id.* at 715-716.
146 *Id.* at 716-720.
147 *Id.* at 720-722.

民間団体の土地と交換する法律は当差止命令に違反しないとした判決である。厳密にいえばブライヤー（Stephen Breyer）反対意見のいうように，国教樹立禁止条項は本件の争点ではなく，十字架の土地の交換が宗教是認に該当するのかには立ち入るべきではなかったのかもしれない[148]。しかし，まさにこの十字架の土地の交換が宗教是認に該当するのかをめぐり，相対多数意見とスティーブンス（John Paul Stevens）反対意見とは対立し，反対意見が，十字架の展示を永続させるような政府行為そのものが宗教を是認するのだと主張するのに対して[149]，相対多数意見は，当該展示の宗教是認性は公有地にあるために生じるとして，その是認を回避するための政府行為はそれ自体宗教是認ではなく正当なものであるとして，本法を支持した。宗教是認の状態を回避する政府行為それ自体は宗教性を帯びないとする立場は，宗教助長効果を回避するための政府の監視制度は宗教と政府との過度の関わり合いをもたらさないとしたAgostini v. Felton連邦最高裁判決[150]と通底するものであり，（本件では相対多数意見であったが）連邦最高裁はそうした政府の活動を長く受け入れてきたといえる。また，当該十字架を慕う人たちの信条をおもんばかり，それが宗教是認であっても撤去するのではなく，民間団体に（事実上の）有償譲渡することで憲法問題を解決する手法は[151]，日本の最高裁が採用したものと同種と評価することができよう[152]。

なお，本判決の数日後に何者かが当該十字架を切り倒して持ち去った[153]。その後仮の十字架が建立されたが，土地交換が完了するまでは撤去されてい

---

148　*Id.* at 765 (Breyer, J., dissenting). 本判決は宗教判例には含まれないとみなす見解もある。*See* DeGirolami, *supra* note 1, at 386 n.4.
149　*Id.* at 743-744 (Stevens, J., dissenting).
150　521 U.S. 203 (1997).
151　この点につき，エンドースメントテストでの合理的観察者に求められる役割が変化したとの指摘がある。従来それは「共同体の歴史や状況，フォーラムの経緯や事情に明るいと想定」される人物であったが，本判決ではさらに当該十字架を慕う人たちの信条を推し量ることも求められるようになったという。*See* Mary Jean Dolan, *Salazar v. Buono: The Cross Between Endorsement and History*, 105 Nw. U. L. Rev. Colloquy 42, 48-49 (2010).
152　「富平神社事件」最大判平成22・1・20民集64巻1号128頁。また合衆国最高裁判所2009-2010年開廷期重要判例概観［2010］アメリカ法292頁〔松本哲治発言〕も参照。*See also* Frank S. Ravitch, *The Shinto Shrine Cases, Religion, Culture, or Both: The Japanese Supreme Court and One Hundred Years of Establishment of Religion Cases*, 2013 BYU L. Rev. 505, 517 (2014).
153　*See* Dolan, *supra* note 151, at 43.

第5章　信教の自由――法律による信仰保護と漂流する国教樹立禁止条項　179

るようである[154]。

　Town of Greece v. Galloway連邦最高裁判決[155]は，町議会での祈祷に関する事件である。ニューヨーク州北部のグリース町は，1999年から月一回の町議会の開会時に，議員の点呼と忠誠宣誓のあとに聖職者とともに祈祷を行うことにした。これは，当時の新任の町長（town supervisor）が郡議会で祈祷が行われているのをまねる意図で導入された。その目的は，参加者を厳粛な気持ちにさせ，議会での議論に向けての心構えを与えること，町の事務に神の導きを求めること，そして連邦議会や数多くの州議会で行われる伝統行為にしたがうことである。祈祷を司る聖職者は無給であり，町職員が毎回ふさわしい聖職者を探していた。無神論者を含む俗人が祈祷を司ることも可能であった。町内の宗教団体のほとんどがキリスト教会であったので，祈祷の聖職者もすべてキリスト教系であった。聖職者の信教の自由と表現の自由への侵害になるため，町は祈祷内容を確認することはなかった。その内容が宗教的なものになることもあったが，典型的なものは，町と議会とに神の加護を祈るものであった。町議会には，町長，議員と傍聴人のほかに，町の顕彰を受ける者や議会に陳情する者も出席することが多かった。

　町内の問題を議会に付すよう陳情するために出席していた者が本件の原告であり，祈祷により町がキリスト教を優遇することは国教樹立禁止条項に違反すると主張し，祈祷を一般的な神に言及する包括的なものに限定し，政府が特定宗派と提携しないとする命令を求めて提訴した。町は提訴を受けて，一時的に地元のユダヤ教やバハイ教の聖職者を招いて祈祷させ，またウィッカ（魔女宗）の聖職者が祈祷することもあった。

　連邦地裁は町議会の祈祷を合憲と判決したが[156]，連邦高裁は祈祷制度の一

---

154　See Katie A. Croghan, Note, *Lautsi and Salazar: Are Religious Symbols Legitimate in the Public Square?*, 41 GA. J. INT'L & COMP. L. 507, 523 (2013).
155　134 S. Ct. 1811 (2014). ケネディ裁判官による一部法廷意見で5-4。一部法廷意見のすべてに同調したのはロバーツ長官とアリート裁判官であり，スカリア裁判官とトーマス裁判官が法廷意見の一部を除き同調した。また，アリート裁判官の同意意見（スカリア裁判官が同調），トーマス裁判官の一部同意・結果同意意見（スカリア裁判官が一部同調），ブライヤー裁判官の反対意見，ケイガン裁判官の反対意見（ギンズバーグ裁判官，ブライヤー裁判官，ソトマイヨール裁判官が同調）がある。
156　See Galloway v. Town of Greece, 732 F. Supp. 2d 195 (W.D.N.Y. 2010).

部が町のキリスト教是認のメッセージを伝えると合理的観察者が理解するとして憲法違反と判決した[157]。

連邦最高裁は，その一部法廷意見で，州議会開会時の祈祷はMarsh v. Chambers連邦最高裁判決[158]において合憲と判決されたことを前提に，連邦や州の議会での祈祷は200年以上の歴史がありアメリカの社会構造の一部になっていることから，「国教樹立禁止条項は歴史的慣行と歴史への理解を参考に」[159]解釈すべきことを強調した[160]。そして，歴史の浅い町の祈祷が連邦や州の議会での祈祷の伝統と合致するものであるのかという点を本件の争点にして[161]，町の祈祷が全体としてアメリカの議会祈祷の伝統を反映したものであり，そこからの大幅な逸脱がないので，両者が合致すると判示した[162]。また議員や傍聴人，陳情者が出席する中での議会祈祷に強制の要素を合理的観察者は認めないとみなし，こうした儀礼的祈祷の目的と効果は地元共同体とそこの宗教指導者を認容する（acknowledge）ことであって，不信仰者の排除・強制ではないと説示した上で，合憲と判決した[163]。

本判決では，反対意見を含めすべての裁判官が，連邦と州の議会開会時の祈祷はアメリカの歴史と伝統であると認めたMarsh判決を容認した[164]。したがって本件では，町議会の祈祷がMarsh判決での祈祷と同種のものであるかどうかによって判断されることになり，一部法廷意見は本件祈祷が伝統的議会祈祷の内容からの大幅な逸脱がないことを理由に合憲と判決したのに対して，反対意見は祈祷を司る聖職者の大半がキリスト教聖職者であり，町は他宗派の聖職者を探す努力をしていなかったこと，祈祷の場に傍聴人や陳情者なども臨席していたことから，本件祈祷はMarsh判決とは異なるとして違憲と判断した[165]。

---

157　See Galloway v. Town of Greece, 681 F.3d 20 (2d Cir. 2012).
158　463 U.S. 783 (1983).
159　County of Allegheny v. ACLU, 492 U.S. 573, 603 (1989).
160　*Town of Greece*, 134 S. Ct. at 1819.
161　*Id*.
162　*Id*. at 1824.
163　*Id*. at 1825-1827.
164　See Paul Horwitz, *The Religious Geography of Town of Greece v Galloway*, 2014 SUP. CT. REV. 243, 245.
165　See *Town of Greece*, 134 S. Ct, at 1845-1851 (Kagan, J., dissenting). この点につき，一部法廷

第5章 信教の自由——法律による信仰保護と漂流する国教樹立禁止条項 181

　また，法廷意見の一部が相対多数意見となった要因は，相対多数意見が本件祈祷に実質的な強制の要素がないとしたのに対して，結果同意意見が強制の判定は法的強制の有無に限られるとしたことから生じた対立であった。この対立は，ケネディ（Anthony Kennedy）裁判官の主張する（信仰への）強制テストが仲間内からの同調圧力など事実上の強制も考慮要素とするのに対して，スカリア（Antonin Scalia）裁判官とトーマス（Clarence Thomas）裁判官が法的強制の有無に絞って信仰への強制を判断すると考えるところから生じるものであり，すでにLee v. Weisman連邦最高裁判決[166]でみられた対立であった。

　本件では，下級審がエンドースメントテストを適用したのに対して，法廷意見は合理的観察者と強制テストを組み合わせるばかりで[167]，反対意見を含め「是認」という語すら本文では使用しない徹底ぶりでこれを無視した。Marsh判決を先例とする限り，議会祈祷の事案にエンドースメントテストを活用する余地はない。反対意見もMarsh判決を否定しないのであるから，同テストに言及しないのは当然といえよう。

　本判決により，議会開会時の祈祷の容認はより確立した法理となった。歴史的に長く受容されてきた行為は国教樹立禁止条項違反とはみなされないことになろう[168]。

## 2　検討

　ロバーツコートのこの10年における政教分離裁判の最大の特徴は，その上告受理件数の激減であろう。上告数も減少しているとはいえ，10年で2件の判決しか下されていない。そのうちBuono判決は純粋な政教分離事件とは言い難く，ロバーツコートが下した国教樹立禁止条項の事件はTown of Greece判決のみとみなすこともできよう。

---

　意見は原告ら議会出席者の信仰あるいは宗教的観念を軽視したのであり，企業経営者の信仰を重視したHobby Lobby判決と際立った違いを見せるとの指摘がある。See Thomas C. Berg, *Religious Accommodation and the Welfare State*, 38 HARV. J.L. & GENDER 103, 116-117 (2015).
166　505 U.S. 577 (1992).
167　*See The Supreme Court, 2013 Term—Leading Cases*, 128 HARV. L. REV. 191, 197 (2014).
168　*See* Horwitz, *supra* note 164, at 246.

上記のように，連邦最高裁は完全な多数意見を構成できていない。政教分離原則をめぐり，連邦最高裁は保守派とリベラル派の対立ではなく，現実主義的な保守派，原理主義的な保守派，リベラル派に分裂していると観察でき，とくに保守派の間で妥協が成立しないために多数意見を形成できずにいるのではなかろうか。

さらに，これらの判決にみられるのは，レモンテストやエンドースメントテスト[169]，強制テストなど過去に採用された判断基準を正面から適用するのではなく，その断片を仄めかしつつ，先例に基づいて事件を判断していることである。このような判断基準たる「テスト」の不存在と先例の尊重は，何を意味するのだろうか。レーンキストコートの末期から，連邦最高裁は先例に準拠する形で国教樹立禁止条項の事件を判決してきたといえ，特定の判断基準への依存を弱めてきていた。そして，ロバーツコートもその傾向を維持していると評することはできる。それは，Town of Greece判決ケイガン (Elena Kagan) 反対意見が先例であるMarsh判決の有効性を支持して，判例変更に消極的姿勢を示したことからも理解できよう。1960年代の宗教遺制と憲法，1970年以降の宗教系私立学校への補助と憲法といった，宗教をめぐる社会的問題が存在していない現在，先例を変更することによる宗教問題への社会的関心の惹起を回避するミニマリズム的な判断が連邦最高裁にあるとはいえないだろうか。

連邦最高裁では政教分離事件に対する確固たる判断基準を観察することはできないが[170]，下級審ではいまだレモンテストが健在である。2005年10月以降40件以上の連邦高裁判決で適用されており，ある高裁は「Agostini判決で修正されたレモンテストは，いまだ国教樹立禁止条項違反を判定する一般的基準である」と述べるほどである[171]。2015年だけでも，3件の下級審判決で適用されている[172]。レモンテストは下級審に潜伏しているのである。これに

---

169 エンドースメントテストの命運は，オコナー裁判官の引退とともに尽きるとする見解がある。
    *See, e.g.,* 2 KENT GREENAWALT, RELIGION AND THE CONSTITUTION: ESTABLISHMENT AND FAIRNESS 87 (2008). *But see* Mark Strasser, *The Endorsement Test Is Alive and Well: A Cause for Celebration and Sorrow*, 39 PEPP. L. REV. 1273, 1313 (2013).
170 *See The Supreme Court, 2013 Term, supra* note 167, at 196.
171 Barnes-Wallace v. City of San Diego, 704 F.3d 1067, 1083 (9th Cir. 2012).
172 *See* Smith v. Jefferson County Bd. of School Com'rs, 788 F.3d 580 (6th Cir. 2015); Santa

ついて，連邦最高裁はその適用を強く非難する判決を（個別意見でも）示したことがない。スカリア裁判官の表現を借用するなら[173]，それはあたかも「ホラー映画のゾンビは墓に埋められることなく，下階でしぶとく生きながらえていたが，上階にあがることができない」ようだ。下階の様子も把握している連邦最高裁は，「ゾンビ」の存在を黙認しているのだろうか。

## Ⅳ 国教樹立禁止条項と納税者訴訟

納税者訴訟は，Flast v. Cohen連邦最高裁判決[174]において限定的に認められた訴訟形態である。同判決は宗教系私立学校の教科書・教材の購入費への公的な補助金支出が国教樹立禁止条項に違反する場合には，連邦納税者はそうした支出を阻止する原告適格をもつと認めた[175]。納税者という資格で認められる原告適格は，一時国教樹立禁止条項以外の事件にも拡大されたことがあったが[176]，連邦最高裁は，United States v. Richardson連邦最高裁判決[177]とSchlesinger v. Reservists Comm. to Stop the War連邦最高裁判決[178]において，Flast判決の事案，すなわち連邦議会の支出権限に基づく公金支出の事案に限定して納税者訴訟を認めると判示した。ここに納税者訴訟は国教樹立禁止条項の事件に限定されるとする法理が確立したのである[179]。

---

Monica Nativity Scenes Committee v. City of Santa Monica, 784 F.3d 1286 (9th Cir. 2015) ; Jewish People for the Betterment of Westhampton Beach v. Village of Westhampton Beach, 778 F.3d 390 (2nd Cir. 2015).
173 Lamb's Chapel v. Center Moriches Union Free School District, 508 U.S. 384. 398 (1993) (Scalia, J., concurring in the judgment). 彼はレモンテストを「深夜のホラー映画に出てくる，何度も殺されながら，その都度墓から起き上がり足を引きずって歩くゾンビ」と評した。
174 392 U.S. 83 (1968).
175 同判決は納税者に原告適格を認める2つのテストを提示した。1つは，納税者は自らの地位と問題の法律の種類（type）との論理的関連性を示す必要がある。第2はその地位と問題の憲法に反する行為の性質との関係を明らかにすること，すなわち問題の行為が連邦議会の支出権限に課される具体的な憲法上の制約に反していることを示さなければならない。そして，連邦議会による支出が憲法上の支出権限に基づく場合には納税者の地位は論理的関連性があると認定され，また国教樹立禁止条項は支出権限に対する具体的な憲法上の制約であるとした。See id. at 102-104. 松井茂記『アメリカ憲法入門』〔7版〕175-176頁（有斐閣，2012年）も参照。
176 同前176-177頁。
177 418 U.S. 166 (1974).
178 418 U.S. 208 (1974).
179 それはValley Forge Christian College v. Americans United for Separation of Church and

実際は，連邦最高裁は国教樹立禁止条項の事件で原告適格に詳しく立ち入ることなく納税者訴訟を認めてきていたが[180]，ロバーツコートはその最初の10年で国教樹立禁止条項をめぐる納税者訴訟提起の余地を大きく狭めてしまった[181]。ここでは，簡略にその動向を追ってみることにする。

Hein v. Freedom from Religion Foundation連邦最高裁判決[182]は，宗教慈善団体（Faith-Based Initiatives）[183]会議への連邦補助金の支出をめぐり，納税者の訴権を否定した判決である。アリート（Samuel Alito）裁判官の相対多数意見[184]は，上記Richardson判決やSchlesinger判決で示された法理，すなわち納税者訴訟は連邦議会の支出権限に基づく公金支出の事案に限定されるという枠組みを維持して，本件支出が連邦執政府の一般予算から支出されたもので連邦議会は関与していないことから，納税者としての原告適格を否認した[185]。

Arizona Christian School Tuition Org. v. Winn連邦最高裁判決[186]は，私立学校奨学協会への寄付分の税額控除（最終納税額から寄付分を減額する措置）をめぐり，納税者の訴権の否定した。ケネディ裁判官の法廷意見は[187]，納税者訴訟は原則否定されるがFlast判決の認めた2つのテストに合致した場合にのみ認められることを確認した上で，本件は政府支出ではなく税額控除が問題となっており，両者は異なるため原告適格は認められないとした。

この2つの判決は，連邦憲法3条の要請する事件争訟性の要件は連邦裁判

---

State連邦最高裁判決（454 U.S. 464（1982））やDaimlerChrysler Corp. v. Cuno連邦最高裁判決（547 U.S. 332（2006））においても確認されている。
180 *See, e.g.*, Mueller v. Allen, 463 U.S. 388（1983）; Committee for Public Ed. V. Nyquist, 413 U.S. 756（1973）; Hunt v. McNair, 413 U.S. 734（1973）; Walz v Tax Comm'n, 397 U.S. 664, 666（1970）. *See also* William P. Marshall & Gene R. Nichol, *Not A Winn-Win: Misconstruing Standing And The Establishment Clause*, 2011 SUP. CT. REV. 215, 215.
181 *See The Supreme Court, 2010 Term—Leading Cases*, 125 HARV. L. REV. 172, 176（2011）.
182 551 U.S. 587（2007）.
183 "Faith-Based Initiatives"が「信仰に基づくイニシアティブ」と訳されることが多いのは，イニシアティブが団体性をもたない運動体と認識されるためと思われる。だが少なくとも連邦補助金の受給主体であることから，ここでは団体性があるとみなし，信仰に基づき慈善活動をする団体，すなわち「宗教慈善団体」と訳す。
184 この相対多数意見には，ロバーツ長官とケネディ裁判官が同調した。
185 551 U.S. at 605.
186 131 S. Ct. 1436（2011）.
187 ロバーツ長官，スカリア裁判官，トーマス裁判官，アリート裁判官が同調した。

所の権限範囲を確定するものであって，権力分立の点からも厳格に維持すべきであるとの立場から，納税者訴訟を原則否定する姿勢を示す。そしてFlast判決の事案（国教樹立禁止条項に違反するとみられる，支出権限に基づいて制定された法律を根拠とする公金支出）とその2つのテストが唯一の例外であり，そこからわずかでも外れるならば納税者に訴権は認められないと判示したのである。その結果として，その支出を具体的に根拠づける法律がない中で行政判断により決定された公金支出と，宗教団体や宗教系私立学校の運営を容易にするような寄付金に対する税額控除（および税控除[188]）とに対する納税者訴訟が否定された[189]。このうちArizona Christian School判決のもつ影響は甚大であろう。1960年代以降，宗教系私立学校に対する直接間接の援助をめぐる訴訟は国教樹立禁止条項の判例法理の一部を形成してきた。その中には宗教系私立学校の学費分を親の課税所得から控除する法律をめぐる事件[190]や，学校ヴァウチャー制に関する事件[191]もあった。こうした事件は，今後本案審査の対象とならない可能性が高くなったのである[192]。それは国教樹立禁止条項訴訟の大幅な縮減をもたらすことになろう[193]。

## V その他

本節では，宗教条項とは直接関連しないが，宗教に関係する事件を簡単に紹介する。

### 1 言論条項と宗教的表現

言論条項と宗教的表現に関する事件では，公立公園での石碑設置と政府言

---

188 税控除とは，寄附した金額を課税対象の所得額から控除する措置をいう。
189 そのため，納税者訴訟の消滅を予測する見解もある。See, e.g., Marshall & Nichol, *supra* note 180, at 216 (2011); Mark C. Rahdert, *Forks Taken and Roads Not Taken: Standing to Challenge Faith-Based Spending*, 32 CARDOZO L. REV. 1009, 1096-97 (2011).
190 Mueller v. Allen, 463 U.S. 388 (1983).
191 Zelman v. Simmons-Harris, 536 U.S. 639 (2002).
192 *See* Rahdert, *supra* note 189, at 1096-97.
193 *See* Mark C. Rahdert, *Court Reform and Breathing Space Under the Establishment Clause*, 87 CHI.-KENT L. REV. 835, 842 (2012). 山口智「国教樹立禁止状況と原告適格——過去と現在」神戸外大論集64巻2号188頁（2014年）も参照。

論をめぐるPleasant Grove City v. Summum連邦最高裁判決[194]，学生宗教団体の同性愛者排除方針を否認する法科大学院の学生団体公認規則を合憲としたChristian Legal Society v. Martinez連邦最高裁判決[195]，イラク戦争で事故死したアメリカ軍兵士の葬式で宗教団体がした悪辣な表現への賠償責任を認めなかったSnyder v. Phelps連邦最高裁判決[196]，教会のミサ案内などの宗教的な沿道看板への場所・大きさ規制は表現内容規制であり厳格に審査されるとしたReed v. Town of Gilbert連邦最高裁判決[197]がある。これらの判決は第6章「表現の自由」で詳しく扱う。

## 2 同性婚と宗教

2015年のObergefell v. Hodges判決連邦最高裁[198]は，全米規模で同性婚を承認した歴史的判決である。本判決では信仰は直接の争点ではなかったが，関連する問題としてロバーツ長官反対意見とトーマス裁判官反対意見が同性婚承認と信仰遵守との衝突について懸念を表明した[199]。ロバーツ反対意見は，同性婚の承認は宗教の自由と深刻な対立を生むと懸念し，信仰上同性婚カップルを差別的に扱う事案が生じる可能性を否定できず，また差別的な処遇をする宗教組織への免税が取り消される可能性も示唆した[200]。トーマス反対意見も，同性婚の承認が政府の制度となることにより宗教の自由を脅かすものとなる可能性を指摘し，婚姻制度を政治過程に委ねるべきと主張した[201]。本判決は第3章「平等」で詳しく扱う。

---

194 555 U.S. 460 (2009). 同判決ではエンドースメントテストをめぐる見解の相違が示されたが，ここでは触れない。See, e.g., Mark Strasser, *The Endorsement Test Is Alive and Well: A Cause for Celebration and Sorrow*, 39 PEPP. L. REV. 1273, 1301-03, 1312-13 (2013).
195 561 U.S. 661 (2010).
196 562 U.S. 443 (2011).
197 135 S. Ct. 2218 (2015).
198 135 S. Ct. 2584 (2015).
199 なおケネディ裁判官法廷意見は，修正1条が信仰告白の自由を保障しているので，同性婚を承認するとしても，それは許されるべきではないとの信仰をもつ人々はその信仰を表明し続けることができるが，信仰上同性婚を容認すべきと信じる人たちも，同様に意見表明は可能だと述べる。*Id.* at 2607.
200 *Id.* at 2625-2626 (Roberts, C.J., dissenting).
201 *Id.* at 2638-2639 (Thomas, J., dissenting).

## 3 信仰と採用

EEOC v. Abercrombie & Fitch Stores判決連邦最高裁[202]は，若者に人気の衣料品店の販売員に10代のイスラーム教徒が応募した際に，頭につけていたスカーフを信仰によるものと説明せず，そのため採用に際して宗教の配慮を求めなかったため，店側のキャップ帽不着用規則に抵触するとして不採用になった事件である。スカリア裁判官の法廷意見は，雇用差別を禁止する市民的権利法7編（Title VII of the Civil Rights Act）を主張する際に，原告は使用者の不採用の動機が応募者の信仰であることを証明すればよく，応募者が宗教の配慮を求めていることを使用者が実際に知っていたことを立証する必要はないと判示した。

# おわりに

その最初の10年でロバーツコートは宗教を手厚く保護する立場を鮮明にした。特にRFRA・RLUIPAを活用することで，信仰保護の範囲と程度を拡大させてきた。宗教免除の多くが既存の免除規定を手掛かりにするものではあったが，連邦最高裁がRFRA・RLUIPAによる信仰保護は憲法に基づく保護よりも厚いと明言したのは重要である。漂流する国教樹立禁止条項にあっても，議会祈祷という宗教遺制を伝統面から尊重する姿勢は，ロバーツコートならではである。

ロバーツ長官本人は，O Centro判決とHosanna-Tabor判決の法廷意見を記し，連邦法に対するRFRAの適用を明確にし，「聖職者例外」法理を連邦最高裁レベルに引き上げるなど，信教の自由に対する保護を拡大する方向性を示した。アリート裁判官も，その点ではロバーツ長官と軌を一にするものであり，とくにHobby Lobby判決においてRFRA・RLUIPAの保護範囲を拡大したのは，今後の宗教裁判に大きな影響を与えるだろう。他方，漂流する国教樹立禁止条項（および納税者訴訟）において，ケネディ裁判官はいまだ結論を左右する決定的な立場におり，彼の保守現実主義的な判決理由への賛同如何が法廷意見の形成の鍵となっているようである。

---

202　135 S. Ct. 2028（2015）．

ところで，次の10年を考えるとき，信仰保護はその終着点にいずれ到達することになるだろう。だが，現状ではRFRA・RLUIPAを中心として宗教免除の限界はまだ見えていない。Obergefell判決反対意見が指摘したように，信仰を理由とする同性カップルへの不利益処遇の問題は，すぐにも表面化するだろう[203]。アメリカ社会での信仰の重要性を踏まえた上で，国民の他の利益との対比で信仰保護の終着点をどこにするのか，連邦最高裁がその難しい判断を示す日は近い。

この点につき，宗教免除（もしくは配慮）に対するアメリカ社会の受容性が近年大きく低減してきたとの指摘がある[204]。政府の（人工中絶を含む）家族計画への取組みや同性婚容認政策に対する拒絶の口実に信仰を利用することがあり，それゆえ宗教免除が平等社会への楔とみなされるようになったためだという[205]。そうした中で，連邦最高裁は信仰保護を重視する判決を下した。それをその保守的な傾向の表れとみるのは適切ではなく，むしろ，それらを（憲法問題ではなく）RFRA・RLUIPAの事件として判断したことにより，連邦議会が民意を反映して将来的に信仰重視の規定を改廃することでもって社会の変化を現実化しうる余地を残したとみなすべきであろう[206]。

ロバーツコートは，RFRAの正統性を受け容れ，Buono判決において連邦の土地交換法を支持しており，ここに議会の意思を尊重する姿勢を見出すことができよう。チェメリンスキーはこれを「多数決主義の大勝利」と呼び，議会の意思，すなわち社会の多数派の意向により宗教問題が解決されてしまうと懸念する[207]。Town of Greece判決が示唆するように，宗教の社会問題化の回避がロバーツコートのミニマリズムの一側面であるとするなら，国教樹立禁止条項において多数派の意向に歯止めをかけることは難しいであろう。

---

203 *See* Gaspera, *supra* note 67, at 396, 415-416. 実際にいくつかの州では，信仰を理由とする同性カップルへの不利益処遇を容認する州法が成立した。*See, e.g.,* Stephanie March, *Conservative states North Carolina, Mississippi under attack over new anti-LGBT laws*（May 10, 2016），http://www.abc.net.au/news/2016-05-10/lgbti-us-laws/7400012.
204 *See* Horwitz, *supra* note 61, at 155.
205 *See id.* at 155-156, 170-172.
206 *See id.* at 185.
207 *See* Erwin Chemerinsky, *The Future of the First Amendment*, 46 WILLAMETTE L. REV. 623, 641-643（2010）.

RFRA・RLUIPAにおいても，既存の免除規定が信教の自由の拡大の足掛かりとなっていることを鑑みれば，そうした免除規定を法律に書き込む民意に信仰保護が依存していることを認めざるを得ない。だが，信教の自由が民意に委ねられる現状は，ロジャー・ウィリアムズやトマス・ジェファーソンの想定したものといえるのだろうか[208]。

---

[208] この点につき，さしあたり高畑英一郎「政教分離」大林啓吾・見平典編『憲法用語の源泉をよむ』141頁（三省堂，2016年）参照。

# 第6章　表現の自由
## ──修正1条絶対主義？

大林　啓吾

はじめに
I　修正1条によって保護されるか否かに関する判断
II　内容規制・内容中立規制をめぐる対立
III　特定分野における敬譲
IV　修正1条の保守化？
V　新カテゴリカルアプローチ
おわりに

---

イントロダクション

　ロバーツコートは，表現の自由を厚く保障する傾向にある。公衆または他者に対して不快な思いを抱かせるような表現ですらも表現の自由として保護する傾向があり，そのような態度は修正1条絶対主義とまでいわれる。しかも，従来と異なり，保守派の裁判官が表現の自由を擁護する側に回るという構図になっている。本章では，ロバーツコートにおける表現の自由の法理を概観しながら，その実態を明らかにする。

「人をだますような純粋な嘘は直接的なコミュニケーションのメカニズムを乱し,お互いの信頼の基盤を脅かすものである」(SEANA VALENTINE SHIFFRIN, SPEECH MATTERS: ON LYING, MORALITY, AND THE LAW 116 (2014)).

## はじめに

表現の自由は,ロバーツコートの特徴が表れている分野の1つである。その特徴を一言でいえば,表現の自由が他の利益に優先されることが多い,ということである。誤解をおそれずにいえば,表現の自由の保障が厚いということになる。ロバーツコートは修正1条絶対主義(First Amendment absolutism)[1]とまで呼ばれており,かかる司法による表現の自由の保障はホームズ(Oliver Wendell Holmes, Jr.)裁判官やブランダイス(Louis D. Brandeis)裁判官,あるいはブレナン(William J. Brennan, Jr.)裁判官やブラック(Hugo Lafayette Black)裁判官など,表現の自由論で名を馳せた往年の裁判官たちを想起させる[2]。しかしながら,ロバーツコートの表現の自由の保障はかれらのそれとは趣が異なる。

まず,先に挙げた表現の自由の猛者たちは個々の裁判官であるが,ロバーツコートは裁判官ではなくコートである。コート単位で表現の自由を厚く保障した例はそう見当たらない。それは,せん動規制の審査基準を厳しくしたBrandenburg v. Ohio連邦最高裁判決[3]や名誉毀損に対して現実の悪意の要件を課したNew York Times Co. v. Sullivan連邦最高裁判決[4]など,数々の表現

---

[1] Ronald K.L. Collins, *Exceptional Freedom–The Roberts Court, The First Amendment, and The New Absolutism*, 76 ALB. L. REV. 409 (2013).

[2] Howard M. Wasserman, *Holmes and Brennan*, 67 ALA. L. REV. 797, 819-827 (2016). たとえば,表現の自由の保護に対するホームズやブレナンの見解がロバーツコートの表現の自由に関する判例にも反映されている部分があるとの指摘がある。

[3] Brandenburg v. Ohio, 395 U.S. 444 (1969).

[4] New York Times Co. v. Sullivan, 376 U.S. 254 (1964).

の自由における重要判決を下したウォーレンコート[5]以来の出来事となる[6]。また、わいせつ表現の定義を行ったRoth v. United States連邦最高裁判決[7]などにみられるように、ウォーレンコートがカテゴリカルアプローチを用いて表現の自由の範囲を画定することで表現の自由として保護される領域を確保しようとしてきたのに対し、ロバーツコートはそもそもカテゴリーとして除外される領域を設けることに消極的であり、むしろその領域を狭めて表現の自由として保護される領域を拡大している。その意味で、表現の自由における判例の動向は、まさに・ロ・バ・ー・ツ・コ・ー・ト・の・特・色ということになる。

次に、かれらがリベラル派の裁判官たちであったのに対し、ロバーツコートの10年は基本的に保守的コートである。そのため、表現の自由の保障の中身もリベラル派の裁判官らが追い求めていたものとは違ってくる。たとえば、かつては特定の階層や地位に関係なく、表現の自由一般を保障することが企図されていたが、ロバーツコートでは富裕層や法人の表現の自由が厚く保護される傾向にあると指摘される[8]。

また、絶対主義といえばブラック裁判官の絶対主義[9]が有名であるが、ロバーツコートの修正1条絶対主義は内容も方向性もそれとは異なっている。ブラック裁判官の絶対主義は文字通り妥協を許さない硬直的な絶対主義であり、表現の自由の保障を愚直に求めるものである。他方、ロバーツコートの表現の自由はそこまで絶対的なものではない。たとえば、「この10年、ロバーツコートは、・政・府・機・能・が・関・わ・る・場・合・を・除・き、言論の自由をきわめて厚く保護してきた」(圏点筆者)と指摘される[10]。つまり、一定の場合には他の利益を優先させることもあり、つねに表現の自由を優先しているわけではないの

---

5 なお、ウォーレンコートですら、ベトナム反戦運動に関わる象徴的表現の規制を合憲とした判決 (United States v. O'Brien, 391 U.S. 367 (1968)) もあり、つねに表現の自由を優先してきたわけではない。
6 Kathleen M. Sullivan, *An Enigmatic Court? Examining the Roberts Court as It Begins Year Three: Free Speech*, 35 PEPP. L. REV. 533, 540 (2008).
7 Roth v. United States, 354 U.S. 476 (1957).
8 David Kairys, *The Contradictory Messages of Rehnquist-Roberts Era Speech Law: Liberty and Justice for Some*, 2013 U. ILL. L. REV. 195, 196.
9 *See, e.g.*, Hugo L. Black, *The Bill of Rights*, 35 N.Y.U. L. REV. 865, 874-875 (1960).
10 Erwin Chemerinsky, *The Roberts Court and the First Amendment*, WASH. TIMES., July 20, 2015, (*available at* http://www.washingtontimes.com/news/2015/jul/20/celebrate-liberty-month-the-roberts-cou-59882671/?page=all).

である。また，ブラック裁判官がリベラル派の観点から実現を目指して絶対主義を提唱したのに対し，ロバーツコートはそうした観点を打ち出しているわけではない。

このように，ロバーツコートにおける表現の自由は手厚い保障が特徴なのであるが，それ以上にその保障のあり方に特徴があるといえる。そのため，ロバーツコートの表現の自由の特徴を炙り出すためには，各判決の中身を考察しながら，各裁判官の動向を踏まえつつ，コートとしての特色を分析する必要がある。そこで以下では，ロバーツコートにおける表現の自由の判例を概観し，その内容を検討することにしたい[11]。

## I　修正1条によって保護されるか否かに関する判断

ロバーツコートにおける表現の自由の特徴の1つは，ある表現が修正1条からカテゴリーとして除外されるかどうかをめぐる判断に表れている。いわゆるカテゴリカルアプローチは，表現の自由として保護される表現と保護されない表現とを分けるものであり，表現の自由の問題の最初の関門といえる[12]。コミュニケーションをはかる表現か，それともコミュニケーションをはからない単なる行為かを区別する表現・行為区分論も表現の自由の保障範囲を決める重要な要素であるが，この問題は対象となる表現よりも規制対象が行為のみならず表現的側面をも巻き込んでいる可能性があるときに重要な争点となるものである。そのため，表現自体が修正1条の保護に含まれるかどうかの問題は主としてカテゴリカルアプローチの問題となってくる。

ロバーツコートはこのカテゴリカルアプローチの使い方に特徴があり，まずはこれに関する判例をみることにする。

---

11　ただし，ロバーツコートにおけるすべての表現の自由に関わるケースを取り上げると収拾がつかなくなってしまうおそれがあることから，主要な判例やロバーツコートの特徴が垣間見える判例を中心にみていくことにする。

12　Edward J. Eberle, *The Architecture of First Amendment Free Speech*, 2011 MICH. ST. L. REV. 1191, 1208-1213.

## 1 有害または不快表現

これまで，連邦最高裁はChaplinsky v. New Hampshire連邦最高裁判決[13]においてカテゴリカルアプローチを提示して以来，喧嘩言葉（fighting words）[14]，違法行為の唱導（incitement to unlawful activity）[15]，脅迫表現（真の脅威）（true threats）[16]，わいせつ表現（obscenity）[17]，児童ポルノ（child pornography）[18]，名誉毀損表現（defamation）[19]，を修正1条として保護されない表現であるとみなしてきた[20]。その他に，後述する判例で言及されるように，せん動，犯罪と一体の言論，詐欺などの表現も含まれる。

ロバーツコートもこれらの表現については修正1条の保障外にあるとの認識を維持していると思われるが，その境界線にあるような表現を修正1条の保障内に引き込む傾向がある。

まずは，従来から修正1条の保障外とされてきた児童ポルノに関する判例からみてみる。2008年のUnited States v. Williams連邦最高裁判決[21]では，未成年者と区別できないバーチャル児童ポルノを規制したPROTECT法[22]の合憲性が争われた。児童ポルノ自体は修正1条から除外されると判断されてきたが，バーチャル児童ポルノについては2002年のAshcroft v. Free Speech Coalition連邦最高裁判決[23]が規制対象の曖昧な部分につき過度広範ゆえに無効の判断を下していた。そこで，PROTECT法が制定され，未成年者と区別できないバーチャル児童ポルノが規制対象とされたのだが，Williams判決ではこれも過度広範ではないかという点が問題となった。スカリア（Antonin

---

13 Chaplinsky v. New Hampshire, 315 U.S. 568 (1942). エホバの証人が警官を罵倒して喧嘩となって逮捕された事件であり，連邦最高裁はそうした言葉を処罰しても憲法上の問題を生じさせないとした。
14 *Chaplinsky*, 315 U.S. 568.
15 Brandenburg v. Ohio, 395 U.S. 444, 447 (1969).
16 Virginia v. Black, 538 U.S. 343, 360, 363-364 (2003).
17 Miller v. California, 413 U.S. 15, 23, 36 (1973).
18 New York v. Ferber, 458 U.S. 747, 763-764 (1982).
19 N.Y. Times Co. v. Sullivan, 376 U.S. 254, 279-280 (1964).
20 Chelsea Norell, *Criminal Cookbooks: Proposing a New Categorical Exclusion for the First Amendment*, 84 S. CAL. L. REV. 933, 949 (2011).
21 United States v. Williams, 553 U.S. 285 (2008).
22 Prosecutorial Remedies and Other Tools to end the Exploitation of Children Today Act of 2003, Pub. L. No. 108-21, 117 Stat. 650 (2003).
23 Ashcroft v. Free Speech Coalition, 535 U.S. 234 (2002).

Scalia）裁判官の法廷意見は，同法が違法な児童ポルノに限定して規制しているので合憲であるとした[24]。

本判決はバーチャル児童ポルノであっても修正1条の保護を受けないとしているので，新たに保護されない表現を増やしたか，保護されない領域を広げたようにもみえる。実際，スーター（David H. Souter）裁判官の反対意見は，児童ポルノのフェイクは修正1条の保護に入るのであって，未成年者と区別できないバーチャル児童ポルノに限定したとしても違憲であると述べている[25]。

もっとも，法廷意見は，未成年者と区別できないバーチャル児童ポルノはもはや児童ポルノそのものであり，児童ポルノと同様の位置づけになると判断したともいえる。そうであるとすれば，修正1条の保障外の対象を広げたというよりも，もともと保障外とされてきた児童ポルノに該当すると判断したにすぎないとみることもできる。ただし，Ashcroft v. Free Speech Coalition判決は単に過度広範性を治癒すればバーチャル児童ポルノを規制対象とすることができるとしたのではなく，バーチャル児童ポルノの規制自体を認めないと判断したのではないかとみる余地もあり，スーター裁判官の反対意見はそのような理解に基づいているものと考えられる。いずれにせよ，法廷意見は，未成年者と区別できないバーチャル児童ポルノを児童ポルノの範疇に入れたため，それも修正1条の保障外として捉えられることになった。

こうしてみると，ロバーツコートもカテゴリカルアプローチを採用し，少なくとも従来から除外されているカテゴリーについては引き続き除外するというスタンスをとっているといえる。したがって，Williams判決までは従来の判例法理を踏襲しているといえるが，その後の判例では新たな展開をみせていく。

ロバーツコートの特色が見え始めるのは，2010年のUnited States v. Stevens連邦最高裁判決[26]からである。この事件では，動物虐待ビデオの製造，

---

24 ロバーツ（John G. Roberts, Jr.），スティーブンス（John Paul Stevens），ケネディ（Anthony M. Kennedy），トーマス（Clarence Thomas），ブライヤー（Stephen G. Breyer），アリート（Samuel Alito）が賛同した。
25 553 U.S. at 310 (Souter, J., dissenting). ギンズバーグ（Ruth Bader Ginsburg）が賛同している。
26 United States v. Stevens, 559 U.S. 460 (2010).

販売,所持を規制する動物クラッシュビデオ禁止法（Animal Crush Video Prohibition Act）[27]の合憲性が争われた。同法は,販売目的で故意に生きている動物を痛めつけたりバラバラにしたり拷問したり殺したりする動物虐待を描写したものを製造,販売,所持した場合にこれを罰する規定になっていた。なお,そうした表現を一切禁止するのではなく,真摯な宗教的,政治的,科学的,教育的価値が含まれている場合には適用されないとの除外規定も存在した[28]。闘犬ビデオなどを販売していたスティーブンス（Robert J. Stevens）は同法違反で逮捕され,裁判において同法が表現の自由を侵害すると主張した。

この事件については,ロバーツ長官自らが法廷意見を執筆した[29]。まず,動物虐待表現は修正1条の保障外にあるとの政府側の主張をしりぞけた。修正1条の保障外として位置づけられるためには当該表現の社会的コストが表現の利益を大きく上回っていなければならず,歴史的に表現の自由として認められてこなかったものでなければならないとし,動物虐待表現はそうした要件を満たさないとしたのである。その上で同法の過度広範性を検討した。同法は動物虐待の描写を規制しているが,描写された行為が残虐であることを要求していないことが問題である。痛めつけたり拷問したりすることは残虐行為に該当するだろうが,単に傷つけたり殺したりすることが残虐行為に該当するとは限らない。また,違法性との関連や除外規定の内容も限定されていない。そのため,同法は過度広範ゆえに無効であるとした。

これに対して,アリート裁判官が反対意見を書いた[30]。アリート裁判官は,修正1条は犯罪行為を保護しておらず,クラッシュビデオの製造等は犯罪とされてきたもので,その害悪が表現の利益に大きく勝るとし,修正1条の保護を受けないとした。そして,少なくともクラッシュビデオと闘犬ビデオに適用する限り,同法は修正1条を侵害することにはならないとした。

Stevens判決は,動物虐待ビデオも修正1条の保護に含まれるとし,修正

---

27 Animal Crush Video Prohibition Act of 2010, 18 U. S. C. §48.
28 18 U. S. C. §48（b）.
29 スティーブンス,スカリア,トーマス,ケネディ,ギンズバーグ,ブライヤー,ソトマイヨール（Sonia Sotomayor）が賛同している。
30 559 U.S. at 482（Alito, J., dissenting）.

1条の保護から外されるカテゴリーを新設しなかった。アリート裁判官が述べたように，動物虐待自体は犯罪になっていることからすれば，そのビデオも修正1条の保護から外される余地はあったといえる。しかし，法廷意見は，当該表現の有害性は大きくなく，歴史的に表現の自由として認められてこなかったわけではないとして保護の対象に含めた。ここでは，歴史的に表現の自由として認められてきたかどうか（あるいは規制されてきたかどうか）に着目している点が重要である。Chaplinsky判決がカテゴリーとして修正1条の保護から外される領域があるという枠組を設定し，将来的にそこに含まれる表現が追加されていくことを想定していたのに対し，Stevens判決は従来から除外されてきたものに限定されるというスタンスをとったからである[31]。これにより，Ferber判決までカテゴリーとして除外される表現が追加されてきた流れがストップし[32]，ロバーツコートではそれ以上増やさない可能性が高くなった。

　また，Stevens判決は動物虐待ビデオを修正1条の保護に含めた上で，当該表現の規制を文面審査によって過度広範ゆえに無効とした点も重要である。劇薬とも称される過度広範ゆえに無効の法理を使ったということは，表現の自由については相手が立法府であっても躊躇しないという態度が垣間見えるからである。しかも，本件はただの劇薬ではない。通常であれば，過度広範ゆえに無効としても，バーチャル児童ポルノの事案のように，連邦最高裁が内容の違憲性に触れていなければ，立法府は条文を修正して作り直すことができる。しかし，本判決は動物虐待ビデオも修正1条の保護に入るとしていることから，新たに作り直しても違憲になる可能性があるのである。

　翌年，連邦最高裁はまたもやカテゴリーとして除外されるかどうかが争点となった事案について判断を下した。2011年のBrown v. Entertainment Merchants Association連邦最高裁判決[33]である。カリフォルニア州は，未成

---

31　Nadine Strossen, *A Big Year for the First Amendment: United States v. Stevens: Restricting Two Major Rationales for Content-Based Speech Restrictions*, 2009-10 CATO SUP. CT. REV. 67, 81 (2009).
32　実際，連邦最高裁はFerber判決以来，カテゴリーとして除外される表現を増やしていない。Recent Cases: Constitutional Law, 122 HARV. L. REV. 1239 (2009).
33　Brown v. Entertainment Merchants Association, 564 U.S. 786 (2011).

年者に暴力ビデオゲームを販売したり貸与したりすることを禁止する法律を制定した[34]。ここでいう暴力ビデオゲームとは、プレイヤーが人間のイメージに対して殺害したり、不具にしたり、切断したり、性的暴力をふるったりするもので、それが未成年者にとってふさわしくない方法で描写されているもので、文学的、芸術的、政治的、科学的価値に欠けるものを指す。これに対して、ビデオ会社らが原告となって、同法施行前の差止を求めて提訴したのが本件である。

スカリア裁判官の法廷意見は、技術が発達して新しいメディアが登場したからといって、表現内容に基づいてその表現を規制することはできないという原則は変わらないとした上で、暴力ビデオゲームがカテゴリーとして修正1条から除外される表現といえるかどうかについて検討した[35]。Stevens判決が示したように、その表現が単に有害であるからといって、修正1条の保護から除外されるわけではなく、新たに除外されるためにはその表現が規制されてきたという伝統がなければならない。州は未成年者にとって有害になる表現を新たに創出しようとしているが、これまで未成年者が暴力的表現に接してはならないとしてきた伝統はない。もちろん、州は未成年者を守るための規制を行うことができるが、有害なものに未成年者をさらさないためであれば何でもできるわけではない。そのため、暴力ビデオゲームはカテゴリーとして修正1条から除外されることにはならないとした。

そうなると、本件州法は内容に基づく規制を行っているので、厳格審査をパスしなければならず、やむにやまれぬ利益と厳密に仕立てられた手段でなければ違憲となる。とりわけ、州は解決が必要な実際の問題を特定し、その解決のために表現の自由を制約しなければならないことを証明しなければならない。まず、州は暴力ビデオゲームが未成年者を攻撃的にしてしまうということを心理学的に証明できておらず、やむにやまれぬ利益があることを提示できていない。また、手段についても、本件規制は未成年者が他の方法で暴力シーンを閲覧できることから過小包摂であると同時に、暴力ビデオゲームは有害ではないと考えている親の子供がアクセスすることを規制している

---

34 California Assembly Bill 1179 (2005), Cal. Civ. Code Ann. §§1746-1746.5.
35 ケネディ、ギンズバーグ、ソトマイヨール、ケイガン（Elena Kagan）が賛同している。

ことから過剰包摂であり、厳格審査をパスできない。したがって、法廷意見は同法を違憲とした。

かかる法廷意見に対して、またもやアリート裁判官は個別意見を執筆している[36]。Stevens判決の時と異なり、今回は同意意見であるが、結論のみ同意するという結果同意意見である。アリート裁判官によれば、連邦最高裁は技術の進歩に応じた判断をしなければならず、暴力ビデオゲームは従来のメディアと異なるものと認識すべきであるという。ところが、同法は暴力ビデオゲームの定義を厳密にしておらず、その他の規定も不明確な内容になっている。そのため、同法は憲法の要求する明確な告知を果たしていないとした。換言すれば、同法は漠然性ゆえに無効であるとしたのである。

Stevens判決で法廷意見を書いたロバーツ長官が結果同意意見の側についていることからすると、Brown v. EMA判決におけるスカリア裁判官の法廷意見とは内容面において先例と袂を分かっているともいえる。もっとも、スカリア裁判官の法廷意見はStevens判決に依拠しながら判断していることから、その意味ではStevens判決と連続性があるといえる。またロバーツ長官はStevens判決およびBrown v. EMA判決の両方で文面審査の判断を行っており、その点においてBrown v. EMA判決では結果同意意見にまわった可能性があるといえよう。

一方、保守派とリベラル派の裁判官がそれぞれ子供の保護の観点から反対意見を書いている。トーマス裁判官の反対意見は、憲法起草者はあらゆる表現を保護しようと考えていたわけではなく、子供に悪影響をもたらす表現は保護されないとして同法は合憲であると述べた[37]。ブライヤー裁判官の反対意見は、本件は暴力表現というカテゴリーが修正1条の保障外にあるかどうかの問題ではなく、子供の保護の問題であるとし、厳格審査を適用しても合憲であると主張した[38]。

従来の判例法理からすれば、連邦最高裁は子供の保護を目的とした表現規

---

36 564 U.S. at 805（Alito, J., concurring in the judgment）. これにはロバーツが賛同しており、Stevens判決において文面審査を行ったことから、文面に着目したアリート同意意見に共感するものがあったと思われる。

37 *Id.* at 821（Thomas, J., dissenting）.

38 *Id.* at 840（Breyer, J., dissenting）.

制については合憲とする傾向にあり，とりわけ児童ポルノについては単純所持ですら合憲としてきた[39]。このような傾向からすれば，反対意見の方が先例に親和的であるともいえるが，そうした価値よりも表現の自由の価値を重視したのが法廷意見であり，ロバーツコートの特徴ともいえる。また，本件は，技術の発展に応じた規制につき，専門的能力に欠ける司法が積極的にその合理性を判断しており，表現の自由に対するロバーツコートの積極的保障を垣間見ることができたといえる[40]。

Stevens判決とBrown v. EMA判決は有害表現の問題であったが，ロバーツコートは不快表現についてもカテゴリーとして除外される領域に含めない判断を行っている。それが，Snyder v. Phelps連邦最高裁判決[41]である。

Snyder判決は，イラクで戦死した息子の葬儀を遺族が行っていた際に，ウェストボロバプチスト教会の者らがその周辺で「神は合衆国を忌み嫌っている／9.11を神に感謝せよ」，「アメリカは破滅する運命にある」，「あなたは地獄に落ちる」などのプラカードを掲げながら，軍隊内の同性愛批判のピケを行ったことが，遺族の感情を損なったとして裁判になったものである。一審は，290万ドルの慰謝料と800万ドルの懲罰的損害賠償を認める判断を行った。これに対して，教会側は表現の自由を行使したものであるとして上訴し，連邦最高裁が裁量上訴を認めた。

Stevens判決で法廷意見を書いたロバーツ長官がここでも法廷意見を執筆した[42]。原告側は，当該表現が修正１条によって完全に保護されるものではなく，また葬儀という場所で許されるものでないと主張した。これについて法廷意見は，本件表現につき損害賠償責任を負うかどうかは当該表現が公的関心（public concern）に関わるものか，それとも私的関心（private concern）に関わるものかによるとし，当該表現は国や市民の政治的，道徳的行為に関わり，軍隊における同性愛の問題を取り上げるもので，社会に訴えるメッセ

---

39 *See* Osborne v. Ohio, 495 U.S. 103 (1990). なお，連邦最高裁は，Stanley v. Georgia, 394 U.S. 557 (1969) において，わいせつ表現物の規制については単純所持規制を違憲としている。
40 Ludwig Herard, *Brown v. Entertainment Merchants Association: 131 S. Ct. 2729 (2011)*, 22 DEPAUL J. ART TECH. & INTELL. PROP. L. 515, 524 (2012).
41 Snyder v. Phelps, 562 U.S. 443 (2011).
42 法廷意見には，スカリア，ケネディ，トーマス，ギンズバーグ，ブライヤー，ソトマイヨール，ケイガンが賛同している。

ージであるとした。また，本件表現が行われた場所については法令に基づいて行われたものであり，違法とはいえないとした。そのため，本件表現が道義にもとるものであるとしても，そのような反道義性は表現の自由に優先することにはならないとしたのである。

本件では，ブライヤー裁判官が同意意見を書いており，公的関心事項であってもピケを禁止できないわけではなく，他者に損害をもたらすような場合には規制できるが，本件では合法的に行われていたので不法行為にはならないと補足している[43]。

これに対して，またもやアリート裁判官が反対意見を書いている[44]。アリート裁判官によれば，修正1条は悪質な攻撃的表現を認めるものではなく，社会的価値がわずかしかない表現が社会秩序や社会道徳に勝ることにはならないという。修正1条は本件のような表現行為を行う免許（license）を与えておらず，法廷意見はそれを認めた点において誤っている。そもそも，埋葬された者は公的人物ではなく，その他の場所でも表現可能であるにもかかわらず葬儀の場で行っていることから個人に向けた表現という側面があり，被告の行為によって葬儀が騒然となったのであるから不法行為になる。このように，アリート裁判官は本件表現が修正1条によって守られるものではないとしたのである。

Snyder判決は，当該表現が公的関心事項と私的関心事項のいずれに該当するかが主な争点となり，本件のような不快表現も修正1条の保護の対象に含まれるかどうかについて判断されたわけではない[45]。だが，法廷意見は本件表現のメッセージ性を認め，さらにアリート裁判官はStevens判決の時と同様，修正1条によって保護されない表現であると反対していることからすれば，実質的には修正1条の保護に含まれるかどうかという論点についても判断されたといえよう。

---

[43] 562 U.S. at 461 (Breyer, J., concurring).
[44] Id. at 463 (Alito, J., dissenting).
[45] Kevin P. Donoughe, *Can Dead Soldiers Revive a "Dead" Doctrine? An Argument for the Revitalization of "Fighting Words" to Protect Grieving Families Post-Snyder v. Phelps*, 63 CLEV. ST. L. REV. 743, 760-761 (2015). なお，本件表現は喧嘩言葉に近いものとして分類されるが，本判決によって喧嘩言葉がカテゴリーとして修正1条から除外されるという法理が消え去ったわけではないという指摘がある。

また，表現が修正1条から除外されるか否かが問題となったわけではないが，有害／不快な表現規制が問題となった2012年のFCC v. Fox TV Stations, Inc.連邦最高裁判決[46]についても触れておく。この事件は，テレビ放送で下品な言葉を一瞬たりとも流してはならないとするFCCの命令が合憲かどうかにつき，連邦最高裁はいったん憲法判断を留保して原審に差し戻したが[47]，その後再び連邦最高裁まで上がってきた。ケネディ裁判官の法廷意見は，罰則を適用する際に政策変更が告知されていなかったとして違憲の判断を下した[48]。法廷意見はもっぱらデュープロセスの問題として処理し，同規制が修正1条に反するかどうかについては言及していないので，本件は表現の自由の問題ではないともいえる。しかし，下品な表現の規制につき，適正な手続を踏まなければならないとしているのであるから，間接的に表現の自由の保護に寄与する判断になっているともいえよう。

## 2 虚偽表現

次に，虚偽表現も修正1条によって保護されるかどうかの問題を取り上げる。端的にいえば，「嘘をつく権利」（right to lie）があるのか，という問題である[49]。かつて名誉毀損における虚偽か否かの証明を考える際，虚偽表現も修正1条によって保護されるかどうかが議論になったことがある。Gertz v. Robert Welch, Inc.連邦最高裁判決[50]において，パウエル（Lewis F. Powell Jr.）裁判官は，「事実に関する誤った言述は憲法上保護する価値がないけれども，それでもなお自由な議論には欠かせない」[51]と述べて，名誉毀損における虚偽の証明の必要性を語っている。ただし，虚偽表現も修正1条によっ

---

46 FCC v. Fox TV Stations, Inc., 132 S. Ct. 2307 (2012).
47 FCC v. Fox TV Stations, Inc., 556 U.S. 502 (2009).
48 ロバーツ，スカリア，トーマス，アリート，ブライヤー，ケイガンが賛同している。なお，ソトマイヨールは参加していない。他に，FCC v. Pacifica Foundation, 438 U.S. 726 (1978) を見直すべきとのギンズバーグの結果同意意見がある。132 S. Ct. 2321 (Ginsburg, J., concurring in the judgment).
49 Clay Calvert and Rebekah Rich, *Low-Value Expression, Offensive Speech, and the Qualified First Amendment Right to Lie: From Crush Videos to Fabrications About Military Medals*, 42 U. TOL. L. REV. 1 (2010).
50 Gertz v. Robert Welch, Inc., 418 U.S. 323 (1974).
51 *Id.* at 340.

て保護されるのかどうかは明らかにならず，その後も議論されてきた。

これが問題となったのが，2012年のUnited States v. Alvarez連邦最高裁判決[52]であった。アメリカでは，勲章詐称法（Stolen Valor Act）[53]により，勲章を受け取ったことがあると詐称することが禁じられていた。本件の被告人は，公の会議の場で議会名誉勲章（Congressional Medal of Honor）を受け取ったことがあると詐称し，同法違反の罪に問われた。被告人側は同法が表現の自由を侵害していると主張し，修正1条は虚偽表現を保護しているかどうかが争点となった。

連邦最高裁では法廷意見を形成することができず，ケネディ裁判官が相対多数意見を執筆することになった[54]。ケネディ裁判官の相対多数意見は，「嘘をつくことが彼の癖だった」という印象深い一節から始まっており，まさに本件では「嘘」をどのように位置づけるかが争点となった。相対多数意見はまずカテゴリーとして修正1条から除外されるか否かの問題を検討し，以下のように判断した。

内容規制は一定のカテゴリーしか認められておらず，せん動，わいせつ，名誉毀損，犯罪と一体の言論，喧嘩言葉，児童ポルノ，詐欺，脅迫（真の脅威），重大かつ差し迫った危険の予防などの規制がそれに当たる。虚偽表現は修正1条の保護を受けないと判断したように思える先例もあるが，それは虚偽表現によって違法行為が成立する場合である。しかし，本件は虚偽表現そのものを刑罰の対象にしており，それらのケースとは異なるものである。そのため，もし虚偽表現が修正1条によって保護されないカテゴリーに含まれるとするのであれば，政府はそれを証明しなければならないが，十分証明できていない。内容規制は最も厳格な審査（most exacting scrutiny）を満たさなければならない。勲章のインテグリティを確保するという利益は認められるが，そのための制約は勲章に対する害悪を防止するためのものでなければならず，そこには直接的関連がなければならない。しかし，虚偽表現によって勲章の認識が損なわれるという証拠はない。また，それを規制するので

---

52 United States v. Alvarez, 132 S. Ct. 2537 (2012).
53 Stolen Valor Act of 2005, 18 U.S.C. §704.
54 相対多数意見には，ロバーツ，ギンズバーグ，ソトマイヨールが賛同している。

あれば，より制限的でない他の手段でなければならない。そのため，同法は修正1条を侵害するとした。

相対多数意見の結論には従ったものの，ブライヤー裁判官は結果同意意見を書いており，ケイガン裁判官がそれに賛同している[55]。ブライヤー裁判官は厳格審査ではなく中間審査（intermediate scrutiny）で足りるとし，法律の目的と手段が関連しているかどうかをチェックすべきであるとした。本件では，害悪を引き起こすような虚偽表現を規制対象にするなど，より制限的でない方法がありうるので違憲であるとし，結論としては相対多数意見に賛同したのである。

これに対して，再びアリート裁判官が反対意見を書いている[56]。アリート裁判官は，「もし相対多数意見が完全に空想的でないとしても，虚偽表現は修正1条の範囲外にある」[57]とし，本件表現には価値がなく，保護された表現に対して委縮効果ももたらさないとし，他の方法では十分規制できないとして，相対多数意見と完全に逆の判断を行って，本件規制が合憲であると述べた。

相対多数意見にとどまったものの，Alvarez判決も，修正1条の保護を受けるかどうか微妙な表現につき，修正1条から除外されないとする判断傾向にそう形となった。また，本件においても，ロバーツ長官とケネディ裁判官が表現の自由を保障する側に立ったのに対し，アリート裁判官が秩序や道徳を重視して表現の自由に優先させたという構図になっている[58]。

## 3 著作権と表現の自由

また，ある表現が表現の自由として保護されるかどうかの問題ではないが，カテゴリーとして修正1条から除外しているようにみえる問題として，著作権の問題がある。表現の自由と著作権の問題については2003年のEldred

---

55 132 S. Ct. at 2551 (Breyer, J., concurring in the judgment).
56 Id. at 2556 (Alito, J., dissenting). スカリアとトーマスが賛同している。
57 Id. at 2565.
58 Rodney A. Smolla, *Categories, Tiers of Review, and the Roiling Sea of Free Speech Doctrine and Principle: A Methodological Critique of United States v. Alvarez*, 76 ALB. L. REV. 499, 521 (2013).

v. Ashcroft連邦最高裁判決[59]において合憲判断が下されている。著作権保護制度は，その制度自体は内容に基づいて表現を規制するわけではないが，著作権として保護された表現を自由に使うことはできなくなる。また，著作権として保護された表現を利用された場合に，著作権者は裁判所を通じて差止を求めることができるので，そのケースにおいては内容に基づく規制に近くなる可能性がある。そのため，著作権の問題は表現の自由として保護されるか否かをめぐる問題に間接的に関わってくるといえる。

先のEldred判決では著作権保護期間を著作者の死後70年に延長する立法が表現の自由を侵害しないかが争われ，合憲とされた。その際，ギンズバーグ裁判官の法廷意見は，著作権は思想・表現区分論とフェアユースによって表現の自由との関係が調整済であるとした。すなわち，著作権は思想を制限するものではなくその表現方法を制約するにすぎないのであるから表現の自由に対する制約度合は低く，公正な使用になっているかどうかを判断するフェアユースの規定によって著作物の非営利的な私的利用などは認められていることから表現の自由との調整がはかられているということである。ロバーツコートにおいても，再び，著作権保護制度が表現の自由を侵害しているのではないかという問題が争われた。それが，2012年のGolan v. Holder連邦最高裁判決[60]である。

この事件では，ベルヌ条約に基づき外国著作物についても国内著作物と同様の著作権保護期間を設定したことがパブリックドメインにある表現物を自由に使う権利を侵害しているかどうかが争われた。この事件でも，Eldred判決と同様，ギンズバーグ裁判官が法廷意見を執筆した[61]。法廷意見は，著作権制度の歴史について言及しながら，著作権制度は発明や新しいアイデアを創造することに寄与するものであるとした。その上で，連邦議会には著作権制度に関する裁量があることに触れながら，同法は永久的に著作権を付与するわけではなく思想・表現区分論やフェアユースが存在している以上，修正1条を侵害していないとした。

---

59 Eldred v. Ashcroft, 537 U.S. 186 (2003).
60 Golan v. Holder, 132 S. Ct. 873 (2012).
61 ロバーツ，スカリア，ケネディ，トーマス，ソトマイヨールが賛同している。なお，ケイガンは審理に参加していない。

これに対し，Eldred判決同様，ブライヤー裁判官が再び反対意見を書いた[62]。ブライヤー裁判官は，本法による著作権保護は発明等のインセンティブにはならず，自由な情報の流通を妨げるものであるとし，連邦議会の裁量の幅を超えているとした。なお，この反対意見にはアリート裁判官が賛同しており，ここでも多数派とは異なる立場に組している。

このように，連邦最高裁は，著作権の問題はすでに表現の自由との調整が織り込み済みであるとの立場をとっている。そのため，仮に著作権の問題が表現の自由として保護されるか否かに関わるものであるとしても，カテゴリーとして除外される表現を増やしているわけでも，減らしているわけでもない。フェアユースによって私的利用であれば，当該著作物を使用することができることから，その意味ではただちに表現の自由の問題を惹起するとはいえないようにみえる。ただし，利用可能な表現を制約しているという意味では表現の自由に対する影響がないわけではない。とりわけ，連邦最高裁は事実上連邦議会が立法で遡及的に著作権保護の期間を延ばせるとしていることから[63]，著作物を利用した二次的著作物をかなり広範に制約できると考えているともいえる。そのため，表現の自由に過敏に反応する傾向のあるロバーツコートとしては著作権の問題はやや特殊な領域の問題ということになろう。

### 4　脅迫表現

最後に，連邦最高裁が直接表現の自由について判断したわけではないものの，結果としてカテゴリーとして除外される領域を限定することとなった事例を取り上げておく。

先述したAlvarez判決においてケネディ裁判官の相対多数意見が述べていたように，修正1条の保護から外される表現の中に脅迫がある。脅迫は犯罪行為であり，連邦法（合衆国法典18編875条（c））は，「州際通商又は外国通商においていずれかの者を誘拐するという脅迫又は他者に損害を与えるとい

---

62　132 S. Ct. at 899 (Breyer, J., dissenting).
63　Robert F. Kappers, *Is What You Give, Really What You Get? The Effect of Golan v. Holder on the Deterioration of the Public Domain*, 81 U. CIN. L. REV. 1053, 1077 (2013).

う脅迫を含む意思を伝えた者は，本編に基づき罰金若しくは5年以下の懲役に処し，又はこれを併科する」[64]と定めている。

　しかし，脅迫それ自体が犯罪であるとしても，その段階ではまだ脅迫の先にある犯罪行為は行われていないことから，その発言の内容や文脈にかかわらず，脅迫まがいの発言をすべて犯罪としてしまうことは表現の自由と衝突する。そこで連邦最高裁は，1969年のWatts v. United States連邦最高裁判決[65]において，政府が真の脅威（true threat）があることを証明しなければならないことを要求した。換言すれば，真の脅威に当たれば，それは犯罪であり，修正1条の保護対象から外れることになる。ところが，Watts判決は大統領に対する脅迫の事例であるため，一般私人に対する脅迫において真の脅威をどのように判断するかという問題が残った。

　連邦高裁レベルではその判断方法が分かれていたが，脅迫を意図した十字架焼却を規制するバージニア州法の合憲性が争われた2003年のVirginia v. Black連邦最高裁判決[66]においてオコナー（Sandra Day O'Connor）裁判官の法廷意見は，「"真の脅威" とは発話者が特定の個人または集団に違法な暴力をふるうと意図した鬼気迫る表現を伝えようとする言述のことである。See Watts v. United States, supra, at 708（"政治的誇張" は真の脅威に当たらない）; R. A. V. v. City of St. Paul, 505 U.S., at 388. 発話者が実際に脅迫を実行することを意図している必要はない。むしろ，真の脅威の規制は "脅迫された暴力が生じる可能性から" 人々を守ることに加え，"暴力のおそれ" および "おそれが発生させる混乱から" 個人を守るものである」[67]と述べた。つまり，真の脅威に当たるかどうかは，被告人本人の意思と関係なく，脅迫に起因する暴力がふるわれる可能性があるかどうかで決まるとしたのである。

　しかし，最近ではインターネットが普及したことで，新たなコミュニケーションツールが登場し，客観的にみて脅迫（真の脅威）に当たるかどうかを判断してしまうと，きわめて多くの発言が脅迫に該当してしまう可能性が出てきた。

---

64　18 U.S.C. §875（c）.
65　Watts v. United States, 394 U.S. 705 (1969).
66　Virginia v. Black, 538 U.S. 343 (2003).
67　Id. at 359-360.

そうした中，新たな判断方法を示したのが，2015年のElonis v. United States連邦最高裁判決[68]である。被告人はラップ調の歌詞をフェイスブックに載せており，その中で元妻の殺害を望むような内容があったので，それが脅迫に当たるとして逮捕された。下級審では有罪とされたが，ロバーツ長官の法廷意見はそれを覆した[69]。法廷意見によれば，本件では，875条（c）の構成要件につき脅迫の意図が要求されるか，要求されるとすればそれがあったかどうかが問題になるとし，次のように判断した。875条（c）は脅迫の構成要件に故意の規定を設けていないが，同条は脅迫を含む意思を伝えることが犯罪になるとしている。そのため，脅迫する意図を持っていたことが証明されなければ，脅迫を含む意思を伝えたことにはならない。この点につき，下級審は被告人の発言を客観的に判断して有罪としたが，被告人の意図を探らなければ有罪判決を下すことができない。つまり，検察側は被告人が脅迫の意図をもって意思を伝達したことを証明しなければならないのである。このように，法廷意見は脅迫罪が成立するためには被告人の脅迫の意図が必要であるとしたのであり，脅迫罪の構成要件の範囲を狭めたといえる。そのことは，表現の自由の観点からすれば，修正1条の保護の対象から外される脅迫的表現の範囲が狭められたことになり，表現の自由として保障される部分が広がったといえる。

　もっとも，本件において法廷意見は表現の自由の問題に触れなかった[70]。しかし，このような限定的解釈が要請される背景には表現の自由の要請が潜在している。従来の判例法理は表現の自由の観点から真の脅威に限定してきたのであり，その後に残された課題は真の脅威の判断方法であった。表現の自由の要請によって脅迫が真の脅威に限定されている以上，その先の判断方法は法律の細かな解釈の問題として対応しても，そこには表現の自由の要請が働いているのである。実際，次にみるアリート裁判官の一部同意一部反対

---

68　Elonis v. United States, 135 S. Ct. 2001 (2015).
69　ギンズバーグ，ブライヤー，スカリア，ケネディ，ソトマイヨール，ケイガンが賛同した。
70　これについては表現の自由について判断すべきであったとの批判がある。See, e.g., Paul M. Smith & Jessica Ring Amunson, *Some Surprising First Amendment Rulings*, 31 COMM. LAW. 14 (2015).

意見は表現の自由を意識しながら脅迫の構成要件を判断している[71]。

アリート裁判官は，脅迫罪が過失以上の要件を課していることについては法廷意見に賛同できるが，それは故意ではなく未必の故意の要請にとどまるとする。そしてそのような解釈は，未必の故意の証明を課すことによって真の脅威に当たらない表現を除外しているわけではないため，表現の自由にも配慮したものになっているとした。つまり，アリート裁判官としては，法廷意見が表にはださなかったものの過度に表現の自由を意識したからこそ故意の要件を課すことになってしまったと考えているのであり，その必要はなく未必の故意程度で十分であるというのである。なお，原審が未必の故意を用いなかったので原判決破棄という点で法廷意見と同じ結果になるため，アリート裁判官の意見は一部同意一部反対意見となっている。

また，本件にはトーマス裁判官の反対意見もつけられており，本件のような脅迫的表現は修正1条によって保護されないとしている[72]。トーマス裁判官も，法廷意見が表現の自由の観点から脅迫罪の構成要件を狭めたと考えているわけであり，そのような判断を批判しているといえる。

したがって，本件は脅迫罪の構成要件該当性の判断が争点であったものの，その背景には修正1条によって保護されない脅迫的表現（真の脅威）の範囲をめぐる問題があったといえる。そしてロバーツ長官の法廷意見は保護されない範囲を限定する判断を行ったといえるのである。

以上のようにロバーツコートは保護されるかどうかきわどい表現が修正1条から除外されるか否かの判断につき，除外される表現を狭める判断を行う傾向にある。そして，それを主導しているのがロバーツ長官自身であり，スウィングボートであるケネディ裁判官のみならず，時にリベラル派をも味方につけながら，表現の自由を保護する傾向にある。それに対して，同じ保守派であるはずのアリート裁判官がそれに反発するという構図になっている。アリート裁判官は秩序や道徳を乱す表現までもが許されるとは考えておらず，また社会状況の変化に対する立法府の対応を肯定的に評価しているところが法廷意見側と異なっているといえる。

---

71　135 S. Ct. at 2013 (Alito, J., concurring in part and dissenting in part).
72　*Id.* at 2018 (Thomas, J., dissenting).

もっとも，ミニマリズムを重視するロバーツ長官は表現の自由の分野においてもそうした態度を覗かせる場面があり，いかなる場合でも表現の自由の保護を打ち出すわけではない点に注意が必要である。実際，FCC v. Fox判決やElonis判決では表現の自由に踏み込まずに判断している。これについては下品な表現や脅迫的表現は文化闘争を惹起する危険性もあることから，ミニマリズムの観点からそうした大きな問題につながるのを避けたとも指摘される[73]。

## II　内容規制・内容中立規制をめぐる対立

内容規制（content-based regulations）と内容中立規制（content-neutral regulations）の区別をめぐる問題はロバーツコート以前から存在してきた。内容規制と内容中立規制の区分は次のように整理されることが多い[74]。内容規制は表現を直接制約することから厳格審査に服する。すなわち，政府利益はやむにやまれぬ利益（compelling interest）でなければならず，そのために厳密に仕立てられた（narrowly tailored）規制になっていることが要求される。その際，内容規制には，特定の見解や信条を規制する観点差別（viewpoint discrimination）規制と，テーマそのものを規制する主題（subject matter）規制の2つがある。一方，直接内容を規制するものでなければ内容中立規制となり，審査基準は多少緩和される。すなわち，政府の利益は重要（significant）または実質的（substantial）でなければならず，他に十分な表現方法が存在していなければならない（leave ample alternative means）[75]。また，時，場所，方法を規制するものであるが，間接的に表現規制となってしまう場合には二次的効果（secondary effect）の規制とみなされ，内容中立規制の一類型とみなされることがある。

---

73　Clay Calvert and Matthew D. Bunker, *Fissures, Fractures and Doctrinal Drifts: Paying the Price in First Amendment Jurisprudence for a Half Decade of Avoidance, Minimalism and Partisanship*, 24 WM. & MARY BILL OF RTS. J. 943, 972-975 (2016).
74　Geoffrey R. Stone, *Content Regulation and the First Amendment*, 25 WM. & MARY L. REV. 189 (1983).
75　Mark Rienzi and Stuart Buck, *Neutral No More: Secondary Effects Analysis and the Quiet Demise of the Content-Neutrality Test*, 82 FORDHAM L. REV. 1187, 1192-1194 (2013).

以上の分類はあくまで一般的な整理であり，実際の判例法理はここまで明瞭になっているわけではない。また，事案によっては審査基準の内容や二次的効果の位置づけも異なるものがあり，この整理が必ずしも一般化されているわけではなく，そもそも区分が難しいケースもある。そのため，内容規制・内容中立規制の区分論（以下，「規制内容区分論」という）は表現の自由の問題を考える際の重要なメルクマールになっているものの，実際には乗り越えなければならない課題が多い[76]。

ロバーツコートにおいても規制内容区分論の使用方法について一致をみているわけではなく，実際の適用においても認識に違いがみられる。以下では，規制内容区分論に関する判例の動向をみることにする。

### 1 前哨戦

まずは，プライバシー保護のための規制が修正1条に反するとされた事件がある。連邦最高裁はこれまで情報プライバシー権を積極的に保護しようとしておらず，それはロバーツコートになってからも同じである。2011年のNASA v. Nelson連邦最高裁判決[77]ではNASAの契約職員の採用調査（薬物歴など）の合憲性を簡単に認めている。この事件は雇用者としての政府が安全や管理のために情報が必要であるという利益と情報プライバシー権との衝突であったが，同年には情報プライバシー権（その他の利益も含む）と表現の自由が対立する事案についても判断が下された。それが，薬の処方関連情報の利用が争われたSorrell v. IMS Health Inc.連邦最高裁判決[78]である。この事件は，バーモント州が処方医同定情報（prescriber-identifying information）を含む記録の利用を規制したことが問題となった。バーモント州は，保険会社や薬局等の業者が処方医の同意を得ずに，処方医同定情報を含む記録を販売等してはならず，製薬会社等は処方医の同意がなければ処方医同定情報をマーケティング等のために利用してはならないという州法を制定した[79]。こ

---

76 Leslie Gielow Jacobs, *Clarifying the Content-Based/Content Neutral and Content/Viewpoint Determinations*, 34 McGeorge L. Rev. 595, 618-634 (2003).
77 NASA v. Nelson, 562 U.S. 134 (2011).
78 Sorrell v. IMS Health Inc., 564 U.S. 552 (2011).
79 Vt. Stat. Ann. tit. 18, §4631 (d).

の規制が表現の自由を侵害しているとして裁判になったのが本件である。

　ケネディ裁判官の法廷意見は，同法が製薬会社の情報利用を制限し，ディテーラーのブランド薬品の販売活動などを規制しているので，州が望ましくないと考える表現を狙って規制していることから内容規制に当たるとし，高められた審査基準（heightened judicial scrutiny）が妥当であるとした[80]。そのため，同法が直接実質的な政府利益を促進し，その手段が当該利益を実現するためのものになっていなければならないとした。法廷意見によれば，本件規制による処方医のプライバシー保護という政府利益は別の方法で漏れる可能性があることから不十分なものであり，セールスが嫌なのであれば別の方法で医師は拒否できる。また，医療コストの削減や公衆衛生の促進という利益は重要であるが，市民が誤った判断をするおそれは内容規制を正当化するものではないとして本法を違憲とした。

　これに対して，ブライヤー裁判官は反対意見を書き，ギンズバーグ裁判官とケイガン裁判官がそれに賛同した[81]。ブライヤー裁判官は，法廷意見のような高められた審査基準を用いる必要はなく，中間審査基準を適用すべきであるとする。すなわち，これ以上限定的な規制では実現できないような実質的な政府利益を直接促進する場合であるかどうかを審査するというものである。州法が保護しようとするプライバシーや公衆衛生などの利益は実質的なものであり，あらゆる表現に対して中立的な規制であって，より限定的な方法で効果的に規制できるものは立証されていないので，本件州法は合憲であるとした。

　法廷意見と反対意見は採用した基準によって結論が異なっているので，対立軸はどの基準を用いるかという点にあるといえる。ところが，法廷意見は厳しめに審査するとはいっているものの，いわゆる厳格審査そのものを用いておらず，基本的には反対意見と同じ中間審査基準の枠組の中で厳しく判断しているにすぎない[82]。つまり，審査基準については中間審査基準のままであるが，いわば審査密度を上げる形で厳しめの判断をしたようにみえる。か

---

[80] ロバーツ，スカリア，トーマス，アリート，ソトマイヨールが賛同している。
[81] 564 U.S. at 580 (Breyer, J., dissenting).
[82] この点については，アメリカ法の座談会において詳しく議論されている。「座談会——合衆国最高裁判所2010–2011年開廷期重要判例概観」〔2011–2〕アメリカ法326–327頁。

かる基準の違い自体興味深いところであるが，その前提には当該規制を内容規制とみるか内容中立規制とみるのかの違いがある。法廷意見は実質的に内容規制（しかも観点規制）になっているとみなしたが，反対意見は特定の表現を規制するものではなく中立的なものとみている。本件では，主に基準の相違点をめぐって対立したため，内容規制と内容中立規制の問題はそれほどクローズアップされなかったが，この問題はその後のケースで本格的に顕在化することになる。

### 2 内容規制と内容中立規制をめぐる問題

内容規制か否かについては，内容規制には当たらないことから修正1条の問題にならないとした判断がある。2014年のWood v. Moss連邦最高裁判決[83]では，政府支持派のデモと政府批判派のデモとで政府の対応が異なっていたことから，それが見解規制に当たるかどうかが問題となった。2004年の大統領選挙の際，現職のG・W・ブッシュ（George W. Bush）支持派と反対派がそれぞれデモをしようとして集まっていたところ，シークレットサービスが安全上の理由からG・W・ブッシュ大統領が到着する前に反対派に対して同場所から移動するように指示（命令）したが，支持派には移動の指示を出していなかったため，内容規制ではないかとみなされたのである。連邦最高裁は全員一致で当該問題は内容規制に当たらず，修正1条を侵害しないとした。原審は内容規制に当たるとしていたが，ギンズバーグ裁判官の法廷意見は，シークレットサービスが支持派の存在に気付いていたという証明がなされておらず，その指示は適切であり，修正1条を侵害していないとしたのである。この判決では内容規制か否かにつき，どちらかといえば事実認定が争点となり，内容規制であることが証明されなかったため，裁判官の意見は割れなかった。だが，次の判決では内容規制か内容中立規制かをめぐって意見が分かれることになる。

同年，連邦最高裁は中絶規制による表現の自由の問題について判断した。それが，McCullen v. Coakley連邦最高裁判決[84]である。この事件では，マサ

---

83 Wood v. Moss, 134 S. Ct. 2056 (2014).
84 McCullen v. Coakley, 134 S. Ct. 2518 (2014).

チューセッツ州が中絶施設周辺で中絶賛成派と中絶反対派の衝突が起きないように中絶施設から35フィート以内のエリアにつき，関係者や通行人以外を立入禁止にする州法を制定したことが問題となった[85]。これにより，歩道での助言（sidewalk counseling）と呼ばれる行為をしている者が当該活動をすることができなくなったとし，修正1条に反するとして訴訟を提起した。連邦最高裁は結論については全員一致で違憲の判断を下したが，その内実は内容規制か内容中立規制をめぐって分裂していた。ロバーツ長官の法廷意見はパブリックフォーラムにおける内容中立規制であるとした上で規制利益を実現する他の手段が存在するとして違憲判断を下した[86]。法廷意見は，同法は公共の安全という目的のために表現される場が規制されたことから主題規制ではなく，施設関係者の適用除外は表現内容ではなくて仕事上の理由で設定したにすぎないのだから観点規制にも当たらず，内容中立規制であるとしたのである。これに対し，スカリア裁判官とアリート裁判官が結果同意意見（単独）を書いており，内容規制か否かの点について法廷意見と対立している。スカリア裁判官によれば，中絶施設の周辺のみを規制することは中絶施設関連の言論というカテゴリーを規制しており，本法は中絶という特定のトピックに対する主題規制であるとした[87]。さらに，本件を観点規制であるとする意見もある。アリート裁判官は，同法が文面上中絶施設関係者を適用除外としているので，中絶施設に好意的な言論を許す反面，それに反抗的な言論を犯罪としており，観点規制になっているとした[88]。

この事件では，内容規制か内容中立規制かで意見が分かれているだけでなく，内容規制と考える側でも意見が分かれているところが特徴である。また，結果的には全員が違憲としていることから，表面上は全員一致となっているにもかかわらず，内容は分裂している点も見逃せない。保守派の間では内容規制という点で一致をみながらも，例によってアリート裁判官が独自路

---

85　Mass. Gen. Laws, ch. 266, § 120E1/2 (a), (b).
86　ギンズバーグ，ブライヤー，ソトマイヨール，ケイガンが賛同しており，ロバーツがリベラル派の判断に乗る形になっている。
87　*McCullen*, 134 S. Ct. 2541 (Scalia, J., concurring in the judgment). トーマスとケネディが賛同している。
88　*Id*. at 2549 (Alito, J., concurring in the judgment).

線に進んだことから，主題規制か観点規制で割れてしまい，ケネディ裁判官が保守派についたものの，法廷意見を形成するのに必要な票を確保できなくなった。そこでロバーツ長官はリベラル派が内容中立規制でまとまっていたことからリベラル側につき，自分で法廷意見を書くことで過度にリベラルにならない判断にしたと推測される。もっとも，一般に，中絶規制についてはリベラル派が違憲で保守派が合憲とする傾向があるにもかかわらず，本件が表現の自由の問題となっていることから，どの裁判官も違憲という点では一致していることも興味深い。ここにロバーツコートの修正1条絶対主義が顔を覗かせているようにも思える。

もともと，内容規制と内容中立規制を区別する明確なルールがあるわけではなく，その意味では本件が三者三様に分かれたのはやむをえない側面もある。一般には，規制が文面上内容に基づいているかどうか，または規制が表現内容に言及せずに正当化されるかどうかで判断される傾向にある[89]。だが，つねにこの方法で判断されるわけではなく，そもそも文面だけをみても内容規制かどうかは判断できず，規制実態が内容規制になっているかどうかをみなければ内容規制かどうかを判断できない可能性もある。この問題が争われることになったのが，2015年のReed v. Town of Gilbert連邦最高裁判決[90]である。

この事件はサインコード（sign code）[91]が問題となったものである。アリゾナ州ギルバートタウンはサインコード[92]を設けており，屋外に向けたサインについて，情報の種類ごとにサインを規制していた。もっとも，いくつかの例外規定が設けられており，イデオロギー的サイン，政治的サイン，一時的サイン（サインコードの定めに従ってなされる一定期間内のサイン）などは規制から除外されていた。ある教会のイベントのサインを一時的サインとして掲示していた原告が一時的サインに要求されるルールを守っていなかったこと

---

89 Leslie Kendrick, *Nonsense on Sidewalks: Content Discrimination in McCullen v. Coakley*, 2014 SUP. CT. REV. 215, 226-227.
90 Reed v. Town of Gilbert, 135 S. Ct. 2218 (2015).
91 アメリカでは，看板や標示をはじめとして，何らかの情報を外部に対して示すもの全般をサインと呼ぶ。
92 Gilbert, Az., Land Development Code, ch.1, §4.402 (2005).

第6章 表現の自由——修正1条絶対主義？ 217

から警告を受けたため，サインコードが表現の自由を侵害しているとして訴えを提起した。連邦最高裁は表面上全員一致で違憲判決を下した。法廷意見を書いたトーマス裁判官は本件規制が内容規制なのか，それとも内容中立規制なのかを中心に以下のように判断を下した[93]。まず，何が内容規制になるのかにつき，Sorrell判決[94]等を引き合いに出しながら，「もしある法律が議論されたトピック又は表現された思想若しくはメッセージを理由に特定の言論に対して適用される場合，政府の言論規制は内容に基づくものとなる」[95]と述べ，「"内容に基づく"という言葉の一般的意味は言論規制が文面上発話者の伝えるメッセージに基づいて区別しているかどうかを裁判所が判断することを要求する」[96]とした。また，文面上内容規制と判断されなくても，その法律が規制された言論の内容を参照しなければ正当化できない場合や言論が伝えるメッセージに賛同できないがゆえに規制している場合も内容規制に当たるとした。本件規制は，イデオロギー的サイン，政治的サイン，一時的サインを規制から除外しているが，それらはサインの伝達内容に基づいて特定の主題に対して適用される規制となっているため，内容規制に当たる。そのため，本件は厳格審査が適用される事案であり，町の美観と交通の安全という利益がやむにやまれぬものであると仮定したとしても，本件規制で一時的サインを規制しても他のサインによって美観や交通の安全が乱される可能性があり，かかる過小包摂性（underinclusiveness）が認められる以上，厳密に仕立てられているとはいえないとして違憲の判断を下した。

　これに対して，文面上内容規制となっていれば自動的に厳格審査になるわけではないとし，結果同意意見を書いたのがケイガン裁判官である[97]。ケイガン裁判官によれば，文面上内容規制となるだけで厳格審査にすべきではなく，政府による思想の抑圧があるという「現実的な蓋然性」（realistic possibility）がなければならないとする。本件ではそれがないので厳格審査ではな

---

93　法廷意見には，ロバーツ，スカリア，ケネディ，アリート，ソトマイヨールが賛同した。
94　*Sorrell*, 564 U.S. 552.
95　*Reed*, 135 S. Ct. at 2227.
96　*Id.*
97　*Id.* at 2236 (Kagan, J., concurring in the judgment). なお，ギンズバーグとブライヤーが賛同している。

く，中間審査が適用されるべきである。だが，中間審査を適用しても，本件サイン規制の区分の合理的基盤を見出すことができないので違憲であるとした。要するに，ケイガン裁判官は，内容規制と内容中立規制の区分は形式ではなく実質をみて判断すべきであるとしているのである。またブライヤー裁判官も，事案に則して審査基準を設定すべきであり本件は厳格審査を適用すべき事例ではないとして結果同意意見を書いている[98]。なお，本件でもアリート裁判官が同意意見を書いているが，今回は結果同意意見ではなく，本件によって他の多くの同種の条例が違憲になるわけではないとする補足的な意見にとどめている[99]。ただし，本件の射程を狭める内容なので，捉え方によっては結果同意意見に近いといえなくもない。

本件は，規制内容としては表現を抑圧していない場合でも，内容規制になっているような外形を備えていれば自動的に厳格審査になることを示したといえる。そうなると，あらゆる表現を平等に取り扱わなければ内容規制とされ，民主的対話を促進するような規制であっても内容規制に当たるとされる可能性が出てくる[100]。つまり，本件の区分方法は多くの内容中立規制を内容規制にしてしまい，表現を促進するような規制も内容規制にしてしまうという問題があるということである[101]。だからこそ，前者についてはアリート裁判官が限定をかけ，後者についてはリベラル派が実質的に反対しているのである。他方で，内容についてはここまで意見が分かれているにもかかわらず，本件規制については全員が違憲と判断していることからすると，表現の自由を重視する点については軌を一にしているといえるだろう。

### 3 政治資金規正と言論

内容規制か否かをめぐる問題ではないが，政治的表現に関する問題として，政治資金規正関連の問題がある。

---

98 *Id.* at 2234 (Breyer, J., concurring in the judgment).
99 *Id.* at 2233 (Alito, J., concurring). なお，ケネディとソトマイヨールが賛同している。
100 Note, *Free Speech Doctrine After Reed v. Town of Gilbert*, 129 HARV. L. REV. 1981, 1998-2002 (2016).
101 Marvin Ammori, *Beyond Content Neutrality: Understanding Content-Based Promotion of Democratic Speech*, 61 FED. COMM. L.J. 273 (2009). 内容規制には表現を促進するものと表現を抑圧するものとがあり，この区分が見落とされがちであると指摘される。

第6章 表現の自由——修正1条絶対主義？ 219

ロバーツコートはプロビジネスであるといわれることがある。その1つの理由としてしばしば言及されるのが，企業の政治資金規正に対する判断である。とりわけ，2010年のCitizens United v. Federal Election Commission連邦最高裁判決[102]は法人の支出制限を違憲としたため，プロビジネスとの印象を与えることとなった[103]。そのため，政治資金規正に関する判例はロバーツコートの特徴の1つといえる。

これまでの政治資金規正関連の判例法理をみると，1976年のBuckley v. Valeo連邦最高裁判決[104]や1978年のFirst National Bank of Boston v. Bellotti連邦最高裁判決[105]が支出制限を違憲と判断していたが，法人の支出制限が違憲かどうかは判断されていなかった。その後，政治資金規正の合憲性については1990年のAustin v. Michigan State Chamber of Commerce連邦最高裁判決[106]や2003年のMcConnell v. FEC連邦最高裁判決[107]などが合憲判断を下していたが，ロバーツコートに入ると違憲判決が続くようになる。2006年のRandall v. Sorrell連邦最高裁判決[108]は寄付制限を違憲とし，2007年のFEC v. Wisconsin Right to Life連邦最高裁判決[109]も特定の広告制限について違憲とし，さらに2008年のDavis v. FEC連邦最高裁判決[110]も資金力の多寡に応じて寄付制限を変動させる制度を違憲としたのである。そうした中，2010年にはロバーツコートの政治資金規正に関する判例の中で最も物議をかもすことになるCitizens United判決が下された。

この事件では法人の支出制限が問題となった。連邦選挙運動規制法（Federal Election Campaign Act）[111]は企業や労働組合が選挙に関する宣伝活動（一定の期間）に独立支出することを禁止し，法人が選挙運動に一定額を支出す

---

102 Citizens United v. FEC, 558 U.S. 310 (2010).
103 A. E. Dick Howard, *Now We Are Six: The Emerging Roberts Court*, 98 VA. L. REV. IN BRIEF 1, 11 (2012).
104 Buckley v. Valeo, 424 U.S. 1 (1976).
105 First National Bank of Boston v. Bellotti, 435 U.S. 765 (1978).
106 Austin v. Michigan Chamber of Commerce, 494 U.S. 652 (1990).
107 McConnell v. FEC, 540 U.S. 93 (2003).
108 Randall v. Sorrell, 548 U.S. 230 (2006).
109 FEC v. Wisconsin Right to Life, Inc., 551 U.S. 449 (2007).
110 Davis v. FEC, 554 U.S. 724 (2008).
111 Federal Election Campaign Act of 1971, 2 U.S.C. § 441b.

る際に対象者の氏名開示を要求し，選挙運動支出は広告内容の見解を明らかにすることを求めていた。また，同法は法人が選挙運動のために一定額の支出を行っている場合，その法人に一定額の寄付を行った者の氏名を開示しなければならないなどの規制もしていた。原告はクリントン（Hillary Clinton）候補を批判する映画を作成したが，その放映とその広告が同法の規制対象になる可能性があることから，同法の違憲性を主張して訴えを提起した。

　ケネディ裁判官の法廷意見は，表現の自由が民主政においてきわめて重要であり，政治的表現の規制については厳格審査が必要であることを説示しながら次のように判断した[112]。法人だからといって政治的表現の自由がないことにはならず，Buckley判決やBellotti判決は独立支出の制限を違憲と判断した。Austin判決はそれらの判決を矛盾する部分を含んでいることから，それを部分的に取り入れたMcConnell判決ともに，判例変更をせざるをえない。そうなると，法人の独立支出を制限する同法は違憲となる。このように法廷意見は支出制限を違憲としたが，開示規定等は合憲であるとした。

　かかる法廷意見についてはいくつかの個別意見がつけられている。ロバーツ長官の同意意見はAustin判決を変更してもこれまでの他の先例に抵触することにはならないとし，本件の影響を小さくしようと試みている[113]。スカリア裁判官は原意に照らして考えると法人の表現も保護されるとみなされていたとする[114]。これに対してスティーブンス裁判官の一部同意一部反対意見は，法廷意見が開示規定等を合憲としたことには賛同しつつ，法人の支出制限には十分な政府利益があり，安易に判例変更をすべきではないとした[115]。また，トーマス裁判官も一部同意一部反対意見を書いており，同法の開示規定等も違憲であるとした[116]。

　Citizens United判決は政治的表現を重視した判決であるが，企業献金の門戸を本格的に開いたものと受け止められたため，リベラル側からの批判が強

---

[112] ロバーツ，スカリア，アリート，トーマス（開示規定等の部分を除く）が賛同した。
[113] 558 U.S. at 372 (Roberts, C.J., concurring). なお，アリートが賛同している。
[114] Id. at 385 (Scalia, J., concurring). なお，アリートが賛同し，トーマスが一部賛同している。
[115] Id. at 393 (Stevens, J., concurring in part and dissenting in part). ギンズバーグ，ブライヤー，ソトマイヨールが賛同した。
[116] Id. at 480 (Thomas, J., concurring in part and dissenting in part).

い。たとえば，ストーン（Geoffrey R. Stone）は当該判決が保守的司法積極主義になっていると批判している[117]。

もっとも，連邦最高裁の政治資金規正に対する厳しい態度はその後も続くことになる。2014年のMcCutcheon v. FEC連邦最高裁判決[118]では連邦選挙運動規制法が寄付の総額上限[119]を設けていたことの合憲性が争われた。Buckley判決では支出制限は違憲であるが献金制限は合憲であると判断されていたが，ロバーツ長官の相対多数意見はBuckley判決当時と異なり，迂回献金防止策が整えられた現在では再考の余地があるとし，一人当たりの献金を総額に応じて調整しなければならなくなる総額制限は腐敗防止を超えた制約になっているとして違憲の判断を下した。

このように，政治資金規正の文脈では政治的表現と公正な選挙の調整において，政治的表現の方が重視される傾向にある。

## Ⅲ 特定分野における敬譲

ロバーツコートが表現の自由を保護する傾向にあることは確かであるが，つねに表現の自由を他の利益に優先させているわけではない。とりわけ，規制者の専門的判断が要請される場合には，表現の自由の問題であっても，その判断を尊重する傾向にある。ただし，それは専門的判断が絡めば尊重されるというわけではなく，その領域がもともと自治的領域であったり，政府の裁量が広く認められる分野であったりする場合に尊重される傾向にある。具体的にいえば，公務員関係，刑務所，政府言論，学校，テロ対策，などの領域である。以下，それぞれの判決をみていくことにする。

### 1 公務員の表現および刑務所内の閲読

公務員関係や刑務所は特殊な領域の典型であり，公益によって表現が制約されやすい分野である。実は，ロバーツコートが始まった2005年度開廷期

---

117 Geoffrey R. Stone, *Citizens United and Conservative Judicial Activism*, 2012 U. ILL. L. REV. 485.
118 McCutcheon v. FEC, 134 S. Ct. 1434 (2014).
119 2 U.S.C. §441a(a)(3).

(2005～2006年) にこの分野における判決が下され，しかも両方とも合憲とされている。

(1) 公務員の表現

まずは，公務員の表現に関する判決をみることにする。公務員の表現については，先例の積み重ねがあり，基本的にはピカリングテストに基づいて判断されてきた。ピカリングテストは，地元紙に教育委員会批判の投書をした教師に降格処分を行うことが修正1条を侵害するとしたPickering v. Board of Education連邦最高裁判決[120]によって示されたものである。連邦最高裁は，公務員が市民として公的関心事項（matters of public concern）について表現する利益と，政府が雇用主として職務上規制する利益とを比較衡量して判断するとした。その後，Connick v. Myers連邦最高裁判決[121]がピカリングテストを踏襲しつつ，その判断方法を二段階に分けた。すなわち，①その表現が市民として行われたものかどうかを審査し，それに該当する場合には，②表現の利益と政府の利益を比較衡量するとしたのである。その後の判例もピカリングテストを用いて判断してきたが，職務に表現が関連する場合にはどのように判断すればいいのかという事件が登場した。それが2006年のGarcetti v. Ceballos連邦最高裁判決[122]である。

この事件は，検察官が上司と異なる自分の職務上の見解を貫いたところ，異動させられたため，表現の自由を侵害されたとして訴訟を提起したものである。原告であるセバロス（Richard Ceballos）はある事件について調べていたところ容疑者の宣誓供述書に疑問があるので不起訴が相当であるとの意見を上司に述べ，調べた内容をまとめたり不起訴相当との意見を書いたりしたメモを用意した。しかし，当該事件は起訴相当とするとの結論になった。当該事件の審理において，セバロスは自らの意見を証言したところ，その後所属を転換させられた。そこでセバロスはかかる報復的措置が表現の自由を侵害するとして訴訟を提起した。争点となったのは，職務上の責務としての行為が修正1条によって保護されるかどうかである。ピカリングテストが，市

---

[120] Pickering v. Board of Education, 391 U.S. 563 (1968).
[121] Connick v. Myers, 461 U.S. 138 (1983).
[122] Garcetti v. Ceballos, 547 U.S. 410 (2006).

民としての表現であって，公的関心事項に関する内容でなければならないと要求していたことから，職責としての表現がそれに含まれるかどうかが問題となったのである。

　ケネディ裁判官の法廷意見は，公務員の市民としての表現の自由の重要性と政府の雇用者としての公共サービスの運営における従業員の発言の管理の必要性とのバランスをとろうとしたのがピカリングテストであるとし，Connick判決が示した二段階式のピカリングテストを用いて判断するとした[123]。そして公務員が職務上の行為として表現を行う場合，それは修正1条が保護する市民としての表現ではないとし，セバロスのメモはまさに職務の一環として行ったものであることから，市民としての表現には該当しないとした。他方で，上司には部下の職務上の行為を監督する責任があることから，職務上の表現に不適切な部分があれば，それを理由に懲戒の対象にしても修正1条を侵害することにはならないとしたのである。

　これに対し，スティーブンス裁判官，スーター裁判官，ブライヤー裁判官は反対意見を書いた。スティーブンス裁判官はそもそも公務員としての表現と市民としての表現は区別できないとし[124]，スーター裁判官は公的不正や，公衆衛生や安全への脅威があった場合に職務の一環としてそれに言及することは修正1条によって保護されるとして職務上の表現が一切修正1条によって保護されないわけではないとした[125]。また，ブライヤー裁判官の反対意見は，専門家としての発言は特別な保護に当たるとし，たとえ職務上の表現であっても，政府利益との比較衡量によって判断すべきであるとした[126]。

　このように，本件は保守派とリベラル派に分かれた事案であり，ケネディ裁判官が保守派についたことから，僅差で保守派が多数を握ることになった。これまで，この領域はピカリングテストが一般的基準として用いられてきたが，本件はピカリングテストが必ずしもオールマイティではないことを暗に示すものだったともいえる。反対意見のいうようにそもそも公務員としての表現と市民としての表現を区別できないのではないか，また公務員の職

---

123　ロバーツ，スカリア，トーマス，アリートが賛同している。
124　547 U.S. at 426 (Stevens, J., dissenting).
125　*Id.* at 427 (Souter, J., dissenting). なお，スティーブンスとギンズバーグが賛同している。
126　*Id.* at 444 (Breyer, J., dissenting).

務上の表現であれば一律に保護しなくてよいのかという疑問があることに加え，法廷意見の論理を突き詰めると，職務の一環として表現した場合には保護されなくても，市民として仕事場以外の場所で表現すれば保護される可能性がでてくることになり，それが果たして適切なのかどうかという疑問もある。それでもなお，法廷意見が比較衡量すら行わずにこのような判断を下したのは公務員関係における政府の裁量および上司の監督権限の自律性を重視したからに他ならない。そのため，仮に本件において比較衡量が行われたとしても，政府の公務員の管理権を公務員の表現の自由の価値に優先させる結果になったのではないかとも指摘されている[127]。

そうなると，本件はロバーツコートが最初から表現の自由を保護していたわけではなかったことを示しているようにみえる。だが，公務員の表現についてある種の公私区分を行ったことは必ずしも表現の自由の価値を一方的に低下させるわけではない。むしろ，明確な区分を行うことで，私的場面での表現は保護される可能性がより強まったとみることもできるからである。もちろん，それは公私区分の方法次第で保護される領域は広くも狭くもなるわけであるが，本件は従来の先例が維持してきた表現の自由として保護される範囲を必ずしも狭めたとはいえないだろう[128]。

（2）刑務所内の秩序と知る権利

公務員関係以上に特殊な領域とされるのが刑務所である。もともと刑務所は自由を制限する場所であるため，そこでの措置については刑務所の専門的裁量が広く認められる傾向にある。裁量の合理性については，Turner v. Safley連邦最高裁判決[129]が4つの判断要素を示してきた。すなわち，①当該規制とそれによって促進しようとする政府利益との間に合理的関連性があるか

---

127 Monique Alexandra Bair, *Garcetti v. Ceballos, Swapping the First Amendment Rights of Public Employees for Greater Government Control*, 37 RUTGERS L. REV. 44, 51-52 (2010).

128 なお，本書の範囲（2005〜2014年）からは外れてしまうが，2016年のHeffernan v. City of Paterson 連邦最高裁判決（Heffernan v. City of Paterson, 136 S. Ct. 1412 (2016)）では公務員の表現に対する事実誤認に基づく懲戒について，たとえ当該公務員が表現を行っていなくてもそれを誤解されて懲戒された場合には修正1条の権利を主張できるとの判断を行っている。この判決では，ブライヤーの法廷意見に，ロバーツ，ケネディ，ギンズバーグ，ソトマイヨール，ケイガンが賛同しており，トーマス（アリートが賛同）が公的関心事項に当たらないので修正1条の保護を受けないとの反対意見を書いている。

129 Turner v. Safley, 482 U.S. 78 (1987).

否か，②被収容者に残された権利を行使する代替手段があるか否か，③主張された権利を認める対応を行うと看守や他の被収容者にどのような影響が生じるか，④政府利益を促進する他の利用可能な代替手段があるか否か，である。ただし，その後Overton v. Bassetta連邦最高裁判決[130]は，司法は刑務所の判断に実質的敬譲を払うべきであるとし，敬譲的姿勢が要請されている。

ロバーツコートにおいて起きたケースもこの基準に基づいて判断された。ペンシルバニア州では，問題のある被収容者に対し長期分離房（Pennsylvania's Long Term Segregation Unit: LTSU）を用意し，被収容者の状態に応じて3つのタイプを用意し，レベルに合わせて懲罰措置を実施した。原告であるバンクス（Ronald Banks）は，暴力的で救いようがなく犯罪行為を繰り返す受刑者に対して新聞，雑誌，写真などにアクセスできないようにするレベル2の措置を受けた。そこで原告は当該措置が修正1条を侵害するとして市民権法1983条訴訟を提起した。それが2006年のBeard v. Banks連邦最高裁判決[131]である。

連邦最高裁は法廷意見を形成できず，ブライヤー裁判官が相対多数意見を書いた[132]。ブライヤー裁判官は，Turner判決が示した基準を適用しながらも，Overton判決を絡ませることで刑務所の裁量を尊重する判断を下した。①の要素については，新聞や雑誌の閲読など被収容者に残された権利を制限することは自らの行状をあらためさせることにつながるので合理性がある。ところが，②，③，④の要素は，政府の判断が不合理であることを示す可能性があるものの，本件ではTurner判決の要素において比較衡量を行うのが適切ではなく，Overton判決のいう敬譲的判断が必要なケースである。つまり，本件では，論理的関係が求められるのではなく，合理的関係が求められるのであり，本件における専門的判断は経験に根差し，刑務所の正当な目的に仕えるものであるとして合憲の判断を下した。

トーマス裁判官の結果同意意見は，本件においてTurner判決の法理を使う必要はなく，Overton判決の法理を用いて，刑務所の裁量を認めるべきで

---

130 Overton v. Bazzetta, 539 U.S. 126 (2003).
131 Beard v. Banks, 548 U.S. 521 (2006).
132 ロバーツ，ケネディ，スーターが賛同している。なお，本件ではアリートが参加しなかった。

あるとした[133]。これに対し、スティーブンス裁判官の反対意見は、Turner判決に基づきながら、被収容者の修正1条の権利が制限される場合、正当な利益との合理的関連性がなければ無効であるとし、閲読等の制限を行っても被収容者の行状が改善されることにつながるわけではなく、合理的関連性がないとして違憲であると主張した[134]。また、ギンズバーグ裁判官が単独の反対意見を書いており、修正1条の重要性を示唆しつつ、相対多数意見の規制の正当化の審査に問題があることを指摘した[135]。

本件では、相対多数意見がTurner判決の4要素を用いながらも、それを用いて判断したのは①だけで、残りについてはOverton判決型の敬譲判断を行うというミックス型の審査を行ったといえる。もっとも、その中身は刑務所の判断に対する敬譲的姿勢に傾いており、刑務行政には敬譲しなければならないという偏見に基づいているとも指摘される[136]。

(3) 政府言論

公務員関係や刑務所関係以外にも、政府の裁量が広く認められる分野がある。いわゆる政府言論 (government speech) の分野である。政府言論については、政府が自らメッセージを伝える主体として活動する場合が想定されるが、助成を通じて私人のメッセージに絡む場合などを含むこともある。ロバーツコートでもいくつかの判決があるが、ここでは政府が管理する領域における言論が問題となった2009年のPleasant Grove City v. Summum連邦最高裁判決[137]を取り上げることにする[138]。

ある宗教団体が十戒等の石碑がある公立公園に石碑を置きたいと申請したところ、市は市の歴史に関係があるかコミュニティにゆかりのあるものしか設置できないとして拒否した。そのため、その宗教団体が市の拒否処分は表現の自由を侵害しているとして訴えを提起した。アリート裁判官の法廷意見

---

133　548 U.S. at 536 (Thomas, J. concurring in the judgment). なお、スカリアが賛同している。
134　Id. at 542 (Stevens, J., dissenting). なお、ギンズバーグが賛同している。
135　Id. at 553 (Ginsburg, J., dissenting).
136　Stanley Wu, *Persona Non Grata in the Courts: The Disappearance of Prisoners' First Amendment Constitutional Rights in Beard v. Banks*, 28 WHITTIER L. REV. 981, 1006 (2007).
137　Pleasant Grove City v. Summum, 555 U.S. 460 (2009).
138　助成の問題としては、たとえば、Agency for International Development v. Alliance for Open Society International, Inc., 133 S. Ct. 2321 (2013) がある。

は，政府は自らが望むことを発言する資格があり，発言したい見解を選ぶことができるとし，公有地における石碑の設置は政府言論に当たるとした。法廷意見は，伝統的パブリックフォーラムでは見解差別が許されないが，本件のような公園における石碑の設置は伝統的パブリックフォーラムではなく，政府言論に当たることから，その選択については市の裁量が認められるとして合憲の判断を下した。

　本件は，形式上は全員一致の判断となっており，しかも個別意見を書くことが多かったアリート裁判官が法廷意見を書いた点が興味深い。ただし，本件には，スティーブンス裁判官，スカリア裁判官，ブライヤー裁判官の各同意意見，スーター裁判官の結果同意意見がつけられている。とりわけ，本件は政教分離の問題も生じる可能性があることから，それをめぐって同意意見同士が対立している。スティーブンス裁判官の同意意見は，本件のような政府の行為が認められるといってもそれには政教分離などの限界があることに注意が必要であるとしている[139]。同じく，スーター裁判官も政教分離の問題を懸念しており，今後政府は石碑の設置について政府言論を主張していくことになろうが，政教分離の問題が生じないように留意すべきであるとし，結果同意意見を書いている[140]。これに対してスカリア裁判官の同意意見は，本件は公有地に寄付された十戒の石碑を置くことを合憲としたVan Orden v. Perry連邦最高裁判決[141]と同様に政教分離の問題を生じさせないとしている[142]。なお，ブライヤー裁判官の同意意見は，政府の目的に応じて政府言論を用いたりパブリックフォーラムを用いたりして柔軟に対応する必要があるとの同意意見を書いている[143]。

　こうしてみると，本件に政府言論の法理を適用することについては一致しているものの，リベラル派の裁判官らは将来の類似の事案においてすべて政府言論の法理で対応すべきではないとしており，本件の射程を狭めようとする姿勢がみられる。ただし，政府言論が妥当する問題であるとの認識さえ一

---

139　555 U.S. at 481（Stevens, J., concurring）．ギンズバーグが賛同している。
140　Id. at 485（Souter, J., concurring in the judgment）．
141　Van Orden v. Perry, 545 U.S. 677（2005）．
142　555 U.S. at 482（Scalia, J., concurring）．トーマスが賛同している。
143　Id. at 484（Breyer, J., concurring）．

致すれば，そのまま政府の裁量が広く認められる点では合致しているので，問題は何が政府言論に当たるかどうかということになってくる。ところが，その判断基準は明瞭ではなく，ある問題が政府言論に当たるかどうかの判断は結局ケースバイケースにならざるをえない[144]。そうなると，その判断が分かれたケースにおいては，事案ごとの判断を提唱するブライヤー裁判官のアプローチが有効になる可能性がある。実際，車のナンバープレートが政府言論に当たるかどうかが問題になった2015年のWalker v. Texas Division, Sons of Confederate Veterans, Inc.連邦最高裁判決[145]では，ブライヤー裁判官の法廷意見が政府言論の問題であるとして，州の裁量を認めて合憲とした。なお，アリート裁判官の反対意見は，ナンバープレートは政府言論ではなく私人の言論であり，本件は観点差別に当たり違憲であるとしており，ロバーツ長官，スカリア裁判官，ケネディ裁判官の賛同を得ている[146]。アリート裁判官はSummum判決でも他の裁判官の賛同を得ていたことからすれば，この分野ではアリート裁判官も一定の存在感を持つ可能性があるといえよう。

## 2　学校および大学における表現の自由

　学校および大学は，従来から学校側の専門的判断が尊重されてきた領域である。とはいえ，かつてTinker v. Des Moines Independent Community School District連邦最高裁判決[147]が学校だからといって修正1条の権利を失うわけではないと判示し，大学においてもアファーマティブアクションの問題についてしばしば違憲判決が下されることもあり，つねに学校または大学の裁量が尊重されるわけではない。ところが，ロバーツコートでは，学校または大学の裁量が尊重される傾向にある。

（1）生徒の表現

　まずは学校のケースからみることにする。オリンピックの聖火リレーがア

---

144　Megan E. Dodge, *Pleasant Grove City v. Summum: Not Just a Walk in the Park*, 18 DIGEST 49, 55 (2010).
145　Walker v. Texas Division, Sons of Confederate Veterans, Inc., 135 S. Ct. 2239 (2015). 法廷意見には，トーマス，ギンズバーグ，ソトマイヨール，ケイガンが賛同している。
146　*Id.* at 2254 (Alito, J., dissenting).
147　Tinker v. Des Moines Independent Community School District, 393 U.S. 503 (1969).

ラスカ州を通っていた際，ジュニューダグラス高校（Juneau-Douglas high school）の前の沿道を通ることがわかった。学期中であったが，校長は生徒らに沿道に出て応援することを許した。しかし，何人かの生徒が「BONG HiTS 4 JESUS」という垂れ幕を出していたことから，校長はそれが違法薬物の唱導に当たるとしてただちにそれをやめるように命じ，フレデリック（Joseph Frederick）を除く生徒はその指示に従った。それに従わなかったフレデリックは，10日間の停学処分を受けた。そこでフレデリックが，当該処分が修正1条を侵害しているとして市民権法1983条に基づく損害賠償請求訴訟を提起したのが，2007年のMorse v. Frederick連邦最高裁判決[148]である。

　本件についてはロバーツ長官が法廷意見を執筆し，次のように判断して処分の合理性を認めた[149]。まず，本件において校長が垂れ幕をおろすように命じたのは，その内容が違法薬物を唱導するものであり，それは学校の政策に反するものであったといえる。次に問題となるのは，当該表現がいかなる場の表現であったかということである。生徒が放課後に学校外で同じ表現を行うことは修正1条によって保護される。しかし，本件は授業中に学校の前で行われた表現であり，それは学校の監督下に置かれるものであり，一定の制約を受ける。Tinker判決は，一般的見解とは異なるという理由で生徒の表現を制約することは許されないとしたのであって，違法薬物の唱導を制約した本件とは事案を異にする。校長は，学校のイベントにおいて違法薬物の唱導を行うのをやめさせることができるのであり，修正1条は学校におけるそのような表現にまで寛容であることを求めるわけではない。その結果，法廷意見は，本件処分は修正1条を侵害しないとした。

　トーマス裁判官とアリート裁判官は法廷意見に賛同しつつも，それぞれ独自の同意意見を書いている。トーマス裁判官は，歴史的に公立学校における生徒の表現の自由は認められてこなかったとし，それに反するTinker判決を覆すべきであるとした[150]。内容的には結果同意意見に近いものであるが，トーマス裁判官によれば，法廷意見が実質的にTinker判決の判断内容を瓦

---

148　Morse v. Frederick, 551 U.S. 393 (2007).
149　スカリア，ケネディ，トーマス，アリートが賛同した。
150　551 U.S. at 410 (Thomas, J., concurring).

解させていくものであるとしており，同意意見となっている。アリート裁判官は法廷意見と同じくTinker判決を踏襲しながら本件のような違法薬物の規制はできるとする[151]。ただし，本件をもって学校における一般的表現を規制することにはならないとしており，本件の射程を限定的に捉えるべきとしている。

これに対し，ブライヤー裁判官が一部結論同意・一部反対意見を書いている[152]。ブライヤー裁判官は，本件を修正1条の問題として考えるのではなく，制限免責（qualified immunity）の問題として対応すべきであるとする。つまり，校長の行った停学処分が違法な行為であっても免責されるかどうかを検討すれば解決する問題であり，憲法問題に踏み込まなくてもよいというのである。一方，正面から法廷意見に反対したのが，スティーブンス裁判官の反対意見であった[153]。スティーブンス裁判官によれば，生徒の表現はそれがルールを破っておらず，明示的に違法行為を唱導していなければ保護されるという。本件における生徒の表現は，違法薬物の奨励という意図はなく単に目立ちたかっただけであり，その内容は明らかに違法薬物を指すわけではなく，単にナンセンスなものである。Tinker判決が示したように，学校は一般的見解と異なるからといって表現を規制してはならないのであって，本件は不快な言論を取り締まる観点から規制しているため，許されないとした。

こうしてみると，本件は各裁判官の間でコンセンサスがとれておらず，ロバーツ長官がTinker判決を維持しながらもそれとは区別するという方法で何とか法廷意見を形成したということができる。本件は，結論は合法だがTinker判決を維持する立場（ロバーツ，スカリア，ケネディ，アリート），結論は合法でTinker判決を破棄すべきとする立場（トーマス），結論は違法でTinker判決を維持する立場（スティーブンス，スーター，ギンズバーグ），表現の自由を取り上げない立場（ブライヤー）という形になっている。したがって，ロバーツ長官が多数意見を構成するためには，結論が同じであるトーマ

---

151  *Id.* at 422 (Alito, J., concurring). なお，ケネディが賛同している。
152  *Id.* at 425 (Breyer, J., concurring in the judgment in part and dissenting in part).
153  *Id.* at 433 (Stevens, J., dissenting). スーターとギンズバーグが賛同している。

ス裁判官を引き込めばよいわけである。だが，トーマス裁判官はTinker判決を破棄すべきとしているので，実質的には結果同意意見に近い。それにもかかわらず，トーマス裁判官は法廷意見がTinker判決を事実上弱らせているとして法廷意見に組した。これに対して，そうした解釈にならないようにしているのがアリート裁判官の同意意見であるといえる。したがって，Tinker判決を維持するという点では多くの裁判官が賛同しているのであるが，その適用をめぐって意見が分かれたというのが本件ということになろう。

また，本件で問題となった表現はスティーブンス裁判官が指摘するように内容が意味不明であると考えてもおかしくない。もし違法薬物の唱導と捉えた法廷意見の認定に誤りがあるとすれば，本件は規制できないことになるだろうか。この点につき，学校は学校コミュニティを表現から守るという保護的機能と適切な言葉使いを生徒に教えるという教育的機能を有しており，本件では学校の教育的機能に着目すれば，意味不明な言葉であってもその規制は尊重されるという指摘がある[154]。

かかる指摘を踏まえれば，たとえ法廷意見の表現に関する認定に誤りがあったとしても，教育機関の専門的判断を尊重するという点に変わりはないことになる。それでは，その他の教育機関の判断に対してはどうだろうか。

(2) 大学内における結社の自由

大学については，学内における結社の自由が問題になった2010年のChristian Legal Society Chapter of the University of California v. Martinez連邦最高裁判決[155]がある。この事件では，ヘイスティングスロースクールにあるキリスト教団体（Cristian Legal Society: CLS）が同性愛者の入会を拒否していたことが問題となった。ヘイスティングスロースクールでは，大学の公認を得られれば，助成金を得たり施設を利用できたりすることができた。ただし，そのためには同大学の差別禁止政策に従わなければならず，来るものは拒まずという条件（all-comers condition）に従わなければならなかった。CLSは同性愛者の入会を拒否していたので，大学の公認を受けられなかっ

---

154 Emily Gold Waldman, *No Jokes About Dope: Morse v. Frederick's Educational Rationale*, 81 UMKC L. REV. 685 (2013).
155 Christian Legal Society Chapter of the University of California v. Martinez, 561 U.S. 661 (2010).

た。そこでCLSは市民権法1983条に基づき結社の自由の侵害などを理由に訴訟を提起した。

ギンズバーグ裁判官の法廷意見は，次のように判断して当該政策を合憲とした[156]。本件では，大学の政策が表現的結社の自由を侵害しているか否かが問題となっている。これについては，大学の差別禁止政策は制限的パブリックフォーラムの枠組で考えることができ，一定の条件を課すことができる。そこで，その条件が合理的であるかどうかを考えることになる。本件のように教育が問題となっている場合でも，裁判所はそれが裁量を逸脱していないかどうかを判断することになるが，裁判所が大学の代わりに実質的判断を行わないように注意しながら判断しなければならない。本件における大学の政策は観点中立的であり，同団体は公認されても活動できる。そのため，大学の政策は合理的であり合憲であるとした。

法廷意見については，スティーブンス裁判官とケネディ裁判官が同意意見を書いている。スティーブンス裁判官は自由な社会は多様なメンバーを受け入れる寛容さが重要であるとし[157]，ケネディ裁判官は限定的パブリックフォーラムでは一定の資格要件によってメンバーを決めることができるが，資格とは関係のない敵意などによって除外することはできないとしている[158]。

これに対し，保守派の裁判官らは反対意見に回った。本件では，珍しくアリート裁判官の意見に他の裁判官が賛同している[159]。アリート裁判官は，大学内において自由に様々な組織を作れるようにすることで自由な参加が可能になるのであって，大学の政策の合理性は疑わしいとした。

このように，本件では，平等を推進するリベラル派とキリスト教団体の活動を支持する保守派とに判断が分かれており，ある意味で分かりやすい構図になっている。専門的判断の尊重という点でも，リベラル派は大学のアファーマティブアクションを支持する傾向にあるので，平等施策の判断については敬譲し，保守派はそれに反発する傾向があることから，その意味でも2つに分かれやすいケースであった。

---

156　スティーブンス，ケネディ，ブライヤー，ソトマイヨールが賛同している。
157　561 U.S. at 698 (Stevens, J., concurring).
158　Id. at 703 (Kennedy, J., concurring).
159　Id. at 706 (Alito, J., dissenting). ロバーツ，スカリア，トーマスが賛同している。

また，本件では大学の政策に観点中立性を要求していることから，特定のメッセージをめがけて規制するものでなければ，表現的結社の自由を制約することができるとしたともいえる[160]。その意味で本件は，結社の自由のみならず，内容規制か否かの問題も絡んでおり，さらに法廷意見はパブリックフォーラムの枠組にそって判断したので，表現の自由の様々な法理が複合的に混じり合ったケースといえる。その観点からすると，裁判官によって意見が分かれる可能性があったケースであり，リベラル派と保守派とに分かれたという整理だけで語れない部分を含んでいるといえる。

## 3 テロ対策と表現の自由

連邦最高裁が政治部門に敬譲を払う領域として軍事や外交などが挙げられるが，21世紀になって本格的に問題化したテロ対策の分野においても敬譲すべきかどうかが物議をかもしてきた。連邦最高裁は，最低限の手続保障を維持しながらも基本的には敬譲する傾向にある。とはいえ，厚い保障をしてきた表現の自由の分野においてもそれが妥当するかどうかは別途検討の余地があった。表現の自由を制約するテロ対策が連邦最高裁まで上がったのが，2010年のHolder v. Humanitarian Law Project連邦最高裁判決[161]であった。

この事件で問題となった法律は，9.11以降に新たに登場したわけではなく，テロ組織への支援を規制した1996年の反テロ及び効果的死刑法（Antiterrorism and Effective Death Penalty Act）[162]であった。同法に基づき，クルド労働者党（Partiya Karkeran Kurdistan: PKK）とタミルイーラム解放のトラ（Liberation Tigers of Tamil Eelam: LTTE）[163]がテロ組織として指定された。そこで，それらの組織に助言をしたりしていた市民団体らが，同法がテロ支援ではない活動までをも広く規制しており違憲であるとして訴えを提起した

---

160 Jack Willems, *The Loss of Freedom of Association in Christian Legal Society v. Martinez*, 130 S. Ct. 2971 (2010), 34 HARV. J.L. & PUB. POL'Y 805, 814 (2011).
161 Holder v. Humanitarian Law Project, 561 U.S. 1 (2010).
162 The Antiterrorism and Effective Death Penalty Act of 1996, Pub. L. No. 104-132, 110 Stat. 1214.
163 なお，LTTEは自らが外国組織ではなく政府であるなどと主張して指定の違法性を争ったが，棄却されている。People's Mojahedin Org. of Iran v. United States Dep't of State, 182 F.3d 17 (1999).

ものである。もっとも，この事件は，下級審の判断が出た後に法改正が行われるなど，紆余曲折を経て連邦最高裁まで上がっていった。たとえば，2000年の連邦高裁判決[164]が「人員」(personnel) と「訓練」(training) という文言が漠然としていることから違憲であるという判断をした後，2001年に愛国者法（USA PATRIOT Act）[165]が制定され，支援対象の中に「専門的助言又は援助」(expert advice or assistance) という言葉が追加された。その後，差戻審で，愛国者法により追加された部分も含めて争われることとなったが，係争中の2004年に，連邦議会が「人員」，「訓練」，「専門的助言又は援助」についてより明確化する改正を行い[166]，その結果，最終的には，最初の問題とこれらの問題を併せて連邦最高裁で判断することとなった。

　ロバーツ長官の法廷意見は，漠然性ゆえに無効かどうか，表現の自由を侵害しているかどうかなどについて次のように判断した[167]。今回原告となった者らの活動が，法律に規定された「人員」，「訓練」，「専門的助言又は援助」といった文言にそのまま当てはまるので，原告に適用する限りで，漠然性があることを理由として無効であるとはいえない。表現の自由については，たとえ支援規制が行為に対する規制であっても，本件原告に対してはメッセージの伝達を規制していることから，象徴的表現が問題となったO'Brien判決[168]やTexas v. Johnson連邦最高裁判決[169]と比べてより厳しい基準（a more demanding standard）を適用しなければならない。だが，他方で，こうしたテロを防止するための立法府の判断は敬譲に値する。そして，PKKやLTTEに対する法的助言がさらなるテロ行為につながることは予見しうるものである。そのため，本法が原告の表現の自由を侵害しているとはいえないとした。

---

164　Humanitarian Law Project v. Reno, 205 F.3d 1130 (9th Cir. 2000).
165　USA PATRIOT Act of 2001, Pub. L. No. 107-56, 115 Stat. 272.
166　Intelligence Reform and Terrorism Prevention Act of 2004, Pub. L. No. 108-458, 118 Stat. 3638.
167　スティーブンス，スカリア，ケネディ，トーマス，アリートが賛同している。なお，連邦最高裁では，ケイガンが政府側代理人，表現の自由やテロ問題に関する研究で有名なコール（David Cole）が原告側代理人になった点が憲法学からすると興味深い。
168　*O'Brien*, 391 U.S. 367.
169　Texas v. Johnson, 491 U.S. 397 (1989).

これに対して，ブライヤー裁判官が反対意見を書き，ギンズバーグ裁判官とソトマイヨール裁判官が賛同した[170]。ブライヤー裁判官によれば，本件は修正1条の保護が最も厚い政治的表現が問題となっているケースであり，より制限的でない手段では達成できないやむにやまれぬ利益があるか否かを厳格に審査すべきであるとする。そして，政府は本件規制がテロ対策におけるやむにやまれぬ利益に仕えることを証明できておらず，違憲であるとした。

　法廷意見と反対意見では審査基準の設定において対立しているわけであるが，法廷意見の用いた基準は厳格をうたっておきながら政府側の主張をなぞるだけの判断となっており，敬譲的厳格審査（deferential strict scrutiny）と批判されている[171]。たしかに，法廷意見はテロ対策に関する政府の判断に敬譲しており，表現の自由が制約される場合であっても，その専門的判断を尊重しているといえる。

　もっとも，法廷意見は表現の自由に関する判断の最後の箇所で，本法の適用がすべて修正1条違反にならないというわけではないとし，さらに表現の自由を制約する他のテロ対策が修正1条違反にならないわけでもないことに言及している。このように本判決の射程を限定したのは，本件が表現の自由に関する事案であり，萎縮効果をもたらさないように配慮したものだといえよう。

## Ⅳ　修正1条の保守化？

### 1　各分野の特徴

　以上の流れを整理すると，まず修正1条によって保護されるかどうかについてはStevens判決，Brown v. EMA判決，Snyder判決，Alvalez判決などがあり，連邦最高裁は修正1条によって保護されるかどうかきわどい表現を保護対象に含める傾向がある。次に，内容規制か内容中立規制かの問題については判断が分かれており，とりわけMcCullen判決では，内容中立規制と捉

---

170　561 U.S. at 40 (Breyer, J., dissenting).
171　David Cole, *The First Amendment's Borders: The Place of Holder v. Humanitarian Law Project in First Amendment Doctrine*, 6 HARV. L. & POL'Y REV. 147, 158-160 (2012).

える見解，主題規制と捉える見解，観点規制と捉える見解，に三分されている。その判断方法についても，Reed判決では形式主義をとるか機能主義をとるかで意見が分かれた。もっとも，内容中立規制と判断する場合でも違憲の結論になっていることが多く，表現の自由を優先させるケースが目立つといえる。

　もっとも，特定の分野では政府の裁量を認める傾向にある。公務員関係，刑務所，政府言論，学校，テロ対策などの領域である。これらの分野については，それぞれを担当する機関の専門的判断が尊重される傾向にあることから，ロバーツコートは専門家への敬譲的姿勢があると指摘される[172]。もっとも，修正1条によって保護されるか否かをめぐるケースでは専門的判断よりも，表現の自由を優先させている。それらの事例では，むしろ反対意見が専門家への敬譲を指摘することがあり，Brown v. EMA判決におけるブライヤー裁判官の反対意見が社会科学的判断に敬譲すべきとしたのはその例といえる。そして，このような，判例法理の形成に最も寄与しているのが，他ならぬロバーツ長官である。

## 2　各裁判官の動向

(1) ロバーツ長官の積極性

　第1章で分析したように，長官は多数意見側に入った場合には法廷意見の執筆の割当を決めることができる。ロバーツ長官は，重要な事件については自分で法廷意見を書く傾向にあり，National Federation of Independent Business v. Sebelius連邦最高裁判決[173]はその典型である。もっとも，ロバーツ長官は事件の重要性に限らず，表現の自由の分野については自ら法廷意見を書く傾向があるとも指摘される[174]。実際，2006年から2013年の修正1条の判例をみると，ロバーツ長官は，法廷意見を10件執筆しており，その数は2

---

172　Clay Calvert and Justin B. Hayes, *To Defer or Not to Defer? Deference and Its Differential Impact on First Amendment Rights in the Roberts Court*, 63 CASE W. RES. L. REV. 13 (2012).
173　National Federation of Independent Business v. Sebelius, 132 S. Ct. 2566 (2012).
174　Adam Liptak, *Locking in Votes and Doling Out 'Dogs': How Roberts Assigns Opinions*, N.Y. TIMES Nov. 9, 2015, (*available at* http://www.nytimes.com/2015/11/10/us/politics/locking-in-votes-and-doling-out-dogs-how-roberts-assigns-opinions.html).

番目に多い裁判官（スカリアとケネディ）の2倍となっている[175]。これまでに取り上げた判例の中でいえば，ロバーツ長官はStevens判決，Snyder判決，Elonis判決，McCullen判決，Morse判決，Humanitarian Law Project判決などで法廷意見を書いている。つまり，ロバーツコートにおける表現の自由の法理はロバーツ長官がその方向性を決めているといっても過言ではないのである。それは先の3つの特徴にも関連する。

上記の判例をみると，表現の自由として保護されるか否かについてはStevens判決，Snyder判決，Elonis判決，内容規制・内容中立規制の区分についてはMcCullen判決，専門機関の判断についてはMorse判決やHumanitarian Law Project判決と，ロバーツ長官はロバーツコートの3つの特徴がみられる分野においてそれぞれ法廷意見を書いている。そして，その内容もロバーツコートにみられる特徴とほぼ一致しており，ロバーツ長官が表現の自由の領域を主導しているといえるだろう。

（2）アリート裁判官の個性

修正1条に関する判例の中で，ロバーツ長官とは別の意味で目立っているのがアリート裁判官である。アリート裁判官は表現の自由の判例において個別意見を書くことが多く，しかも他の裁判官がそれに賛同しないことが多い。法廷意見を保守派，リベラル派のいずれが書く場合でも，アリート裁判官は個別意見を書く傾向にあり，独自色を出しているといえる。たとえば，アリート裁判官は，Stevens判決においてクラッシュビデオは表現の自由として保護されないとする反対意見を書いており，法廷意見と真っ向から対立している。また，Brown v. EMA判決における結果同意意見では，漠然性ゆえに無効の問題として判断すべきとしており，暴力的ビデオゲームを修正1条の保護に入れた法廷意見と決別している。もともと，アリート裁判官は道徳を尊重する一方，現実にそった対応をすべきと考えており，不快表現や有害表現を嫌い，それを規制する立法的対応を歓迎する向きがある[176]。

---

175 Ronald Collins, *The Roberts Court and the First Amendment*, SCOTUSBLOG (Jul. 9, 2013, 11:34 AM), (*available at* http://www.scotusblog.com/2013/07/the-roberts-court-and-the-first-amendment/).

176 LAURENCE TRIBE AND JOSHUA MATZ, UNCERTAIN JUSTICE: THE ROBERTS COURT AND THE CONSTITUTION 141-143 (2014).

また，アリート裁判官はAlvarez判決においても虚偽表現が修正1条の保護から除外されるべきとしていることから，修正1条の保護から除外されるカテゴリーを増やす傾向にある。そのため，「アリートは自らの道徳や実質的価値に反する表現を嫌っている。実際，彼は現在の連邦最高裁において攻撃的表現を検閲する裁判官になりつつある」[177]と指摘される。

(3) その他の裁判官

　表現の自由の分野は必ずしも5対4の判決がそれほど多くないので，キャスティングボートを握っているケネディ裁判官の存在が表現の自由以外の分野と比べてあまり目立っていないのも特徴といえるかもしれない。ただし，表現の自由の問題におけるケネディ裁判官の投票行動に着目すると，多くのケースで法廷意見側についていることがわかる[178]。また，保守派とリベラル派が5対4に分かれたケースにおいて，保守派が法廷意見側になったGarcetti判決，リベラル派が法廷意見側になったChristian Legal Society判決ともに，ケネディ裁判官は法廷意見側についている。表現の自由に対する規制を違憲とする判決が多い中で，ケネディ裁判官が法廷意見側についているということは，ケネディ裁判官も表現の自由を優先させる傾向があるといえると同時に，ケネディ裁判官が表現の自由の優先的状況を後押ししているともいえよう。

　個別意見に目を転じると，ブライヤー裁判官が多くの個別意見を書いているのが目をひく。多くの場合，その内容はプラグマティックな判断を行うべきとの趣旨であるが，それはケースによっては法廷意見を形成することにつながりうる。こうしたアプローチは，規制の実際の内容や態様に着目するケイガン裁判官の見解とも親和的である可能性がある。また，トーマス裁判官が独自の観点から個別意見を書くことがあるが，その内容や行動原理は少々わかりにくい。他方で，スカリア裁判官は多くのケースで保守派の裁判官と行動をともにする傾向がある。ただし，表現の自由以外の分野と比べて，原

---

[177] Clay Calvert, *Justice Samuel A. Alito's Lonely War Against Abhorrent, Low-Value Expression: A Malleable First Amendment Philosophy Privileging Subjective Notions of Morality and Merit*, 40 HOFSTRA L. REV. 115 (2011).

[178] Helen J. Knowles, *What a Difference Five Years Haven't Made: Justice Kennedy and the First Amendment, 2007-2012*, 82 UMKC L. REV. 79 (2013).

第6章 表現の自由——修正1条絶対主義？ 239

意主義に基づくスカリア節がそれほど目立っていないようにも思える。ギンズバーグ裁判官は著作権など特定の分野で法廷意見を書くことがあるだけであり，ソトマイヨール裁判官はあまり表現の自由の分野で目立った行動をしていない。

### 3 保守的影響？

　ロバーツ長官がロバーツコートにおける表現の自由の判例形成に大きな役割を果たしているとすれば，そこには保守的要素が含まれているだろうか。何をもって保守的というかについては議論の余地があるが，仮にリベラル的価値を含む規制を違憲とすることが保守的判断であるとすれば，ロバーツコートの表現の自由は保守的側面を有しているという指摘がある[179]。たとえば，リベラル的観点から規制されているものとして政治資金規正があるが，Citizens United判決はこれを違憲とした[180]。政治的表現は表現の自由において最も重視されてきたものであり，それを制限する政治資金規正はそうした・伝・統・的・価・値に反するとしたからである。また，Stevens判決やBrown v. EMA判決なども保守的価値が含まれているという[181]。なぜなら，それらの判決は，歴史的に規制されてこなかった表現を規制するためには大きな社会的害悪が存在しなければならないとしており，・伝・統・的・価・値を重視して社会的害悪の規制を違憲としたからである。
　このようなアプローチはスカリア裁判官が好んで行う手法であるが，ロバーツ長官やトーマス裁判官もそれに近いアプローチを採用することがある。ただし，これまで見てきた通り，アリート裁判官は現代社会の状況や道徳および秩序の観点から規制立法を支持する傾向があり，こうした保守的判断とは一線を画している。また，表現の自由における判決は，保守派とリベラル派がきれいに2つに分かれるケースがあまり多くない。そのため，保守とリベラルで分けることが難しい分野ともいえる。たとえば，McCullen判決のようにプロライフ的規制（一般的には保守的価値に基づく規制とされる）を全

---

179　Steven J. Heyman, *The Conservative-Libertarian Turn in First Amendment Jurisprudence*, 117 W. Va. L. Rev. 231（2014）.
180　*Id.* at 261-267.
181　*Id.* at 278-283.

員一致で違憲とするケースもみられる。同判決では実質的判断は分かれているものの，結論が違憲という点では変わりない。

そのため，ロバーツコートの表現の自由の判例は保守的側面が垣間見えるケースもあるが，必ずしもそれだけで語れない。唯一いえることは，表現の自由の問題については保守的内容またはリベラル的内容にかかわらずその規制を違憲とする判断が多いということである。もし，表現の自由を重視すること自体が保守的判断というのであれば，その意味では保守的価値が含まれているということになろう。

## V 新カテゴリカルアプローチ

### 1 新カテゴリカルアプローチの特徴

ロバーツコートにおける表現の自由の保障が最もよくわかるのがカテゴリカルアプローチの使い方である。従来，カテゴリカルアプローチは修正1条の保護から外れるという結論を導く際に使われることが多かった。ところが，Stevens判決，Brown v. EMA判決，Alvarez判決などにみられるように，ロバーツコートはある表現がカテゴリーとして除外されるかどうかの判断を厳格に行い，修正1条によって保護されるという結論を下す傾向にある。そのため，ロバーツコートのカテゴリカルアプローチは従来とは異なる新カテゴリカルアプローチであると指摘される[182]。

マガリアン（Gregory P. Magarian）によれば，カテゴリカルアプローチを用いて特定の表現を修正1条の保護から除外する判断手法はFerber判決以降用いられない傾向があり，ロバーツコートはカテゴリカルに除外される表現を狭める形でカテゴリカルアプローチを用いているという。ロバーツコートは，問題となっている表現が伝統的に規制されてきたものであるかどうかに着目し，そうでなければカテゴリーとして除外しないアプローチを採用している。たとえば，Stevens判決においてロバーツ長官は動物虐待ビデオを罰する伝統はなかったとし，そのような表現はカテゴリーとして除外される

---

[182] Gregory P. Magarian, *The Marrow of Tradition: The Roberts Court and Categorical First Amendment Speech Exclusions*, 56 WM. & MARY L. REV. 1339 (2015).

わけではないとした。そのため，新カテゴリカルアプローチは，その適用を限定しようとしている可能性があるとする[183]。

このように，新カテゴリカルアプローチは当該表現が修正1条から除外されるかどうかの判断を行う際に厳格に判断する点が特徴であるといえる。ただし，ロバーツコートにおけるカテゴリカルアプローチの特徴はそれだけにとどまらない。Brown v. EMA判決が示したように，当該表現がカテゴリーとして除外されない場合，その表現を狙った規制は内容規制になることから厳格審査が適用される。このように，カテゴリーとして除外されない場合に厳格審査につなげることこそが，ロバーツコートの特徴になっている可能性がある。実際，Alvarez判決におけるブライヤー裁判官の結果同意意見は法廷意見のカテゴリカルアプローチを厳格なカテゴリカルアプローチ（strict categorical analysis）であると批判し，当該表現が修正1条によって保護される場合であっても，その後の審査は厳格審査よりも多少緩やかな審査を適用すべきであるとしている[184]。つまり，ここではカテゴリーとして除外するかどうかの判断を厳格に行うステージではなく，その後の審査基準のステージが問題であるとしているのである。この点に着目するのであれば，ロバーツコートのカテゴリカルアプローチの特徴は，〈修正1条から除外されなければ厳格審査になる〉という定式自体に求められることになろう。

## 2 2次的表現

新カテゴリカルアプローチを採用すると，保護されるかどうかきわどい表現が保護される可能性が高まる結果となる。そのため，一般に，嫌われる傾向にある表現が保護されるようになるという指摘がある。スターン（Nat Stern）は，害悪をもたらすがゆえに憲法上保護されないとして政府が規制しようとするものを2次的表現（secondary speech）と呼び，ロバーツコートはこの2次的表現を保護する傾向にあるとする[185]。その例として，Stevens判決，Brown v. EMA判決，Fox判決などが挙げられるという。これらの表

---

183 *Id.* at 1348.
184 *Alvarez*, 132 S. Ct. at 2551 (Breyer, J., concurring).
185 Nat Stern, *Secondary Speech and the Protective Approach to Interpretive Dualities in the Roberts Court*, 22 WM. & MARY BILL OF RTS. J. 133 (2013).

現はいわゆる低価値表現に近いところがあり，そうした表現は従来修正1条の保護から除外される傾向にあったが，それが保護されるようになったわけである。

ロバーツコートにおいてこうしたアプローチが最初に示されたのはStevens判決であるが，その法廷意見を書いたのはロバーツ長官であった。それでは，ロバーツ長官は低価値表現に対して何か特別な考えを持っているのだろうか。

実は，連邦最高裁長官指名の際の上院公聴会において，ロバーツは低価値表現に関する考え方を質問されていた。デウィン（Mike DeWine）上院議員は，どのように修正1条によって保護された表現かどうかを決めるのかという質問をロバーツに行っていたのである，それに対してロバーツは，「我々はまず修正1条の保護を受けるかどうかを決める。児童ポルノなど一定の言論について，連邦最高裁は修正1条の保護を受けないと判断してきた。そこには様々なカテゴリーがあり，連邦最高裁は長年にわたってどのようにそのカテゴリーを決めるか，何がどのカテゴリーに当たるかについて明らかにしようと格闘してきたのであり，それ以上のことについて私は正確に答えられない」[186]と回答した。

この回答はいたってシンプルなものであり，従来の連邦最高裁のアプローチと特に異なる点はないように思える。しかしながら，このオーソドックスな回答の中にロバーツの特色が表れていると思われる節がある。すなわち，カテゴリーに該当するかどうかの判断に重きを置いている点である。ロバーツの回答ではカテゴリー該当性の判断方法を避けているので，そこに目がいってしまいがちであるが，そこで重要なのは判断方法ではなく，その判断を重視している点である。それは，カテゴリカルに判断すること自体が重要であることをほのめかしているように思える。そのような観点からみると，ロバーツのアプローチは，修正1条の保護に当たるかどうかの判断だけでな

---

[186] John G. Roberts, Jr., Statement, Statement of John G. Roberts, Jr., Nominee to Be Chief Justice of the United States (Washington, D.C., Sept. 12, 2005), in Sen. Jud. Comm., Confirmation Hearing on the Nomination of John G. Roberts, Jr. to Be Chief Justice of the United States, 109th Cong. 158, 216 (Sept. 12, 2005) (*available at* http://www.gpoaccess.gov/congress/senate/judiciary/sh109-158/browse.html; select Download the entire S. Hrg. 109-158).

く，他の判断においてもカテゴリカルに考えていくことを重視しているように考えられる。

## 3 カテゴリカルアプローチの二重の意味

　ロバーツ長官は，公式をセットして，そこに事案を当てはめていくスタイルを採用している向きがある。つまり，特定のイデオロギーに固執することなく，数学の問題を解くかのように，たんたんと公式に数字を入れていくかのようなアプローチをとっているような印象を受けるのである。たとえば，McCullen判決ではパブリックフォーラム該当性を判断し，内容規制か内容中立規制かを判断した上で，前者であれば厳格審査基準，後者であれば厳格審査に準じる基準が適用されるとしている。

　このようなアプローチをとっていることに着目すると，カテゴリカルアプローチにも別の特徴がみえてくる。従来のカテゴリカルアプローチは低価値表現がカテゴリーとして修正１条の保護から除外される可能性があることを前提にしていた可能性がある。しかし，ロバーツ長官はそうした前提をとらず，たんたんとカテゴリーとして修正１条から除外されるかどうかを判断した。その際，伝統的に規制されてきたかどうかという物差しをセットし，保護されるかどうかを決めていると思われる。そうなると，最近になって弊害が叫ばれるようになった表現は伝統的に規制されてきていないことが多いので，自然と修正１条によって保護される可能性が高くなるわけである。そして，ロバーツ長官が多数の側に入って法廷意見の執筆を割り当てることによって，それはロバーツ長官自身だけでなく，ロバーツコートのアプローチにもなっていく。Brown v. EMA判決ではスカリア裁判官に法廷意見を割り当て，カテゴリーとして保護されるかどうか，保護されれば厳格審査という流れを定式化することに成功した。

　かかるロバーツ長官のアプローチは，修正１条の保護が及ぶかどうかの判断だけでなく，別のところでも垣間見ることができる。Citizens United判決では，政治的表現の重要性が強調されていたが，それは政治的表現がカテゴリーとして重要であることを示しているとみることもできるからである[187]。

---

187　William D. Araiza, *Citizens United, Stevens, and Humanitarian Law Project: First Amend-*

これは，ある意味，一定の価値観が入っているともいえるが，政治的表現の重要性をカテゴリカルにセットして厳格審査につなげているので，これもカテゴリカルな手法であるといえよう。

このように，ロバーツコートのカテゴリカルアプローチは，修正1条の保護を受けるか否かの判断だけでなく，カテゴリカルに物差しをセットするという手法に基づいており，その意味においても，修正1条の保護が及ぶかどうかのカテゴリカルアプローチが従来型とやや異なる結果をもたらしているといえよう。

## おわりに

ロバーツコートにおける表現の自由は，表現の自由を他の利益に優先させる傾向にあることが特徴である。それは表現の自由を厚く保護しているといえるが，必ずしもすべてのケースにおいてそうなっているわけではないことに注意が必要である[188]。ロバーツコートは修正1条によって保護される表現か否かに関するケースと，内容規制か内容中立規制かに関係するケースでは表現の自由を優先する傾向にあるが，専門機関が判断するのがふさわしいケースについてはその判断に敬譲する傾向がある。

また，ロバーツ長官自身が表現の自由の保護に向けた判例法理の形成において重要な役割を果たしているところがあるが，他の裁判官の動向にも目を配る必要がある。表現の自由のケースでは，トーマス裁判官，アリート裁判官，ブライヤー裁判官が個別意見を書くことが多く，保守派とリベラル派の枠を超えて独自の表現の自由論を展開している。また，ケネディ裁判官，ギンズバーグ裁判官，ソトマイヨール裁判官がたいてい多数派に組しているので，ロバーツ長官が引き続き主導権を握るためには，トーマス裁判官，アリート裁判官，ブライヤー裁判官，そしてスカリア裁判官の代わりに入ってくる裁判官のいずれかの賛同を取り付ける必要が出てくる。そのため，かれらの動向が重要になってくるといえよう。

---

ment Rules and Standards in Three Acts, 40 STETSON L. REV. 821（2011）.
188 TRIBE AND MATZ, supra note 176, at 152-153.

また，ロバーツコートがまるで修正1条帝国主義（First Amendment imperialism）[189]のように表現の自由を保護しているため，それが弊害をもたらしている側面にも留意しなければならない[190]。それは，政治資金規正に対する違憲判決の結果生じうる民主政の歪みや，不快表現や有害表現の規制がなされないことで社会や技術の変化に応じた対応ができないという問題を惹起する。エマソン（Thomas I. Emerson）が挙げた表現の自由の保障根拠の1つに社会のバランス維持機能があるが，そこでは自由な議論を通して社会の変化に対応するという要素が織り込まれている[191]。だが，表現の自由を優先しすぎると，社会の変化に対応した規制を行うことができなくなることがある。エマソンの指摘はあくまで表現の自由の保障根拠として変化への対応の役割があることを説いているわけであるが，それとは逆説的に，保障がいきすぎると変化に対応できなくなるおそれがあることを踏まえておく必要があろう。

---

189 Bertrall L. Ross II, *Paths of Resistance to Our Imperial First Amendment*, 113 MICH. L. REV. 917 (2015)（book review）.
190 Steven H. Shiffrin, *The Dark Side of the First Amendment*, 61 UCLA L. REV. 1480 (2014). 修正1条の聖域化は暗黒面（dark side）をはらんでいると指摘される。
191 Thomas I. Emerson, *Toward a General Theory of the First Amendment*, 72 YALE L.J. 877, 884-886 (1963).

# 第7章 刑事手続
## ――保守的コート？

青野　篤

はじめに
Ⅰ　修正4条
Ⅱ　修正5条
Ⅲ　修正6条
Ⅳ　修正8条
おわりに

> イントロダクション
> 　合衆国憲法の起草者達は，刑事手続上の権利保障を重視し，権利章典にはこれに関する4つの条項が含まれている。ウォーレンコートは，司法積極主義のもと，これらの権利保障を飛躍的に拡大したが，その後のバーガーコートとレーンキストコートでは，犯罪統制の利益を重視して，保守化が進んだ。果たして，ロバーツコートは，刑事手続上の権利保障に対してどのような姿勢で臨んでいるのであろうか。

## はじめに

　ウォーレンコート（1953～1969年）は，1961年のMapp v. Ohio連邦最高裁判決[1]において，修正4条違反を抑止するための証拠排除法則を修正14条によって全州に及ぼし，1963年のGideon v. Wainwright連邦最高裁判決[2]では，弁護人の援助を受ける権利を保障する修正6条のもとで，貧困な被告人に対する公選弁護人の保障を認め，1966年のMiranda v. Arizona連邦最高裁判決[3]では，修正5条の自己負罪拒否特権の侵害を予防する準則（ミランダルール）を定式化するなど，「刑事法の革命」（Criminal Law Revolution）と呼ばれる革新的判決を司法積極主義の司法哲学に基づいて，次々と下した。しかし，こうした被疑者・被告人の権利保障の拡大は，1960年代半ば以降の犯罪の急増・治安の悪化を背景に，合衆国市民に不安を与えることになった。そして，これらの判決を「行き過ぎ」と批判して「法と秩序」の回復を掲げて大統領選挙を戦ったニクソン（Richard M. Nixon）が1969年に大統領の座に就くと，バーガー（Warren E. Burger）やレーンキスト（William H. Rehnquist）といった保守的裁判官の指名等を背景に，連邦最高裁は，犯罪統制の利益を重視するようになり，保守化していくことになる。その結果，バーガーコート（1969～1986年）とそれに続くレーンキストコート（1986年～2005年）では，ウォーレンコートが行った刑事手続上の権利保障の拡大を様々な例外の創出等により限定しようとする動きが続いた[4]。しかし，ミランダルールを連邦議会が法律によって変更できない憲法上の準則として再確認した2000年のDickerson v. United States連邦最高裁判決[5]に見られるように，それらを完全に覆すまでには至らなかった。その背景には，こうした諸判決やルールが批判を受けながらも捜査実務やアメリカ社会に一定程度定着してきたことがあげられる。

---

1　Mapp v. Ohio, 376 U.S. 643 (1961).
2　Gideon v. Wainwright, 372 U.S. 335 (1963).
3　Miranda v. Arizona, 384 U.S. 436 (1966).
4　レーンキストコートにおける刑事手続判例の分析として，田中利彦「レーンキスト・コートの時代と刑事判決」宮川成雄編『アメリカ最高裁とレーンキスト・コート』316頁以下（成文堂，2009年）参照。
5　Dickerson v. United States, 530 U.S. 428 (2000).

では、ロバーツコートは、刑事手続上の権利保障に対して、どのような姿勢で臨んでいるのであろうか。本章では、ロバーツコートにおける修正4条（不合理な捜索・逮捕・押収の禁止）、修正5条（二重の危険の禁止、自己負罪拒否特権、ミランダルール）、修正6条（陪審裁判を受ける権利、対質権、弁護人依頼権）、修正8条（残虐で異常な刑罰の禁止）に関する重要判例を概観し[6]、刑事手続分野におけるロバーツコートの特徴や意義、課題等を明らかにする。

## I 修正4条

### 1 「捜索」該当性

警察の行為が修正4条[7]にいう「捜索」(search) に該当するか否かという修正4条適用の入口の問題について、1967年のKatz v. United States連邦最高裁判決[8]以降の判例は、警察の行為が「プライバシーの合理的期待」を侵害するか否かで判断してきたが、ロバーツコートでは、それとは異なるアプローチに基づく判決が下されている。

（1）自動車へのGPS装置の装着・監視

その筆頭が、自動車にGPS装置を装着し、4週間にわたり自動車の動きを監視した警察の行為が「捜索」にあたるかが争われた2012年のUnited States v. Jones連邦最高裁判決[9]である。連邦最高裁は、結論において全員一致で「捜索」にあたると判断した。スカリア（Antonin Scalia）裁判官による法廷意見は、政府が情報を獲得する目的で車両にGPS装置を取り付けて車両の移動を監視する行為は、私的財産を物理的に占有しており、物理的な侵入

---

[6] 刑事手続上の権利に関する判例は、毎開廷期多数に及ぶため、ここでは、リーディングケースとなりうるもの、先例に大きな修正を加えたもの、捜査実務に大きな影響を与える可能性があるものなど、特に重要な判例に絞って取り上げる。

[7] 「不合理な捜索および逮捕または押収に対し、身体、家屋、書類および所有物の安全を保障されるという人民の権利は、これを侵してはならない。令状は、宣誓または確約によって裏付けられた相当な理由に基づいてのみ発せられ、かつ捜索さるべき場所および逮捕さるべき人または押収さるべき物件を特定して示したものでなければならない。」初宿正典・辻村みよ子編『新解説世界憲法集（第3版）』83頁（三省堂、2014年）〔野坂泰司〕。

[8] Katz v. United States, 389 U.S. 347 (1967).

[9] United States v. Jones, 565 U.S. 400 (2012).

を伴っているため,「捜索」にあたると判断し,有効な令状なしに行われた本件捜索を修正4条違反とした。法廷意見は「プライバシーの合理的期待」を侵害するか否かという基準は唯一の基準ではないとして,財産に対する物理的侵入を伴う監視については,修正4条制定時の理解に立ち戻って,「不法侵入」(trespass) として「捜索」にあたると判断したのである。この法廷意見には,スカリア裁判官の原意主義が強く反映しており,そのため,同様に原意を重視するトーマス (Clarence Thomas) 裁判官も同調しているが,GPS監視という新しい捜査手法に関わる問題に,古典的な「不法侵入」テストを復活させた点に特徴がある。ソトマイヨール (Sonia Sotomayor) 裁判官の同意意見は,Katz判決は不法侵入テストを追放したわけではなく,それを拡大したものに過ぎないとし,不法侵入を伴わない電子信号通信については,Katz判決の判断枠組みの適用を示唆する。一方,アリート (Samuel Alito) 裁判官の結果同意意見は,GPSの装着自体は情報獲得行為ではないため「捜索」ではないとしたうえで,人の移動の短時間の監視は許されるが,大多数の犯罪の捜査における長期間にわたるGPS監視は「捜索」にあたるとし,監視時間の長短や犯罪の性質で,プライバシーの合理的期待の侵害の有無を区別するアプローチを提示している[10]。

(2) 玄関前ポーチでの薬物探知犬の使用

2013年のFlorida v. Jardines連邦最高裁判決[11]では,家屋内のマリファナを調べるため,玄関前ポーチで薬物探知犬を使用することが「捜索」にあたるかが争われた。ここでも,スカリア裁判官による法廷意見は,「不法侵入」テストを採用して,政府が身体・家屋・書類・所有物への物理的侵入によって情報を獲得する行為は「捜索」にあたるとし,家屋を直接に取り巻いていて家屋と結合した土地＝「宅地」(curtilage) も家屋の一部であり,本件で警察官が立ち入ったポーチはそのような「宅地」であるため,本件行為は「捜索」にあたると判断した。法廷意見は,先のJones判決を先例として引用し,本件でもKatz判決は財産保護のアプローチを後退させたものではない

---

10 なお,アリート裁判官は,立法による解決が最良の方策であるとしている。この点は,携帯電話のデジタルデータの捜索に関する後述のRiley判決においても同様である。
11 Florida v. Jardines, 133 S. Ct. 1409 (2013).

と強調している。このように，本判決は薬物探知犬を使用した捜査について，1つの限界点を示したが，5対4の僅差の判決であった。アリート裁判官の反対意見は，Katz判決のもと，合法的に立入り可能な場所に発散される臭気に関しては，プライバシーの合理的期待が存在しないとするほか，コモンローの歴史を強調し，警察官による場合を含め，玄関に近づいて短時間とどまる行為は慣習上許されており，薬物探知犬の使用も長年認められてきたことを指摘して，不法侵入にもあたらないとする。一方，ケイガン（Elena Kagan）裁判官の同意意見は，薬物探知犬を「高度に訓練された法執行ツール」であるとして，本件は不法侵入であると同時に，プライバシーの侵害にもあたるとしている。

## 2 無令状捜索の合理性

　連邦最高裁は，令状に基づく捜索・押収を原則としつつも[12]，無令状の捜索・押収が許される場合があることを認めてきた。そこで，このような例外がどのような場合に許されるかは，修正4条の解釈上，大きな争点となってきた[13]。この点に関しても，ロバーツコートは，注目すべき判決を下している。

（1）逮捕に伴う無令状捜索

　2009年のArizona v. Gant連邦最高裁判決[14]では，直前まで自動車に乗っていた者の逮捕に伴って，無令状での自動車捜索が許されるのはどのような場合かが争点となった。スティーブンス（John P. Stevens）裁判官による法廷意見は，①被逮捕者が，捜索の時点で，十分に身柄を確保されておらず，自動車の座席部分に手を伸ばせば届く範囲内にいる場合，②逮捕犯罪と関連する証拠が自動車から発見される可能性があると信じることが合理的である場合とし，本件はいずれの場合にもあたらず，修正4条に反する不合理な捜索

---

12　See, e.g., Mincey v. Arizona, 437 U.S. 385, 390 (1978). なお，United States v Grubbs連邦最高裁判決（547 U.S. 90 (2006)）は，令状発給段階では被疑者宅に存在していなかった児童ポルノの捜索について，被疑者宅への配送が行われることを条件として発給を認める「予測令状」（anticipatory warrants）を修正4条に反しないとしている。

13　但し，例外の拡大傾向により，「例外が原則をほとんど飲み込んでいる」ともいわれる。See Florida v. White, 526 U.S. 559, 569 (1999) (Stevens J., dissenting).

14　Arizona v. Gant, 556 U.S. 332 (2009).

であると判示した（5対4）。本判決は，被逮捕者が捜索の時点で自動車に近づく可能性が全くない場合でも，自動車に乗っていた者の逮捕に伴い，自動車を無令状で捜索できると判断したと広く理解されてきた1981年のNew York v. Belton連邦最高裁判決[15]を限定的に理解しており，事実上の判例変更のケースともいえる。逮捕に伴う無令状捜索の正当化根拠と範囲を示したリーディングケースは，1969年のChimel v. California連邦最高裁判決[16]であるが，この判決は，逮捕に伴う無令状捜索は逮捕官憲への加害と証拠破壊を防止する政府の利益によって正当化されるため，捜索の許される範囲は被逮捕者の身体とその直接の支配下にある領域に限定されると判示していた。法廷意見は，このChimel判決に厳格に従うべきであるとし，Belton判決を広く理解することは，Chimel判決が示した逮捕に伴う無令状捜索の正当化根拠を不要とするもので，修正4条が保護する個人のプライバシーの利益を大きく損なうとしたのである。一方，ブライヤー裁判官（Stephen G. Breyer）の反対意見は，Belton判決は，自動車の乗員の適法な逮捕に伴って自動車の座席部分を無令状で捜索できるとの「明白な準則」（bright-line rule）を示したものと読むべきであるとし，連邦最高裁を含む多くの裁判所がこの準則に従っていると指摘して，法廷意見は先例変更に必要な説明責任を果たしていないと批判する。また，アリート裁判官の反対意見は，ブライヤー裁判官が指摘する点に加え，Belton判決を見直すのであれば，同判決が依拠するChimel判決も再検討すべきであるとする。

このようにBelton判決の射程を限定した本判決は，捜査実務，特に交通違反による逮捕に伴う自動車の捜索を他罪の証拠収集のために利用することに大きな影響を与えると考えられる[17]。というのも，第1に，捜索の時点で，

---

15　New York v. Belton, 453 U.S. 454 (1981). 連邦最高裁は，職務質問のため停止させた自動車に乗っていた4人を大麻所持の現行犯で逮捕し，道路脇に立たせている間に行われた自動車の無令状捜索を修正4条に反しないと判断した。

16　Chimel v. California, 395 U.S. 752 (1969). 連邦最高裁は，被疑者の自宅での逮捕に伴う住居全体に対する無令状捜索を修正4条違反と判断した。

17　このような捜査手法（pretextual traffic stop）は，アメリカでは薬物捜査において幅広く用いられているが，Wren v. United States連邦最高裁判決（517 U.S. 806（1996））は，警察官の行為が修正4条違反か否かはあくまで客観的に判断され，警察官の主観的な心理状態や動機は無関係であるとして，これを支持している。Ashcroft v. Al-Kidd連邦最高裁判決（563 U.S. 731（2011））も，この法理に基づいて，テロ組織との繋がりが疑われている人物の身柄を拘束するために連邦

被逮捕者が自動車へのアクセス可能性を有している場合というのは，かなり稀なケースであり，第2に，本判決は，移動可能性等の自動車に特有な事情を根拠に，無令状捜索を②についても認めているが，これも逮捕犯罪に関連する証拠に限定されているためである。

2014年のRiley v. California連邦最高裁判決[18]では，被逮捕者から押収した携帯電話に保存されている情報を調べるためには，令状が必要であると判断されている（全員一致）。ロバーツ（John G. Roberts, Jr.）長官による法廷意見は，令状要件が免除されるかどうかは，憲法起草時を見ても適切な指針が得られなければ，捜索によって個人のプライバシーが侵害される程度と，捜索が政府の正当な利益の増進にとって必要とされる程度を比較衡量することによって判断されるとし，Chimel判決が示す逮捕官憲への加害と証拠破壊の防止という政府利益は，携帯電話のデジタルデータの場合，いずれも問題にならないとする。一方で，逮捕に伴い，被逮捕者のプライバシーの利益は減少するが，携帯電話には様々な種類の情報が大量に保存されており，個人の趣味・嗜好を含む私生活の総体や長期にわたるコミュニケーションの記録が把握可能であり，捜索に伴ってクラウド保存情報等の外部情報まで取得してしまう可能性があるなどの点で，携帯電話から得られる情報はその他の物件の場合と比べて質・量の両面において異なるとする。また，第三者の遠隔操作による証拠破壊の切迫した危険がある場合等には，「緊急性の例外」に基づく無令状捜索が可能であると指摘している。

本判決は，デジタルデータの捜索に関する連邦最高裁の初めての判断として注目された[19]。証拠の宝庫とも言える携帯電話の捜索に関する判断であるだけに，今後の捜査実務に与える影響も大きいと考えられる。一方で，携帯

---

の重要証人法を利用することも，同法の要件が満たされている限り，修正4条に反しないとしている。
18　Riley v. California, 134 S. Ct. 2473 (2014).
19　行政上の捜索の事例であるが，警察官に職務用に貸与されたポケベルの通信文の写しを同意なしに警察署長が取り寄せ，検査したことが修正4条に反しないかが争われたCity of Ontario v. Quon連邦最高裁判決（560 U.S. 746 (2010)）では，新たなテクノロジーにおけるプライバシーの存否の判断が困難であることを指摘して，この点に関する判断を回避していた。なお，この判決は，プライバシーの合理的期待の存在を仮定したうえで，全体の状況を考慮した合理性基準により，捜索の合理性を判断し，修正4条に反しないとしている。

電話そのものは身につけているか直接の支配下にあれば，Chimel判決のもと，逮捕に伴って押収可能であり，その後，令状を得て捜索することは可能である。但し，その場合に，修正4条に基づく令状の「特定性」の要件を満たすことができるかという問題が別途生じてくる。なお，本判決は，携帯電話のデジタルデータの特性を重視しており，その点では，新たなテクノロジーに対応した判断をしているが，判断枠組みそのものは，Chimel判決をはじめとする逮捕に伴う無令状捜索に関する先例に依拠しているため，新たな判断枠組みを提示するものではない。また，本判決は，比較衡量において，携帯電話内のデジタルデータの特性を重視しているため，携帯電話以外のデジタル機器内のデータの捜索について，本判決の射程が及ぶかどうかは不明確である。

（2）緊急状況における無令状捜索

時間的切迫性のために警察官が令状を求めることが困難な緊急状況は，無令状捜索が許される典型例である（緊急性の例外）。これに関して，ロバーツコートでは，2006年のBrigham City, Utah v. Stuart連邦最高裁判決[20]において，全員一致で，居住者が重傷を負っているかその差し迫った危険にさらされていると警察官が合理的に信じた場合，無令状で住居に侵入できることを認めた。さらに，2011年のKentucky v. King連邦最高裁判決[21]では，警察官によって緊急状況が作り出された場合でも，住居への無令状捜索を認めている（8対1）。アリート裁判官による法廷意見は，修正4条に反するような行為を警察官が行って緊急状況が生じた場合及び修正4条に反するような行為をすると脅して緊急状況が生じた場合でない限り，「緊急性の例外」が適用されるとしている。この問題をめぐっては，下級審レベルでは，警察官が自ら緊急状況を作り出した場合には，「緊急性の例外」を認めないとする法理が形成されていたが，本判決はより限定的な解釈を採用したことになる。そのため，警察官が意図的に緊急状況を作り出し，それを理由に，無令状捜索ができる余地が生み出されたことになる。例えば，このケースのように，警察官がノックをしてドアを開けるように求めたが，それがきっかけで，内

---

20 Brigham City, Utah v. Stuart, 547 U.S. 398 (2006).
21 Kentucky v. King, 563 U.S. 452 (2011).

部で証拠隠滅の危険が生じれば，令状がなくても住居内に踏み込むことが可能となった。一方，2013年のMissouri v. McNeely連邦最高裁判決[22]は，飲酒運転の捜査において，血液中のアルコールの自然代謝は，採血のための捜査令状をカテゴリカルに不要とする緊急状況とはいえず，ケース毎に全体の状況を考慮して判断する必要があるとしている（5対4）。

（3）同居人の同意に基づく無令状捜索

　被疑者の同意は，無令状捜索が認められる例外の1つであるが，被疑者本人ではなく，同居人の同意に基づく住居の無令状捜索が許されるかという問題がある。これについては，1974年のUnited States v. Matlock連邦最高裁判決[23]がリーディングケースであるが，同判決は，被疑者が捜索現場におらず，事前に捜索拒絶の意思も表明していなかったケースで，共同居住者は自身の望まない訪問者の立入りを同居者が認める危険を負っているとして，同居人のみの同意による無令状捜索を合憲としていた。これに対して，2006年のGeorgia v. Randolph連邦最高裁判決[24]は，被疑者が捜索現場におり，捜索拒絶の意思を表明しているケースにおいて，「広く共有された社会的期待」に従えば，このような場合には，訪問者は立ち入らないはずであるとして，同居人の同意のみによる無令状捜索を違憲と判断した（5対3）。一方，2014年のFernandez v. California連邦最高裁判決[25]は，被疑者が玄関口で捜索拒絶の意思を表明した後，同居人に対する暴行の疑いで適法に逮捕され，住居から引き離された後に，同居人の同意に基づいて住居の無令状捜索が行われたケースについて，合憲と判断している（6対3）。アリート裁判官による法廷意見は，適法に身柄を拘束されて捜索現場にいない同居人はその他の理由で捜索現場にいない同居人と同じであり，社会的期待から見ても，反対している者がその場にいない場合は立ち入ることが実際上多いなどとして，Randolph判決は適用されないとした。

---

22　Missouri v. McNeely, 133 S. Ct. 1552 (2013).
23　United States v. Matlock, 415 U.S. 164 (1974).
24　Georgia v. Randolph, 547 U.S. 103 (2006).
25　Fernandez v. California, 134 S. Ct. 1126 (2014).

## 3 自動車の停止

自動車については，判例上，「相当の理由」（probable cause）がない場合でも，「合理的な嫌疑」（reasonable suspicion）があれば，停止させることが可能である。ロバーツコートでは，警察実務において，日常的に多数発生するこのような自動車の停止に関する重要判決がいくつか下されている[26]。

（１）警察官による実力行使を伴う停止

2007年のScott v. Harris連邦最高裁判決[27]では，自動車により高速度で逃走する被疑者が，警察官の追跡の結果（警察車両の前方バンパーを意図的に被疑者の車両後部に接触させ，被疑者車両が横転），重傷を負った場合，警察官の行為が不合理な身体の押収（seizure）として修正4条に反するかが争われ，合憲とされた（8対1）。スカリア裁判官による法廷意見は，押収の合理性は，侵害の性格・性質と当該侵害を正当化する政府の利益の重要性を比較衡量することによって判断されるとし，本件では，危険にさらされる生命の数及び当事者それぞれの負責の程度を考慮しなければならないとする。そして，被疑者は自身だけでなく一般公衆を故意に危険な状態に置いたこと，警察官が実力を行使して，被疑者の車両を停車させなかった場合に負傷することになった人々は全く無関係な第三者であることを指摘し，無関係な人々の生命を危険にさらす自動者の追跡を終了させようとする警察官の行為は，たとえ逃走車両の運転手に重大な傷害や死亡の危険を惹起する場合でも，修正4条に反しないとした。本判決に基づき，2014年のPlumhoff v. Rickard連邦最高裁判決[28]は，警察車両と衝突し，3発発砲されながらも，逃走を続ける自動車に対して，警察官がさらに12発発砲し，被疑者と同乗者が死亡したケースで，公共の安全への脅威を終わらせるための合理的な致命的実力の行使であると判断している（全員一致）。

---

26 下記以外にも，自動車を停止させられた場合，運転者だけでなく，同乗者も修正4条のもと身体の押収を受けたことになり，その停止の合憲性を争うことができるとしたBrendlin v. California連邦最高裁判決（551 U.S. 249（2007））などがある。
27 Scott v. Harris, 550 U.S. 372（2007）.
28 Plumhoff v. Rickard, 134 S. Ct. 2012（2014）.

（2）匿名情報に基づく停止

2014年のNavarette v. California連邦最高裁判決[29]では，トラックによって自身の自動車が道路から脱輪させられたとの匿名の911通報によって，トラックの運転手が酩酊状態で運転をしている合理的な嫌疑が認められるかが争われた。連絡を受けた警察は，トラックを数マイル追跡したが，警察自身は違法・異常な運転を確認できないまま，トラックを停止させ，その後の捜索により大量のマリファナを発見した。連邦最高裁は，5対4で停止を合憲と判断した。トーマス裁判官による法廷意見は，合理的嫌疑の基準は警察官が個人的に観察したもの以上の情報に依拠することを許容しており，匿名情報だけでは十分な信頼性を得られないことも多いが，そこに含まれる情報が信頼できると信じる理由がある限り，それに基づく停止も許されるとする。そして，本件の場合，事故直後の通報であることから捏造の可能性は低いこと，911通報は発信者が特定可能なことなどを指摘して，警察は十分な合理的嫌疑を有していたとした。これに対し，スカリア裁判官の反対意見は，通報は特定の危険運転の事例を伝えるに過ぎず，酩酊運転していることを警察が疑う理由にはならないとして，合理的な嫌疑はなかったと批判している。

（3）警察官の誤った法解釈に基づく停止

2014年のHeien v. North Carolina連邦最高裁判決[30]では，警察官による法解釈に誤りがあっても（本件では州法上必要とされている自動車の作動可能なブレーキランプの数），それが合理的であれば，それに基づく自動車の停止は有効となるかが争われた。ロバーツ長官による法廷意見は，修正4条は「合理的に」行動することを求めているが，「完璧に」行動することは求めていないとし，警察官が事実の評価だけでなく，不明確な法の適用を求められる状況に突然置かれることもあると指摘する。そして，法の誤りも事実の誤りも，それが合理的である限りは，修正4条の合理的嫌疑の概念と両立するとし，本件停止を有効と判断した。唯一反対したソトマイヨール裁判官は，警察官に事実の評価だけでなく法の解釈にまで裁量を与えることは修正4条の保護を脅かすと批判する。本判決は，自動車の停止に限らず，警察の活動全

---

29 Navarette v. California, 134 S. Ct. 1683 (2014).
30 Heien v. North Carolina, 135 S. Ct. 530 (2014).

般に影響を与えるが，法廷意見は，修正4条は「客観的に」合理的な誤りのみを許容するとし，本判決によって警察官は法を学ばなくてよいことにはならないと釘を刺している。

(4) 薬物探知犬による嗅覚検査のための停止時間の延長

2015年のRodriguez v. United States連邦最高裁判決[31]では，合理的嫌疑なしに薬物探知犬による嗅覚検査を行うために交通違反による停止時間を延長することが不合理な身体の押収にあたるかが争われた。交通違反により適法に自動車を停止させている間の合理的嫌疑のない嗅覚検査については，2005年のIllinois v. Caballes連邦最高裁判決[32]で，十分に訓練された薬物探知犬による嗅覚検査は禁制品の所持を明らかにするに過ぎず，正当なプライバシーの利益を侵害しないと判断されていた。ギンズバーグ（Ruth B. Ginsburg）裁判官による法廷意見は，Caballes判決に依拠して，停止時間の延長は認められないと判断した（6対3）。Caballes判決に対しても，同判決のスーター（David Souter）裁判官の反対意見に見られるように，嗅覚検査は交通違反による停止とは無関係であり，修正4条違反との批判もあるが，本判決は，交通違反の処理に合理的に必要とされる時間を超えて，合理的嫌疑なしに嗅覚検査を実施することはできないことを明確にした。

### 4　行政上の捜索

犯罪捜査以外の目的で行われる「行政上の捜索」(administrative search)にも修正4条が適用されることは，住宅検査官による住宅への立入り検査にも修正4条の適用を認めた1967年のCamara v. Municipal Court連邦最高裁判決[33]以来，判例上確立している。行政上の捜索のうち，刑事手続に関連するものとして，ロバーツコートでは，以下のような判決が下されている。

(1) 仮釈放中の者に対する無嫌疑の捜索

2006年のSamson v. California連邦最高裁判決[34]では，カリフォルニア州法に基づいて，事前の同意を前提に，保護観察対象者に対して保護観察官が無

---

31　Rodriguez v. United States, 135 S. Ct. 1609 (2015).
32　Illinois v. Caballes, 543 U.S. 405 (2005).
33　Camara v. Municipal Court, 387 U.S. 523 (1967).
34　Samson v. California, 547 U.S. 843 (2006).

嫌疑で捜索することが修正4条に反しないかが争われ，合憲とされた（6対3）。トーマス裁判官による法廷意見は，保護観察対象者は引き続き刑罰を受けている状態に置かれている者であり，正当なプライバシーの期待を有していないとする一方で，保護観察対象者は将来罪を犯す可能性が高いため（同州の再犯率は60～70％），州が監督する利益は圧倒的なものであり，個別的な嫌疑を求めることは，保護観察対象者を効果的に監督し，公衆を再犯者から保護する州の能力を損なわせると判断している。

(2) 拘置所における脱衣検査

2012年のFlorence v. Board of Chosen Freeholders連邦最高裁判決[35]では，軽罪で逮捕された者が拘置所に収容される際に，重罪で収容される者と同様に，合理的嫌疑なしに徹底した脱衣検査（但し，身体への直接の接触はない）を受けなければならないことが不合理な捜索にあたるかが争われた。ケネディ（Anthony Kennedy）裁判官による法廷意見は，安全を確保する拘置所の裁量を強調し，罪が軽い者でも禁制品を所持している可能性があることなどを指摘して，合憲と判断した（5対4）。

(3) 逮捕記録手続におけるDNAサンプルの採取

2013年のMaryland v. King連邦最高裁判決[36]では，被逮捕者の身元確認等を行う逮捕記録手続（booking）の過程で，重罪で逮捕されたすべての者の口腔内から，州法に基づき，DNAサンプルを採取し，その鑑定を行うことが修正4条に反するかが争われ，5対4で合憲と判断された。ケネディ裁判官による法廷意見は，DNAサンプルを採取するため口腔内に綿棒を入れる行為は，血液採取や呼気検査等と同様に，修正4条の「捜索」にあたるとしつつ，捜索の合憲性を判断する究極の基準は「合理性」であり，捜索が合理的か否かは，捜索が正当な政府の利益を促進する程度とそれが個人のプライバシーを侵害する程度との比較衡量により判断されるとする。そして，被逮捕者の身元を明らかにする政府の利益は，実質的なものであり，身元確認の方法として高度の確実性があるDNA鑑定は，政府利益の確保に資する一方，重罪を犯したことを疑うに足りる相当な理由によって身柄を拘束されている

---

35　Florence v. Board of Chosen Freeholders, 132 S. Ct. 1510（2012）.
36　Maryland v. King, 133 S. Ct. 1958（2013）.

者は，プライバシーの要保護性が減少しているとする。また，綿棒の使用は痛みを伴わず，短時間で行われるため，侵害の程度は極めて低く，さらに州法上個人識別に直接関係するDNA情報だけを採取・保存することになっていると指摘する。そのため，本件被逮捕者のプライバシーの利益は政府の利益を凌駕するものではなく，これまで承認されてきた被逮捕者特定のための写真撮影や指紋採取等の延長線上にあるものに過ぎないとしている。

このように本判決は，比較衡量において，被逮捕者の個人識別という政府利益の重要性を強調しているが，実際のところDNAサンプルの採取は，未解決の強姦事件の証拠として利用された本件がそうであるように，逮捕記録手続における個人識別のためというよりも，未解決事件の解明等の他罪の捜査のために，連邦のDNAデータベース（Combined DNA Index System: CODIS）と照合される形で利用されている。そのため，違憲判決が下されていれば，メリーランド州に限らず，このような形でのDNAサンプルの利用を認める他州（判決時点で28州）にも影響を及ぼすことになったが，本判決はこのような捜査の現実を追認する形となった。これに対し，スカリア裁判官の反対意見は，本件のDNAサンプルの採取目的は，被逮捕者の個人識別にあるとは到底いえず，不合理な捜索にあたるとして，強く批判している。

（4）ホテルの宿泊者名簿の提出

2015年のCity of Los Angeles v. Patel連邦最高裁判決[37]では，ホテル内での犯罪を抑止するために，ホテル経営者に対して，宿泊者の記録を90日間保管し，警察の要請があれば提出しなければならない（拒否した場合は直ちに逮捕される）ことを定める市条例の文面上の合憲性が争われた。ソトマイヨール裁判官による法廷意見は，修正4条のもとでの文面上違憲の主張は，カテゴリカルに禁止されたり，特別に嫌悪されているわけではないとしたうえで，本件市条例は，捜索が行き過ぎたり，嫌がらせの口実として利用されることを防ぐために必要となる中立の裁定者による応諾前の審査を受ける機会を認めておらず，文面上違憲であると判断した（5対4）。これに対し，スカリア裁判官の反対意見は，ホテルを無令状捜索が許容される「緊密に規制された事業」（closely regulated business）と位置づけ，アリート裁判官の反

---

37 City of Los Angeles v. Patel, 135 S. Ct. 2443 (2015).

対意見は，緊急事態の場合などにおける合憲的適用の余地を指摘するとともに，無令状捜索・押収への修正4条の適用は，個別具体的に判断すべきであり，文面上違憲の主張とは本質的に相容れないとしている。

## 5 排除法則

修正4条に反する不合理な捜索・押収によって獲得された証拠は，被告人に不利な証拠として用いることはできないとするのが1914年のWeeks v. United States連邦最高裁判決[38]以来の原則であり，1961年のMapp判決以来，全州にも適用されている。しかし，その後，この排除法則には，様々な例外が認められ[39]，ロバーツコートにおいても，その傾向を加速する判決が下されている。

まず，2006年のHudson v. Michigan連邦最高裁判決[40]では，捜索令状は持参していたものの，修正4条の要請である「ノックと来意告知」（knock and announce）原則に違反して（「適切な」待機時間が必要なところ5秒で）住居に立入り，発見・押収した違法薬物に証拠能力が認められるかが争われた。連邦最高裁は，5対4で，証拠能力を認めた。スカリア裁判官による法廷意見は，同原則は暴力や財産権侵害，プライバシー侵害を防ぐためのものであり，令状に記載された証拠を見られたり押収されたりすることを防ぐためのものではないため，本件で侵害された利益と証拠の押収とは無関係であり，排除法則は適用されないとする。また，排除法則は警察官の違法行為を抑止するという効用が証拠排除によって生じうる社会的コストを凌駕する場合にのみ適用されるが，本件の場合，同原則に違反する誘因は小さく，抑止の効用が少ない一方，違反認定の困難性に伴う司法制度への負担や時宜に適った入室を躊躇させるなどの社会的コストがかなり大きいとする。さらに，賠償請求制度や警察内部の懲戒手続の整備などにより，証拠排除しなくても違法行為の抑止は可能であるとする。これに対し，ブライヤー裁判官の反対意見

---

38 Weeks v. United States, 232 U.S. 383 (1914). 同様の救済は，修正4条違反のみならず，修正5条・6条・14条違反についても及ぼされる。
39 後述の「善意の例外」の他，例えば，United States v. Calandra (414 U.S. 338 (1974)) 連邦最高裁判決では，大陪審での手続には，排除法則は適用されないとされた。
40 Hudson v. Michigan, 547 U.S. 586 (2006).

は，本判決により同原則に従う強力な誘因が失われると批判している。

2009年のHerring v. United States連邦最高裁判決[41]では，警察職員の過失により本来取り消されたはずの令状記録に基づいて逮捕が行われ，その後の捜索で発見された証拠（拳銃・薬物）の排除が争われたが，連邦最高裁は，ここでも5対4で，証拠排除を認めなかった[42]。ロバーツ長官による法廷意見は，排除法則は警察官の計画的な行為や無謀，重過失，または頻発しているか組織全体に浸透している過失を抑止するのに資するが，本件での警察の誤りは，単純な過失による単発的なもので，警察官の行為は客観的に見て証拠排除を要求すべき程度の有責性を備えていないとする。一方，ギンズバーグ裁判官の反対意見は，各種のデータベースの利用が広がっていることを踏まえ，法執行における正確な記録保存の重要性を強調し，抑止効はコストに十分に見合ったものであると主張するほか，排除法則の目的としては，違法捜査の抑止だけでなく，司法の無瑕性の保持や公衆の政府への信頼に対する危険の最小化という目的も重要であるとして，法廷意見を批判している。本判決は，1984年のUnited States v. Leon連邦最高裁判決[43]で認められた排除法則に対する「善意の例外」（令状が無効であることについて，警察官が善意で行動した場合は，排除法則は適用されない）を警察職員による過誤の場合にも認めた点[44]，及び警察官の有責性の程度によって排除法則の抑止効が変化するとの考え方を新しく示した点に特徴がある。

さらに，2011年のDavis v. United States連邦最高裁判決[45]では，逮捕に伴う自動車の捜索に関する連邦最高裁の新判例（Gant判決）が遡及適用されて違憲と判断された捜索について，証拠排除が認められるかが争われたが，最高裁は，7対2で排除を認めなかった。アリート裁判官による法廷意見は，Herring判決に依拠して，本件捜索は，捜索時に拘束力のあった先例（Belton

---

41　Herring v. United States, 555 U.S. 135 (2009).
42　意見の分かれ方は，Hudson判決と全く同じであり，ロバーツ，スカリア，ケネディ，トーマス，アリート各裁判官が証拠排除を認めず，スティーブンス，スーター，ギンズバーグ，ブライヤー各裁判官が証拠排除を支持した。
43　United States v. Leon, 468 U.S. 897 (1984).
44　裁判所職員の過誤による場合については，Arizona v. Evans連邦最高裁判決 (514 U.S. 1 (1995)) において，既に認められている。
45　Davis v. United States, 564 U.S. 229 (2011).

判決を解釈した連邦高裁判例）に依拠して行われており，警察官の行為に有責性が認められないため，「善意の例外」が適用されると判断している。

## 6　小括

　修正4条に関しては，ロバーツコートは，これまでのところ犯罪統制の利益を重視した保守的な判決を下す傾向が比較的強いといえる。特に刑事手続全体に影響を与える排除法則に関しては，その傾向が顕著に見られる。「ノックと来意告知」違反の場合の証拠排除を否定したHudson判決及び「善意の例外」を警察職員による過誤の場合にも認めたHerring判決は，ともに保守派・リベラル派で裁判官の意見が5対4に分かれた僅差の判決であったが，いずれもケネディ裁判官が決定票を投じ，証拠排除の限定に傾く結果となった。排除法則以外の領域では，緊急状況や同居人の同意に基づく無令状捜索，警察官による実力行使や法解釈，行政上の捜索に関する領域で，政府・捜査機関側の利益を重視した判断が示される傾向にある。

　一方で，全面的に保守的かというと必ずしもそうではなく，逮捕に伴う捜索の範囲や，GPS装置の装着・監視，薬物探知犬を使用した捜査といった事例では，ロバーツコートは捜査機関側に比較的厳しい判断を示しており，捜査実務にも大きな影響を与える判決を下している[46]。特に，自動車の捜索に関するGant判決は，事実上の判例変更ともいえる判決である。ただ，それはこれらの事例において，リベラル派の裁判官が保守派の裁判官に優位した結果かというと必ずしもそうではない。修正4条の解釈を巡っては，保守・リベラルという裁判官のイデオロギー的対立は，排除法則の領域を除けば，前面に出ないことも多い。例えば，Gant判決でも，リベラル派のブライヤー裁判官が，捜査実務や判例上の定着を理由に反対意見を述べる一方で，匿名情報に基づく自動車停止を認めたNavarette判決や逮捕記録手続でのDNAサンプル採取を認めたKing判決では，保守派のスカリア裁判官が反対意見

---

46　なお，Grady v. North Carolina連邦最高裁判決（135 S. Ct. 1368（2015）(per curiam)）は，州裁判所により性犯罪の常習者と認定された者に対して，その行動の監視のため，GPSが埋め込まれたブレスレットを生涯にわたり装着することを義務付けるノースカロライナ州のプログラムについて，Jones判決とJardines判決に依拠して，身体への物理的侵入として「捜索」にあたると判断している。但し，その合理性の判断については，州裁判所に差し戻している。

を述べている。また「捜索」の該当性判断をめぐっては、スカリア裁判官のように財産保護を重視するか、アリート裁判官のようにプライバシー保護を重視するかで、各裁判官に意見の対立が見られ、そのことがJardines判決の結論やJones判決の意見構成に違いをもたらしている。スカリア裁判官亡き後、財産保護のアプローチが後退することになるのかが、ロバーツコートの修正4条に関する判断において、今後の注目点の1つになると考えられる。

## II 修正5条

### 1 二重の危険

修正5条[47]が保障する二重の危険禁止への強いコミットメントを示す判決として、2013年のEvans v Michigan連邦最高裁判決[48]がある。本件では、起訴された犯罪の成立には実際には不要であった要素の証明がなされていないとして下された無罪の指示評決を取り消して、再審理を行うことが二重の危険禁止に反すると判断されている。ソトマイヨール裁判官による法廷意見は、裁判所が決定した無罪放免の再審理は、たとえそれが甚だしく誤った根拠に基づいていても禁止されるとし、本件のように、証拠が不十分であることを理由に無罪が言い渡された場合は、裁判所の証拠の評価が誤っていても、また前提となる法に関する判断が誤っていても、再審理は禁止されるとしている（8対1）。一方、2012年のBlueford v. Arkansas連邦最高裁判決[49]では、陪審員長が、当初の評議後、死刑相当謀殺と第1級謀殺については全員一致で無罪、故殺については意見不一致、過失致死についてはまだ決をとっていないことを裁判所に報告した後、再度の評議でも評決に至らず、裁判

---

47 「何人も、大陪審の告発または起訴によらなければ、死刑を科せられる罪その他の破廉恥罪につき責を負わされることはない。ただし、陸海軍、または戦時もしくは公共の危険に際して現に軍務に服している民兵において生じた事件については、この限りではない。何人も、同一の犯罪について重ねて生命身体の危険に臨ましめられることはない。何人も、刑事事件において自己に不利な証人となることを強制されることはなく、また法の適正な過程（due process of law）によらずに、生命、自由または財産を奪われることはない。何人も、正当な補償なしに、私的財産を公共の用のために徴収されることはない。」初宿・辻村編・前掲注（7）83頁〔野坂泰司〕。
48 Evans v Michigan, 133 S. Ct. 1069 (2013).
49 Blueford v. Arkansas, 132 S. Ct. 2044 (2012).

所が審理無効を宣告したケースで，死刑相当謀殺及び第1級謀殺の罪も含めて裁判をやり直すことが二重の危険禁止に反しないと判断されている。ロバーツ長官による法廷意見は，評議が終了する前の陪審員長による報告は，これらの罪を無罪放免とするのに必要な終局性が欠如していると判断している（6対3）。

### 2　自己負罪拒否特権

自己負罪拒否特権については，2013年のKansas v. Cheever連邦最高裁判決[50]において，謀殺の罪に問われた被告人が提出した薬物使用に伴う精神的無能力を主張する鑑定書に対して，検察が裁判所の命令に基づき実施した被告人の精神鑑定を反証として提出しても，被告人の同特権を侵害しないとされた（全員一致）。ソトマイヨール裁判官による法廷意見は，本件では検察は被告人が鑑定書を提出した後で鑑定書を提出しており，この証言を排除することは，対審的な手続を傷つけ，公判の真実探求機能を損なうことになるとしている。

また，同年のSalinas v. Texas連邦最高裁判決[51]では，身柄拘束を伴わない取調べにおける自己負罪拒否特権の行使を検察官が有罪立証の際に不利益推認する根拠として利用することが被告人の同特権を侵害しないかが争点となった。しかし，アリート裁判官による相対多数意見は，先例[52]に依拠して，原則として自己負罪拒否特権は明示的に行使されなければならないとしたうえで，本件被疑者は単に沈黙していたに過ぎず，同特権は行使されていないとして，結局上記争点への判断を留保した。これに対し，トーマス裁判官の結果同意意見は，黙秘に関する検察官の証言は被疑者に対して自己負罪証言を強制するものではないため，たとえ自己負罪拒否特権が行使されていたとしても，同特権の侵害にはならないと主張する。一方，リベラル派の3名が同調したブライヤー裁判官の反対意見は，決定的に重要なのは沈黙が修正5条に基づいているとの公正な推認を生む状況であるか否かであるとし，本件

---

50　Kansas v. Cheever, 134 S. Ct. 596 (2013).
51　Salinas v. Texas, 133 S. Ct. 2174 (2013).
52　Minnesota v. Murphy, 465 U.S. 420 (1984).

の状況は，犯罪捜査の過程で被疑者として警察署で弁護人もいない中で取調べを受けているというものであり，沈黙から自己負罪拒否特権の行使を公正に推認できるとする。そのうえで，この沈黙について検察官が言及することは，修正5条に反すると主張する。自己負罪拒否特権の行使に対する不利益推認については，公判で被告人が証言しなかったこと及び身柄拘束されミランダ警告を受けた後の黙秘を不利益推認してはならないことは判例上確立しているため[53]，今後は，下級審では見解が分かれている上記争点に連邦最高裁がどのような判断を示すのかが注目される。

### 3 ミランダルール

自己負罪拒否特権の保障を確実なものとするために，Miranda判決は，警察官が被疑者の同特権を保障するうえで有効な手続上の保護措置を提供した旨を検察官が証明しない限り，身柄拘束中の取調べによって得られたいかなる供述も，公判で被告人に不利に用いることはできないとした。その保護措置が，あらゆる尋問の前に，黙秘権を有すること，陳述内容はすべて不利に働く可能性があること，弁護人の立会いを要求する権利があること，自費で弁護人を依頼できない場合は公費で弁護人が選任されることを被告人に伝えなければならないというミランダルールである。しかし，ミランダルールは，バーガーコート以降，その保護範囲が限定されてきた[54]。

(1) 保護の限定

ロバーツコートでは，2010年にミランダルールの保護範囲を限定的に理解する3つの判決が相次いで下されている。まず，Florida v. Powell連邦最高裁判決[55]では，被疑者に対して，取調べの前に弁護人と話す権利があること及び取調べの間いつでもこの権利を行使できることは伝えられていたものの，取調べ中の弁護人の立会いの権利について，明確に伝えられていなかっ

---

53 *See* Griffin v. California, 380 U.S. 609, 614 (1965); Miranda, 384 U.S. at 468 n.37.
54 例えば，Michigan v. Mosely連邦最高裁判決 (423 U.S. 96 (1975)) では，黙秘権の行使に基づく取調べの中断に関して，警察官が被疑者の黙秘権を「忠実に尊重」した場合には，取調べを再開してよいとされ，Davis v. United States連邦最高裁判決 (512 U.S. 452 (1994)) では，弁護人依頼権は明確に行使されなければならず，曖昧な場合には取調べを続けてよいとされている。
55 Florida v. Powell, 559 U.S. 50 (2010).

たことが争われ，合憲とされている（7対2）。ギンズバーグ裁判官による法廷意見は，連邦最高裁はミランダルールが伝えられる「言葉」までは指示しておらず，告知がMiranda判決の権利を合理的に伝えているかが基準であるとし，本件での2つの告知は相俟って取調べの際の弁護人の立会いの権利を合理的に伝えているとしている。次に，Maryland v. Shatzer連邦最高裁判決[56]では，ミランダ警告を受けた被疑者が弁護人の立会いを求めた場合，弁護人が利用可能となるまで取調べは許されないという1981年のEdwards v. Arizona連邦最高裁判決[57]の準則は，最初の取調べと2度目の取調べとの間に2週間以上の身柄拘束の中断がある場合には適用されないと判断されている（7対2）。スカリア裁判官による法廷意見は，身柄拘束から一旦解放されて2度目の取調べの前に一定時間通常の生活に戻った場合，被疑者の心情の変化が強制されたものと考える理由に乏しいとし，2週間あれば，元の生活に慣れ，弁護人と相談したり，以前の身柄拘束による強制的効果の余韻を除去するのに十分であるとしている。さらに，Berghuis v. Thompkins連邦最高裁判決[58]では，ミランダ警告後，Miranda判決の権利を行使するとも放棄するとも言わずに，取調べに対し3時間近くの間ほとんど沈黙していた被疑者が最後に自白したケースで，この被疑者は黙秘権を行使しており，自白の証拠採用はミランダルール違反となるかが争われたが，連邦最高裁は，これを否定している。ケネディ裁判官による法廷意見は，黙秘権の行使は「明確に」なされなければならないとし，ミランダ警告後，黙秘権を行使も放棄もしない被疑者に対して警察は取調べを行うことができるとする。一方で，被疑者は自白によって黙秘権を黙示的に放棄したと判断している。このように，本判決は，黙秘権の放棄は緩やかに認める一方で，黙秘権の行使は厳格に判断する立場をとった。本判決は，保守・リベラルで5対4に分かれたが，ソトマイヨール裁判官の反対意見は，Miranda判決を大きく後退させるものであるとして，強く批判している。また，2012年のHowes v. Fields連邦最高裁判決[59]では，囚人に対して，その拘禁理由とは無関係の犯罪に関

---

56 Maryland v. Shatzer, 559 U.S. 98 (2010).
57 Edwards v. Arizona, 451 U.S. 477 (1981).
58 Berghuis v. Thompkins, 560 U.S. 370 (2010).
59 Howes v. Fields, 565 U.S. 499 (2012).

して，刑務所内の会議室でミランダ警告なしに取調べが行われたことが問題となったが，アリート裁判官による法廷意見は，こうした刑務所内での取調べを一律にミランダルールが適用される「身柄拘束中」とみなすことはできないとし，本件では，囚人に対していつでも取調べを終了させ，独房に戻ることができることが伝えられていた点などを指摘して，ミランダ警告は不要と判断している（6対3）。

(2) 保護の強化

一方，ミランダルールを強化したといえるのが2011年のJ.D.B. v. North Carolina連邦最高裁判決[60]である。ここでは，取調べがミランダルールの適用される「身柄拘束中」といえるかの判断にあたって，被疑者の年齢（本件の場合13歳）が考慮されるべきだと判断された。本判決は保守・リベラルで5対4に分かれたが，ソトマイヨール裁判官の法廷意見は，身柄拘束の有無は，先例に従い，「客観的なテスト」（通常人が当該被疑者の立場に置かれたならば，その場から立ち去ることもできると思うか否か）によって判断されるべきとしたうえで，通常の大人であればその場から立ち去ることもできると思う状況であるが，通常の子どもはそのようには思わないということは，よく起こりうると指摘する。そして，被疑者の特質のうち，自らの行動の自由についての通常人の認識と明白な関連性をもたないもの（取調べを受けた経験の有無等）は，考慮されるべき事情とはならないが，被疑者の年齢は，取調べの時点で捜査官に判明しているか，合理的な捜査官には客観的に明らかである場合には，「客観的なテスト」と矛盾しないとしている。一方，保守派3名が同調したアリート裁判官の反対意見は，年齢を考慮した個別具体的な判断をすることがミランダルールの明確性を害することになると批判する。

### 4 小括

修正5条に関して，まず注目されるのは，ミランダルールによる保護範囲を限定するというバーガーコート以降の方向性に沿った判断が複数のケースで示されていることである。Powell判決やShatzer判決は，ミランダルールの中核に関わるものではないと考える余地もあり，リベラル派の裁判官も賛

---

60 J.D.B. v. North Carolina, 564 U.S. 261 (2011).

同しているが，Berghuis判決がMiranda判決の黙秘権は明示的に行使される必要があるとしたことは，強制的環境下での自己負罪を防止するというミランダルールが認められた趣旨に反し，自白の強要につながるおそれもあるため，ミランダルールの大きな修正といえる。一方，少年の被疑者との関係においては，年齢が身柄拘束中か否かの判断に際して考慮されるべきとされており，この点では，ミランダルールによる保護が強化されたといえる。このように少年の特性を刑事手続で重視する姿勢は，後述する修正8条の領域にも共通して見られる特徴である。二重の危険の禁止に関しては，Evans判決が犯罪構成要素に関する法解釈の誤りについても，その保障が及ぶことを，アリート裁判官を除く保守派の裁判官も加わって明確にした点が注目される。自己負罪拒否特権に関しては，その行使に対する不利益推認が許される範囲がその保障範囲を大きく左右するため，Salinas判決で留保された，身柄拘束前の行使に対する不利益推認の可否が今後の注目点となろう。

## III 修正6条

### 1 陪審裁判を受ける権利

　修正6条[61]が保障する陪審裁判を受ける権利をめぐっては，近年，陪審が認定していない事実に基づいて裁判官が量刑手続において刑を加重することが，同権利の侵害として争われるケースが相次いでいる。この点については，まず，レーンキストコート時代のApprendi v. New Jersey連邦最高裁判決[62]において，前科の事実を除き，法定の上限を超えて刑を加重する根拠となる事実は，陪審に判断する機会を与えるとともに，合理的な疑いを超えて証明されなければならないとされた。そして，Blakely v. Washington連邦最

---

[61] 「すべての刑事上の訴追において，被告人は，犯罪が行われた州およびあらかじめ法律によって定められた地区の公平な陪審による迅速な公開の裁判を受け，かつ事件の性質と原因とについて告知を受ける権利を有する。被告人は，自己に不利な証人との対質を求め，自己に有利な証人を得るために強制手続を取り，また自己の防禦のために弁護人の援助を受ける権利を有する。」初宿・辻村編・前掲注（7）83頁〔野坂泰司〕。

[62] Apprendi v. New Jersey, 530 U.S. 466 (2000). 本件では，州ヘイトクライム法のもとでの人種差別的な動機に基づく通常の法定刑の上限を超える刑の加重が違憲と判断された。

高裁判決[63]では，Apprendi判決の「法定の上限」とは，陪審の評決に反映されている事実または被告人が認めた事実のみに基づいて科すことができる最も重い刑であることが明らかにされ，United States v. Booker連邦最高裁判決[64]では，Apprendi判決・Blakely判決に基づいて，裁判官が証拠の優越により認定した事実に基づいて法定の上限を超えて刑を加重することを裁判官に義務付ける連邦量刑ガイドラインが修正6条違反と判断され，同ガイドラインは「勧告的」なものとされた。このような裁判官による事実認定との関係で，陪審裁判を受ける権利の保障を重視する姿勢は，ロバーツコートにおいても引き継がれるとともに，さらに強化されている。

まず，2007年のCunningham v. California連邦最高裁判決[65]は，証拠の優越に基づいて法定の上限を超えて刑を加重する事実の認定を裁判官に認めるカリフォルニア州の定期量刑法をBlakely判決・Booker判決に依拠して，修正6条・修正14条違反と判断した（6対3）。そして，2012年のSouth Union Co. v. United States連邦最高裁判決[66]は，Apprendi判決の準則が拘禁刑や死刑だけでなく，罰金刑にも及ぶことを明らかにした（6対3）。さらに，2013年のAlleyne v. United States連邦最高裁判決[67]は，裁判官による事実（威嚇）の認定に基づいて刑の「下限」を引き上げることも陪審裁判を受ける権利を侵害すると判示した（5対4）[68]。上記のように，「法定の上限」＝刑の「上限」を引き上げる事実が「犯罪構成要素」として陪審によって認定なされなければならないことは，Apprendi判決以降認められてきた。しかし，刑の「下限」を引き上げる事実に関しては，2002年のHarris v. United States連邦最高裁判決[69]では，裁判官が裁量で認定できる「量刑要素」とされたため，Apprendi判決の適用が否定され，陪審による認定は不要と判断されていた。これに対して，本判決は，Harris判決を明示的に変更し，刑の

---

63　Blakely v. Washington, 542 U.S. 296 (2004).
64　United States v. Booker, 543 U.S. 220 (2005).
65　Cunningham v. California, 549 U.S. 270 (2007).
66　South Union Co. v. United States, 132 S. Ct. 2344 (2012).
67　Alleyne v. United States, 133 S. Ct. 2151 (2013).
68　本件では，陪審の有罪評決により，5年以上終身までの量刑が可能であったが，裁判官による威嚇の認定により，下限が2年引き上げられ，7年以上の量刑が可能となった。
69　Harris v. United States, 536 U.S. 545 (2002).

下限を引き上げる事実の認定にも陪審裁判を受ける権利の保障が及ぶとしたのである。トーマス裁判官による法廷意見は，修正6条審査の本質はある事実が犯罪構成要素であるか否かであり，事実の認定により，刑の範囲が引き上げられるのであれば，その事実は別個のより重い犯罪構成要素であり，陪審によって認定されなければならないとし，刑の上限を引き上げる事実と刑の下限を引き上げる事実を区別する原理的・理論的根拠は存在しないとする。また，刑の下限を引き上げる事実を犯罪構成要素とすることで，被告人は起訴状から法的に可能な刑を予測することが可能となり，政府と被告人の媒介としての陪審の歴史的役割も保持されると主張している。このように，本判決は，判例変更によって，刑の下限を引き上げる事実も「犯罪構成要素」と位置づけ，陪審裁判を受ける権利の保障範囲を拡大した。もっとも，刑の下限を引き上げる事実を裁判官が認定しても，それが陪審の有罪評決に対応する量刑の範囲内に収まっている限りは，別個の犯罪構成要素ではないとする考え方も成り立つ。この立場をとるのが，ロバーツ長官の反対意見であるが，この意見は，陪審裁判を受ける権利の目的を裁判官の偏見からの保護に求め，裁判官の権限逸脱が生じない刑の下限の引き上げは，陪審裁判を受ける権利を何ら侵害しないとする。一方で，法廷意見は，「被告人に科せられる罰の期待値」の上昇が，別個のより重い犯罪を作り出すことになると論じている。法廷意見は，刑の下限の引き上げに伴う自由の減少可能性を重視する立場といえ，被告人の自由を守る手段として，陪審裁判を受ける権利の保障範囲を広く捉えるものである。

## 2 対質権

対質権については，公判外供述（伝聞証拠）の許容性に関して，レーンキストコート時代に，スカリア裁判官主導で判例変更が行われた。すなわち，1980年のOhio v. Roberts連邦最高裁判決[70]は，対質権を行使できない公判外供述であっても，しっかりと確立した伝聞例外にあたるか信用性の個別的な保証がある場合には証拠として許容されるとしていたが，2004年のCraw-

---

70 Ohio v. Roberts, 448 U.S. 56 (1980).

ford v. Washington連邦最高裁判決[71]（スカリア裁判官法廷意見）は，修正6条の対質権はコモンロー上の対質権を述べたものであり，建国当時に確立していた例外しか認められないとする立場から，公判外供述が公判での証人の証言のような「証言的」(testimonial) な性質のものである場合には，供述者が公判期日に供述不能であり，かつ以前に被告人が反対尋問を行う機会があった場合に限り，証拠として許容されるとして，Roberts判決を変更した。本判決は，「証言」を「一定の事実を明らかにする目的または証明する目的でなされる厳粛な宣明または確認」であるとしたうえで，予備審問における一方的な証言や取調べにおいて警察官が録取した供述など，「証言的」供述にあたる例をいくつか示しているが，「証言的」の意味を明確に定義しなかった。その後，ロバーツコートでは，いかなる公判外供述が「証言的」であるかについての判例が蓄積されつつある。

　まず，2006年のDavis v. Washington連邦最高裁判決[72]では，DVの被害者が被害直後にかけた911通報電話の通話記録は「証言的」ではないが，DVの被害者宅に臨場した警察官の質問に応じてなされた被害者の発言内容の記録は「証言的」であると判断された（全員一致）。スカリア裁判官による法廷意見は，警察官の質問に対する供述が「非証言的」となるのは，質問の主たる目的が進行中の緊急事態に対処する警察活動に資するためのものであることが客観的に示されている状況下で行われた場合であるとし，「証言的」となるのは，そのような進行中の緊急事態がない場合か，主たる目的が将来の刑事訴追に関連する可能性のある過去の出来事を証明するためのものであることが客観的に示されている状況下で行われた場合であるとする。この区分に基づいて，2011年のMichigan v. Bryant連邦最高裁判決[73]は，銃撃により瀕死の状況にあった被害者に対して駆けつけた警察官が行った質問への被害者の供述を「証言的」ではないと判断している（6対2）。また，2015年のOhio v. Clark連邦最高裁判決[74]は，父親から児童虐待を受けた3歳児の幼稚園教師に対する供述について，教師による質問と彼らの児童虐待報告義務が

---

71　Crawford v. Washington, 541 U.S. 36 (2004).
72　Davis v. Washington, 547 U.S. 813 (2006).
73　Michigan v. Bryant, 562 U.S. 344 (2011).
74　Ohio v. Clark, 135 S. Ct. 2173 (2015).

父親の起訴につながる自然な傾向があることは重要ではないとして，関連するすべての状況を考慮に入れれば，主たる目的は父親を起訴するための証拠の獲得とはいえず，「証言的」ではないと判断している（全員一致）。

さらに，犯罪の立証に大きな役割を果たしている専門家による「鑑定書」が「証言的」かがロバーツコートで度々争われるようになっている。まず，2009年のMelendez-Diaz v. Massachusetts連邦最高裁判決[75]（スカリア裁判官法廷意見）は，薬物の鑑定書は「宣誓供述書」（affidavit）に等しく，「証言的供述の中心的種類」であるとし，鑑定を行った分析官を証人として召喚し反対尋問の機会を被告人に与えなければならないとした。2011年のBullcoming v. New Mexico連邦最高裁判決[76]（ギンズバーグ裁判官法廷意見）は，血中アルコール濃度の鑑定書を作成した分析官ではなく，別の分析官を召喚して，証言させることも許されないとした。しかし，2012年のWilliams v. Illinois連邦最高裁判決[77]は，警察外部の研究所が実施したDNA鑑定に基づいて警察の科学捜査分析官が行った証言が許容されている。アリート裁判官による相対多数意見は，第三者が実施した検査の証拠は主張されている事柄の真実性を証明する目的で提出されたのではなく，単に科学捜査分析官が到達した結論に基礎を与えたにすぎないとし，重要なのはその結論であり，当該分析官には反対尋問を行えるのであるから，対質権の侵害はないと判断している。但し，これら3判決はいずれも5対4の僅差であり，例えば，リーディングケースといえるMelendez-Diaz判決のケネディ裁判官の反対意見は，科学的分析はそれを実施した分析官から証言無しに証拠として提出できるとしてきた長年のルールと矛盾するとして強く批判している。

## 3　弁護人依頼権

（1）弁護人選択権の保障

修正6条の弁護人依頼権は，Gideon判決以降，刑事司法における基本的な権利であると考えられてきたが，2006年のUnited States v. Gonzalez-Lo-

---

75　Melendez-Diaz v. Massachusetts, 557 U.S. 305 (2009).
76　Bullcoming v. New Mexico, 564 U.S. 647 (2011).
77　Williams v. Illinois, 132 S. Ct. 2221 (2012).

pez連邦最高裁判決[78]は，裁判所による州規則の誤った解釈により，自らが選択した弁護人の選任を拒否された場合，同権利の侵害にあたるとしている（5対4）。スカリア裁判官による法廷意見は，先例に基づき，弁護人依頼権には公選弁護人を必要としない被告人が弁護人を選択する権利が含まれているとしたうえで，同権利は政府が主張するような「公平な公判」の保障ではなく，被告人が自ら最善と考える弁護人によって弁護を受ける権利の保障であり，本件ではこれが侵害されたとする[79]。一方，アリート裁判官の反対意見は，修正6条が実際に保護しているのは弁護人の選択によってもたらされる「援助」を受ける権利であると反論している。

(2) 弁護人依頼権の付与時期

修正6条の弁護人依頼権は，対審的な司法手続が開始した時から認められるが[80]，この点に関して，2008年のRothgery v. Gillespie County連邦最高裁判決[81]は，被告人が治安判事の前に初めて出廷し，被疑事実を告げられ，その自由が制限されることになる場合は，たとえ検察官がその手続に関与していなくても，対審的な司法手続の開始にあたり，弁護人依頼権が保障されると判示した。唯一反対したトーマス裁判官は，修正6条の原意に基づき，同条にいう「刑事上の訴追」は検察官の関与なしに開始されえないと主張している。

(3) 弁護人依頼権の放棄

1986年のMichigan v. Jackson連邦最高裁判決[82]は，修正6条の弁護人依頼権の侵害を予防するために，罪状認否その他同様の手続において，被告人が弁護人依頼権を主張した場合，その後，弁護人の立会いのない取調べを警察の側から始めることはできない（弁護人依頼権の放棄は自動的に無効になる）

---

78　United States v. Gonzalez-Lopez, 548 U.S. 140 (2006).
79　また，修正6条違反に「無害の手続的瑕疵」(harmless-error) の法理は適用されず，自動的に有罪判決が破棄されるとしている。
80　*See* Brewer v. Williams, 430 U.S. 387 (1977). 具体的には，予備審問 (preliminary hearing)，略式起訴 (information)，正式起訴 (indictment)，罪状認否手続 (arraignment) のいずれかが開始された時である。
81　Rothgery v. Gillespie County, 554 U.S. 191 (2008).
82　Michigan v. Jackson, 475 U.S. 625 (1986).

と判示していた。2009年のMontejo v. Louisiana連邦最高裁判決[83]では，この Jackson判決の準則が，予備審問において州裁判所によって弁護人が自動的に選任された後，弁護人の立会いのない中で警察の側から取調べを始め，有罪を立証する証拠（被害者遺族への謝罪の手紙）が得られたケースに適用されるかが争われた。しかし，連邦最高裁は，5対4で，Jackson判決そのものを覆した。スカリア裁判官による法廷意見は，Jackson判決の判断枠組みは，本件のように被告人の要求とは無関係に弁護人が選任される法域では，弁護人依頼権の主張の有無の判断が難しいため，うまく機能せず，かといって権利主張を不要とすることは，権利主張した者に警察が執拗に心変わりを迫ることを防ごうとするJackson判決の理由付けから根本的に逸脱するとする。そして，仮にJackson判決がなくても，身柄拘束下で取調べを受ける者は，弁護人の立会いの権利を告知され（Miranda判決），それが行使されれば取調べは中止しなければならず（Edwards判決），弁護人が立会うまではその後の取調べは行われない（Minnick v. Mississippi連邦最高裁判決[84]）のであるから，これら三層の予防措置で十分であるとする[85]。これに対して，Jackson判決を執筆したスティーブンス裁判官の反対意見は，本件取調べは明らかに被告人の修正6条の弁護人依頼権を侵害しているとして，法廷意見を強く批判している。このように，本判決により，Jackson判決は排除されたため，修正6条の弁護人依頼権については，被告人が一旦行使を主張しても，これを任意に放棄させて，取調べを行うことができることになった。

(4) 有効な弁護を受ける権利

1970年のMcMann v. Richardson連邦最高裁判決[86]は，修正6条の弁護人依頼権が有効な弁護を受ける権利の保障を意味することを認め，1984年のStrickland v. Washington連邦最高裁判決[87]は，弁護人の活動が客観的な合理性の基準を下回るものであり（過誤要件），かつその過誤がなければ手続の

---

83 Montejo v. Louisiana, 556 U.S. 778 (2009).
84 Minnick v. Mississippi, 498 U.S. 146 (1990).
85 当時合衆国訟務長官であったケイガンも，Jackson判決による保護は不要であるとして，判例変更を主張した。
86 McMann v. Richardson, 397 U.S. 759 (1970).
87 Strickland v. Washington, 466 U.S. 668 (1984).

結果が異なっていた合理的な蓋然性があること（不利益要件）を被告人が立証した場合にその侵害が認められるとした。このStrickland判決の基準が答弁取引（plea bargaining）にも適用されることは，1985年のHill v. Lockhart連邦最高裁判決[88]で認められているが，ロバーツコートは，この答弁取引における同権利の保障を強化する姿勢を示している。

まず，2010年のPadilla v. Kentucky 最高裁判決[89]は，外国人の被告人が有罪判決を受けた後の退去強制の可能性について弁護人から適切な助言を得られなかったために，有罪答弁後，退去強制処分を受けたケースで，有効な弁護にとって答弁取引の交渉は「決定的な」段階であるとして，被告人が理解して任意で行った有罪答弁は弁護人の過誤に優位するとの政府の主張を退けている（7対2）[90]。そして，2012年のLafler v. Cooper連邦最高裁判決[91]は，弁護人の誤った助言により被告人が答弁取引に応じず，その結果取引に応じていれば受けたであろう刑よりも重い刑（最低でも3.5倍）を公判後宣告されたケースで，有効な弁護を受ける権利が侵害されたと判断している（5対4）。リベラル派の裁判官4名が同調したケネディ裁判官による法廷意見は，Strickland判決のもと，過誤要件を満たすことについて当事者の合意がある本件では，被告人は，不十分な助言がなければ，答弁が裁判所に提出されたであろうこと，裁判所はその条件を受け入れたであろうこと，その条件のもとでの刑が実際に宣告された刑よりも厳しくなかったであろうことを証明しなければならないが，いずれも満たされていると判断した。政府側は，被告人が公平な裁判の結果，有罪とされた場合には，被告人に不利益は生じないと主張したが，法廷意見は，刑事司法において答弁取引が中心的役割を果たしている（有罪判決の大多数が答弁取引に基づいている）という現実を指摘して，政府側の主張を退けている。一方，スカリア裁判官の反対意見は，本判決は答弁取引を必要悪から憲法上の権利に引き上げたが，被告人には答弁取引の権利はなく，公平な審理を受けた本件被告人に何ら手続的権利の侵害は

---

88　Hill v. Lockhart, 474 U.S. 52 (1985).
89　Padilla v. Kentucky, 559 U.S. 356 (2010).
90　本判決はStrickland判決の過誤要件の充足は認めたが，不利益要件の充足については，差し戻している。
91　Lafler v.Cooper, 132 S. Ct. 1376 (2012).

ないと批判する。また，Cooper判決と同日に下されたMissouri v. Frye連邦最高裁判決[92]では，答弁取引の提案が弁護人から被告人に伝えられずに失効し，その後より厳しい条件での答弁取引に応じたことが有効な弁護を受ける権利を侵害するかが争われたが，ケネディ裁判官による法廷意見は，検察官と弁護人の間の答弁取引の交渉過程にも同権利の保障が及ぶことを確認したうえで，本件ではStrickland判決の不利益要件の一部が充足されていないとして差し戻している（5対4）。

## 4　小括

修正6条に関して，まず注目されるのは，陪審裁判を受ける権利について，Alleyne判決がレーンキストコート時代のApprendi判決の論理を刑の「下限」を引き上げる事実の認定についても適用し，判例変更を行うなど，陪審裁判を受ける権利を強化する姿勢を示していることである。また，同判決は，トーマス裁判官にリベラル派の裁判官（但しブライヤー裁判官は一部）が同調して下されている点でも特徴的である。対質権については，公判外供述に対する保障に関して，レーンキストコート時代のCrawford判決において，供述の信頼性ではなく対質の手続そのものを重視する考え方に根本的な転換が行われたことを受けて，ロバーツコートでは，対質権の保障が必要となる「証言的」供述であるか否かの基準を明確化することが課題となっている。この点，警察官の質問に対する供述については，Davis判決が判断基準を示し，明確化がある程度進んだと評価できるが，供述時の目的を重視してよいかについては，評価が分かれるところであろう。また，この転換は，スカリア裁判官による対質権条項の歴史解釈に依拠しているため，スカリア裁判官が亡くなったことにより，特に僅差となっている「鑑定書」をめぐる判断については，今後流動化するおそれもある。弁護人依頼権については，Montejo判決が権利主張後の放棄を認めたことで，自白の強要につながらないかが問題となるが，Gonzalez-Lopez判決は自ら最善と考える弁護人によって弁護を受ける権利の保障を認め，Rothgery判決も弁護人依頼権の付与時期を拡大している。さらに，Lafler判決は，答弁取引が刑事司法の現実において

---

92　Missouri v. Frye, 132 S. Ct. 1399 (2012).

果たしている役割を直視して，答弁取引の過程で有効な弁護を受ける権利をその後公平な公判審理を受けた場合であっても認めるなど，全体的には保護が強化される傾向にあるといえる。もっとも，このように答弁取引の過程を重視することは，一方で，公判を中心とする本来の刑事手続の理念からの離脱をさらに促進することにならないかが問題となる。

## Ⅳ　修正8条

### 1　死刑の対象

（1）精神遅滞者に対する死刑

　レーンキストコート時代のAtkins v. Virginia連邦最高裁判決[93]は，精神遅滞者に対する死刑について，先例[94]を覆して，修正8条[95]が禁止する「残虐で異常な刑罰」にあたると判断した。ロバーツコートでは，この問題について更なる展開が見られる。まず，2014年のHall v. Florida連邦最高裁判決[96]は，被告人のIQテストのスコアが70を超えている場合には，精神遅滞に関する他の証拠を提出することは許されないとするフロリダ州法を違憲と判断している。ケネディ裁判官による法廷意見は，「残虐で異常な刑罰」にあたるかの判断基準としてAtkins判決を含む先例で用いられてきた「発展する良識の基準」（the evolving standards of decency）のもと，IQ70の足切りを行っている可能性があるのはフロリダ州を含む9州だけであり，他の41州（死刑を廃止している19州を含む）では行われていないため，IQ70の足切りを行うべきではないとする国民的合意が形成されているとする。そして，精神遅滞の定義については，各州も実質的な信頼を置いている医学的見地が尊重されるべきであり，医学では，①精神遅滞の有無は知的機能と適応行動の2つの側面から総合的に判断されており，②知的機能の判断に際しては，IQテストにおける測定の標準誤差を考慮すべきとされていることを指摘し，IQ70

---

93　Atkins v. Virginia, 536 U.S. 304 (2002).
94　Penry v. Lynaugh, 492 U.S. 302 (1989).
95　「過大な額の保釈金を要求し，また過重な罰金を科してはならない。また，残虐で異常な刑罰を科してはならない。」初宿・辻村編・前掲注（7）83-84頁〔野坂泰司〕。
96　Hall v. Florida, 134 S. Ct. 1986 (2014).

の足切りは，もっぱら知的機能のみに着目している点で①に反し，知的機能の判断に際して標準誤差を考慮していない点で②にも反すると主張する。本判決は，ロバーツコートにおける他の多くの死刑関連判決と同様に，保守・リベラルで5対4に意見が分かれたが，保守派3名の裁判官が同調したアリート裁判官の反対意見は，先例上従うべきは専門家集団の基準ではなくアメリカ社会全体の基準であること，変化しやすい医学的見地に依拠すれば裁判所の判断が不安定になること，死刑存置州のうちフロリダ州と異なる立場を明示しているのは12州にとどまり国民的合意はないこと，IQテストのみによる足切りも不合理とはいえないこと，同州法は複数回のスコア提出を認めていることなどの点を主張・指摘する。

その後，2015年のBrumfield v. Cain連邦最高裁判決[97]（ソトマイヨール裁判官法廷意見）は，Atkins判決前に死刑を宣告されたがIQテストのスコアが75で，学習障害等も認められる州の死刑囚について，Atkins判決に基づく証拠審理を認めなかった州裁判所の判断は連邦法上の人身保護令状請求要件の1つである「不合理な事実認定」[98]にあたり，連邦裁判所でAtkins判決に基づく精神遅滞の主張を行うことができると判断している（5対4）。

（2）児童強姦を犯した者に対する死刑

2008年のKennedy v. Louisiana連邦最高裁判決[99]は，児童強姦を犯した者に対する死刑を修正8条違反と判断している（5対4）[100]。ケネディ裁判官による法廷意見は，「発展する良識の基準」のもと，児童強姦に対する死刑容認州は6州のみであり，成人・児童を問わず強姦についての死刑執行は1964年以来ないこと，児童強姦に対する死刑宣告は1964年以来本件を含むルイジアナ州での2件のみであることなどを指摘し，このような死刑に反対する国民的合意が形成されているとする。さらに，謀殺と児童強姦を含むその他の非殺人罪ではその深刻性と回復不可能性の点で違いがあるほか，応報と抑止という死刑の正当化根拠から見ても，被害児童を長期間訴訟に関わらせ道徳

---

97　Brumfield v. Cain, 135 S. Ct. 2269 (2015).
98　28 U.S.C. §2254(d)(2).
99　Kennedy v. Louisiana, 554 U.S. 407 (2008).
100　成人女性を強姦した者に対する死刑については，Coker v. Georgia連邦最高裁判決（433 U.S. 584 (1977)）で「著しく不均衡」であるとして修正8条違反と判断されている。

的に難しい判断を強いること，児童の証言能力には問題があり誤判の特別な危険があること，家庭内での児童強姦の通報を妨げるおそれがあること，加害者に被害者を殺害する誘因を与えることなどの問題があるとする。これに対し，アリート裁判官の反対意見は，事件の事実関係を考慮しない包括的なルールの創設に異議を唱えている。

## 2 死刑の判断過程

判例上，謀殺に関して，死刑を科すためには，謀殺の事実に加え，罪責手続または量刑手続のいずれかの段階で死刑を相当とする制定法上の加重事由が1つ以上認定されなければならないが，この加重事由が事後的に無効とされた場合の死刑判決の有効性が争われたのが2006年のBrown v. Sanders連邦最高裁判決[101]である。本件では罪責段階で認定された4つの加重事由のうち2つが不明確性等を理由に事後的に無効とされたが，最高裁は5対4で死刑判決を維持した。スカリア裁判官による法廷意見は，罪責段階での要件であるか量刑段階の要件であるかを問わず，事後的に無効とされた加重事由が考慮された場合には，その判断の前提として検討された事実が他の有効な加重事由によって考慮されうる場合を除いて，違憲であるとする新たな考え方を示した[102]。そして，本件の場合，「犯罪の状況」という量刑段階での包括的な加重事由によって，違憲とされた事由に関して検討された事実が考慮可能であったとして，死刑判決を覆す必要はないと判断している。また，同年のKansas v. Marsh連邦最高裁判決[103]は，死刑の量刑判断に関して，加重事由と減軽事由が同等である場合に死刑を要求する州法を合憲と判断している（5対4）。トーマス裁判官による法廷意見は，①死刑が相当な被告人を合理的に限定すること，②その被告人の犯罪歴・個人的特徴・犯罪の状況に基づいて合理的にかつ個別の事情を考慮した量刑判断を行うことの2つの要請を

---

101 Brown v. Sanders, 546 U.S. 212 (2006).
102 本判決以前は，量刑判断者が制定法に列挙された加重事由のみを考慮可能な制度か，それ以外の加重事由をも考慮可能な制度かによって考え方を区分し，前者の場合，無効な加重事由が判断過程に混入すれば決定が歪曲される危険があるが，後者の場合，自動的にはそうならないとされてきたが，本判決は，この区分は複雑で，様々な状況に十分に対応できないと判断した。
103 Kansas v. Marsh, 548 U.S. 163 (2006).

満たせば，それ以外は各州が加重事由と減軽事由の重み付けを含め死刑の量刑判断において幅広い裁量をもつとする。さらに，同年のOregon v. Guzek連邦最高裁判決[104]は，死刑が相当な被告人が量刑段階で提出できる無罪関連証拠を公判に提出されたものに限定し，量刑段階での新たな提出を認めなくても修正8条・14条に反しないとしている（全員一致）。

一方，2007年のAbdul-Kabir v. Quarterman連邦最高裁判決[105]は，死刑の量刑判断において，陪審の判断を①人が死亡することを合理的に予期しつつ意図的に行った行為によって被害者が死亡したか，②被告人は社会の継続的な脅威となる暴力的な犯罪行為を行う蓋然性を有しているかの2つの特別争点に限定する州法のもとで，裁判官が説示にあたり減軽証拠（被告人の不幸な生い立ちと神経障害）に言及せず，上記2点への陪審の肯定的回答によって，死刑を宣告したことを違憲と判断している（5対4）。スティーブンス裁判官による法廷意見は，被告人の人間性や生い立ち，犯罪の状況から見えてくる減軽証拠を十分考慮することを妨げる制度は，本来死刑を科すべきでない被告人に対して死刑を科す危険性があり，看過できないとしている。

### 3 死刑の執行方法

死刑執行方法の合憲性は，従来，人身保護令状の請求訴訟で争われるのが一般的であったが，2006年のHill v. McDonough連邦最高裁判決[106]は，裁判官全員一致で，刑の宣告や拘禁の合法性を争う場合とは異なり，市民権法1983条[107]に基づく訴訟でも争えることを認めた。人身保護令状の請求には連邦法上厳しい制限が課されているため[108]，本判決によって死刑執行方法の合憲性が争いやすくなったといえる[109]。

---

104 Oregon v. Guzek, 546 U.S. 517 (2006).
105 Abdul-Kabir v. Quarterman, 550 U.S. 233 (2007).
106 Hill v. McDonough, 547 U.S. 573 (2006).
107 42 U.S.C. §1983. 州の制定法等に基づく連邦憲法・連邦法上の権利侵害について，連邦裁判所に損害賠償・差止請求等の救済を求めることができる旨規定する。
108 1996年の反テロリズム効果的死刑法により，①請求期間の制限，②連続した請求の禁止，③州裁判所の手続で実体的判断を経た主張を理由とする請求について，州裁判所の判断が「連邦最高裁によって明確に確立された連邦法に反するか，またはその不合理な適用に該当する判断となっていた」場合または「不合理な事実認定に基づく」場合への限定が定められている。
109 なお，死刑判決に限られないが，Skinner v. Switzer連邦最高裁判決（562 U.S. 521 (2011)）

死刑を認める法域では，一般に薬物注射による執行が行われているが，2008年のBaze v. Rees連邦最高裁判決[110]では，意識を失わせるチオペンタール・ナトリウムの注射，筋肉を弛緩させる臭化パンクロニウムの注射，心臓を停止させる塩化カリウムの注射という広く用いられている3段階の執行方法が修正8条に反するかが争われた。最高裁は7対2で合憲としたが，ロバーツ長官による相対多数意見は，最も人道的な死刑執行方法でも何らかの苦痛の危険は伴うとし，死刑執行方法が「残虐で異常」となるためには，深刻な害を引き起こす「実質的な」危険がなければならないとし，政府による代替手段の拒否が修正8条に反するのは，その手段が実行可能で，容易に履行でき，深刻な苦痛の実質的危険を実際にかなりの程度軽減できる場合に限られるとした[111]。このBaze判決後，チオペンタール・ナトリウムの調達が困難となり，オクラホマ州ではミダゾラムという別の鎮静剤に変更したが，その最初の執行のケースで，死刑囚の意識を失わせることに失敗し，約40分後に心臓発作で死亡する事態が発生した。そのため，4人の死刑囚が500mgのミダゾラムは第2・第3の薬物に伴う痛みを排除できないとして暫定的差止めを求めたが，2015年のGlossip v. Gross連邦最高裁判決[112]（アリート裁判官法廷意見）は，Baze判決のもと，ミダゾラムの使用が修正8条違反となるためには，①それが実証された深刻な苦痛の危険をもたらし，②その危険が「既知の利用可能な」（known and available）代替手段と比較して実質的であることが立証されなければならないとして，差止めを認めなかった（5対4）。これに対し，リベラル派3名の裁判官が同調したソトマイヨール裁判官の反対意見は，本件では実質的な危険を示す十分な証拠が提示されているとし，さらにBaze判決は②のような代替手段の立証を求めておらず，また求めることも許されないと批判する。なお，本件では，ブライヤー裁判官が反対意見（ギンズバーグ裁判官同調）において，今日の死刑制度の運用は，信頼性の欠

---

　は，有罪判決後の州の受刑者によるDNA鑑定請求の訴えは，人身保護令状の請求によらずに，市民権法1983条によって提起できるとの初判断を下している。
110　Baze v. Rees, 553 U.S. 35 (2008).
111　本件で，スティーブンス裁判官は，先例を尊重する観点から，結果同意としつつ，今や死刑は認識できる社会的・公共的目的に僅かな寄与しかせず，修正8条に反すると初めて言明した。See Baze, 553 U.S. at 86 (Stevens, J., concurring in the judgement).
112　Glossip v. Gross, 135 S. Ct. 2726 (2015).

如，適用の恣意性，過度の遅延という点で「残虐」であり，また近年，死刑の利用が大きく減少している点でその利用は「異常」といえるため，死刑は修正8条違反の可能性が極めて高いと初めて主張し，注目を集めている。

### 4 少年に対する仮釈放のない終身刑

犯行時18歳未満の少年に対する死刑については，レーンキストコート最後の開廷期に下されたRoper v. Simmons連邦最高裁判決[113]において，「発展する良識の基準」のもと，①各州の法律と実際の適用状況（可能なのは20州で執行はまれ），②成人と異なる少年の特性（未成熟性や責任感の欠如，周囲からの悪影響の受けやすさ，人格の未完成など），③国際的動向（可能なのはアメリカのみ）の3点から，「残虐で異常な刑罰」にあたり，修正8条違反と判断されたが，ロバーツコートにおいては，仮釈放のない終身刑（絶対的終身刑）にもその保護が拡大されている。

まず，2010年のGraham v. Florida連邦最高裁判決[114]は，殺人を犯していない18歳未満の少年に対して絶対的終身刑を科すことが「残虐で異常な刑罰」にあたると判断されている（6対3）。ケネディ裁判官による法廷意見は，39の法域でそのような科刑が認められているものの実際に科しているのは11州のみであり，しかもごくまれであるため，そのような科刑に反対する国民的合意があるとする。そして，殺人を犯していない少年には，少年の責任の減弱性ゆえに厳罰に適さない，非殺人犯罪は殺人犯罪と比べて軽いという2つの責任軽減事由があるため，少年にとって絶対的終身刑が死刑に類似するものであることを踏まえると，このような科刑は相当ではないとする。また，少年犯罪者に実際に絶対的終身刑を科しているのは，アメリカとイスラエルだけであり，イスラエルは殺人以外には終身刑を科していないとして，Roper判決と同様，国際的動向にも言及している。さらに，2012年のMiller v. Alabama連邦最高裁判決[115]は，殺人を犯した少年に対して絶対的終身刑を必要的な（mandatory）ものとする州法も修正8条違反と判断して

---

113 Roper v. Simmons, 543 U.S. 551 (2005).
114 Graham v. Florida, 560 U.S. 48 (2010).
115 Miller v. Alabama, 132 S. Ct. 2455 (2012).

いる（5対4）。ケイガン裁判官による法廷意見は，Roper判決・Graham判決が着目した少年の責任の減弱性とGraham判決が認めた少年にとっての絶対的終身刑と死刑の類似性に依拠して，量刑判断者は少年に対して最も厳しい刑罰を宣告する前に「若さ」（youth）という軽減事由を考慮する機会を与えられなければならないとし，本件州法は量刑判断者が犯罪者の年齢とそれに関連する特性を考慮することを不可能にする点で許されないとする。これに対し保守派の3名の裁判官が同調したロバーツ長官の反対意見は，連邦政府と28州がそのような科刑を認めており，2000人以上が必要的に絶対的終身刑を科されて服役していることを指摘して，Graham判決を含む先例が着目してきた「客観的指標」という観点から，国民的合意はなく，「異常な」刑罰とはいえないと批判する。この点，法廷意見は，絶対的終身刑をカテゴリカルに禁止するものではないとして，先例と区別し，Roper判決・Graham判決で物議を醸した国際的動向にも言及していない。

### 5　刑務所の過剰収容

カリフォルニア州の刑務所の過剰収容問題について，2011年のBrown v. Plata連邦最高裁判決[116]（ケネディ裁判官法廷意見）は，刑務所の過剰収容（定員8万人に対し約15万6千人）により，受刑者から十分な医療ケアを含む生命維持の基本的な手段を奪うことは人間の尊厳を侵す点で，修正8条に反しており，刑務所訴訟改革法に基づき受刑者減員命令（定員の137.5％・11万人まで減員）が認められるとの判断を下している（5対4）。連邦法に基づいており，また達成方法は州の裁量に委ねられているが，州の刑務所行政に深く介入する構造的差止命令であるため，スカリア裁判官の反対意見は，合衆国の歴史上最も過激な差止命令であるとし，アリート裁判官の反対意見は，憲法上，連邦の裁判官に州の刑罰制度を運用する権限はないとして，強く批判している。

### 6　小括

修正8条に関して，まず注目されるのは，レーンキストコート後期の流れ

---

116　Brown v. Plata, 563 U.S. 493 (2011).

を受けて，死刑を科しうる場合の限定がさらに進んだことである。Hall判決は，精神遅滞者に対する死刑について，IQテストスコア70による画一的な足切りを違憲とし，Kennedy判決は，児童強姦を犯した者に対する死刑をカテゴリカルに違憲と判断している。今後さらに死刑の対象の絞り込みが進むのか，あるいはブライヤー・ギンズバーグ両裁判官がGlossip判決で死刑の違憲性を強く示唆したことから，死刑制度そのものの見直しへと議論が進んでいくのかが注目されるが，死刑の問題で（も）決定票を握っているケネディ裁判官が死刑制度自体は支持する姿勢を崩さない限り，後者の可能性は低いと考えられる。前者の場合でも，国民的合意を示す「客観的指標」としての各州の立法・執行状況の算出方法の妥当性，応報と抑止に関する評価の妥当性が課題となるであろう。次に，Hill判決が死刑執行方法の合憲性を市民権法1983条訴訟で争う途を開いたことは大きな意味をもつが，Glossip判決が「既知の利用可能な」代替手段の立証という高いハードルを設定したことから，実際に認められるケースはかなり限られるであろう。また，ロバーツコートでは，少年に対する絶対的終身刑に関するGraham判決・Miller判決に示されているように，少年の責任の減弱性に伴う保護の必要性を重視する傾向が強く見られる。但し，Graham判決では，少年の特性とともに，「殺人」と「殺人以外の犯罪」という区別が重視されていたのに対し，Miller判決ではもはや少年の特性のみが重視されている。Graham判決もMiller判決も絶対的終身刑という少年にとって極めて重い刑罰に関する判例ではあるが，このような少年の特性の強調は，少年の刑事裁判所への移送制度を含め，アメリカの少年司法制度全般に影響を与える可能性がある。

## おわりに

ロバーツコートは，一般的には保守的コートと見られている[117]。確かに，刑事手続の分野でも，排除法則などの修正4条の比較的多くの領域や修正5条のミランダルールの保護範囲といった領域では，被疑者・被告人の権利よ

---

117　See, e.g., Adam Liptak, *Court Under Roberts Is Most Conservative in Decades*, N.Y. TIMES (July 25, 2010), http://www.nytimes.com/2010/07/25/us/25roberts.html.

りも，犯罪統制の利益を重視した判断が下される傾向にあり，その点を重視すれば，そのような評価は正しいといえる。しかし，ロバーツコートが刑事手続の分野で，常に保守的な姿勢を貫いているかというと，そうではない[118]。修正4条の領域でも物理的侵入を伴う無令状捜索や逮捕に伴う無令状捜索，修正6条の陪審裁判を受ける権利や弁護人依頼権，修正8条の死刑といった領域では，5対4の僅差の判決も少なくないが，被疑者・被告人の権利を重視した判断が下される傾向にある。なお，こうした傾向は，ロバーツコートで突如出現したというわけではなく，レーンキストコートの終盤で示された先例の延長上にあるものも少なくない。また，ロバーツコートの刑事手続分野における特徴としては，少年へのミランダルールの適用に関するJ.D.B.判決，少年に対する絶対的終身刑の適用に関するGraham判決・Miller判決に示されるように，少年の特性を重視し，少年保護に手厚い傾向があることも指摘できる[119]。

個別の裁判官に注目した場合，保守派で目立つのは，スカリア裁判官とアリート裁判官である。スカリア裁判官は，修正4条の「捜索」該当性判断に関して，「不法侵入」テストを復活させたし，修正6条の対質権保障の転換に関して主導的な役割を果たし，弁護人選択権の保障でも保守派で唯一賛成し，法廷意見を執筆するなど，被疑者・被告人の権利保障に資する重要な判決を下している。こうしたスカリア裁判官の立場は，原意主義に基づく憲法解釈によるところが大きく，2016年2月にスカリア裁判官が亡くなったことにより，後任の裁判官の政治的立場や司法哲学はもちろん，その憲法解釈手法によっても，今後これらの判決の理論構成や結論に変化が生じる可能性がある。一方，アリート裁判官は，同じく保守派のトーマス裁判官がスカリア裁判官と同様に原意主義の立場から結果としてリベラルな判断を下すことがあるのに対して，ほぼ一貫して犯罪統制の利益を重視した保守的な判断を下

---

118 同様の点に注意を促す見解として，Christopher E. Smith et al., *The Roberts Court and Criminal Justice : An Empirical Assessment*, 40 AM. J. CRIM. JUST. 416 (2015) 参照。同論文によれば，2005年開廷期から2012年開廷期の間に下された刑事司法判例のうち，リベラルな判断が44％に及んでいるという。*See id.* at 423.
119 無許可での医薬品所持の疑いで行われた女子生徒（13歳）に対する学校職員による脱衣検査を修正4条違反としたSafford Unified Sch. Dist. v. Redding連邦最高裁判決（557 U.S. 364 (2009)）も「思春期の傷つきやすさ」（adolescent vulnerability）を重視する。

し続けている。リベラル派の裁判官では，ブライヤー裁判官が，そのプラグマティックなアプローチから，逮捕に伴う自動車の無令状捜索に関するGant判決や匿名情報に基づく自動車の停止に関するNavarette判決，逮捕記録手続でのDNAサンプルの採取に関するKing判決などに見られるように，スカリア裁判官と入れ替わる形で，保守的な判断を下す場合があることが注目される。検事の経験のあるソトマイヨール裁判官，元合衆国訟務長官であるケイガン裁判官については，刑事手続の分野でどのような判断を下すかが注目されていたが，いずれも基本的には被疑人・被告人の権利を重視するリベラルな立場を維持しており，ソトマイヨール裁判官については，警察官の法解釈の誤りに関するHeien判決での唯一の反対意見やミランダルールに関するJ.D.B.判決の法廷意見等で，ケイガン裁判官については，殺人を犯した少年に対する必要的な絶対的終身刑を違憲としたMiller判決の法廷意見等で一定の存在感を示している。そして，刑事手続の分野でも，保守派・リベラル派で意見が分裂した場合に，決定票を握ることが多いのは，やはりケネディ裁判官である。その意味で，今後も当面はケネディ裁判官がロバーツコートの刑事手続の分野で引き続きその影響力を発揮しそうである。

# 第8章　統治分野に関する諸判例

御幸　聖樹

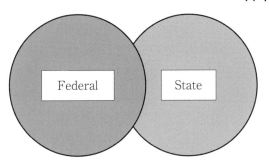

はじめに
I　連邦議会
II　大統領
III　裁判所
IV　連邦制
おわりに

---

イントロダクション
　統治分野に関する諸判例は，国家機関の権限配分という繊細な問題に関わる。そもそも，ある権限が連邦議会・大統領・連邦裁判所・連邦行政機関といった連邦のどの機関に属するのか，それとも州に属するのか，必ずしも自明でないことも多い。このような問題を判断する際，ロバーツコートの各裁判官は先例を引用しつつ，各機関の特性や従前の慣行等の諸要素を踏まえて各裁判官の政治的選好に概ね合致するような結論を導いているが，その中には従前の判例法理から離れているものも散見される。本章では，統治分野に関する従前の判例法理を簡潔に示すとともにロバーツコートの判例を概観し，その動向を分析する。

## はじめに

本章は，ロバーツコートの統治分野の諸判例について概観し，それ以前の判例と比較することでロバーツコートの統治分野の諸判例の特徴を明らかにするとともに，今後の展開について若干の検討を行うものである。

まず，「Ⅰ　連邦議会」では，州際通商条項・必要かつ適切条項・支出条項・課税条項に関する諸判例が扱われる[1]。ここでは，ロバーツコート10年において最重要判例の一つともいうべきNational Federation of Independent Business v. Sebelius連邦最高裁判決[2]が特に注目すべき判例として挙げられ，その判例規範の新規性とロバーツ（John G. Roberts）連邦最高裁長官の投票行動の特異性が指摘される。さらに，補足的に，行政機関による連邦法の解釈に関する諸判例も扱われる。

次に，「Ⅱ　大統領」では，大統領の合衆国憲法上の権限として，大統領の公務員任免権と外交に関する権限についての諸判例が扱われる。さらに，連邦議会の授権に基づく（基づかなければならない）大統領の権限として，テロに関する諸判例[3]等も扱われる。

次に，「Ⅲ　裁判所」では，州の主権免責に関する諸判例等の連邦裁判所の裁判管轄権に関する諸判例が扱われる[4]。ここでは，州権を重視する姿勢を示していたレーンキストコートからの離脱が指摘される。

最後に，「Ⅳ　連邦制」では，専占に関する諸判例の動向が簡潔に指摘さ

---

[1] 連邦議会の合衆国憲法上の権限に関係するが紙幅の関係で扱わなかった判例として，Rumsfeld v. Forum for Academic and Institutional Rights, Inc., 547 U.S. 47 (2006)（合衆国憲法1条8節12項（軍隊を組織し維持する権限）に関する判例。但し，同判例の主たる争点は修正1条。），United Haulers ASS'n v. Oneida-Herskimer Solid Waste Management Authority, 550 U.S. 330 (2007)（眠れる通商条項（dormant commerce clause）に関する判例），Polar Tankers, Inc. v. City of Valdez, 557 U.S. 1 (2009)（合衆国憲法1条10節3項（トン税条項）に関する判例）がある。なお，McBurney v. Young, 133 S. Ct. 1709 (2013) は，眠れる通商条項とともに特権免除条項にも関わるので，「Ⅳ　連邦制」にて触れる。

[2] 132 S. Ct 2566 (2012).

[3] 本章では，テロに関する判例については，あくまで連邦議会の授権に基づく（基づかなければならない）大統領の権限に関わる判例のみを扱う。そのため，ロバーツコートにおけるテロに関する判例として，例えば，Ashcroft v. Iqbal, 556 U.S. 662 (2009) やHolder v. Humanitarian Law Project, 561 U.S. 1 (2010) については，前者は「訴答（pleading）」という訴訟要件が問題となった判例であり，後者は主として表現の自由が問題となった判例であるため，本章では扱わない。

[4] なお，原告適格等の訴訟要件に関する判例は本章では扱わない。

れる。

## I 連邦議会

### 1 州際通商条項

（1）ロバーツコート以前の判例法理

　連邦制を採用するアメリカ合衆国において，連邦議会の立法権限は限定されている[5]。しかし，連邦議会の立法権限として列挙された州際通商条項[6]に基づいて，連邦議会の権限は大きく拡大してきた。州際通商条項の解釈は時代による変遷がある[7]ものの，レーンキストコートにおける到達点[8]は，州際通商条項の下で連邦議会に立法権限が認められるのは，①州際通商の回路規制，②州際通商の手段，州際通商に関わる人や物の規制・保護，③州際通商に対し「実質的な影響（substantial effect）[9]」を及ぼす活動の規制とされていた。そして，実際の事件では，連邦議会の当該立法が州際通商に対し「実質的な影響」を及ぼす活動の規制と言えるかどうかが争われてきた。

（2）ロバーツコートの判例

　このような州際通商条項に関する判例法理に新たな判断を加えることとなったのが，いわゆるオバマケアに関わるSebelius判決[10]である。同判決は，

---

[5] 合衆国憲法修正10条「この憲法によって合衆国に委任されず，また州に対して禁止されていない権限は，それぞれの州または人民に留保される」。邦訳につき，初宿正典・辻村みよ子編『新解説世界憲法集（第3版）』84頁（野坂泰司執筆）（三省堂，2014年）。

[6] 合衆国憲法1条8節3項「…各州間…の通商を規制すること」。邦訳につき，初宿・辻村・前掲注（5）76頁（野坂泰司執筆）。合衆国憲法1条8節は連邦議会の権限を列挙しており，州際通商条項も連邦議会の権限として列挙された条項の一つである。

[7] 州際通商条約の解釈の変遷につき，樋口範雄『アメリカ憲法』37-59頁（弘文堂，2011年）。

[8] 代表的な判例として，United States v. Lopez, 514 U.S. 549（1995）, United States v. Morrison, 529 U.S. 598（2000）,Gonzales v. Raich, 545 U.S. 1（2005）.

[9] 「実質的な影響」テストの判例として，United States v. Darby Lumber Co., 312 U.S.100（1941）. また，「実質的な影響」につき，それ自体が州際通商に実質的な影響を与える行為の規制に限定されず，他の同種の行為が集積される場合に実質的な影響を及ぼす行為の規制も認められるとした判例として，Wickard v. Filburn, 317 U.S. 111（1942）.なお，「実質的な影響」審査においては，規制される活動が州際通商に「実質的な影響」を及ぼすと結論づけることに連邦議会が「合理的な根拠」（rational basis）を有するかどうかを，連邦最高裁は審査するとした判例として，Gonzales v. Raich, 545 U.S. 1（2005）.

[10] 背景を踏まえて詳細な分析を行う文献として，坂田隆介「医療保険改革法とアメリカ憲法（1）」立命館法学356号1-40頁（2014年）（以下，「坂田（1）」と引用。），同「医療保険改革法とアメリ

州際通商条項のみならず,後述するように必要かつ適切条項・課税条項・支出条項にも関わる重要判例である。

まず,Sebelius判決に至る背景を確認する。アメリカでは包括的な公的医療保険が整備されておらず,主として任意加入の民間保険によって医療保険の提供がなされてきた。しかし,任意加入の民間保険では無保険者が不可避的に生じることとなる。さらに,医療費の支払能力がない無保険者の数が増大するにつれ,医療機関が医療費を回収できないリスクは上がることとなり,そのようなリスクが転嫁されることにより医療費も高騰していた。このような状況を変えるため,共和党所属議員の反対を抑えて,民主党所属議員が過半数を占めた上下両院の可決及びオバマ (Barack Obama) 大統領の署名によって,2010年に患者保護及び医療費負担適正化法 (Patient Protection and Affordable Care Act) が制定された。

同法の概要[11]は,以下のようなものである。①民間保険会社に対し,既往歴を理由に健康保険契約の締結を拒否することや高額の保険料を設定すること等を禁止する,②個人や小規模事業者が適正な価格で医療保険を契約することを容易にするために州が「取引場」(exchange) を開設することとし,「取引場」に参入する民間保険会社は一定の要件を充たす保険商品を提供しなければならず,さらに「取引場」を通じて医療保険を通じて医療保険を購入する場合は一定の基準の下に税額控除が提供される,③個人に民間保険会社との健康保険契約の締結を(一定の例外を除いて)義務づけ,違反した場合は2014年から責任共有負担金 (shared responsibility payment) という罰金 (penalty) が課され,税法上の罰金と同様に内国歳入庁 (Internal Revenue Service) に支払われることとする(個人に対する保険加入の義務化 (individual mandate)。以下,「individual mandate」という。),④低所得者への医療提供制度であるMedicaidの対象範囲を,個人所得が連邦貧困水準 (Federal Poverty Level) の133パーセントの成人に拡大し,連邦の州に対する補助金も増額するが,もし州が対象範囲拡大に従わない場合は既存のMedicaidの補助金全額を打ち切る。

---

カ憲法(2)」立命館法学359号75-139頁(2015年)(以下,「坂田(2)」と引用。)。
11 詳細につき,坂田(1) 13-17頁。

これらの中で，③individual mandate及び④Medicaidの対象範囲拡大についての違憲性を主張して，26州や全国自営業者連合（National Federation of Independent Business）等が出訴したのが本件である。なお，③individual mandateについては，州際通商条項・必要かつ適切条項（後述）・課税条項（後述）から連邦議会の権限として認められるかどうか，④Medicaidの対象範囲拡大については，支出条項（後述）から連邦議会の権限として認められるかどうかが問題となった[12]。

以上が，Sebelius判決の事案である。それでは，同判決では，州際通商条項についてどのような解釈がなされたか。

ロバーツ長官（単独意見部分）は，作為・不作為という区別を州際通商条項の解釈にもたらすという，新たな判断を示した。ロバーツ長官は，先例を参照しつつ，通商に携わっていない者に対して望まない商品の購入を強制するために連邦議会が州際通商権限を行使しようとしたことは一度もないと述べる。そして，合衆国憲法が連邦議会に付与しているのは通商を規制する権限であり，この権限は規制されるべき通商活動（commercial activity）を前提とする，と論を進める。しかし，individual mandateは，既存の通商活動を規制するものではなく，むしろ個人が商品を購入しないことが州際通商に影響を及ぼすという理由で，商品を購入することで通商において活動するように個人に強制するものであるため，州際通商条項から許容されないとした。このような解釈と同趣旨の解釈は，スカリア（Antonin Scalia），ケネディ（Anthony M. Kennedy），トーマス（Clarence Thomas）[13]，アリート（Samuel Anthony Alito）裁判官共同反対意見でも採用されており，本件において過半数の支持を得ることとなった。

他方，ギンズバーグ（Ruth Bader Ginsburg）裁判官（一部同意意見部分。ブライヤー（Stephen G. Breyer），ソトマイヨール（Sonia Sotomayor），ケイガン

---

12 なお，individual mandateに関連して，課税関係については処分前に差し止めを求めることを禁ずる（＝納付後にのみ争うことができる）と規定する租税インジャンクション禁止法（Anti-Injunction Act）が存在するところ，同法が適用されるか（＝責任共有負担金が実際に課される2014年以降にならないと裁判所は審理できないか）についても連邦最高裁にて争われた。この部分の判旨については，後掲注（31）参照。
13 なお，トーマスは，本件において，自らの従前の見解どおり，州際通商条項の実質的な影響（substantial effect）審査に反対する単独の反対意見も執筆している。*Sebelius*, 132 S. Ct. at 2677.

(Elena Kagan）裁判官同調）は，州際通商条項を巡る先例から以下のような原則を導出する。すなわち，第一に，連邦議会は州際通商に「実質的な影響」を及ぼす経済活動（地域的活動であっても全体として州際通商に「実質的な影響」を及ぼすものも含む。）を規制する権限を有する。第二に，経済的・社会的立法について裁判所は連邦議会に大きく敬譲しなければならず，そのため経済的・社会的立法について裁判所が審査する際には，①規制される活動は州際通商に「実質的な影響」を及ぼすと連邦議会が結論づけることに「合理的な根拠」を有しているかどうか，②「選択された規制手段と規制目的に合理的な関連性」が存在するかどうかを審査すれば足りる[14]，というものである。そして，①無保険者が集団として州際通商に「実質的な影響」を及ぼすと連邦議会が結論づけることには「合理的な根拠」が認められ，かつ，② individual mandateという手段と，無保険者によって引き起こされる混乱からヘルスケア市場を保護するという目的には「合理的な関連性」が認められるとして，individual mandateは州際通商条項からも許容されるとした。

このように，Sebelius判決において過半数の連邦最高裁裁判官は，作為・不作為という新たな区別を州際通商条項の判例法理へ導入し，州際通商条項に基づく権限行使に際しては州際通商に影響を及ぼす作為がなされていることが必要であるとした。このような作為・不作為の区別はランディ・バーネット（Randy E. Barnett）の影響[15]を指摘することができる。しかし，Sebelius判決から，ロバーツコートが州際通商条項に基づく権限について今後も抑制的な解釈を取り続けるかどうかについては，5対4の判決であることも考慮すると未だ不明確と思われる。なお，トーマス裁判官は実質的な影響審査を否定するという，従前の自らの見解を維持しているが，一人説に留まっている。

---

14 さらに，そのような審査の際には，審査対象の法律には合憲性が推定され，連邦議会が不合理に行為したことが「明白に示された」場合にのみ当該法律を違憲としうる，と述べられている。*Id.* at 2617.

15 Randy E. Barnett, *Commandeering the People: Why the Individual Health Insurance Mandate Is Unconstitutional*, 5 N.Y.U. J.L. & LIBERTY 581,604-607（2010）. 坂田（1）35-40頁，坂田（2）97-113頁も参照。

## 2 必要かつ適切条項

(1) ロバーツコート以前の判例法理

合衆国憲法で連邦議会の権限として明示的に列挙されている権限に関連して、その権限を執行するために連邦議会が必要かつ適切な法律を制定することも、合衆国憲法1条8節18項（必要かつ適切条項[16]）によって認められている。

問題は、必要かつ適切条項に基づく法律の制定が、どこまで許容されるかである。もし、明示的に列挙されている権限を執行するために必要不可欠で、それがなければその権限自体が無意味になってしまうような法律の制定のみが同条項で許容されるにすぎないのであれば、連邦議会の立法権限は狭いものとなる。しかし、先例であるMcCulloch v. Maryland連邦最高裁判決[17]は、必要かつ適切条項を広く解釈して、合衆国憲法によって列挙された権限を行使するための手段について連邦議会に裁量が認められなければならないとした上で、「目的が正当であり、その目的が憲法の範囲内にあるのであれば、適切で、目的に明らかに適合していて、憲法によって禁止されておらず、憲法の文言と精神に合致する手段はすべて合憲」とした。このように、ロバーツコート以前の判例法理は、必要かつ適切条項を広く解釈するものであった。

(2) ロバーツコートの判例

必要かつ適切条項に関連するロバーツコートの判例として、まず、United States v. Comstock連邦最高裁判決[18]がある。同事件では、精神に障碍があり性犯罪を犯す危険がある連邦の受刑者に対し、刑終了後も民事拘禁（civil commitment）を認める連邦法の規定につき、必要かつ適切条項に基づき連

---

[16] 合衆国憲法1条8節18項「上記の権限、およびこの憲法により合衆国政府またはその各部門もしくは公務員に対し付与された他の一切の権限を執行するために、必要かつ適切なすべての法律を制定すること」。邦訳につき、初宿・辻村・前掲注（5）77頁（野坂泰司執筆）。連邦議会の権限として列挙された条項の一つである。

[17] 17 U.S. (4 Wheat.) 316 (1819). 同事件では、連邦議会に合衆国銀行を設立する権限があるかどうかが問題となった。連邦最高裁は、合衆国憲法上、連邦議会の権限として中央銀行を設立する権限が明示的に列挙されているわけではないが、必要かつ適切条項に基づいて合衆国銀行を設立する権限が連邦議会に認められるとした。

[18] 560 U.S. 126 (2010).

邦議会に立法権限が認められるかどうかが争われた。

　ブライヤー裁判官法廷意見（ロバーツ長官，スティーブンス（John Paul Stevens），ギンズバーグ，ソトマイヨール裁判官同調）は，以下のように述べて，同法は連邦議会の立法権限に含まれるとした。連邦議会は，必要かつ適切条項に基づき，憲法上列挙された権限の促進のために刑事法を制定することも許されるとともに，刑務所や受刑者に関する法律を制定することも許される。連邦議会は長期にわたってメンタルヘルスケアを連邦の受刑者に行うとともに民事拘禁を行っているところ，問題となっている連邦法の規定は，長年の連邦法の仕組みに穏当な付加を行うものにすぎず，刑務所の責任ある管理を行う連邦受刑者の監視者としての連邦政府の正当な目的を追求するための綿密に規定された（narrowly tailored）手段である。

　このように，ブライヤー裁判官法廷意見は，必要かつ適切条項についてチェイン的な権限行使を認めており，同項に基づく権限行使を広く認めている。Comstock判決は，その後の判例を占う意味で重要な意味を持つと思われた[19]。しかし，Comstock判決に続くSebelius判決は，必要かつ適切条項に基づく権限行使に限定をかけていくこととなる。

　それでは，必要かつ適切条項に関して，Sebelius判決はどのような解釈を行ったのか。同判決の事案は上述[20]のとおりであるが，判旨に入る前に，必要かつ適切条項との関係で留意すべき点を確認しておく必要がある。すなわち，Sebelius判決において必要かつ適切条項が争点となるのは，患者保護及び医療費負担適正化法による保険会社への各種規制（既往歴に基づく契約拒否の禁止等）が州際通商条項に基づいて許容されることを前提として，そのような保険会社への各種規制のための必要かつ適切な手段として，individual mandateが許容されるかどうかである。そのため，すでに州際通商条項に関連して述べた，individual mandateが州際通商条項に基づいて許容されるかどうかという問題とは独立していることに注意を要する。

　以上のような前提の下で，必要かつ適切条項について，ロバーツ長官（単

---

19　リンダ・グリーンハウス「進化する『ロバーツコート』」（浅香吉幹訳）[2012-1]アメリカ法74,77頁。なお，Comstock判決自体は，その後の判例であるSebelius判決やKebodeaux判決（後述）でも引用されている。

20　Ⅰ1（2）参照。

独意見部分）は，以下のように限定的な解釈を行う。確かに，必要かつ適切条項は連邦議会に対し，列挙権限に付随し，列挙権限にとって有益な執行に資する規定を制定する権限を付与している。しかし，同条項は，特に列挙された権限を越えて，いかなる「巨大な実体的かつ独立の権限」（great substantive and independent powers）の行使を認めるものではない。連邦最高裁は，規制が「必要」という連邦議会の判断に極めて敬譲を払ってきたが，合衆国憲法によって確立された政府構造を掘り崩す法律は違憲であると宣言するという責任も果たしてきた。そのような法律は，McCulloch判決が述べる「憲法の文言と精神に合致」しない法律であって，連邦議会の列挙された権限を「執行するために適切な」手段ではない。必要かつ適切条項に基づいて法律の効力を支持したこれまでの先例は，議会に付与された権限から派生し，かつ，そのような権限に資する権限の行使に関わるものであったが，individual mandateは「範囲の狭い」権限でもなく，通商規制権限の行使に「付随する」権限でもない。そのため，たとえindividual mandateは患者保護及び医療費負担適正化法による健康保険改革にとって「必要」であったとしても，このような連邦権限の拡大はこれらの改革を実効的にするための手段として「適切」とはいえない，と結論づける。また，スカリア，ケネディ，トーマス，アリート裁判官共同反対意見も，「必要」と「適切」の区別は行わないものの，先例を参照しつつ同趣旨の解釈を行っている。

　他方，ギンズバーグ裁判官（一部同意意見部分。ブライヤー，ソトマイヨール，ケイガン裁判官同調）は，必要かつ適切条項に基づいて許容される規定といえるかどうかの基準につき，より広範な経済活動の規制の本質的部分か，すなわち，その規定がなければ規制スキームが掘り崩されうるかという基準を先例から導出した上で，individual mandateはそのような基準を充たすと結論づけた。

　このように，Sebelius判決で過半数を占めた解釈は，必要かつ適切条項に基づく権限を限定的に捉えることによって連邦議会の権限を限界づけるというものであった。このような解釈は，必要かつ適切条項に基づく権限行使を広く認めてきた従前の判例法理からは異質であり，その後の判例への影響が注目されることとなる。

しかし，Sebelius判決に続くUnited States v. Kebodeaux連邦最高裁判決[21]では，必要かつ適切条項は広く解釈されている。

　Kebodeaux判決の事案は以下のようなものである。被上訴人は合衆国空軍の軍人であったが，連邦法上の性犯罪により軍法会議で有罪とされ，3か月の拘禁刑と非行による除隊を科された。刑期を満了して除隊した後，被上訴人はテキサス州に移動して，性犯罪者としての登録を行っていた。その後，連邦議会は性犯罪者登録・通知法（Sex Offender Registration and Notification Act）を制定した。同法は，連邦法上の性犯罪前科者（同法の成立前に刑期を終えた者も含む。）に対し，生活・学習・労働している州での登録を義務づけた。しかし，被上訴人は，州内での引っ越しに際して登録の更新を怠ったため，同法に基づいて起訴された。被上訴人は，釈放後の連邦法上の性犯罪者に対し州内の移動を規制することは連邦議会の権限を越えるとして違憲と主張した。

　ブライヤー裁判官法廷意見（ケネディ，ギンズバーグ，ソトマイヨール，ケイガン裁判官同調）は，まず，被上訴人が性犯罪の行為時，有罪判決時及び釈放時のどの時点においても，性犯罪者登録・通知法の前身である法律[22]によって，性犯罪者登録・通知法と同様の登録義務を負っていたと判示する。そして，合衆国憲法1条8節14項（軍事規律条項[23]）及び必要かつ適切条項に基づき，被上訴人のような連邦法上の性犯罪前科者に登録を義務づけることも認められるとともに，そのような登録を義務づけることはきわめて合理的であると述べる。その上で，性犯罪者登録・通知法は，登録を義務づけていた前法をいくぶん修正するものであるが，そのような変更は不合理であると主張する者もいない。そのため，性犯罪者登録・通知法による変更は，被上訴人に適用される限りにおいて，軍事規律条項及び必要かつ適切条項に基づき，連邦議会の権限に含まれるとして，同法を合憲とした。

---

21　133 S. Ct. 2496 (2013).

22　Jacob Wetterling Crimes Against Children and Sexually Violent Offender Registration Act,108 Stat. 2038-2042.

23　合衆国憲法1条8節14項「陸海軍の統帥および規律に関する規則を定めること」。邦訳につき，初宿・辻村・前掲注（5）77頁（野坂泰司執筆）。連邦議会の権限として列挙された条項の一つである。

このように，Kebodeaux判決においては必要かつ適切条項を限定的に解釈しておらず，Sebelius判決の影響は特に感じられない。

## 3 課税条項

（1）課税権限に関係する合衆国憲法上の規範とロバーツコート以前の判例法理

課税条項[24]に基づき，連邦議会には課税権限が認められている。もっとも，課税権限には合衆国憲法上3つの制限が明示的に課されており，①税は合衆国全体を通じて均一でなければならず（合衆国憲法1条8節1項但書），②人頭税その他の直接税については人口に比例して州に割り当てられなければならず（合衆国憲法1条9節4項[25]），③各州からの輸出品には課税が禁止される（合衆国憲法1条9節5項[26]）。

さらに，判例においても課税権限には一定の制約が課されている。すなわち，Child Labor Tax Caseと呼ばれる1922年のBailey v. Drexel Furniture Co.連邦最高裁判決[27]では，児童を雇用した企業の収益に10パーセントの課税を課す法律につき，同法による児童労働に対する税は，実際上は刑罰であるため課税権限の行使として許されないとした。さらに，1936年のUnited States v. Butler連邦最高裁判決[28]では，課税権限は他の憲法上列挙された権限とは独立の権限であってそれらの権限を執行するための権限に限定されないとしつつ，農産物の加工に対して課税がなされ，その収益が減反農家に支払われるという法律の条項につき，そのような課税は真の課税とはいえ

---

24 合衆国憲法1条8節1項「連邦議会は次に列挙する権限を有する。1）租税，関税，輸入税，消費税を賦課し徴収すること。…ただし，すべての関税，輸入税，消費税は合衆国全体を通じて均一でなければならない」。邦訳につき，樋口・前掲注（7）60頁。

25 合衆国憲法1条9節4項「人頭税または他の直接税は，先にこの憲法の中で行われるよう定められた人口調査または人口集計に比例してでなければ課すことはできない。」邦訳につき，松井茂記『アメリカ憲法入門（第7版）』436頁（有斐閣，2012年）。なお，同項中の文言にある，「先にこの憲法の中で行われるよう定められた人口調査または人口集計」とは，合衆国憲法2節3項に規定されているものを指す。さらに，合衆国憲法1条9節4項は，合衆国憲法修正16条により所得税について修正がなされている。

26 合衆国憲法1条9節5項「州から輸出された物品に対してはいかなる租税も関税も課してはならない。」邦訳につき，松井・前掲注（25）437頁。

27 259 U.S. 20 (1922).

28 297 U.S. 1 (1936).

ず，課税権限の行使として許されないとした。もっとも，1937年以降，課税権限の行使は広く認められるようになってきたと指摘されている。例えば，1953年のUnited States v. Kahriger連邦最高裁判決[29]は，賭金を受け取る事業に従事している者に対する課税につき，そのような課税が賭博に対する規制的効果を有していることや，連邦議会の直接の立法権限を越える結果をもたらすことを確認しつつも，課税権限の行使として認められるとした。すなわち，判例は，課税権限を用いて刑罰を科することは許されないとしつつも，実際上の判断としては課税権限の行使に寛容な姿勢を示すようになったといえる。

（２）ロバーツコートの判例

このような判例動向の下で，Sebelius判決にて課税条項の解釈がなされた。同判決の事案は上述[30]のとおりである。

課税条項について，ロバーツ長官法廷意見（ギンズバーグ，ブライヤー，ソトマイヨール，ケイガン裁判官同調）は，以下のように述べて，individual mandateは連邦議会の権限の範囲に含まれるとした。確かに，患者保護及び医療費負担適正化法は，責任共有負担金（shared responsibility payment）を罰金（penalty）と記述し，税（tax）とは記述していない。しかし，そのような文言（label）は，租税インジャンクション禁止法（Anti-Injunction Act）の適用の有無は連邦議会の選択次第であるからそれにとっては決定的である[31]としても，連邦議会の合衆国憲法上の課税権限の行使の範囲内かどうかを左右するものではない。①責任共有負担金は罰金と規定されていたもの

---

29　345. U.S. 22 (1953).

30　ⅠⅠ（2）参照。

31　租税インジャンクション禁止法は，税（tax）の賦課・徴収を差し止めようとする訴えは，いかなる裁判所においても，その者に税が賦課されたかどうかに関わらず何人によるものであっても提起できないと規定している。そのため，税は支払い後にのみ払い戻しを求めて訴えることによってのみ争うことができるのが原則である。そうすると，もし本件において同法が適用されるのであれば，責任共有負担金の支払いは未だなされていないため，将来の徴収の差し止めを求める訴えとして許されないこととなる。しかし，ロバーツ長官法廷意見（ギンズバーグ，ブライヤー，ソトマイヨール，ケイガン裁判官同調）は，患者保護及び医療費負担適正化法（Patient Protection and Affordable Care Act）が責任共有負担金（shared responsibility payment）を税（tax）ではなくあえて罰金（penalty）と記述していることを重視して，租税インジャンクション禁止法は本件に適用されないとした。なお，スカリア，ケネディ，トーマス，アリート裁判官共同反対意見も，租税インジャンクション禁止法が本件に適用されないという点は同旨である。

の，支払う金銭は保険料よりも少額であること，②individual mandateは故意の要件（scienter requirement）がないこと，③責任共有負担金は通常の課税の方法によって内国歳入庁（IRS）のみによって徴収がなされることから税とみなすことができ，連邦議会の課税権限として認められるとした[32]。

　他方，スカリア，ケネディ，トーマス，アリート裁判官共同反対意見は，税（tax）は政府を支援するために提供される強制的な寄付であり，罰金（penalty）は違法行為の制裁として法律によって課される強制徴収であるという明確な線引きを先例が確立していると述べる。そして，問題となっている規定は健康保険の購入の不履行を違法として，そのような違法行為に刑罰（penalty）を課すと規定しているのであるから，連邦議会の課税権限として認められないとした。

　このように，ロバーツ長官法廷意見は，課税権限の行使として刑罰を科することは許されないという判例規範を前提にした上で，課税条項の解釈との関係では，法律の文言上は「罰金（penalty）」と表現されていても，機能的な解釈によって同法は「税（tax）」を課していると結論づけた。他方，租税インジャンクション禁止法との関係では，「税（tax）」ではなく「罰金（penalty）」という文言を重視した形式的な解釈を行って，同法の適用を回避している点が興味深い。さらに，州際通商条項や必要かつ適切条項に基づく権限行使としては認められなかったとしても，課税条項に基づく権限行使として認められる場合があることが明らかにされた点も注目すべきであろう。

### 4　支出条項

(1) ロバーツコート以前の判例法理

　支出条項[33]に基づき，連邦議会は，本来的には自らが規律することのできない事項についても，金銭を支出することで一定の政策を誘導することが認められている。ただし，このような支出権限にも一定の限界があることが判

---

[32]　その他，合衆国憲法1条9節4項の「直接税」に当たらないとも述べられている。*Sebelius*, 132 S. Ct. at 2598-2599.

[33]　合衆国憲法1条8節1項「連邦議会は次に列挙する権限を有する。1) …債務を支払い，共同の防衛と一般的福祉のために備えること。」邦訳につき，樋口・前掲注(7) 60頁。

例により明示されている。1936年のButler判決[34]では，支出権限は他の憲法上列挙された権限とは独立の権限であってそれらの権限を執行するための権限に限定されないとしつつも，合衆国農務省長官との合意の下で減反を行った農家に金銭を支出する法律の条項につき，農業生産量の規制及び統制は連邦政府に委ねられた権限を越えて州の権限を侵害しており，支出権限として認められないとした。もっとも，1937年のSteward Machine Co. v. Davis連邦最高裁判決[35]では，州法の失業補償法が一定の条件を充たすことを条件に，州の失業補償行政に対し支出する連邦の社会保障法について，州に対する強制には当たらず支出権限として認められるとした。さらに，South Dakota v. Dole連邦最高裁判決[36]では，最低飲酒年齢を21歳未満としている州に対し，道路の補助金を5パーセント減額する連邦法の条項が支出権限として認められるが問題となった。同事件において，法廷意見は，支出権限に対する制限として，①一般的福祉に資するものであること，②支出条件が明確であること，③支出条件は全国的な計画における連邦の利益に関連するものであること，④他の憲法上の規定に反するものでないことを挙げたが，本件で問題となっている連邦法の条項はこれらをすべて充たしており，さらに④に関連して，本件では州への強制はないとされた。

（2）ロバーツコートの判例

このような判例動向の下で，Sebelius判決において支出条項の解釈がなされた。同判決の事案は上述[37]のとおりである。

支出条項について，ロバーツ長官意見（ブライヤー，ケイガン裁判官同調）は，以下のように述べて，Medicaidの対象範囲拡大は認められないとした。確かに，連邦議会は支出条項に基づく権限を用いて合衆国の資金を州に付与しうるとともに，そのような資金の付与に際し，連邦議会が州に要求できないような行為について，州がそのような行為を行うことを条件とすることもできると連邦最高裁は長期に渡って認めてきた。しかし，同時に，支出条項に基づく連邦議会の権限には限界があると，連邦最高裁の先例は認めてき

---

34  前掲注（28）と同事件。
35  301 U.S. 548 (1937).
36  483 U.S. 203 (1987).
37  Ⅰ1 (2) 参照。

た。連邦最高裁は支出権限による立法を性質上契約と再三にわたりみなしてきたのであり，先例によると，連邦議会による支出権限の行使の正当性は，州が「契約」条件を自発的に，かつ，認識しながら受け入れているかどうか次第である。連邦議会は，支出権限を用いて，州が連邦の方針に沿って行為するための動機づけを与えることはできるが，強制することは許されない。Medicaidの対象範囲拡大については，単に新条件を受け入れない州に対し新たな資金の付与を拒否するのではなく，既存のMedicaidの資金を与えないようにすると連邦議会は脅しているのであり，強制である。もっとも，Medicaidの対象範囲拡大に関する規定のうち，州がMedicaidの対象範囲拡大に従わないことを理由に既存のMedicaidの資金を取りやめる権限を保険福祉省（HHS）長官に与えている条項につき，そのような理由での同条項の適用を違憲とすれば足りるとして，患者保護及び医療費負担適正化法の他の規定に影響を及ぼすものではないとした。

　また，スカリア，ケネディ，トーマス，アリート裁判官共同反対意見は，ロバーツ長官意見（ブライヤー，ケイガン裁判官同調）と同様にMedicaidの対象範囲拡大は州に実際上の選択の余地がない強制的なものであるから支出条項に基づく権限の行使として認められないと述べた上で，Medicaidの対象範囲拡大を全部違憲とした[38]。

　他方，ギンズバーグ裁判官（一部反対意見部分。ソトマイヨール裁判官同調）は，支出権限によりMedicaidの対象範囲拡大は許容されると結論づけた。もっとも，ギンズバーグ裁判官は，ロバーツ長官意見のうち，Medicaidの対象範囲拡大に関する規定やその適用の可分性（severability）には同意した。そのため，本件における連邦最高裁の結論としては，ロバーツ長官意見が述べるように，州がMedicaidの対象範囲拡大に従わないことを理由に既存のMedicaidの資金を取りやめる権限を用いることは違憲である，ということとなる。

　このように，支出権限に基づく権限の行使が州への強制にあたる場合は許

---

38　さらに，スカリア，ケネディ，トーマス，アリート裁判官共同反対意見によると，individual mandate及びMedicaidの対象範囲拡大という，患者保護及び医療費負担適正化法の中心的な規定が違憲無効となるため，同法の他の規定も不可分なものとして無効とする。*Sebelius*, 132 S. Ct. at 2668-2676.

されないという先例の規範に則り，州がMedicaidの対象範囲拡大に従わないことを理由に既存のMedicaidの資金を取りやめる権限を用いることは違憲とされた。そして，違憲の範囲が限定されたことにより，Medicaidの対象範囲拡大は州の選択に委ねられることとなった[39]。

## 5 行政機関による連邦法の解釈
（1）ロバーツコート以前の判例法理

裁判所は行政機関による連邦法の解釈について敬譲（deference）を払うべきか。この問題については，アメリカの判例上，鋭い議論が展開されてきた。基軸となる判例法理は，Chevron U.S.A. Inc. v. Natural Resources Defense Council, Inc.連邦最高裁判決[40]にて示された法理（Chevron敬譲）である。同法理は，行政機関による連邦法の解釈について裁判所が審査する際，まず，①連邦議会が争点自体について直接的に言及したかどうかを問い（連邦議会が争点について明確に言及していた場合，裁判所は行政解釈が当該議会意思に合致しているかどうかを審査すれば足りる。），次に，②法律が当該争点について沈黙しているか不明瞭である場合には，行政機関の解釈が合理的であるかどうかを問う，というものである。このように，議会意思が不明確であること，及び，行政解釈が合理的であることという2段階の審査をクリアすれば，行政機関による連邦法の解釈について裁判所は敬譲すべきこととなる。

ただし，Chevron敬譲が適用されるための前提条件が，判例[41]上付加されている。すなわち，Chevron敬譲が適用されるのは，①連邦議会が行政機関に法的拘束力を伴う規則の定立権限を授権[42]しており，②敬譲を求める行政機関の解釈が当該権限の行使として公表されたように見える場合のみである

---

39 2016年7月7日時点では，Medicaidの対象範囲拡大を受け入れている州は32州であり，受け入れていない州は19州である。Kaiser Family Foundation, http://kff.org/health-reform/state-indicator/state-activity-around-expanding-medicaid-under-the-affordable-care-act（last visited Aug. 15, 2016）
40 467 U.S. 837 (1984).
41 United States v. Mead Corp., 533 U.S. 218 (2001).
42 なお，Mead判決によれば，比較的フォーマルな行政手続が法律上規定されている場合，連邦議会が法的拘束力を有する行政活動を意図していたと一般的に推定される。

(Chevron Step Zero)。

さらに，Chevron敬譲が適用されない場合でも，判例[43]上，行政解釈は考察の程度，理由付けの有効性，前後の一貫性等の要素から「説得力」があれば尊重されるとされてきた（Skidmore尊重）。

（2）ロバーツコートの判例

行政機関による連邦法の解釈に関わる判例[44]は多数存在するため，紙幅の関係上，以下では代表的な判例について概観する。

Gonzales v. Oregon連邦最高裁判決[45]では，連邦行政機関の解釈に起因する連邦法と州法の衝突が問題となった。同判決の事案は以下のとおりである。1970年に制定された連邦法である規制薬物取締法（Controlled Substances Act）は，薬物濫用を除去し規制薬物の流通をコントロールすることを主たる目的としている。同法は，別表（Schedule）Ⅱに区分される規制薬物については，医師の書面による処方によってのみ利用可能としている。そして，1971年に司法長官によって公布された規則では，規制薬物の処方は正当な医療目的のために行われることを必要としていた。さらに，別表Ⅱに区分される規制薬物を扱うために，医師は司法長官による登録を受ける必要があり，医師の登録が公益に適合しない場合，司法長官は医師の登録を拒否，停止又は取り消すことができると同法は規定していた。

また，州法であるオレゴン州尊厳死法（Oregon Death With Dignity Act）は，州で免許をもつ医師が同法に従って致死薬を末期患者の求めに応じて処方する行為につき民事・刑事責任を免責している。

そのような状況の下，司法長官が2001年に解釈規則を制定し，自殺介助のために規制薬物を用いることは正当な医療行為ではなく，そのような目的のための規制薬物の処方は規制薬物取締法上違法であると宣言した。そのた

---

43 Skidmore v. Swift & Co.,323 U.S. 134（1944）.なお，Chevron敬譲が適用されない場合でもSkidmore尊重が適用されることを明らかにしたのは，Mead判決である。
44 紙幅の関係上，本章では取り上げられなかった行政機関による連邦法の解釈に関わるロバーツコートの注目すべき判例として，Mayo Found. for Medical Educ. & Research et al. v. United States, 562 U.S. 44（2011）, City of Arlington v. FCC., 133 S. Ct. 1863（2013）, Michigan v. Environmental Protection Agency, 135 S. Ct. 2699（2015）.なお，Wyeth v. Levine, 555 U.S. 555（2009）については，専占に関わるため「Ⅳ　連邦制」にて扱う。
45 546 U.S. 243（2006）.

め，オレゴン州や医師等が同解釈規則を争った。

ケネディ裁判官法廷意見[46]（スティーブンス，オコナー（Sandra Day O'Connor），スーター（David H. Souter），ギンズバーグ，ブライヤー裁判官同調）は，①Chevron判決の法理は，行政規則が行政機関の権限に基づいて行使されることを前提としているが，医学的専門的知識を欠いている司法長官に医学的判断に関わる決定を授権することは考えられないことや本件における司法長官の決定は重要問題に関係しているから黙示的な授権は考えられないこと等に鑑みると，本件の2001年解釈規則は司法長官の権限に基づいて制定されたとは解されず，Chevron判決の法理は適用されない，②Skidmore v. Swift & Co.連邦最高裁判決は規則に説得力がある限り敬譲を受けるとするが，2001年の解釈規則は説得力をもつとはいえないとして，司法長官の解釈規則は規制薬物取締法が授権していない権限を行使しており無効とした。

このように，ケネディ裁判官法廷意見は従前の判例法理を踏まえつつ，Chevron Step Zeroの審査を行うことでChevron敬譲の適用を否定している。そして，Chevron Step Zeroの審査において，行政機関の専門性や，当該行政機関の決定が重要問題に関係していること等を考慮している点が注目に値する。

その他の注目すべき判例として，オバマケアに関わるKing v. Burwell連邦最高裁判決[47]がある。Sebelius判決において問題となった患者保護及び医療費負担適正化法の仕組みのうち，同判決では争われていなかった保険加入を促進するための取引場の合憲性について判断を下したものである。

同判決の事案は以下のとおりである。患者保護及び医療費負担適正化法には，保険の加入手続について，州が取引場（Exchange）を開設すること（州が開設しない場合，連邦政府が「そのような取引場（such Exchange）」を開設すること），及び，納税者が「州によって開設された」取引場を通じて保険に加入した場合にのみ，該当する納税者に税額控除することが認められると規

---

46 さらに，ケネディ裁判官法廷意見は，行政機関が自ら制定した多義的な規則を解釈する行政規則には敬譲を与えるとするAuer v. Robbins, 519 U.S. 452（1997）に触れつつ，本件の1971年規則は法律の文言の繰り返しにすぎないためAuer連邦最高裁判決の法理は適用されないとも判示している。
47 135 S. Ct. 2480.

定されていた。

　しかし，内国歳入庁（Internal Revenue Service）の規則では，州の取引場を通じて保険に加入する場合だけでなく，連邦の取引場を通じて保険に加入する場合も税額控除は利用可能とされていた。

　原告は，健康保険契約を締結したくないと望んでいたが，連邦の取引場を通じて保険に加入した人々である。原告にとっては，もし連邦の取引場が税額控除しないのであれば，保険未加入を理由とする「罰金」が免除されるが，内国歳入庁の規則に従って連邦の取引場が税額控除するのであればそのような「罰金」が免除されなくなる。そのため，原告らは内国歳入庁の規則は違法であると争った。

　ロバーツ長官法廷意見（ケネディ，ギンズバーグ，ブライヤー，ソトマイヨール，ケイガン裁判官同調）は，①税額控除は本法の重要な改革の一つであり，連邦議会が内国歳入庁に決定を委ねたとは言えないので，Chevron判決の2段階の判断枠組みは本件では用いることはできないとした上で，②文脈から考えると，「州によって開設された」という文言は不明確であり，本法の構造に照らして解釈する必要があるとして，③本法の構造に照らして考えると，「州によって開設された」取引場には連邦の取引場も含まれると判示した。

　Sebelius判決後であるため，ロバーツ長官が本件規則の適法性を支持することはある程度予測されていた。本件では，Chevron Step Zeroの審査において，重要問題であることを理由にChevron敬譲の適用を否定している。しかし，Skidmore尊重について触れていない点等につき，先例との整合性には疑問も提起されている。

## 6　小括

　Sebelius判決は，オバマケアという政治的な対立を引き起こした法制度の合憲性が問われたものであり，上述した通り，判例規範の点からも新規性のある判決であった。

　さらに，同判決では，保守的であると考えられてきたロバーツ長官がindividual mandateの合憲判断を導く決定票を投じたことが驚きをもって受け止

められた。このようなロバーツ長官の「変節」については，様々な解釈がなされているが，長官としての役割を重視したものといえよう。すなわち，激しい政治対立を引き起こしている連邦法の合憲性を判断するに際し，スカリア・ギンズバーグに見られる両極の立場からは距離を置き，長官として中庸の立場を選んだのであろう。但し，ここでの中庸の立場というのは，単に合憲・違憲の結論のみに着目するのではなく，その判断枠組みを踏まえて考察する必要がある。individual mandateにつき，州際通商条項・必要かつ適切条項では違憲であり，課税条項でのみ合憲とするロバーツ長官の立場は，健康保険契約を締結しない場合のペナルティを税（tax）と認定できないほどの高額に設定する場合は違憲になることを示唆している。そのため，連邦議会は課税により個人の健康保険契約の締結を誘導（nudge）することはできるが，採りうる手段はそれに尽きるのである[48]。individual mandateを合憲にすることでオバマ政権と連邦最高裁との正面衝突を避けつつ，しかしながら連邦議会の権限を注意深く制限する解釈を行うことで今後への布石を打っている点は，ロバーツの長官としての如才なさを示している。

## II 大統領

### 1 大統領の合衆国憲法上の権限

（1）大統領の公務員任免権

　公務員の任命と罷免について，両者は合衆国憲法上の規定の有無が異なることから区別されている。

　まず，大統領の公務員任命権については，合衆国憲法2条2節2項[49]が明文で規定している。同項によると，その任命について憲法上別段の定めのな

---

[48] LAURENCE H. TRIBE & JOSHUA MATZ, UNCERTAIN JUSTICE: THE ROBERTS COURT AND THE CONSTITUTION 63-64,69 (2014).
[49] 合衆国憲法2条2節2項「…大統領は，大使その他の外交使節および領事，最高裁判所の裁判官，ならびに法律によって設置される他のすべての合衆国の公務員で，この憲法にその任命に関して別段の定めなきものを指名し，上院の助言と承認を得て，これを任命する。ただし，連邦議会は，法律によって，その適当と認める下級公務員の任命権を大統領のみに，または裁判所に，もしくは各部局の長に与えることができる。」邦訳につき，初宿・辻村・前掲注（5）79頁（野坂泰司執筆）。

い「合衆国の公務員」は，原則として上院の助言と承認を得て大統領が任命することとなる。しかし，例外的に「下級公務員（inferior Officers）」については，連邦議会が法律によって，大統領，裁判所，各部局の長（Heads of Departments）に任命権を与えることができるとされている。

そして，判例上，「合衆国の公務員」には独立行政委員会の委員も含まれること[50]，同項の「下級公務員」は上院の助言と承認を得て大統領によって任命された公務員から一定程度指示監督を受ける職務に就く者であることが明らかにされている[51]。

次に，大統領の公務員罷免権については，合衆国憲法2条2節4項[52]の弾劾に関する規定を除いて，合衆国憲法上の明文規定を欠いている。しかし，判例上，①純粋な行政機関の職員については，大統領の罷免権を制約すると大統領の「執行権」（合衆国憲法2条1節1項[53]）及び「法律が誠実に執行されるよう配慮する義務」（合衆国憲法2条3節[54]）が阻害されるため，大統領の罷免権の制約は認められない[55]が，②独立行政委員会の委員については，大統領の罷免権を制約しても上記権限が阻害されない限度において大統領の罷免権の制約が認められる[56]とされている。

但し，これらの判例が拠って立つ権力分立観については，必ずしも明確であるとはいえない。大統領の公務員任免権を連邦議会が法律によって制約する場合，そこには常に権力分立上の問題が生じる。しかし，従前の判例は，権力分立の理解として，形式的アプローチ（各権力作用の各部門への排他的帰属を強調する立場）と，機能的アプローチ（各権力作用の本質を害さない限りで

---

50 Buckley v. Valeo, 424 U.S. 1 (1976).
51 Edmond v. United States, 520 U.S. 651 (1997). なお，独立検察官も「下級公務員」であるとした判例として，Morrison v. Olson, 487 U.S. 654 (1988).
52 合衆国憲法2条2節4項「大統領，副大統領および合衆国のすべての文官は，叛逆罪，収賄罪その他の重罪または軽罪につき弾劾され，有罪の判決を受けたときは，その職を免ぜられる」。邦訳につき，初宿・辻村・前掲注（5）80頁（野坂泰司執筆）。
53 合衆国憲法2条1節1項「執行権は，アメリカ合衆国大統領に属する…。」。邦訳につき，初宿・辻村・前掲注（5）78頁（野坂泰司執筆）。
54 合衆国憲法2条3節「…大統領は，法律が誠実に執行されるよう配慮し，…。」。邦訳につき，松井・前掲注（25）439頁。
55 Myers v. United States, 272 U.S. 52 (1926).
56 Humphrey's Executor v. United States, 295 U.S. 602 (1935),Weiner v. United States, 357 U.S. 349 (1958).

各部門による共有を認める立場）が併用されていた[57]。

　このような判例状況の下，ロバーツコートはFree Enterprise Fund v. Public Company Accounting Oversight Board連邦最高裁判決[58]を下した。同判決の事案は以下のとおりである。エンロン（Enron）事件等を受けて，企業の不正会計に対処するため2002年サーベンスオクスリー法（Sarbanes-Oxley Act of 2002）が制定された。同法による一連の会計制度の改革の一部として設置された公開企業会計監視委員会（Public Company Accounting Oversight Board）は，公開企業の会計監査を行う会計事務所を監督する政府機関である。同委員会の委員は，独立行政委員会である証券取引委員会（Securities and Exchange Commission）によって任命され，一定の手続に従って正当な理由が示された場合にのみ証券取引委員会によって罷免されうるとしていた。このような法の仕組みについて，公開企業会計監視委員会の調査を受けた会計事務所と同事務所が会員となっているNPOが，同委員会が違憲であることの宣言及び同委員会の権限行使の差し止めを求めて出訴した。

　ロバーツ長官法廷意見（スカリア，ケネディ，トーマス，アリート裁判官同調）は，①公開企業会計監視委員会の委員の罷免につき，大統領（又は大統領が任意に罷免できる部下）が罷免についての正当な理由が存在するかどうかを決定できない仕組みは，大統領が法の誠実な執行を確保できず，委員の背信行為について責任をもつことができなくなるため，合衆国憲法2条の執行権を侵害する，他方，②公開企業会計監視委員会の委員の任命については，公開企業会計監視委員会の委員は合衆国憲法2条2節2項の「下級公務員（inferior Officers）」であり，証券取引委員会の委員は同項の「各部局の長（Heads of Departments）」に当たるので，同項違反ではないと判示した。

　このように，正当な理由がない限り大統領によって罷免されない独立行政委員会による監督を受ける公開企業会計監視委員会につき，同委員会の委員がさらに正当な理由がない限り独立行政委員会によって罷免されないという二重の身分保障の仕組みは，2条で大統領に付与された執行権を侵害すると

---

57　両アプローチについて，駒村圭吾『権力分立の諸相　アメリカにおける独立機関問題と抑制・均衡の法理』170-173頁（南窓社，1999年）。*See also*, John F. Manning, *Separation of Powers as Ordinary Interpretation*, 124 HARV. L. REV. 1939,1950-1972（2011）.

58　561 U. S. 477（2010）.

判断された。権力分立論としては形式的アプローチに親和的である[59]。

その他の注目すべき判例として，合衆国憲法2条2節3項[60]（休会任命条項）について連邦最高裁が初めて解釈を行った，National Labor Relations Board v. Noel Canning連邦最高裁判決[61]がある。同判決の事案は，全国労働関係委員会（National Labor Relations Board）の委員が，形式的には会期[62]中の3日間の休会期間において大統領の休会任命によって選任されていたところ，全国労働関係委員会の命令を受けた原告が，同休会任命は違憲・無効であり，その結果として定足数不充足のため同委員会の命令も違法であるとして争ったというものである。この事件には，上院による承認が必要な公務員の人事が滞りがちであったため，上院による承認が不要な休会任命をオバマ大統領が用いたという背景がある。なお，本件の休会任命がなされた当時，上院はオバマ大統領による休会任命を避けるため，一部の議員が3日程度毎に議院を開会してすぐに散会するというプロフォルマセッション（pro forma session）[63]を行っていたため，実質的に上院は約1か月議事を行っていなかった。

ブライヤー裁判官法廷意見（ケネディ，ギンズバーグ，ソトマイヨール，ケイガン裁判官同調）は，①休会任命条項中の「休会（recess）」は会期と会期の間の休会だけでなく，会期中の休会も含まれる，②休会任命条項によって任命可能な対象を示す「上院の休会中に生ずる一切の欠員（vacancies that

---

59 Manning, *supra* note 57, at 1971.
60 合衆国憲法2条2節3項「大統領は，上院の休会中に生ずる一切の欠員を補充することができる。ただし，その任命は次の会期の終わりに効力を失う。」邦訳につき，初宿・辻村・前掲注(5) 79頁（野坂泰司執筆）を参照（なお，同書では同項のrecessの訳語として「閉会」という語が用いられていたが，本稿ではrecessの訳語として「休会」を用いた。）。
61 134 S. Ct. 2550 (2014).
62 合衆国議会では，下院議員の任期にあわせて，奇数年の1月3日正午から次の奇数年の1月3日正午に終わる2年をCongress（議会期）という。そして，合衆国議会の議会期は，奇数年のFirst Session（第1会期）と偶数年のSecond Session（第2会期）の2つの会期に分かれる。合衆国憲法修正20条2節に基づき，第1会期・第2会期とも法律で別の日を定めない限り1月3日正午に開会する。アメリカ合衆国連邦議会上院の立法手続を簡潔に説明する邦語文献として，松橋和夫「アメリカ連邦議会上院における立法手続」レファレンス640号7-36頁（2004年）。
63 通常，プロフォルマセッションにおいては，議案や決議案の提出や審議といった議事は一切行われず，他の議員の出席も要求されない。なお，3日程度毎にプロフォルマセッションが開かれる理由は，合衆国憲法1条5節4項により，3日間を超えて休会するためには他の議院の同意が必要とされるためである。

may happen during the recess of the Senate)」は休会中に生ずる欠員だけでなく，休会前に生じ，休会中も継続して存在している欠員も含む，③休会任命が可能な「休会」の期間は原則10日間以上である，④上院の規則に基づき上院が議事を行う能力を有している限り，上院が開会中とする場合は開会中と認められるとして，上院規則によるとプロフォルマセッション中でも議事を扱う権限は保持していたことからすると，プロフォルマセッション中は開会中であったとして，本件休会任命は3日間の休会期間という休会任命が不可能な期間の休会においてなされたものであるため違憲とした。

なお，本判決におけるブライヤー裁判官法廷意見の権力分立観については，文言を重視している点では形式的アプローチに特徴づけられるが，経験に基づく解釈手法が採用されており，純粋な形式的アプローチとは異なるとの評価[64]がなされている。

(2) 外交に関する権限

合衆国憲法は，大統領に対し，上院の出席議員の3分の2の賛成を条件に条約締結権を認め（合衆国憲法2条2節2項[65]），大使その他の外交使節及び領事等の任命権を認め（合衆国憲法2条2節2項[66]），大使その他の外交使節を接受する権限を認めている（合衆国憲法2条3節[67]）。しかし，大統領に外交関係を処理する権限を付与する明文規定は存在せず，大統領にどこまでの権限が認められるかが問題となる。この点につき，ロバーツコート以前の判例[68]は，外交関係について大統領に広範な権限を認めるものがあるものの，批判も強かった。

ロバーツコートにおける注目すべき判例として，Zivotofsky v. Kerry連邦最高裁判決[69]がある。同判決の事案は以下のとおりである。エルサレムに出

---

64 Ronald J. Krotoszynski, Jr., *Transcending Formalism and Functionalism in Separation-of-Powers Analysis*, 64 DUKE L.J. 1513,1542-1546 (2015).
65 合衆国憲法2条2節2項「大統領は，上院の助言と承認を得て，条約を締結する権限を有する。ただし，この場合には，上院の出席議員の3分の2の賛成を要する…。」邦訳につき，初宿・辻村・前掲注（5）79頁（野坂泰司執筆）。
66 邦訳につき，前掲注（49）参照。
67 合衆国憲法2条3節「…大統領は，大使その他の外交使節を接受する…。」邦訳につき，初宿・辻村・前掲注（5）80頁（野坂泰司執筆）。
68 United States v. Curtiss-Wright Export Corp., 299 U.S. 304 (1936).
69 135 S. Ct. 2076 (2015).

生した者のパスポートの出身国表記をイスラエルとすることを認めていた外交授権法（Foreign Relations Authorization Act, Fiscal Year 2003）214条（d）に基づき，エルサレムに出生した上訴人の親権者がパスポートの出身国表記をイスラエルとするようアメリカ大使館に求めたところ，エルサレムの帰属についてはどの国の主権も承認しないとする執政府の長年の姿勢に従って，アメリカ大使館がそのような表記を拒否したことが争われた[70]。

ケネディ裁判官法廷意見（ギンズバーグ，ブライヤー，ソトマイヨール，ケイガン裁判官同調）は，①合衆国憲法2条3節は大統領に全権大使その他の外交使節を接受する権限を付与しているが，同権限は外国の主権を正式に承認する権限に等しいものであるから，大統領は外国の主権を承認する排他的権限を有する，②連邦議会はパスポートについて広範な立法権限を有するが，他の機関の犠牲の下で自己の権限を拡大することは許されないとして，外交授権法214条（d）を違憲とした。

このように，大統領に外国の主権を承認する排他的権限があるとして，パスポートの出身国表記について規定する連邦法は違憲とされた。先例であるCurtiss-Wright連邦最高裁判決と同様に，機能的アプローチに親和的な判例と解されている[71]。

## 2　連邦議会の授権に基づく（基づかなければならない）大統領の権限

（1）テロ関係

2001年9月11日のアメリカ同時多発テロを受けて，連邦議会はテロ防止のための「すべての必要かつ適切な武力を用いる」権限を大統領に授権する，両院共同決議（Joint Resolution）[72]である武力行使容認決議（Authorization for

---

[70] なお，前提として，Zivotofsky v. Clinton, 132 S. Ct. 1421（2012）において，同条の合憲性を裁判所が審査することは，政治問題の法理によっても禁止されないとされた。

[71] Jack Goldsmith, *Zivotofsky II as Precedent in the Executive Branch*, 129 HARV. L. REV. 112,128-132（2015）.

[72] 両院共同決議とは，法律制定手続と同様，両院の決議に加えて大統領の署名（大統領が拒否権を行使した場合は上院と下院の3分の2による再可決）を必要とする決議であり，原則として法律としての効力を有すると解されている。参照，藤田晴子・渋谷敏「アメリカ連邦議会の各種の決議の形式と効力」レファレンス262号3，11-14頁（1972年）。

Use of Military Force)[73]を採択した。そして，2001年11月，G・W・ブッシュ (George Walker Bush) 大統領は，同共同決議により授権がなされたとして大統領令[74]を制定し，アメリカを標的とする国際テロ活動に従事したと大統領が判断した者等については，合衆国内外において国防総省（Secretary of Defense）によって示された場所で拘禁し，軍事委員会（military commission）で裁判を行うとした。

このような法状況の下で，捕縛された敵戦闘員の多くはキューバのグアンタナモ（Guantánamo）湾にある基地の収容所に収容された。同所は，キューバの主権下にありながら，アメリカの租借地であるため，アメリカが完全に管理権を行使している。そして，多くの敵戦闘員が同所にて司法審査なしに長期に渡って拘禁されることとなり，問題視されていた。

ロバーツコート以前の判例[75]では，Hamdi v. Rumsfeld連邦最高裁判決[76]において，グアンタナモで敵戦闘員として拘禁されているアメリカ合衆国市民については，中立の審査機関において敵戦闘員かどうかを争うことのできる機会が与えられることが必要とされた。さらに，Rasul v. Bush連邦最高裁判決[77]において，グアンタナモで敵戦闘員として拘禁されている外国人については，法律上，人身保護令状[78]（writ of habeas corpus）の請求によって連邦裁判所が身柄拘束の適法性を審査できるとした。

その後，Hamdi v. Rumsfeld判決の要請を充たすため，ウォルフォウィッツ（Paul Wolfowitz）国防長官補佐の命令により，被拘禁者の「敵戦闘員」たる地位を審査するため，グアンタナモに戦闘員資格審査法廷（Combatant Status Review Tribunal）が設置された。さらに，Rasul v. Bush判決はあくまで法律の解釈として連邦裁判所の管轄権を認めたにすぎなかったため，2005年被拘禁者処遇法（Detainee Treatment Act of 2005）が新たに制定されて，

---

73　Pub.L.107-40, 115Stat. 224.
74　Military Order, November 13, 2001, Detention, Treatment, and Trial of Certain Non-Citizens in the War Against Terrorism, 66 Fed. Reg. 57833 (Nov. 16, 2001).
75　その他の判例として，Rumsfeld v. Padilla, 542 U.S. 426 (2004).
76　542 U.S. 507 (2004).
77　542 U.S. 466 (2004).
78　身柄の拘束が適法か否かを争う手続である。沿革等につき，田中英夫『英米法総論 下』570-576頁（東京大学出版会，1980年）。

グアンタナモに拘束されている外国人からの人身保護令状請求等に対し，連邦裁判所の管轄権を制限した。

このような判例及び法改正の後，ロバーツコートの判例であるHamdan v. Rumsfeld連邦最高裁判決[79]が下された。同事件ではグアンタナモの基地に拘禁されている外国人の上訴人が軍事委員会による裁判にかけられることとなったため，軍事委員会による裁判の適法性が争われた。なお，本件が連邦最高裁に係属中に2005年被拘禁者処遇法が成立したため，前提として連邦裁判所に管轄権があるかどうかも争われた。

スティーブンス裁判官法廷意見（ブライヤー，ケネディ，スーター，ギンズバーグ裁判官同調）は，①2005年被拘禁者処遇法成立の時点で本件は連邦最高裁に係属しており，遡及効を認めるには連邦議会の明白な意図が必要なところ，本件ではそのような意図がないため同法によって連邦最高裁の管轄権は奪われていない，②先例[80]によっても，本件につき，敬譲の要請から連邦裁判所が軍の司法制度への介入を回避すべき事案とはいえない，③軍事裁判法（Uniform Code of Military Justice），武力行使容認決議，2005年被拘禁者処遇法は，合衆国憲法及び戦争法規を含む法の下で正当化される状況において軍事委員会を設置する大統領の一般的権限を認めているにすぎない，④本件の軍事委員会の手続は，軍事裁判法36条及び1949年の4つのジュネーブ条約の共通3条に違反するとして，本件について軍事委員会の裁判を行うことは違法とした。

このように，Hamdan判決では，あくまで法律や条約の解釈に基づくものではあるが，テロに対処する大統領権限を連邦最高裁が制約した。特に，ジュネーブ条約が適用されるとしたのは画期的であった。

しかし，本判決後，連邦議会は2006年軍事委員会法（Military Commission Act of 2006）を制定した。同法において，人身保護令状事件の管轄権の剥奪は制定時に係属中の事件にも及ぶとされた。このような法改正の後に下されたのが，Boumediene v. Bush連邦最高裁判決[81]である。同事件の原告らは，

---

79　548 U.S. 557 (2006).
80　Schlesinger v. Councilman, 420 U.S. 738 (1975).
81　553 U.S. 723 (2008).

戦闘員資格審査法廷により敵戦闘員と認定された，グアンタナモの基地に収容されている外国人であり，人身保護令状請求を行っていた。そして，上述のHamdan判決が下される前から連邦裁判所で係争中であったが，その後の2006年軍事委員会法制定によって連邦裁判所の管轄権が否定されるかが問題となった。

ケネディ裁判官法廷意見（スティーブンス，スーター，ギンズバーグ，ブライヤー裁判官同調）は，①人身保護令状停止条項（合衆国憲法1条9節2項[82]）は，個人の自由を保護する権力分立原理を踏まえて解釈する必要がある，②人身保護令状停止条項はグアンタナモにも及ぶ，③敵戦闘員の認定についての審査を行う戦闘員資格審査法廷の手続に対する審査をコロンビア特別区連邦控訴裁判所にのみ認める2006年軍事委員会法7条は，先の手続では提出されなかった弁明の証拠を採用し検討する権限を裁判所に認めておらず，違憲な方法で人身保護令状を停止させていると判示した。

このように，グアンタナモからの人身保護令状請求につき連邦裁判所の管轄権を否定した2006年軍事委員会法7条は，人身保護令状停止条項に反して違憲とされた。人身保護令状請求権について権力分立原理を踏まえて解釈している点は注目に値する。なお，法廷意見を構成する裁判官はHamdan判決と同一である。

本判決後，2009年軍事委員会法（Military Commission Act of 2009）が制定され，被拘禁者の手続保護は改善された。なお，オバマ大統領は，グアンタナモの収容所の閉鎖を試みたが，連邦議会の反発等に直面したこともあり，本稿執筆時である2016年8月時点でも未だ同収容所の閉鎖はなされていない。

（2）その他

その他の注目すべき判例として，国際司法裁判所の判決を国内で執行する大統領の権限を認めなかった，Medellin v. Texas連邦最高裁判決[83]がある。

同事件の事案は以下のとおりである。アメリカ合衆国が51人のメキシコ人

---

82　合衆国憲法1条9節2項「人身保護令状（Writ of Habeas Corpus）の特権は，叛乱または侵略に際し公共の安全上必要とされる場合のほか，停止されてはならない」。邦訳につき，初宿・辻村・前掲注（5）77頁（野坂泰司執筆）。
83　552 U.S. 491 (2008).

について領事に知らせることなく拘留しているのはアメリカ合衆国が批准する領事関係についてのウィーン条約（Vienna Convention on Consular Relations）に反するという国際司法裁判所の判決が下された。さらに，州裁判所を同判決に従うようにさせることで国際法上の義務を果たすという大統領の覚書が発せられた。このような状況下で，テキサス州が従う義務があるかどうかが争われたのが本件である。

ロバーツ長官法廷意見（スカリア，ケネディ，トーマス，アリート裁判官同調）は，①領事関係についてのウィーン条約に基づく国際司法裁判所の判決には自力執行力はなく，国内立法がなされない限り裁判所を拘束しない，②先例としてYoungstown Sheet & Tube Co. v. Sawyer連邦最高裁判決[84]のジャクソン（Robert H. Jackson）裁判官同意意見の3つの類型[85]を挙げた上で，大統領は法律によって国内執行が認められていない条約を国内的に執行する権限はなく，連邦議会の黙示の同意も存在しないとして，テキサス州には従う義務はないとした。

## 3　大統領の権限についての小括

大統領の権限に関連して，ロバーツコートにおける権力分立論については，形式的アプローチと機能的アプローチのどちらを採用しているともいえない。もっとも，ロバーツコート以前の判例も同様であり，権力分立論については大きな変更はないといえよう。

テロに関する諸判例について，連邦最高裁は僅差であるものの被拘禁者の事件について管轄を奪われることに抵抗した。もっとも，連邦最高裁は，特定の被拘禁者の解放までは求めていないことに注意が必要である。その意味では，連邦最高裁は軍隊の総指揮官たる大統領の権限を尊重している。あくまで連邦最高裁が求めたのは，被拘禁者の処遇について連邦議会と大統領の

---

84　343 U.S. 579（1952）.
85　連邦議会の明示または黙示の授権がある場合，大統領権限は最大限となる。連邦議会による授権もないが否定もない場合，いわゆる黄昏の領域（zone of twilight）においては，大統領権限は当該状況の緊急性等の実践的な考慮事項次第である。連邦議会の明示または黙示の意思に反する場合，大統領の権限は最小限となる。なお，Youngstown判決の意義につき，リチャード・H・ファロン・Jr.（平地秀哉他訳）『アメリカ憲法への招待』188-191頁（三省堂，2010年）。

みならず裁判所も関与しうるという仕組みの確保にすぎない[86]。但し，そのように3つの機関が関わることによって初めて自由と安全の均衡が確保されるとする連邦最高裁の立場は，決して軽視されるべきではないであろう。なお，ロバーツ長官は，Hamdan判決では下級審で関与していたため不参加であり，Boumediene判決では反対意見に回っている。

## Ⅲ 裁判所

### 1 州の主権免責

（1）ロバーツコート以前の判例法理

合衆国の司法権の及ぶ範囲の限界として，合衆国憲法修正11条[87]により，原則として，州を被告とする訴訟には州の主権免責が認められている。もっとも，州の公務員を被告として，法律の違憲性を確認する宣言的判決や連邦法違反の行為の差止めを求めて連邦裁判所に出訴することは許される[88]。さらに，州の主権免責には例外も認められている。1つ目の例外は，州が主権免責を放棄した場合である[89]。2つ目の例外は，修正14条5節[90]を根拠とする連邦議会の立法による場合である[91]。

（2）ロバーツコートの判例

州の主権免責に関わるロバーツコートの判例は多数存在[92]するため，以下

---

86 Tribe & Matz, *supra* note 48, at 193,200-201.
87 合衆国憲法修正11条「合衆国の司法権は，合衆国の1州に対して，他州の市民または外国の市民もしくは臣民によって提起され追行されるコモン・ロー上またはエクイティ上の訴訟にまで及ぶものと解釈してはならない」。邦訳につき，初宿・辻村・前掲注（5）84頁（野坂泰司執筆）。多くの場合，合衆国憲法修正11条が州の主権免責の根拠規定とされる。なお，合衆国憲法修正11条が自州の市民による訴えにも及ぶとする判例として，Hans v. Louisiana, 134 U.S. 1（1890）。
88 *Ex parte* Young, 209 U.S. 123（1908）.
89 Port Authority Trans-Hudson Corp. v. Feeney, 495 U.S. 299（1990）.
90 合衆国憲法修正14条5節「連邦議会は，適当な立法によって本条の諸規定を執行する権限を有する」。邦訳につき，初宿・辻村・前掲注（5）85頁（野坂泰司執筆）。
91 合衆国憲法修正14条は修正11条の後法であることが理由とされる。なお，修正14条5節による場合，相応性と比例性（congruence and proportionality）が要求される。City of Boerne v. Flores, 521 U.S. 507（1997）.
92 その他の判例として，独立した州の機関が，州の公務員を被告として，法律の違憲性を確認する宣言的判決や連邦法違反の行為の差止めを求めて出訴することは許されるとしたVa. Office for Prot.& Advocacy v. Stewart, 131 S. Ct. 1632（2011）.

では代表的な判例について概観する。

修正14条5節に基づく立法として州の主権免責の排除が認められた判例として，United States v. Georgia連邦最高裁判決[93]がある。下半身まひの障碍をもつ，ジョージア州の刑務所に収容されている囚人が劣悪な環境に置かれていることを争った事件である。アメリカ障碍者法（Americans with Disabilities Act）2章に基づき，州を被告として損害賠償を求めて連邦裁判所に出訴することができるかどうかが争点となった。

スカリア裁判官法廷意見（全員一致）は，アメリカ障碍者法2章が現実に修正14条を侵害する州の行為について私人に出訴を認めている限りにおいて，同法2章は州の主権免責を有効に排除していると述べて，州の主権免責の排除を認めた。全員一致である点が注目に値する。

次に，合衆国憲法1条8節4項[94]による連邦議会の破産立法権限により，州の主権免責を排除することが認められるとした，Central Virginia Community College v. Katz連邦最高裁判決[95]がある。破産者による州の機関への弁済は偏頗行為に当たるとして，破産管財人が偏頗行為否認に基づく金銭返還を求めて破産裁判所（連邦の機関）に出訴した事件であり，州の主権免責が及ぶかどうかが争点となった。

スティーブンス裁判官法廷意見（オコナー，スーター，ギンズバーグ，ブライヤー裁判官同調）は，①合衆国憲法1条8節4項は連邦議会に破産に関する立法権限を認めているが，同項はその制定時から州の主権免責を排除するものであったこと，②合衆国憲法修正11条の採択をめぐる議論の中でも，連邦裁判所の人身保護令状によって州の監獄からの債務者の解放を認める1800年破産法（Bankruptcy Act of 1800）への反対はなかったことを理由に，同項に基づく立法により州の主権免責の排除を認めた。

合衆国憲法1条8節3項の州際通商条項に基づく連邦議会の立法権限によ

---

93　546 U.S. 151 (2006).
94　合衆国憲法1条8節4項「統一的な帰化の規則，および合衆国全土に適用される統一的な破産に関する法律を制定すること」。邦訳につき，初宿・辻村・前掲注(5) 76頁（野坂泰司執筆）。連邦議会の権限として列挙された条項の一つである。
95　546 U.S. 356 (2006).

り主権免責を排除することは認められないとした先例[96]はあったが，そのような先例法理は破産立法権限には及ばなかったこととなる。

次に，州による主権免責の放棄が認められないとした判例として，Sossamon v. Texas連邦最高裁判決[97]がある。同事件の事案は以下のとおりである。2000年宗教的土地使用及び被収容者法（Religious Land Use and Institutionalized Persons Act of 2000（RLUIPA））3条は，やむを得ない政府利益を促進しかつ最も制限的でない手段で当該利益が促進されるのでない限り，政府は公的施設に居住し収監されている者の宗教活動に実質的な負担を与えてはならないとする。同法は，同条の規制は連邦補助金を受給しているプログラムや活動において実質的な負担が課されている場合に適用され，その違反に対しては「政府に対する適切な救済」を求める個人の訴権を認めていた。そのため，原告である囚人が，同法に基づき，州を被告として損害賠償等を求めて連邦裁判所に出訴したのが本件である。

トーマス裁判官法廷意見（ロバーツ長官，スカリア，ケネディ，ギンズバーグ，アリート裁判官同調）は，損害賠償が「適切な救済」といえるかどうかは状況次第であり，一義的に明確に州が主権免責を放棄したとは認められないため，州の主権免責の放棄は認められないとした。

次に，修正14条5節に基づく連邦議会の立法による州の主権免責の排除につき，相応性と比例性のテストにより州の主権免責の排除を認めなかったColeman v. Court of Appeals of Maryland連邦最高裁判決[98]がある。同事件の事案は以下のとおりである。1993年家族医療休暇法（Family and Medical Leave Act of 1993）は，被用者に対して，（A）出産後の養育，（B）養子又は里子の迎え入れ，（C）両親・配偶者・子どもの深刻な症状の介護，（D）被用者自身の深刻な健康状態のために年間12週間の無給休暇の権利を付与している。同法はまた，公的機関を含む雇用者に対してエクイティ上の救済及び損害賠償を連邦裁判所又は州裁判所で求める訴権を認めている。原告は，彼の雇用者であるメリーランド州の最上級裁判所Court of Appealsが（D）被

---

96　Seminole Tribe of Florida v.Florida, 517 U.S. 44 (1996).
97　563 U.S. 277 (2011).
98　132 S. Ct. 1327 (2012).

用者自身の深刻な健康状態のための無給休暇を認めなかったことによって家族医療休暇法に反したとして，損害賠償を求めて連邦裁判所に出訴した。

ケネディ裁判官相対多数意見（ロバーツ長官，トーマス，アリート裁判官同調）は，①合衆国憲法修正14条5節の権限に基づいて州の主権免責を排除するためには，抑止救済されるべき違法行為と採用される手段との間に相応性と比例性がなければならないこと，②Human Resources v. Hibbs連邦最高裁判決[99]で争点となった（C）号とは異なり，州が憲法違反を行っていたという証拠や，そのような憲法違反に対処して防止するために限定的に救済が設けられたという証拠もないため（D）号は合衆国憲法修正14条5節の立法とはいえないとして，州の主権免責の排除を認めなかった。

## 2 その他

その他注目すべき判例として，連邦裁判所の裁判管轄権に関わるStern v. Marshall連邦最高裁判決[100]がある。同事件の事案は以下のとおりである。死亡した大富豪の妻と先妻の息子の相続争いにおいて妻が破産申し立てをしたところ，息子が破産免責の対象とならない名誉毀損に基づく債権を破産手続で申し立てた。それに対し，妻側が反訴として遺贈妨害の不法行為を破産手続で申し立てたが，このような反訴について破産裁判所が終局判決を下すことができるかが問題となった。

ロバーツ長官法廷意見（スカリア，ケネディ，トーマス，アリート裁判官同調）は，先例上，public rights（公権）に関する事件については例外的にnon-Article Ⅲ judge[101]に終局判決を下すことを認めることができるが，本件の反訴は合衆国憲法3条に基づく裁判所以外の機関によって追求されるべき事柄を含むものではないから，公権として例外的にnon-Article Ⅲ Judgeに対し終局判決を下すことが許される類のものではなく，連邦破産裁判所が終局判決を下すのは合衆国憲法3条[102]に反して違憲であるとした。

---

99 538 U.S. 721 (2003).
100 564 U.S. 462 (2011).
101 合衆国憲法3条に基づかない裁判官。合衆国憲法3条に基づく裁判官は，合衆国憲法上，非行なき限り終身の職が保障され，報酬は在職中減額されないといった身分保障を受ける。
102 合衆国憲法3条1節「合衆国の司法権は，1つの最高裁判所，および連邦議会が随時制定し

### 3 裁判所の権限についての小括

ロバーツコートの諸判例について，主権免責の判例法理が流動化しつつある。レーンキストコートにおいては，州権を重視するレーンキスト（William H. Rehnquist）やオコナーの影響力が強かったが，ロバーツコートではそのような影響力が薄れ，揺り戻しが来ているように見える。

## Ⅳ 連邦制

### 1 専占

（1）ロバーツコート以前の判例法理

連邦法と州法がある事項に適用されると考えられる場合，連邦法が専ら適用されることを専占（preemption）という。その根拠は，合衆国憲法6条2項[103]（最高法規条項）に基づくとされるのが一般的である。

専占の分類としては，連邦議会が明示的に専占を宣言する明示的専占（express preemption）と，連邦議会による明示的な専占の宣言がない黙示的専占（implied preemption）に大別される。そして，黙示的専占は，特定の領域について州法を排除する連邦議会の意図が認められる場合の領域専占（field preemption），連邦法と州法の両方の遵守が不可能な場合の非両立専占（impossibility preemption），州法が連邦議会の目的を阻害する場合の目的阻害専占（obstacle preemption）の3種類がある。

（2）ロバーツコートの判例

専占が認められるかどうかは法律解釈次第であるため，各事件で個別具体的判断が行われている。多数の判例[104]が存在するため，以下では特に興味

---

設置する下級裁判所に属する。最高裁判所および下級裁判所の裁判官は，非行なき限り，その職を保ち，またその職務に対して定時に報酬を受ける。その額は，在職中減ぜられることはない」。邦訳につき，初宿・辻村・前掲注（5）80頁（野坂泰司執筆）。

103 合衆国憲法6条2項「この憲法，これに準拠して制定される合衆国の法律，および合衆国の権限に基づいて締結されまた将来締結されるすべての条約は，国の最高法規である。各州の裁判官は，各州の憲法または法律中に反対の定めある場合といえども，これに拘束される。」邦訳につき，初宿・辻村・前掲注（5）82頁（野坂泰司執筆）。

104 本文に挙げた判例以外の判例として，網羅的ではないが，Riegel v. Medtronic, Inc., 552 U.S. 312 (2008), Altria Group v. Good, 555 U.S. 70 (2008) ,Bruesewitz v. Wyeth, 562 U.S. 223 (2011) ,Williamson v. Mazda Motor of Am. Inc., 562 U.S. 323 (2011), AT&T Mobility v. Concepcion,

第8章 統治分野に関する諸判例 323

深い判決について取り上げる。

　Wyeth v. Levine連邦最高裁判決[105]は，Chevron敬譲も関係する，行政機関主導による専占についての判例である。事案は以下のとおりである。プロの演奏家であった原告が，医師の投薬ミスにより傷害を負った。原告は，投薬された薬の警告表示が十分ではなかったとして製薬会社に損害賠償を求めて出訴した。製薬会社は，薬の警告表示は，連邦食品・医薬品・化粧品の規制に関する法律（Federal Food, Drug, and Cosmetic Act）とその行政規則に基づき医薬品の販売について承認を行う権限を有する食品医薬品局（Food and Drug Administration）の承認を得ており，専占されると主張した。この主張は，州法たる不法行為法が連邦法により専占されるため，連邦法を遵守した以上は不法行為責任を免れるとするものである。なお，同法律には専占の規定は存在しないが，2006年に食品医薬品局は専占の文言を行政規則の前文に明記していた。

　スティーブンス裁判官法廷意見（ケネディ，スーター，ギンズバーグ，ブライヤー裁判官同調）は，①連邦法と州法の両方を同時に遵守することは不可能とは証明されていない，連邦食品・医薬品・化粧品の規制に関する法律には消費者救済のための規定もなく，専占の規定もないので，同法は州における不法行為上の出訴を前提にしている，②規則の前文についてなされた食品医薬品局の法解釈は，意見公募手続（notice and comment process）を経ておらず，それまでの解釈と合理的な理由なしに変更されているから尊重に値しないとして，専占を認めなかった。

　なお，Wyeth判決はブランドネーム医薬品の表示に関する判例であるが，後にPLIVA, Inc. v. Mensing連邦最高裁判決[106]においてジェネリック医薬品の表示について争われ，そこでは専占が認められた。そのため，ブランドネ

---

563 U.S. 321 (2011), Chamber of Commerce v. Whiting, 563 U.S. 582 (2011), Arizona v. United States, 132 S. Ct. 2492 (2012),Wos v. E.M.A, 133 S. Ct. 1391 (2013),Dan's City Used Cars, Inc. v. Pelkey, 133 S. Ct. 1769 (2013), Hillman v. Maretta, 133 S. Ct. 1943 (2013), American Trucking Associations, Inc. v. City of Los Angeles, 133 S. Ct. 2096 (2013), Tarrant Regional Water District v. Hermann, 133 S. Ct. 2120 (2013),Mutual Pharmaceutical Co. v. Bartlett, 133 S. Ct. 2466 (2013).
105　555 U.S. 555 (2009).
106　564 U.S. 604 (2011).

ーム医薬品とジェネリック医薬品とで専占の有無につき異なる結論が生じている。

また，Arizona v. Inter Tribal Council of Arizona, Inc.連邦最高裁判決[107]は，合衆国憲法1条4節[108]（選挙条項）から専占を認めている点で注目すべき判例である。

全米有権者登録法（the National Voter Registration Act of 1993）は，連邦選挙に関する有権者登録につき，統一連邦書式を「受理し，使用する」ことを各州に義務づけていた。そして，同法によって権限を委任された選挙実施補助委員会（Election Assistance Commission）は，同書式について，偽証罪の威嚇の下に申請者が自らを合衆国市民であると主張すれば足りるとしていた。しかし，アリゾナ州法は合衆国市民であることの証明書を提出しなければ有権者登録を拒絶するとしていた。そのため，複数のアリゾナ州の有権者やNPO団体が出訴した。

スカリア裁判官法廷意見（ロバーツ長官，ギンズバーグ，ブライヤー，ソトマイヨール，ケイガン裁判官同調，ケネディ裁判官一部同調）は，①合衆国憲法の選挙条項は，連邦議会の選挙を行う「時，所及び方法」について州の規制を専占する権限を連邦議会に付与しており，「時，所及び方法」には有権者登録も含まれる，②有権者登録の証明書を課すアリゾナ州法は有権者登録法と調和しない，③選挙条項によって付与される権限はまさに専占のための権限であることから，最高法規条項に基づく専占否定の推定は当てはまらないとして，専占を認めた。

## 2 その他

ロバーツコートの合衆国憲法4条2節1項[109]（特権免除条項）に関係する判

---

107　133 S. Ct. 2247 (2013).
108　合衆国憲法1条4節。同節1項の規定は，以下のとおりである。「上院議員および下院議員の選挙を行う時，所及び方法は，各州においてその議会が定めるものとする。ただし，連邦議会は，上院議員の選挙を行う所に関する定めを除き，何時でも法律によってこの点に関する規則を設け，または変更することができる」。邦訳につき，初宿・辻村・前掲注（5）75頁（野坂泰司執筆）。
109　合衆国憲法4条2節1項「各州の市民は，他州においてもその州の市民がもつすべての特権および免除を享受する権利を有する」。邦訳につき，初宿・辻村・前掲注（5）81頁。

例として，州民のみに公的記録へのアクセス権を認める州法は特権免除条項に違反しないとしたMcBurney v. Young連邦最高裁判決[110]がある。ヴァージニア州の情報自由法（Freedom of Information Act）は州民にはすべての公的記録へのアクセス権を認めていたが，州民でない者にはそのような権利を認めていなかったため，州民でない者が同法を争った事件である。

　アリート裁判官法廷意見（全員一致）は，特権免除条項は「基本的」な特権と免除のみを保障するものであるが，公的情報へのアクセス権は「基本的」なものではない等として，同法を合憲とした。

### 3　連邦制についての小括

　専占については，各事件で個別具体的判断が行われている。そのため，あまり政治的選好に則った分裂は生じないようである。

　また，トーマス裁判官は黙示的専占を否定する従前の見解を維持している。

## おわりに

　以上のように，統治分野に関するロバーツコートの判例の中には，従前の判例法理と明らかに異なる判例が散見されるとともに，新たな判例を示したいくつかの注目すべき判例も存在する。それらはロバーツコートの特徴を示すとともに，今後の判例の展開を暗示させる。

　まず，連邦議会との関係では，Sebelius判決のロバーツ長官意見とスカリア等の共同反対意見において，連邦議会の権限を注意深く制限する解釈がなされていることが特筆されるべきであろう。このような解釈の今後の事件への影響は未だ明らかになっていないものの，ロバーツコートは連邦議会を牽制する武器を手にしたといえよう。

---

110　133 S. Ct. 1709 (2013).同事件では眠れる通商条項も問題になっている。アリート裁判官法廷意見は，眠れる通商条項の適用が認められてきたのは州が禁止や規制を通じて州際の市場の本来の働きを阻害した事件であったが，ヴァージニア州の情報自由法はそのような禁止や規制を行うものではないとして同法を合憲とした。なお，トーマス裁判官は眠れる通商条項の法理を否定する従前の見解を維持している。

次に，大統領との関係では，Boumediene判決において連邦最高裁が敵戦闘員とされた被拘禁者の処遇について関与することを明らかにしたことも重要である。ロバーツコートは政治部門に一定の敬譲を払うものの，権利保護との関係で連邦最高裁の果たす役割を重視している。休会任命に関わるNoel Canning判決や外交に関わるZivotofsky判決において連邦最高裁が実体判断に踏み込んだことも鑑みると，ロバーツコートは政治部門に敬譲を払いつつも，連邦最高裁が判断を下すこと自体には積極的な姿勢を示しつつあるといえる。

次に，裁判所との関係では，主権免責の判例法理が流動化しつつあり，今後の展開が予測しづらくなっている。

最後に，連邦制との関係では，専占は各事件において法律解釈として個別具体的判断が下されている。そのため，今後も各事件の帰結について予測困難な状況が続くように思われる。

# 終 論

# 第9章　ロバーツコートのゆくえ
## ——スカリア裁判官の遺産（の危機？）

会沢　恒

はじめに
Ⅰ　問題領域
Ⅱ　保守にとってのアメリカ的価値
Ⅲ　原意主義と裁判所による歴史の参照—修正2条をめぐって
おわりに

> イントロダクション
> 　本章は，2016年2月に急逝したアントニン・スカリア裁判官の事績を，問題領域の概観，意見中に現れた価値観，銃規制に関するHeller判決の判断構造という3つの側面から検討する。今後のロバーツコートの動向は，その後任としてどのような人物が任命されるかに大きく依存するが，これまでの最高裁におけるスカリアのプレゼンスとインパクトを確認することで，将来の方向性を測定するためのベンチマークを設定したい。

## はじめに

2016年2月13日，連邦最高裁のアントニン・スカリア（Antonin Scalia）裁判官がテキサス州西部の滞在先で逝去した。従前，健康上の不安などは伝えられておらず，文字通りの「急逝」であった。日本も数度訪問したことがあり，新たな訪日の計画もあったというから，まさしく予想外の出来事であった。[1]

予期の外にあったのは現地米国においても同様である。この死去に伴い，オバマ（Barak Obama）大統領は，2009年のソトマイヨール（Sonia Sotomayor），2010年のケイガン（Elena Kagan）に続く，3人目の連邦最高裁裁判官を指名する機会を得ることになった。しかも，いずれもリベラルブロックの裁判官の引退に伴うもので最高裁におけるイデオロギーバランスを大きく崩すものではなかった前2回とは異なり，保守派の理論的支柱として知られた裁判官の後任を民主党大統領が指名する機会を得た形になる。このため，今般の裁判官の交替は，今後数十年にわたる連邦最高裁のイデオロギー動向を左右する出来事として捉えられている。公民権拡大の英雄サーグッド・マーシャル（Thurgood Marshall）を，黒人だが保守派の法律家が襲った，1991年のトーマス（Clarence Thomas）の任命に相当する，との指摘もある。こうしたことから，オバマによる指名を警戒し，これに反発する共和党／保守層は態度を硬直化させており，秋に予定されている大統領及び連邦議会（上院）選挙の動向とも相俟って，スカリアの後任がどうなるかは本稿執筆時点において予断を許さない状況にある。

本章に与えられた課題は，10年を経過し，次の時期に入ろうとしているロバーツコートの今後を展望することであるが，そのようなタイミングでスカリアが最高裁を去ることとなった。保守派の重鎮として約30年の間，活発かつ雄弁な発信を続けていたスカリアの業績と影響力を確認しておくことは，いずれの方向へ動くにせよ，今後の連邦最高裁の動向を占うための参照点を

---

[1] 直後の邦語での報告として，木下智史「党派対立に翻弄されるアメリカ最高裁裁判官人事――スカリア裁判官急逝の波紋」世界880号，浅香吉幹「スカリアさんの想い出」アメリカ法2015-2号，大林啓吾「スカリア判事の急逝――時の魔術師が遺したもの」判例時報2286号（いずれも2016年）参照。

第9章 ロバーツコートのゆくえ——スカリア裁判官の遺産（の危機？） 331

設定することと言えよう。そこで本章では，今後の動向を直接に展望してみるというよりも，これまでの最高裁判例におけるスカリアの存在感を整理することで，課題に答えることに代えたい。[2]

　より具体的な検討に入る前に，スカリアの参加した最高裁の判断について，全般的な数字を確認しておこう。表1は，戦後の最高裁判決を収録した代表的データベース[3]での検索結果をまとめたものである。時期としては，終期を2014-15年度開廷期までとした上で，3つの時期，すなわち①スカリアが最高裁入りした1986年度開廷期以降，②ブライヤー（Stephen G. Breyer）が最高裁入りし，10年以上同じ顔触れの裁判官が固定化されていた後期レーンキストコートの始まった1994年度開廷期以降，③ロバーツコートの始まった2005年度開廷期以降，の3つを設定している。③ロバーツコート期については全ての事件と憲法事件に限定した数字のそれぞれについて，他の時期（①②）については憲法事件についてのみ，(a) スカリアが多数派（最高裁全体としての結論を支持する側）に票を投じた事件数（および少数派（裁判所全体の結論と反対の側）に票を投じた事件数），(b) 意見の分かれた（少なくとも一人の反対意見の付いた）事案でスカリアが多数派に票を投じた事件数（および少数派に票を投じた事件数），(c) 多数派が5名の裁判官で構成された際にスカリアが多数派に票を投じた事件数（および少数派に票を投じた事件数），(d) 同様の状況でスカリアが法廷意見・相対多数意見に参加・同調した事件数（同意意見を著した場合を含む）[4]，をそれぞれカウントしている。

　表1からは，スカリアは概ね多数派の側に投票していることが読み取れる。ここで検索対象にしている事件に限ってではあるが，意見の分かれた事件のみに限定しても概ね6割以上の事件で多数派の側に票を投じている。もっとも，より長い時期をカバーしているデータに比して，最近の時期のみをカバーしている数字では彼が多数派に入る割合が低下しているように見えるかも知れない。この点を確認するために，同じデータベースで，憲法事件の

---

2　なお，以下に検討する判例等はロバーツコート期のものを中心とするが，それよりも前の時期に遡ることもある。
3　Harold J. Spaeth, Lee Epstein, et al., 2016 Supreme Court Database, Version 2016 Release 1. URL: http://Supremecourtdatabase.org（last accessed Aug. 16, 2016）.
4　すなわち，(c) は (d) の場合に加え，結果同意意見を執筆・同調した場合等を含む。

表1

| 開廷期 | 1986-2014 | 1994-2014 憲法事件 | 2005-2014 | 全事件 |
|---|---|---|---|---|
| 総数 | 842 | 489 | 208 | 795 |
| スカリアが多数派に参加（no） | 650（188） | 368（121） | 157（51） | 656（134） |
| 意見の分かれた事件でスカリアが多数派に参加（no） | 394（188） | 205（121） | 93（51） | 294（134） |
| 5名の多数派の側にスカリアが投票（no） | 153（99） | 89（65） | 42（37） | 113（75） |
| 5名の多数派の法廷意見・相対多数意見にスカリアが同調 | 134 | 80 | 37 | 103 |
| 内5対4 | 124 | 79 | 36 | 90 |
| 内5対3 | 9 | 0 | 0 | 11 |
| 内5対2 | 1 | 1 | 1 | 2 |
| 内5対1 | - | - | - | - |

表2

| 開廷期 | 1986-1989 | 1990-1994 | 1995-1999 | 2000-2004 | 2005-2009 | 2010-2014 |
|---|---|---|---|---|---|---|
| 意見の分かれた事件の総数 | 160 | 115 | 78 | 88 | 69 | 75 |
| 多数派の側にスカリアが投票 | 122 | 79 | 54 | 46 | 45 | 48 |
| 割合 | 76.3% | 68.7% | 69.2% | 52.2% | 65.2% | 64.0% |

みを対象として，意見の分かれた事件数とその内スカリアが多数派に票を投じている事件数を5年ごとの時期に区切ってカウントしたものをまとめたものが表2である。このように見ると，20世紀の間に比べ，21世紀に入ってから，意見の分かれた事件でスカリアが多数派に入る割合が下がっている。ここから，長期的な彼の影響力の低下を読み取ることも可能かも知れない。

さて，以上の概観を踏まえた上で，以下の各節ではこれまでの最高裁の（憲法）判断におけるスカリアの存在感と意義について，保守派のイデオローグとしての側面も念頭に置きつつ，幾つかの観点から検討を加える。Iでは，スカリアが5名の裁判官で構成された多数派に加わっている事件を，事案の類型によって整理する。IIでは，スカリアの価値観・考え方において特徴的な点を，彼自身の言葉に即して指摘する。IIIでは，彼の憲法理論の側面における最大の貢献と言ってよい原意主義について，その実践という視座から，修正2条に関するDistrict of Columbia v. Heller連邦最高裁判決[5]にお

---
5　554 U.S. 570 (2008).

ける議論に対して分析を加える。以上を踏まえ，「おわりに」では改めて今後を展望しつつ本章を閉じる。

## I 問題領域

　本節では，ロバーツコート期においてスカリア裁判官が加わることで5名の多数派が形成された主要な事件（彼が意見を執筆しているかは問わない）を挙げ，それらを幾つかの問題群に整理する。これら全ての事件において，保守ブロックとリベラルブロックのイデオロギーラインに沿って意見構成が分かれているわけではないが，注目された重要事件ではそのような事例が目を引くのは確かである。本書の他の章の議論と重複する面もあるが，そのような問題領域を挙げることで，スカリア裁判官が最高裁から抜けたことによって——とりわけその後任としてリベラルな裁判官が任命されるならなおさら——判例法が動揺する可能性があると予想される領域を適示することを試みるものである。[6]

### 1　選挙・投票権関連

　第6章でも論じられている通り，選挙資金規正に対して修正1条上の制約を強化した一連の判断は，本書の対象とする時期のロバーツコートにおいて最も顕著な判例群を構成している。他の言論の自由関連の事件においては安定的な法廷意見が構成されるのが通例であったのに対し，Citizens United v. FEC連邦最高裁判決[7]に代表されるこの系の事件[8]では，イデオロギーの線に沿った5対4の判断となることが通例であった。スカリアの後任がよりリベ

---

[6] なお，以下においては，5名の裁判官（スカリアを含む）対4名の裁判官による反対意見，という典型的な事件のみならず，結論においては5名を超える裁判官が一致していても理由付けにおいて異なる見解が見られる場合には関心の対象としている。スカリアが抜けた事によるインパクト，という本章の問題関心からすると，理由付けレベルであったとしても法理の流動化は（程度の差はあれ）あり得ると考えるからである。

[7] 558 U.S. 310 (2010)（法人に対する政治献金規正を違憲判断）. See also Am. Tradition P'ship v. Bullock, 132 S. Ct. 2490 (2012).

[8] See FEC v. Wisconsin Right to Life, Inc., 551 U.S. 449 (2007)；Davis v. FEC, 554 U.S. 724 (2008)；Ariz. Free Enter. Club's Freedom Club PAC v. Bennett, 564 U.S. 721 (2011)；McCutcheon v. FEC, 134 S. Ct. 1434 (2014).

ラルな裁判官となった場合，判例法の流れが変わるであろう最右翼の領域である[9]。

同様に選挙に関連してイデオロギーの線に沿って結論が下された判決としては，Shelby County v. Holder連邦最高裁判決[10]も目を引く。狭義の憲法事件というより制定法に関する事件であり，またヨリ積極的な帰結を主張したトーマス同意意見（スカリアも同調）に比してロバーツ（John G. Roberts, Jr.）執筆の法廷意見は射程を限定したものであったが，公民権運動後の選挙実務において重要な役割を果たしてきた投票権法上の制度を事実上機能不全にし，特にマイノリティの関わる選挙実務へのインパクトも大きい。

## 2　平等・公民権

投票権法に限らず，平等の問題系に関わる他の論点もイデオロギー的に見解が厳しく分かれる。2007年の判決では公立学校の生徒配置において人種を参照することが厳しく論難され[11]，レーンキストコート時代のヨリ許容的な態度[12]からのロバーツコートの転換を予感させたものの，裁判所内部での対立の激しさのためか，この系統の事件はあまり採り上げていない。後の事件では審査基準の部分に争点を絞って意見が形成され，スカリア退出後には（大方の予想に反して）大学入学者選抜におけるアファーマティブアクションに許容的な態度に転じた[13]。また，Schuette v. Coalition to Defend Affirmative Action連邦最高裁判決[14]ではアファーマティブアクションを州の憲法修正によって禁止することの合憲性が争われ，合憲との結論を支持したのは6名であるが，理由付けは3名＋2名＋1名と分裂した。スカリア結果同意意見はトーマスのみの同調であり，そのよりラディカルな議論が今後生き残る

---

9　民主党の大統領候補であるヒラリー・クリントンも，自らの司法人事においてはCitizens United判決の見直しが課題であるとしている。Campaign finance reform ¦ Hilary for America, https://www.hillaryclinton.com/issues/campaign-finance-reform/ (last accessed Aug. 24, 2016).
10　133 S. Ct. 2612 (2013).
11　Parents Involved in Community Schools v. Seattle School District No. 1, 551 U.S. 701 (2007).
12　Grutter v. Bollinger, 539 U.S. 306 (2003) ; Gratz v. Bollinger, 539 U.S. 244 (2003).
13　Fisher v. Univ. of Tex. at Austin, 133 S. Ct. 2411 (2013) ; Fisher v. Univ. of Tex. at Austin, 136 S. Ct. 2198 (2016).
14　134 S. Ct. 1623 (2014).

可能性は低い

　憲法事件と比べると地味ではあるが，1964年公民権法を初めとする公民権立法をめぐる事件群においても，5対4でイデオロギー的に分かれた判決が少なからず見られる[15]。いずれも，個々の争点については各公民権立法の適用に当たってのテクニカルな問題に関わるものであるが，横断的に見れば労働者等の側の権利主張のハードルを上げる傾向を見出すことができる。中でもLedbetter v. Goodyear Tire & Rubber Co.連邦最高裁判決[16]に対しては，判決直後から批判が集中して直ちにこれを覆す立法措置が執られ，オバマが大統領として署名した最初の立法となった[17]。

## 3　"Kulturkampf"[18]と宗教関係

　前2項に比べると一般化はやや難しいが，ここでは，いわゆる「文化闘争」，すなわち社会的な価値判断をめぐってアメリカ社会が大きく分裂するような争点が裁判所に持ち込まれた際に，社会的保守の観点から望まれる帰結を5名の多数派がもたらした事件を挙げてみよう。Gonzales v. Carhart連邦最高裁判決[19]は，いわゆる"partial-birth abortion"を規制する連邦法を許容している。コロラド州の類似の規制をめぐるレーンキストコート期の事件[20]とは正反対の結論となった同判決は，妊娠中絶の問題に関するロバーツコートの態度を示すものとして注目されたが，スカリア退出後の最高裁はやや異なる方向性も示している[21]。

　前述の選挙資金規正の問題を別にすると，言論の自由関連の事件でスカリアが5名の多数派の側に加わったものはあまり目立たないが，暴力的ゲーム

---

15　*See* Gross v. FBL Fin. Servs., 557 U.S. 167 (2009); Ricci v. DeStefano, 557 U.S. 557 (2009); Vance v. Ball State Univ., 133 S. Ct. 2434 (2013); Univ. of Tex. Southwestern Med. Ctr. v. Nassar, 133 S. Ct. 2517 (2013).
16　550 U.S. 618 (2007) (過去の昇給判断における差別が現在の給与格差をもたらしているとしても，提訴期限の制限を受けると判断)。
17　Lilly Ledbetter Fair Pay Act of 2009, P. L. 111-2, 123 Stat. 5, 42 U.S.C. §2000a nt.
18　Romer v. Evans, 517 U.S. 620, 636 (1996) (Scalia, J., dissenting).
19　550 U.S. 124 (2007).
20　Stenberg v. Carhart, 530 U.S. 914 (2000).
21　Whole Woman's Health v. Hellerstedt, 136 S. Ct. 2292 (2016) (テキサス州の中絶クリニック規制を違憲判断)。

の規制を否定するBrown v. Entertainment Merchants Association連邦最高裁判決[22]は彼が執筆している。カテゴリカルな判断で規制を排除しているのが特徴的である。宗教関連の事件では，Town of Greece v. Galloway連邦最高裁判決[23]やBurwell v. Hobby Lobby連邦最高裁判決[24]がそのような意見構成であり，特に後者はオバマケアの適用範囲に関する事件としても注目された。

　宗教との関連では，実体的な争点とは別に，手続に関しても目を引く判断で最高裁は割れている。国教樹立禁止条項の違反を争うに際しては，納税者訴訟がその重要な回路の一つとして機能してきているが，ロバーツコート期の判例はその利用可能性を大きく掣肘している[25]。これらの判決が維持されるとすれば今後の納税者訴訟の展望は暗いものとなるが，裁判官の交替がこのトレンドを変えるものとなるかは注目に値する。

### 4　法人と所有

　選挙資金規正に関する前述Citizens United判決や，宗教上の理由に基づくオバマケアへの異議申立を許容したHobby Lobby判決に共通するモチーフは，法人（会社）による権利主張を正面から認めたことである。そう考えると日本の憲法学でいう法人の人権共有主体性の論点にも関わるようにも見える。だが，特に後者で明確であるが，会社による権利主張は，その構成員（株主＝所有者）の延長として位置付けられている。であるならば，「法人の人権共有主体性」を正面から論じているというより，法人の「所有」という意味で，広義の財産権保護のモチーフで議論を把握することのほうが適切であろう。保守的な価値観において財産権のコンセプトが占める重みを示しているとは言えまいか。そのように考えると，後述のJardines判決やJones判決の法廷意見において，スカリアが財産権を中軸とした理由付けを展開した

---

22　564 U.S. 786 (2011).
23　134 S. Ct. 1811 (2014)（町議会開会時の祈祷につき合憲判断）.
24　134 S. Ct. 2751 (2014)（非公開営利会社を宗教の自由回復法（RFRA）の保護対象として認める）.
25　Hein v. Freedom from Religion Found., Inc., 551 U.S. 587 (2007)；Ariz. Christian Sch. Tuition Org. v. Winn, 563 U.S. 125 (2011).

こ␣とも首尾一貫した態度のように位置付けることができよう。

　もっとも，財産権保護の中核である収用条項における帰結はやや結論が交錯している。一方でHorne v. Department of Agriculture連邦最高裁判決[26]は動産に対して収用条項の保護を広げているが，他方，Stop the Beach Renourishment, Inc. v. Florida Department of Environmental Protection連邦最高裁判決[27]では同条項の保護を認めなかった。

## 5　刑事司法

　刑事法関連事件が憲法訴訟全体に占めるプレゼンスを反映して，スカリアが5人の多数派に加わった判断に着目しても，刑事司法に関する事件はまとまった群を構成している。以下ではそれらをさらに幾つかの下位領域に整理する。

（1）捜査法関連

　捜査に対する憲法上の規制については，事件毎のアドホックと言ってもよい判断がなされており，全体像をきれいに整理・説明することは難しい。

　スカリアの原意主義的アプローチがリベラルブロックの裁判官の票と組み合わされるという意見構成で被疑者に有利な判断となることがある。Florida v. Jardines連邦最高裁判決[28]はそのような事例であり，家屋のフロントポーチでの麻薬探知犬の活動が修正4条上の捜索に当たるとされた。そこでは家屋の保護を修正4条の中核としている。令状がないままのGPS捜査について争われたUnited States v. Jones連邦最高裁判決[29]でも彼が法廷意見を執筆したが，違憲との結論には全員一致であるにもかかわらず，結果同意・意見と比べると，彼の理由付けは財産権を中核とする古典的な修正4条理解を前面に押し出しているのが特徴的である。[30]

　だが，一般に「保守」的な裁判官は刑事被告人に厳しいとされるが，スカ

---

26　135 S. Ct. 2419 (2015).
27　560 U.S. 702 (2010).
28　133 S. Ct. 1409 (2013).
29　132 S. Ct. 945 (2012).
30　*See also* Missouri v. McNeely, 133 S. Ct. 1552 (2013). 逮捕と車両の捜索の関係についてのArizona v. Gant連邦最高裁判決（556 U.S. 332 (2007)）も同様の事例だが，スカリアの多数意見への同調は消極的なものに留まる。

リアも例外ではなく，そして彼がそのような投票行動を執って5対4に分かれると，典型的なイデオロギーの線に分かれた意見構成になる。勾留の際の脱衣での身体検査に関するFlorence v. Board of Chosen Freeholders連邦最高裁判決[31]はそのような事例である。あるいは，自己負罪拒否特権の援用を積極的に行うべきかが問われた諸事件でも結論への投票は同様だが[32]，理由付けが割れてしまっており，スカリアの退出で判例法の流動化に拍車が掛かろう。証拠排除についても同様の意見構成の5対4で制限的な結論になっている例がある[33]。

（2）対面権関係

後期レーンキストコートにおいて，スカリアの原意主義的解釈態度がリベラルブロックの裁判官と結び付いた結果，従前の取扱を大きく変容させた論点として，量刑事情に関する陪審審理の保障[34]および対面権[35]に関するものがある。このうち，前者に関してはロバーツコート期に入ってからも陪審審理の範囲を着々と拡大して安定した判例法が構築されている[36]のに対し，後者についてはその適用範囲をめぐってやや混乱が見られる。スカリアが法廷意見に加わることでかろうじて5対4で制した事例がある[37]一方，変化を主導した彼が反対意見に回ることになった事件もある[38]。この論点は，刑事手続における被告人の手続保障と，科学捜査やDVからの保護といった現代的問題関心とが交錯する話題でもあり，スカリアの退出により，判例法の安定にはもう少し時間がかかることになろう。

（3）死刑と修正8条

究極の刑罰であるだけに，死刑をめぐる事件は恒常的に最高裁へと持ち込

---

31　Florence v. Bd. of Chosen Freeholders of the Cnty. of Burlington, 132 S. Ct. 1510 (2012).
32　Berghuis v. Thompkins, 560 U.S. 370 (2010) ; Salinas v. Texas, 133 S. Ct. 2174 (2013).
33　Hudson v. Michigan, 547 U.S. 586 (2006) ; Herring v. United States, 555 U.S. 135 (2009).
34　Apprendi v. New Jersey, 530 U.S. 466 (2000).
35　Crawford v. Washington, 541 U.S. 36 (2004).
36　*See, e.g.*, Cunningham v. California, 549 U.S. 270 (2007) ; S. Union Co. v. United States, 132 S. Ct. 2344 (2012) ; Alleyne v. United States, 133 S. Ct. 2151 (2013). *But see* Oregon v. Ice, 555 U. S. 160 (2009).
37　Melendez-Diaz v. Massachusetts, 557 U.S. 305 (2009) ; Bullcoming v. New Mexico, 564 U.S. 647 (2011).
38　*See* Michigan v. Bryant, 562 U.S. 344 (2011) ; Williams v. Illinois, 132 S. Ct. 2221 (2012).

まれる。リベラル派の裁判官も必ずしも死刑に敵対的な態度を示しているわけではないが，5対4に分かれる事件となると，ケネディ（Anthony M. Kennedy）が決定票となりイデオロギーの線に沿った意見構成になることが多い[39]。

ロバーツコートの初期においては死刑を科す手続やその際の考慮要素をめぐる事件で意見が分かれた[40]。より最近では，死刑の執行方法としての薬物注射のあり方が問われ，許容されている[41]。また，死刑囚による執行停止の申立をper curiam判決で端的に退けるのに対して，リベラル派裁判官が反対意見を付し，結果的に5対4の判断であることが明らかになる例も散見される[42]。

（4）人身保護手続

人身保護手続もまた，被告人にとって最後の望みである一方，刑事司法制度を動揺させる面もあることから，イデオロギー的な対立点となる。ロバーツコートの初期においては反テロリズムおよび効果的死刑法（AEDPA）の適用のあり方をめぐる事件も残っていた。[43]

## 6　憲法分野以外の特徴的問題領域

本書の主たる関心は憲法事件であるが，それ以外の分野においても，スカリア裁判官が5名の裁判官の側に与した事件は，幾つかの特徴的なグループを構成している。ここで簡単に言及しておこう。

第一に，民事司法に関連する判例の流れがある。アメリカの民事司法の特徴的な制度と規模の大きさ，それらのダイナミックさは，「訴訟社会」を特

---

39　ここではスカリアが5人の多数派に加わった，すなわちケネディが保守ブロックに同調した判決のみを採り上げているが，逆にケネディがリベラル派裁判官の側に同調する死刑事件も目に付く。そちらは死刑（等）の実体的な利用可能な範囲を限定する事件が一つの群を構成している。
　　See Kennedy v. Louisiana, 554 U.S. 407（2008）; Miller v. Alabama, 132 S. Ct. 2455（2012）; Hall v. Florida, 134 S. Ct. 1986（2014）.
40　See Ayers v. Belmontes, 549 U.S. 7（2006）; Kansas v. Marsh, 548 U.S. 163（2006）; Brown v. Sanders, 546 U.S. 212（2006）.
41　See Baze v. Rees, 553 U.S. 35（2008）; Glossip v. Gross, 135 S. Ct. 2726（2015）.
42　See Medellin v. Texas, 554 U.S. 759（2008）; Garcia v. Texas, 564 U.S. 940（2011）.
43　See, e.g., Lawrence v. Florida, 549 U.S. 327（2007）; Schriro v. Landrigan, 550 U.S. 465（2007）; Cullen v. Pinholster, 563 U.S. 170（2011）.

徴付けるものとして知られてきた。しかし，ロバーツコート期においては民事司法制度の運用における抑制的な態度が顕著である。クラスアクションの要件を厳格に解する[44]一方，当事者（特に消費者契約や労働契約における事業者／使用者）が仲裁条項を通じてクラスアクションを回避しようと試みることについては手放しといってよい承認を与えている[45]。個別的な訴訟手続に関しても，手続の初期段階で事件を決着させる動きが顕著である[46]。

また，労働法分野において，特に労働組合に関連する事件で組合活動に敵対的な解釈が提示されている。（公務員の組合活動との兼ね合いでは第一修正も関連している。）[47]

あるいは環境法に関しても，環境保護局の権能を制限的に解する事件が散見される[48]。地球温暖化問題に積極的なオバマ政権の姿勢は環境保護局等の積極的な政策姿勢として現れたが，それに対する裁判所の評価は積極消極が入り交じっている。

## II　保守にとってのアメリカ的価値

本節では，スカリアの保守的な価値観について議論する。保守的なイデオロギーを公言する法律家や政治家が彼のことをヒーロー視し，理想的な裁判官として称揚していたことに鑑みると，スカリアの見解は単に彼の個人的なものということに限定されず，現代アメリカにおける保守的な価値を集約したものとして位置付けることも可能であろう。

以下では，ロバーツコート期よりも前の時期に遡るものもあるが，彼の価値観が端的に表明されていると考えられる意見中のパッセージを採り上げ

---

44　*See, e.g.*, Wal-Mart Stores, Inc. v. Dukes, 564 U.S. 338 (2011).
45　*See, e.g.*, AT&T Mobility v. Concepcion, 563 U.S. 333 (2011) ; Am. Express Co. v. Italian Colors Rest., 133 S. Ct. 2304 (2013).
46　*See, e.g.*, Ashcroft v. Iqbal, 556 U.S. 662 (2009).
47　*See, e.g.*, Knox v. SEIU, Local 1000, 132 S. Ct. 2277 (2012) ; Harris v. Quinn, 134 S. Ct. 2618 (2014).
48　*See, e.g.*, Nat'l Ass'n of Home Builders v. Defenders of Wildlife, 551 U.S. 644 (2007) ; Util. Air Regulatory Group v. EPA, 134 S. Ct. 2427 (2014) ; Michigan v. EPA, 135 S. Ct. 2699 (2015).

て，彼の世界観を管見してみよう。[49,50]

## 1　道徳，宗教，キリスト教

スカリアが保守派，とりわけ社会的保守の立場から圧倒的な支持を得ている所以はまずもって，妊娠中絶，性的志向といった，従前の道徳観に対する挑戦を含意する事件において，一貫して伝統的価値を擁護する立場を取ってきたことにある[51]。彼の憲法理論はそのような立場を正当化するために組み立てられているとさえ言ってよいかも知れない。

逆にそのような事件で伝統的道徳が掘り崩されると感じられる場合には，激烈な反対意見を執筆することとなる。例えば，先例を覆して同性愛行為に対して刑事罰を科すことを違憲判断したLawrence v. Texas連邦最高裁判決においては，社会の多数派による道徳観の維持が法の正当な目的である（あり得る）ことを強調し，法廷意見の帰結がそのような立法の正当性を掘り崩すものであるとする。

　無数の判例・立法が，一定の性的行動を「不道徳であり受け入れがたい」とする支配的多数派の信念が規制のための合理的（理性的rational）根拠である，との古来の命題に依拠してきた。重婚，同性婚，成人間の近親相姦，売春，自慰行為，姦通，私通，獣姦，猥褻物に抗う州法は，道徳的選択に基づいた諸法に対する，Bowers判決による正当化によってのみ維持可能である。今日の〔法廷意見による〕決定により，こうした法のいずれもに対し疑問が投げかけられることになる。……同性愛〔行為〕を他の伝統的な「道徳」犯罪から区別することの不可能性はま

---

49　なお，以下で採り上げている意見は，法廷意見よりも少数意見（特に反対意見）が多い。恐らくは，他の裁判官からの同調を得るためにヨリ「スキのない」方向性が志向される法廷意見に対して，少数意見（特に反対意見）では主張したいことを制約なく書ける，ということによると言えるだろう。本節での議論は，スカリアが裁判所全体に与えた影響というよりも，彼の個人的な価値観にフォーカスを当てるものであるため，少数意見についても積極的に言及している。

50　スカリアの執筆する意見（さらには口頭弁論での発言や裁判所外の講演等も含めて）は，ユーモアと皮肉に満ちたものとして知られてきた。筆者も彼の「スカリア節」には大いに楽しませてもらった一人である。以下に幾つかの断片を訳出するが，そうしたユーモアの一部なりとも伝わっていれば幸いである。

51　もっとも，彼が最高裁に所属して比較的早い時期の事件であるTexas v. Johnson連邦最高裁判決（491 U.S. 397 (1989)）においては国旗の焼却を罰することを違憲とする側に票を投じており，批判も集めた。

さに，Bowers判決が合理性基準による異議申立を退けた理由である。
「この法は常に道徳性の観念に基づいており，本質的に道徳的な選択を表象するあらゆる法がデュープロセス条項によって無効化されるとすれば，裁判所は全くもって多忙を極めることになるだろう。」同判決はこのように述べた。[52]

そして，そのような道徳観念の淵源となるのは宗教の役割である。道徳的で規律ある社会を維持し続けるために，公職者らが宗教にコミットした形で行動することは望ましいことであるとされ，実際，伝統的に政府の各機関や公職者らはそのように行動してきている。そのような伝統は尊重されるべきであり，国教樹立禁止条項もその妨げになるべきではない。

初代大統領や第一期の議会，マーシャルコートの行動は特異なものではなかった。それらは当時の信念を反映していた。合衆国憲法を執筆した人々は，道徳観念は社会の健全性（well-being）にとって絶対不可欠であり，そして道徳観念を涵養するのに最善の方法は宗教の奨励である，と信じていた。……

そして，この点に関する人々の見解は大きく変容してはいない。歴代大統領は就任宣誓を「神もご照覧あれ（So help me God）」という言葉で結ぶことを継続している。州のものであれ連邦のものであれ，我々の立法部はその会期を公的な聖職者によってリードされた祈祷とともに開始することを継続している。当裁判所の審理は「アメリカ合衆国と本法廷に神の祝福があらんことを（God save the United States and this Honorable Court）」との祈りとともに開始することを続けている。……

こうした現実の全てに直面した上で，「修正１条は宗教と非宗教の間における政府の中立性を命じる」だとか，「宗教の信奉に一般的に賛意を示す目的を表明すること」が違憲であるなどと，当裁判所が強弁することがいかにできようか？……

私はかつて，「宗教の地位を改善する特定の意図を伴って企てられた」政府の行為を当裁判所が是認してきた諸々の状況を挙げていった（cata-

---

52　539 U.S. 558, 589-590 (2003) (Scalia, J., dissenting).

loged)ことがある。……[53]

十戒の展示を違憲判断したMcCreary County v. ACLU連邦最高裁判決に対する反対意見において,スカリアはこのように述べた。あるいは,高等学校の卒業式での祈祷を違憲と判断した事件の反対意見でも次のように述べる。

> ……国教樹立禁止条項が公立学校の卒業式典での祈祷を禁ずると判示するにあたり,法廷意見は——そのようにしているとは一言も言及せずに——卒業式それ自体と同じくらい古く,公的な祝祭一般における神(God)への非宗派的祈りという,さらに長きに亘るアメリカ的な一部であるところのものを荒れ果てさせて(lays waste)しまった。その破壊の道具,その社会工学のブルドーザーとして,無限定で,限りなく操作可能(boundless, and boundlessly manipulable)な,心理的強制というテストを発明した……。なぜ,この国の護り,我らが憲法というあの砦は,この裁判所の裁判官の移り気な哲学的嗜好に基礎を置くことが不可能であり,人民の歴史的実践の深い基礎を有していなければならないのか,ということを,今日の〔法廷〕意見は何巻もの議論よりも雄弁に示している。[54]

McCreary County判決の反対意見では,先の判示に引き続き,さらに踏み込んだ主張をしている。そこに言う「宗教」は抽象的なそれではない。

> 政府が宗教を非宗教に対して優先することができないなどという明白に虚偽の原則に訴えるかわりに,十戒の掲出は政府がある宗教を他の宗教に優先させることはできないとの原則に違反している,と今日の〔法廷〕意見は示唆する。これは確かに,宗教への公的助成が関連する場合や宗教の自由な実践が問題となる場合には妥当な原則である。しかし,〔キリスト教の〕造物主(the Creator)の公的承認に対しては,このことは必然的にヨリ限定的な意味で適用される。もし,公的フォーラムにおける宗教が完全に特定の宗派から無関係でなければならないとすれば,公的フォーラムに宗教が存在することは全くできなくなってしまう

---

53　McCreary Cnty. v. ACLU, 545 U.S. 844, 887-891 (2005) (Scalia, J., dissenting).
54　Lee v. Weisman, 505 U.S. 577, 631-632 (1992) (Scalia, J., dissenting).

だろう。多数の神々が存在する，あるいは神（々）は人間に関する事柄に関心を示さないと信じる人々の信念を否定することなく，「神（God）」や「全能者（the Almighty）」といった単語を発することはできなくなり，公的な嘆願や感謝の祈りを捧げることはできなくなる。宗教的信念の公的承認に関して言えば，国教樹立禁止条項が，敬虔な無神論者（devout atheists）に対するものと同様に，多神教の信者や理神論者へのこの軽視を許容しているということは，この国の歴史的実践から完全に明らかである。第一議会の際のジョージ・ワシントンによる感謝祭宣言は細心の注意を以て非宗派的であった——だが，一神教的であった。Marsh v. Chambers判決において，当裁判所は次のように述べた。ネブラスカ州議会において特定の祈祷が捧げられた事実は「ユダヤ＝キリスト教的伝統の中に」あり，さらなる問題を引き起こすことはない，というのも「ある特定の信仰や信念へと改宗させまたはこれを促進し，あるいは他のものを軽んじるために，この祈祷の機会が利用された，と示唆するものはない」からである，と。

このように，単一の造物主（a single Creator）を承認することと，国教を樹立することの間には距離があることを，歴史的実践は明示している。Marsh v. Chambers判決が述べたように，前者は「この国の人々の間で広く抱かれている信念の許容可能な承認」である。……合衆国において最もポピュラーな３つの宗教，キリスト教，ユダヤ教，イスラム教は…いずれも一神教である。[55]

……スティーブンス（John Paul Stevens）裁判官は，〔キリスト教の〕神の公的承認のコンテクストにおいて，競合的な正当な利益が存することを見落としている。一方にはマイノリティが「排除された」と感じることのないようにする利益があるが，他方には，圧倒的多数派の宗教の信者が，集団として（as a people），そして国家的企てに関連して，神に感謝と嘆願を捧げることができる，という利益がある。我々の国家的伝統はこの緊張を，後者を優先して解決してきた。……[56]

---

[55] *McCreary Cnty.*, supra note 53, 545 U.S. at 893-894.
[56] *Id.*, 545 U.S. at 900. なお，このスカリア意見に対し，ロバーツとトーマスは全体に同調する一

ここに見られるように，スカリアの見解では，単に宗教一般が望ましいとされるのみならず，アメリカ国民の多数派の信仰としてのキリスト教に積極的な意味を与えることを——キリスト教内部において特定の宗派を促進することは国教樹立の禁止に反するとしつつ——厭わない。現代アメリカにおける社会的保守の基盤には（ある種の）キリスト教信仰があるが——あるいは，主観的にその主張をキリスト教信仰に基づかせようとしているが——スカリアの見解はそのような観念に憲法的基礎を与えようとするものとも言える。

## 2 マイノリティ

スカリアの投票行動は，マイノリティの問題系について，少数者を支持するものであったとは言い難い[57]。平等条項の理解としては"color-blind"型・反区別（anti-classification）型のコンセプトを採用し，過去の差別の是正は政府の利益になり得ないとしてアファーマティブアクションに対しては敵対的である[58]。

……我らが憲法の下において，債権者人種あるいは債務者の人種というようなものは存在し得ない。そうしたコンセプトは，個人に着目する憲法の焦点からは異質なものである……。人種的恩典（racial entitlement）というコンセプトを追求することは——たとえ目的において最も穏当で賞賛すべきものであったとしても——人種的奴隷制や人種的特権，人種的憎悪を生み出した思考様式を，将来の危害の源として，維持し，強化することである。[59]

近年のSchuette判決においてはさらに驚くべき判示を述べている。曰く：反対意見は，「切り離され孤立した少数者に対する偏見」によって動機

---

方で，ケネディはこの部分について同調していない。
57 本章I.2参照。
58 修正14条の原意としては政府が人種を意識した政策を採用することに許容的であったとの指摘にもかかわらず，である。
59 City of Richmond v. J. A. Croson Co., 488 U.S. 469, 520 (1989) (Scalia, J., concurring in the judgment). *See also* Adarand Constructors v. Pena, 515 U.S. 200, 239 (1995) (Scalia, J., concurring in part and concurring in the judgment). ここからさらに踏み込むと，公民権立法における差別的インパクトの法理にも批判的となる。

付けられた立法は「より厳格な司法審査」に値する，という，脚注の中の傍論から持ち出された古い言い回しを持ち出している。ここで，傍論（それも 7 人の裁判官によって構成された裁判所の 4 人の裁判官による多数派によって表明されたもの）から持ち出された，と言うのは，この傍論それ自体が，「分離され孤立した少数者に対する偏見が特別の条件となるか…を審理する必要はない」と述べているに過ぎないからである。……あるグループの「分離」や「孤立」が，政治的強みというより政治的重荷であるということ——それだけで，「審理」を他日に委ねたCarolene Products判決で傍論を述べた者の賢慮を示すのに重大な疑問を提示するもの——についても，反対意見は論証していない。「望ましからぬ立法の廃止をもたらすために通常期待し得る政治的過程を制約する立法が…より厳格な司法審査に服するか」という問いについても，Carolene Products判決の裁判所は「現在検討する必要はない」とした。……より重要な点は，我々の法理を，4 人の裁判官の意見の中のある脚注の傍論に適合するようにデザインすべきではない，ということである。[60]

この主張は端的に言えば，United States v. Carolene Products連邦最高裁判決・脚注 4 の意義を根底的に問い直そうというものである。"Carolene Products footnote 4" に挙げられた 3 類型は，「憲法革命」において社会経済立法に対する司法審査を控えることとした後に，裁判所が積極的に活動する領域を適示した，いわば20世紀後半の最高裁のあり方の枠組を示したとすら位置付けることのできるものである。とりわけ，「分離され孤立した少数者」という類型は，公民権運動とも呼応する，20世紀中盤の人種間関係の再定義に際し，そのバックグラウンドを与えたアイディアである。そのような立場に対し，そもそもの判例法上の意義自体を根本的な疑いに付す，という態度を表明しているのである。

この考え方の突出具合は，同判決のソトマイヨール反対意見と対比させるとヨリ鮮明になる。彼女は，Carolene Products判決が一定の積極的な価値を宣明したものと位置付け，これがその後の平等保護に関する判例法理の中

---

60 *Schuette, supra* note 14, 134 S. Ct. at 1644-1645 (2014) (Scalia, J., concurring in the judgment) (quoting United States v. Carolene Products, 304 U.S. 144, 152-153, n. 4 (1938)).

核をなしていることを強調している[61]。この「『価値value』としてのCarolene Products判決」という把握の仕方に対して，スカリアは対照的な視角から異議を提出していると言える。

## 3 アメリカ例外論

21世紀に入ってからの最高裁において，憲法解釈にあたり諸外国における法実務（立法例，判例等）を参照することの可否がシャープに争われた[62]。その際，スカリアはこれに反対する論陣の先頭に立っていた。例えば，精神遅滞者に対する死刑の執行の合憲性が争われたAtkins v. Virginia連邦最高裁判決ではこう述べる。

> 同様に関連性を持たないのは，「国際社会」——そこでの正義の観念は（幸いにも）我が国民のものとは同じであるとは限らない——の実践である。「当裁判所が解釈しようとしているのは，アメリカ合衆国の憲法（a Constitution for the United States of America）であることを，我々は決して忘れてはならない。……我ら自身の人民の間にまずは確立したコンセンサスがない場合には，他の国々（other nations）の見解は，どれほど啓蒙的であるとこの裁判所の裁判官が考えたとしても，憲法を通じてアメリカ人に押し付けられることがあってはならない。」[63]

このように，世界の他の地域とアメリカとの差異を強調し，アメリカ（人）が前者から独立しており，影響を受けないことを価値的に称揚し，逆に海外の動向への追従を規範的に批判する。同様の態度は先に触れたLawrence判決でも示されている。同事件においてこの観念は，実体的デュープロセスに

---

61 Schuette, supra note 14, 134 S. Ct. at 1668-1669 (Sotomayor, J., dissenting)（「当裁判所はCarolene Products判決において，マイノリティ・グループの政治過程へのアクセスの保護の不可欠な必要性に焦点を当てた。……今や有名となった脚注において，当裁判所は，通常の社会経済立法については合憲性の推定を伴う一方で，基本的権利を侵害したりマイノリティ・グループを狙い撃ちにするような立法については同じことは当てはまらないかも知れない，と説明した。……Carolene Products判決において確認された価値は，〔本件で直接問題になっている〕政治過程の法理の中核にある。……これらの価値は当裁判所の平等保護についての判例法の中核的教義となっている。……」).

62 我が国でもこの論争については紹介されているが，さしあたり，会沢恒「米国憲法訴訟の"外部"へのまなざし」長谷川晃編著『法のクレオール序説——法融合の秩序学——』（北海道大学出版会，2012年）所収を参照。

63 536 U.S. 304, 347-348 (2002) (Scalia, J., dissenting).

関する「この国の歴史と伝統に深く根付いた」権利，という定式化とも関連付けられている。

　いずれにせよ，「新たな気付き」というものは定義上，「基本的権利」という位置付けが要求すると当裁判所が述べてきた意味で，「この国の歴史と伝統に深く根付いて」はいない。……Bowers判決の多数意見は「我々がヨリ広い文明と共有する価値」には決して依拠しておらず，むしろ，同性愛行為の権利というものは「この国の歴史と伝統に深く根付いて」はいないという根拠に基づいて，そうした権利を認めなかったのである。Bowers判決の合理性基準に基づく判示も同様に，「ヨリ広い文明」の諸見解へのいかなる依拠をも有していない。従って，こうした外国の見解についての法廷意見の議論（〔そこでは〕もちろん，ソドミーの刑事的禁止を維持してきている多くの国々を無視している）は無意味な傍論である。だが，危険な傍論である。と言うのも，この裁判所は，外国のムードや流行やファッションを，アメリカ人に対して押し付けるべきではないからである。[64]

　未成年者に対する死刑の合憲性が問われたRoper v. Simmons連邦最高裁判決では，裁判所内部でのこの論争がピークに達し，双方の立場の裁判官が紙幅を割いて議論を展開している。スカリアも意気軒昂に次のように述べる。

　より根本的には，法廷意見の議論の基本的前提——アメリカ法は世界の他の法と一致すべきであるということ——は，直ちに拒絶されるべきである。実際の所，法廷意見自身がそのことを信じてはいない。多くの重要な点において，多くの他国の法と我々の法とは異なる。これには，陪審審理の権利や大陪審による起訴といった我らが合衆国憲法の明示的な条項のみならず，さらには，当裁判所自身によって示された多くの憲法解釈もまた，含まれる。……[65]

　「他の国々や人々」による是認によってアメリカの原則に対する我々のコミットメントを強化すべきだなどとは，（そこから論理的に導き出され

---

64　*Lawrence, supra* note 52, 539 U.S. at 598 (Scalia, J., dissenting).
65　Roper v. Simmons, 543 U.S. 551, 624 (2005) (Scalia, J., dissenting).

ることである)「他の国々や人々」による批難によってそうしたコミットメントを弱めるべきだとは言えないのと同様に，私は信じない。だがヨリ重要なことだが，法廷意見の言明は端的に本件で行われたことを誤って記述している。今日，外国のソースが引用されたのは，合衆国憲法への我々の「忠誠」や「その起源への誇り」や「自らの〔アメリカ的〕伝統」を強調するためではない。むしろ逆に，12人の市民からなる陪審に対し，特定の事件において，未熟さ（youth）が死刑を差し控えるべき根拠となるかを判断させるという，数世紀にわたるアメリカ的実践——関連する州では現在でも多くの州で行われている実践——を覆すために引用されたのである。これら外国のソースが，退けるのではなく，肯定するものは，世界が如何にあるべきかの裁判官自身の観念であり，アメリカにおいても今後そうであるべきとのその命令（diktat）である。外国法の詳細な議論の重要性を控えめに見せようとする法廷意見の最後の試みは説得的ではない。外国による是認を「認めること（Acknowledgment）」は，裁判所の判断の基礎の一部でない限り，その法的意見に占める場所はない——それは，今日，まさしく誇示されているもの（surely what it parades）なのである。[66]

## 4 反知性主義，デモクラシー，裁判官の限定的役割

このRoper判決での判示に見られる見解は，さらに射程の長いモチーフへと統合していくことも可能だろう。すなわち，「素朴だが健全な普通のアメリカ国民（の多数派）」と「エリート」との対抗関係の提示であり，（自分自身は後者に属するにもかかわらず[67]）価値の選択において前者の側に立つ，という態度である。これは，思想的には反知性主義の態度であり，法的・政治制度的にはデモクラシーを重視し，裁判官／裁判所の機能を，制約を伴った限定的なものとして把握する観念である。

---

66　*Id.*, 543 U.S. at 628.
67　例えば，事件当事者であった副大統領（当時）のチェイニー（Dick Cheney）と共に狩猟旅行に出かけたことに基づいて忌避が申立てられたのに対しスカリアがこれを拒絶した際には，ワシントンの裁判官が政治的リーダーらと交友を持つのは当然のことだとしている。Cheney v. United States Dist. Court for the Dist. of Columbia, 541 U.S. 913 (2004).

この態度は，宗教を背景として道徳性を重視する前述の姿勢とも重なり，特に分かりやすい形としては，「文化闘争」のコンテクストにおいて，新たに提出されている権利・価値の主張への反発として現れる。例えば，スカリアの最高裁在任期間は同性愛者の権利運動が本格的に盛り上がった時期とも重なっているが，比較的早い段階での（同性愛者の権利を擁護する側から見た）勝利事例であるRomer v. Evans連邦最高裁判決の反対意見では，次のように述べる。

> 法廷意見は文化闘争（a Kulturkampf）を悪意の発作と取り違えている。本件の〔州〕憲法修正は「同性愛者を害そうとのあからさまな欲望」の表明ではなく…むしろ，法の使用を通じて伝統的な性的習律を改訂しようとの政治的に強力なマイノリティ（a politically powerful minority）の努力に対抗して，これを維持しようという，一見したところ寛容なコロラド州民による穏当な試みである。……[68]

ここでは，同性愛者の権利擁護の主張を「政治的に強力なマイノリティ」によるものであると特色づけた上で，これと「伝統的な性的習律を…維持しようという，寛容なコロラド州民による穏当な試み」とを対置しているのが特徴的である。さらに引き続いての段落では，前者の主張がもっぱら「エリート」によって支持されていることを指摘した[69]上で，そうしたエリートによって構成される裁判所が積極的に行動することを批判的に位置付ける。

> 法廷意見は，不利益な取扱のために同性愛が適示されることはないと判示するにあたり，…同性愛への反対は人種的あるいは宗教的バイアスと同様に非難に値する，との命題の背景に，この機関〔最高裁〕の名声を据えている。そうであるか否かはまさしく，このコロラド州憲法修正（そして当該修正が対象とした優遇的法）をもたらした文化的論議〔の対象〕である。……同性愛に対する「敵意」は…悪であると宣明し，この機関の構成員の選出母体であるエリート階級によって支持されている解決を全ての国民に対して強いることについて，この裁判所の出る幕はな

---

[68] *Romer, supra* note 18, 517 U.S. at 636 (Scalia, J., dissenting).
[69] この意見の末尾では，法曹階級が同性愛者の権利擁護に偏っていることの証左として，就職面接に関するアメリカ法科大学院協会の態度を批判的に指摘している。*Id.*, 517 U.S. at 652-653.

い。[70]

　同様の見方は連邦婚姻保護法の合憲性が問題となったUnited States v. Windsor連邦最高裁判決の反対意見でも提出されている。そこでの法廷意見は，同法の動機を「政治的に不人気な集団を害そうとのあからさまな欲望」とする。これに対し，スカリア反対意見は，「議会と大統領という，尊敬するに足る，対等の部門」による立法をそのように非難するには強力な証拠が必要であるとするとともに，他のあり得る立法目的を提示している。[71]

　妊娠中絶や同性愛の問題に代表される文化闘争のコンテクストにおいては，相容れない形で対立する価値のいずれを選択するかが問われることになる。だが，そのような選択は社会の多数派を代表する政治部門に委ねられるべき事項であって，エリート階級から成る裁判官が行う価値選択を社会一般／人民一般に対し"啓蒙的"に強要することは強く拒否される。無論，このことは裁判官の役割を否定するものではない。しかし，彼の見解によれば，裁判官の判断というものはあくまでも法によって縛られた限定的なものであり，法を適用するという作用に留まるのである[72]。

　法的判断ないし裁判官の役割のこのようなコンセプトは，裁判所が判例法理を展開していくに際しても，形式主義的な"bright-line"型のルールを志向し，裁判官の裁量を不可避的に伴う利益衡量型のアプローチに批判的な態度として現れることになる。実体的デュープロセスの理論は（憲法テクストからの乖離や原意の基礎付けの欠如を別にしても）後者のタイプの典型としてスカリアは忌避するわけだが，そこに留まらない。他の分野においても，裁判所の他のメンバーが抽象度の高い判断基準を提示したり，「状況の総合考慮」によって判断するというような，後者のタイプの判断を提唱する際には，裁判官の政策判断を招くものとして手厳しい批判を加えている[73]。

---

70　*Id.*, 517 U.S. at 636.
71　United States v. Windsor, 133 S. Ct. 2675, 2707-2709 (2013) (Scalia, J., dissenting).
72　Cheney事件（前掲・注67）における忌避の中立の拒否において，彼が自らの裁判官としての判断に問題はないとすることも，裁判官の判断の性質をこのように限定的なものとして捉えているとすれば，整合的なものとして理解できる。
73　*See, e.g.*, Morrison v. Olson, 487 U.S. 654, 733 (1988) (Scalia, J., dissenting); *Weisman*, supra note 54, 505 U.S. at 632 (Scalia, J., dissenting); Planned Parenthood of S.E. Pa. v. Casey, 505 U.S. 833, 984-992 (1992) (Scalia, J., concurring in part and dissenting in part); Bd. of Cnty.

同性婚を認めないことを違憲判断したObergefell v. Hodges連邦最高裁判決の反対意見でも，アメリカの一般大衆を代表していない，エリートとしての裁判官による積極的な価値選択を強く批判するとともに，同性愛者の権利という「進歩的」な価値を推進するエリート法律家層に皮肉を述べている。

裁判官はまさしく，その法律家としてのスキルによって選ばれている。特定の支持層の政策観を反映しているかは関連性がなく，関連すべきでもない。そうであるとすると驚くべきことではないが，連邦司法部はアメリカの横断的見本だなどとはとうてい言えない。例えばこの裁判所を取り上げてみよう。たった9人の男女から構成されており，その全てがハーバードかイェールのロースクールで学んだ，成功した法律家である［脚注18］。4人はニューヨーク市の出身である。8人は東海岸あるいは西海岸の州で子供時代を過ごした。その間の広大な空間出身の者は一人だけである。南西部出身者は一人としていないし，実の所，真の西部人もいない（カリフォルニアは西部とは言えない）。福音派キリスト教徒（アメリカ人の約4分の1を占めるグループ）は一人もおらず，それどころかいかなる宗派のプロテスタントもいない。今日の社会的大変動に票を投じた集団の，この全く以て代表的とは言い難い性質は，彼らが裁判官として，婚姻の伝統的定義を廃止したものと理解される憲法条項をアメリカ人はこれまでに承認したかという，法的問いに回答すべく行動していたのであれば，無関係であったろう。しかしもちろん，今日の多数意見の裁判官たちは，そのような基礎に則って票を投じたのではない。そうしなかったと彼らは言っている。そして，同性婚という政策問題を，限定的で貴族的な，代表的では全くない9名のパネルによって検討し解決することを許容することは，代表なくして課税なし〔の原理〕よりもさらに根本的な原理に違反している。代表なくして社会変革なし，である。

［脚注18］これらの事件で提示されている問いに関する，屹立する法律

---

Comm'rs v. Umbehr, 518 U.S. 668, 702-711 (1996) (Scalia, J., dissenting); Cnty. of Sacramento v. Lewis, 523 U.S. 833, 860-865 (1998) (Scalia, J., concurring); Tennessee v. Lane, 541 U.S. 509, 557-58 (2004) (Scalia, J., dissenting); *Bryant*, supra note 38, 131 S. Ct. at 1168-70 (Scalia, J., dissenting).

家たちの支配的態度は，アメリカ法律家協会が上訴人支持の陳述書を提出することをその構成員の望みに合致するものと見做しているという事実によって示唆されている。[74]

本節では，スカリアの社会的保守の価値志向から出発して，統治における政治部門の重視とそのコインの裏側としての司法消極主義へと論を進めた。ここで取り上げた文化闘争をめぐる争点では，両者が整合的なものとして提示されている。だが，両者は単純にそのような関係に立つと言えるだろうか。次節では，もう一つの観点を導入し，別の事件を題材にこの点を検討してみよう。

## Ⅲ　原意主義と裁判所による歴史の参照―修正2条をめぐって

憲法理論に対するスカリアの最大の貢献と言ってよいものとして，彼の原意主義（originalism）のエヴァンジェリストとしての側面がある。憲法解釈に際し，憲法採択時の条項の意味に決定的な重要性を見出す原意主義それ自体は，彼のオリジナルというわけではない。だが，彼が（「憲法制定時の意味 original (public) meaning」というヴァージョンの）原意主義を携えて最高裁入りし，裁判官として実践して見せたことは，憲法解釈方法論をめぐる議論において原意主義が勢いを確保するのに大きな契機を与えた。「我々は皆，原意主義者である（We are all originalists）」とすら言われる状況である[75]。

スカリアが憲法解釈のあり方として原意主義が適当な方法だとするのは，司法部の判断に枠組を与え，裁量の要素を否定することに眼目がある[76]。原意主義は，ウォーレンコートに代表される司法積極主義的な裁判所の行動に対する批判理論として登場したわけだが，その意味で司法消極主義と親和性

---

74　Obergefell v. Hodges, 135 S. Ct. 2584, 2629 (2015) (Scalia, J., dissenting).
75　Laurence H. Tribe, Comment, *in* ANTONIN SCALIA, A MATTER OF INTERPRETATION 65, 67 (1997) ; Lawrence B. Solum, We Are All Originalists Now, in CONSTITUTIONAL ORIGINALISM: A DEBATE 1 (Robert W. Bennett & Lawrence B. Solum eds., 2011). 原意主義一般については，さしあたり，大河内美紀『憲法解釈方法論の再構成―合衆国における原意主義論争を素材として』（日本評論社，2010年）を参照。
76　Scalia, *supra* note 75, at 17-18, 44-47; Antonin Scalia, *Originalism: The Lesser Evil*, 57 U. CIN. L. REV. 849, 863 (1989). *See also* Solum, *supra* note 75, at 1.

が高い。他方，ウォーレンコート等のリベラルな判決群（あるいはバーガーコート期のものであるが特に妊娠中絶に関するRoe v. Wade連邦最高裁判決[77]）から距離を置き，さらには否定するという意味で，アウトプットとしての社会状態において社会的保守の価値を志向する立場とも平仄が合う。スカリアが原意主義を信奉するのもこのコンテクストにある。

ところで，2008年のHeller判決は，修正2条[78]が，銃を保持する権利を（単に民兵としてのそれのみならず）個人の権利として保障している，と判断した。さらにその2年後には，同様の権利主張が州に対しても認められることが確認された[79]。修正2条に関しては従前の先例が乏しかったことから，いわば更地の上に解釈論を構築することが可能であり，解釈方法論の観点からもその可能性と射程を存分に発揮できる状況にあった。そしてHeller判決では，スカリアが法廷意見を執筆して原意主義的解釈を展開する一方，反対意見の側も歴史的実践に依拠した議論を行っており，「原意主義の勝利」だとも評される。また，「武装する権利」「銃を持つ権利」は全米ライフル協会（NRA）に代表される社会的保守派が主張してきたものであり[80]，この判決においてそれが確認されたことはその立場からの一大勝利として称揚される。

同判決は本書の対象とする第一期ロバーツコートの最重要判決の一つと言ってよいが，他の章では立ち入った検討をする機会がなかった。ここでやや紙幅を割いて検討を加えておこう。

### 1 事案と判旨

ここでHeller判決の事案と判旨を簡単に要約しておく[81]。この事件で問題と

---

77 410 U.S. 113 (1973).
78 U.S. Const. amend. II ("A well regulated militia, being necessary to the security of a free state, the right of the people to keep and bear arms, shall not be infringed.")
79 McDonald v. City of Chicago, 561 U.S. 742 (2010).
80 もっとも，NRAがこの目標に本格的に取り組むのは1970年代になってからとの指摘もある。MARK TUSHNET, IN THE BALANCE: LAW AND POLITICS ON THE ROBERTS COURT 150-151 (2013). このタイミングは，妊娠中絶を含む性道徳の問題やアファーマティブアクション等，現代型保守が関心を寄せる問題系が前景化した時期と重なる。*See also* Reva B. Siegel, *Dead or Alive: Originalism as Popular Constitutionalism in* Heller, 122 HARV. L. REV. 191 (2008).
81 重要判決であるが故に，同判決の邦語での紹介・検討も少なくない。会沢恒「District of Columbia v. Heller, 128 S. Ct. 2783 (2008)——合衆国憲法第2修正が銃の保持を個人の権利として保障しているとした判決——」北大法学論集60巻2号（2009年），団上智也「A.スカーリアの原

なった，連邦直轄地であるコロンビア特別区（DC）の法は，拳銃の所持を一般的に禁止していた。未登録の銃器の所持は犯罪であり，拳銃の登録は禁止されていた。また，拳銃の所持には許可が必要であった。合法に保有されている銃器についても，弾丸を抜き，分解するかトリガーロック等を施して保管しなければならないものとされていた。他方，同事件の原告はDCの警察官であり，勤務中の拳銃の携帯を許可されていた。彼は，その拳銃を自宅で保持したいと求めて許可を申請したが拒否されたため，修正2条に基づくDC法の執行の差止を求めたのが本件である。

スカリアはその本案判断の冒頭において，憲法制定時の通常の市民に知られた通常の意味（秘められたあるいは技術的な意味ではなく）の探求を原理として掲げ，自らのヴァージョンの原意主義的方法論を採用することを高らかに宣する。

その上で，修正2条の各文言に対し，ブラックストンや憲法制定前後の辞書の記述，州憲法等における用法に照らして分析を加えている。まず，"the right of the people"という文言について，憲法の他の条項の用法に照らして，集団的な権利ではなく個人の権利を意味するとし，「修正2条の権利は個人として行使され，全ての国民に帰属するとの強い推定から出発する」[82]とする。また，"arms"という単語については軍事目的のものに限定されない「武器」を意味するとした上で，修正1条や修正4条の判例法を引き合いに出して18世紀当時に存在した武器に限定されない，とする。その上で，"keep and bear arms"という文言は民兵以外の者も含めた武器の所持・携帯を意味するとし，"bear arms"とのフレーズが熟語的に兵役への参加を意味するとのスティーブンス反対意見の指摘も退ける。

他方，前段の"militia"との語については，制憲期においては共同の防衛に当たることのできる全ての男性を意味するとして，特に限定的な意義を見出さない。また，憲法1条では民兵が新たに創設されるものではなく既存の

---

意主義における理論と実践」憲法論叢18号（2011年），富井幸雄「第2修正—個人の武器所持権」樋口範雄他編『アメリカ法判例百選』（有斐閣，2012年）所収，および団上論文76頁・注2所掲の文献参照。本節の議論は団上論文とも問題意識の重なる部分があり，前掲拙稿評釈で断片的に言及していた点を敷衍するものである。

82 *Heller, supra* note 5, 554 U.S. at 581.

ものとして認識されていることを指摘する。さらに，"the security of a free state" とのフレーズにおける "state" の語も特定の州ではなく自由な政体一般を指すものとして把握し，やはり限定的機能を見出さない。そして，前段は，民兵の廃止の防止という，権利を実定化した目的を宣明するものであるとしつつも，武器の保持という「古来の権利the ancient right」をアメリカ人が高く評価する唯一の理由は民兵の維持であると示唆するものでもない，とする。「疑いなく，多くの者は自衛や狩猟の目的のために，それ〔武装の権利〕をより重要であると考えた。」[83]

　この議論に関連して，武装の権利の歴史的先例にも言及されている。すなわち，スチュワート朝の王権による弾圧の一環として敵対勢力の武装解除が行われ，その経験を踏まえて英国権利章典において個人の権利としての武器を保持する権利が保障された。独立期までには，武器を保持する権利は英国臣民にとって基本的権利となっており，例えばブラックストンはこれを抵抗と自衛のための自然権としている。さらに，植民地アメリカでは英国本国による植民地民の抑圧があった。このような経験に照らすと，修正２条後段は個人としての武器を保持する権利を保障するものと理解すべきであるし，そうした理解は前段での目的の宣明とも適合的である，と判示する。

　加えて，修正２条採択前および採択後の間もない時期に州憲法において同様の条項が採用された例とその州裁判所による解釈に触れられている。そして，そこでは，公共の安全について限定的ではない理解が提示されていたこと，武装する権利の個人権的性格を明確にした例があることが指摘される。他方，スティーブンス反対意見の議論する，修正２条の起草過程（特にマディソンの議論）については，そもそも関連性がないし，あったとしても理解を誤っていると切り捨てる。

　さらに，憲法採択後の論者の議論，南北戦争前の連邦裁判所・州裁判所の判例における判示，南北戦争後に立法課題としての黒人の武器の保持が意識されていたこと等を挙げて，個人権的理解が一貫してなされてきた，と論じる。他方，修正２条について論じた（数少ない）先例はかかる個人権的理解を排除するものではない，と区別する。

---

83　*Id.*, 554 U.S. at 599. この判示につき，特に論拠は挙げられていない。

このように修正2条が武器を保持する権利を個人の権利として保障すると高らかに謳いつつも，ブラックストン以来の論者や裁判所が述べてきたとおり，この権利は無限定のものではない，とする。犯罪者や精神障害者による所持，あるいは学校や政府庁舎といった配慮の要求される場所における所持の禁止といったものに疑問を差し挟むものではない。同様に，伝統的に「危険で通常ではない武器」の所持は禁止されてきており，保護対象となるのは「その時点において一般的に使用されている（common use at the time）」武器に限られる。現代の軍事行動において有用な武器は禁止し得ることになるが，修正2条「〔前段〕と保護された権利との間の適合性の程度を現代の進歩は限定してきているという事実が，この権利の解釈を変えることはできない。」[84]。

　その上で，本件DC法が評価されている。すなわち，修正2条の自衛という中核的目的に際し，拳銃はアメリカ人が典型的だと考えるものであって，同法はこれを禁止している。さらに，自宅という，自衛の必要性が最も先鋭化する空間に同法の禁止は及んでおり，また銃が機能しないように保管することを要求していることも自衛のために銃を利用できないようにしている。こうした特徴を適示して，審査基準の如何にかかわらず，本件DC法は違憲であるとした。

## 2　原意主義の達成と限界

　前述の通り，Heller判決の法廷意見は，スカリアが自身の憲法解釈アプローチ，すなわち制憲当時の一般的なテクストの意味を探求するというヴァージョンの原意主義的方法を，意識的に展開している。他方，スティーブンス反対意見も歴史的エヴィデンスに依拠した議論を展開しているが，こちらは起草者の意図を探求するヴァージョンの原意主義的方法だと評価されることが多い[85]。本件法廷意見がスティーブンス反対意見の議論を切り捨てているのは方法論的にも一貫している[86]。

---

84　*Id.*, 554 U.S. at 627-628.
85　Mark Tushnet, Heller *and the New Originalism*, 69 Ohio St. L.J. 609, 609（2008）. 団上・前掲注（81）56頁および注（4）。
86　制憲時の意味アプローチの原意主義から起草者意思的アプローチへの批判として，Scalia, *su-*

結論において政治部門の採用した法を違憲と判断している以上，本件の帰結は「消極主義的」とは言い難いものである。だが，憲法制定時の意味の探求の結果としてそのような結論に到達している[87]以上，スカリアの見方からすればまさに「司法部が介入すべきときに介入した」「行うべき役割を果たした」ということになるのだろう。

　しかしながら法廷意見を子細に見れば，いくつかのスキ，あるいは難点を見出すことができる。原意主義的方法が全面的に展開されている（とされる）意見だけに，逆説的に，原意主義の困難と限界が，それも論理レベルの異なる幾つかの意味で，露呈しているように思われる。

　第一に，史料ないし歴史的エヴィデンスの取扱の問題がある。法廷意見が参照している独立期やその後の論者の議論の理解が他のエヴィデンスも念頭に置くと不適切であり，そのような不利なエヴィデンスを無視している，との批判は歴史家からのものも含めて行われている[88]。

　ここでは史料の取扱についての具体例として，修正2条の前後に採択された，州憲法上の武器を保持する権利の規定を援用している議論を採り上げてみよう。スカリアは，その内の幾つかが明示的に民兵から切り離された形で規定されていることを，修正2条採択当時において個人権的理解が一般的であったことの根拠の一つとしている。しかし，条文の規定振りが異なればその意味にも相違がある，との解釈も可能なはずであり，だとすれば明示的に個人権的な規定をしている州憲法上の条項の存在は，修正2条の個人権的解

---

*pra* note 75, at 17-18.
87　本文での行論とは別の視座として，原意主義的アプローチを執る必要があったのか，という見方もあろう。すなわち，スティーブンス反対意見が主として独立期に焦点を当てて議論しているのに対し，法廷意見は19世紀一杯までをも射程に入れて「個人権としての武装」を論じている。（もっとも，独立前から19世紀終わりまでを一貫した視座で説明できるかは疑問なしとはしない。）そうであるならば，「生ける憲法」論や憲法習律論によっても個人権としての武装する権利を正当化することもできる，裏を返せばそれは原意主義によってしか正当化できないものでは必ずしもない，ということが言えまいか。*Cf.* Tushnet, *supra* note 80, at 171. もっともスカリアに言わせれば，それは方法論レベルで正当化できない，ということになるのだろう。
88　Saul Cornell, *Originalism on Trial: The Use and Abuse of History in* District of Columbia v. Heller, 69 OHIO ST. L.J. 625（2008）; Saul Cornell, Heller, *New Originalism, and Law Office History: "Meet the New Boss, Same as the Old Boss"*，56 UCLA L. REV. 1095（2009）．団上・前掲注（81）70-73頁およびそこに引用の文献も参照。そもそも，法廷意見が条項をバラバラに分析的に検討していること自体，独立期における法的思考とはかけ離れるものであり，特に前段の目的条項の意味を誤解している，とも指摘されている。

釈にとってネガティブなエヴィデンスとしてカウントされ得るはずである。少なくとも，個人権的理解を文言上明確にした他の条項の存在は，修正2条の解釈においていずれの帰結とも結びつき得るものであり，これを法廷意見のような形で参照するに際しては論拠が十分に提示されておらず，論理の飛躍がある[89]。一応，スチュアート朝以来の英国史や米国植民地史という大状況は適示されているが，いかにも大味である。

　いくつかの判示について，そもそも歴史的根拠の適示されていない点も指摘されている[90]。実の所，独立期の人々にとっての武器の効用として挙げられている「自衛」と「狩猟」についても，直接的な論拠は提示されていない[91]。確かに，スチュアート朝英国の絶対王制的王権や植民地米国における本国による抑圧の手段としての武装解除，という点は指摘されており，このことがブラックストンによる自然権としての武装する権利という観念に結び付いた，とは議論されている。しかし，このようなコンテクストにおいて「自衛」を語るとすれば，その対象は抑圧的政府が第一義的に想定されることになるし[92,93]，そうするとむしろ連邦憲法の修正条項の解釈としては，連邦軍に対抗する州レベルの武装勢力としての民兵，というイメージと親和性が高いであろう。

　他方，そうではない「自衛」一般を語るのだとすれば，そこでは，犯罪者，野生動物，（独立期であれば）先住民勢力，アメリカの外部の他国を含む軍事組織，等が想定されることになる。少なくとも，そのような「自衛」を憲法的意義を伴った概念として採用するのだとすれば，ここで挙げた諸対象

---

89　従って，州憲法における規定との差異から修正2条の個人権的解釈を否定するスティーブンス反対意見の議論も決定的なものではない。Heller, supra note 5, 554 U.S. at 642-643（Stevens, J., dissenting）. See also Tushnet, supra note 85, at 615.
90　許容される規制の範囲につき，団上・前掲注（81）73頁。
91　前注掲（83）参照。
92　この点は，原告Hellerが連邦政府の施設を警備する特別警察官であるという本件事案に照らすと皮肉な話でもある。
93　もっとも，武装する権利を最も声高に叫ぶ集団が，「ミリシア」（独立期の「民兵」ではなく，現代的な意味における，連邦政府をdemonizeして荒野で孤立した生活を営む武装集団）であることを念頭に置くと，このような把握も整合的なものかも知れない。武装する権利と保守思想との親和性を示す側面と言えよう。現代の「ミリシア」については，さしあたり，漆畑智靖「最近のアメリカにおける右翼運動の現状に関する一考察──オバマ大統領への陰謀論的非難のケース・スタディ」恵泉女学園大学紀要22号（2010年）参照。

をめぐる独立期の社会の状況について，より具体的な議論が展開されてしかるべきであっただろう。法廷意見自身，現代においては「我らが常備軍が我が国民の誇りであり，高度に訓練された警察隊が個人の安全を提供」していることを認めているのである[94]。

こうした点は，裁判所という場で歴史を探究することが適切か，というメタレベルの問いにもつながる。もちろん，法律家は歴史家としての訓練を受けていない，ということではあるが，そのことは単なる能力的な意味に留まらない。ここに言う「訓練」，言い換えれば専門性（discipline）という点において，法律家は歴史家とは大きく異なる態度・思考様式を執る，ということである。すなわち，（特に米国の）法律家は，ある争点についてデジタル的に白黒を明確にすることを目指して，当事者対抗主義的コンテクストの下，自らの立場に有利な論拠を強調し，不利な論拠の関連性を限定する立論をすることに長けている。他方，歴史家は（学派によって差異はあるかも知れないが）当該歴史上の時点における理解，それ自体を把握することを試みる。そうであるとすると，法律家が歴史を参照してデジタル的回答を得ようとする，その争点の設定の仕方自体が，歴史家からするとピントのズレたものだということにもなりかねない。[95]

このような限界の認識からすると，さらに根本的な疑問点が析出される。制憲者の意思を探求するアプローチに対して，憲法採択時の意味を重視する原意主義が寄せた批判は，前者の不確定性と，それに伴（ってしま）う裁判官の裁量的判断の排除にその眼目がある。しかしながら，歴史的コンテクストをそれ自体として理解することを試みる際に，当該事件において問われている法的争点とは異なる定式化が必要になってくる可能性があるとすると，単一の始原的意味が実在し，これを探求するという形で裁判官の判断を統制できる，との想定自体が疑わしいものになってくる。始原的意味アプローチは，その批判対象と同様の困難にぶつかるのである。[96]

このように「原意主義の勝利」としてのHeller判決の法廷意見は，いくつ

---

94 *Heller, supra* note 5, 554 U.S. at 636.
95 Siegel, *supra* note 80; Tushnet, supra note 85, at 609-610.
96 Tushnet, *supra* note 85, at 616; Thomas B. Colby, *The Sacrifice of the New Originalism*, 99 GEO. L.J. 713 (2011).

かの局面で原意に根拠付けた議論を徹底し切れておらず，結果として原意主義の限界を明らかにする格好になっている。それにもかかわらず，修正2条の個人権的コンセプトを認めて本件DC法を違憲と判断する方向にスカリアが議論を倒したのはどういうことか。「イデオロギー」という言い方もできようが，本章での言い方に従えば，社会的保守の立場が重視するアウトプットの価値への志向，ということになる。（ひょっとすると本人からすると無意識的な判断かも知れないが。）このことが端的に現れるのが，DC法が拳銃を特に強く規制していることを論難している箇所である。修正2条の保護対象は「合法的目的のために遵法精神ある市民によって典型的に保有される」武器にのみ及ぶが，保管や取扱の容易さに照らすと，拳銃はアメリカ人が「典型的な自衛の武器だと見做してきた」ものであり，「自宅での自衛のためにアメリカ人の選択する最もポピュラーな武器」を禁止することは違憲無効であるとする[97]。この箇所もまた歴史的根拠は挙げられておらず（そもそも独立期には拳銃自体が普及していない），もっぱら現代のアメリカ人の志向（であるとスカリアが理解する事項）に基づいているのである[98]。

こうした議論の立て方はある種の司法積極主義に陥っていると，保守派と目される法律家からも批判を招いている[99]。この状況では，前節とは異なり，司法消極主義と，アウトプットの社会状態を重視する，社会的保守の立場とが緊張関係にある。その上で，Heller判決でスカリアは，後者に軸足を置いた判断をしたのである。

本節ではHeller判決の検討を通じて，原意主義がその到達点において限界を示していること，保守の司法哲学の構成要素である，原意主義，司法消極

---

97 *Heller, supra* note 5, 554 U.S. at 625, 629.
98 この点，ある種のpopular constitutionalismであるとの指摘もある。Seagel, *supra* note 80. もっとも，事案に即した際の射程の限定性から正当化できるとの指摘として，Cass R. Sunstein, *Second Amendment Minimalism: Heller as Griswold*, 122 Harv. L. Rev. 246 (2008).
99 Richard A. Posner, *In Defense of Looseness*, The New Republic, Aug. 27, 2008, *available at* https://newrepublic.com/article/62124/defense-looseness; J. Harvie Wilkinson III, *Of Guns, Abortions, and the Unraveling Rule of Law*, 95 Va. L. Rev. 253 (2009). Wilkinsonに対する反論として，Alan Gura, Heller *and the Triumph of Originalist Judicial Engagement: A Response to Judge Harvie Wilkinson*, 56 UCLA L. Rev. 1127 (2009)；Nelson Lund & David B. Kopel, *Unraveling Judicial Restraint: Guns, Abortion, and the Faux Conservatism of J. Harvie Wilkinson III*, 25 J. L. & Politics 1 (2009).

主義と社会的保守の望む社会状態への志向とが緊張関係にあることを議論した。筆者はもとより歴史家ではなく歴史理論に明るいとも言い難い。また，法的判断・法解釈において歴史的知見が占める場所はないと主張するものでもない。あるいは，原意主義は憲法理論としてもはや意味はない，と主張するものでもない。だが，ここでの指摘が多少なりとも当たっているとすれば，原意主義にはヴァージョンアップの必要がある，ということまでは言えるだろう。

## おわりに

### 1　連邦最高裁におけるイデオロギーバランスの変動の見込み

　2月にスカリアが逝去すると，大統領予備選挙の候補者や議会の指導層等，共和党の主要な政治家は，次の大統領が後任の裁判官を指名すべきだとの主張を展開した。オバマがその任期を終えるまで一年を切っているのに対し，新たな裁判官の職務は今後数十年間に亘って続くのだから，秋の選挙によって人民の付託を受けた新大統領がその人事を行うべき，とするのである[100]。

　これに対し，オバマや他の民主党指導者は，大統領の任期は2期8年であってこれを切り詰める謂われはないとして取り合わなかった。そして実際，オバマは3月16日，DC巡回区連邦控訴裁判所のメリック・ガーランド（Merrick Garland）裁判官をスカリア後任の最高裁裁判官の候補として指名した。ガーランドは穏健リベラルの裁判官として知られ，ソトマイヨールやケイガンの人事の際にも名前の挙がった人物であるが，その際には指名されなかった。その理由の一つとして，ガーランドの穏健派としての資質[101]に鑑みて，より厳しい政治状況における人事の際に彼を温存しておくという配慮があったともされる。今回の機会はまさしくそのような政治情勢であったというこ

---

[100]　現職のケネディが最高裁裁判官に就任しれたのは選挙年の1988年であったが，空席自体は前年に生じていた。共和党政治家が最高裁裁判官の任命を先送りすべきと主張する際には，当時上院議員であった現副大統領のバイデン（Joseph R. Biden Jr.）が1992年に行った演説がしばしば引き合いに出される。

[101]　なお，「白人」「男性」でもある。

第9章　ロバーツコートのゆくえ——スカリア裁判官の遺産（の危機？）　363

とだろう。

　しかし，共和党が多数派を占める議会上院は承認するかどうかの審議に入る姿勢を示さないまま[102]，2016年大統領および議会選挙は佳境に突入した。本稿執筆時点においてガーランドが上院で承認される見込みは低い。従って，ロバーツコートの今後は次の大統領が誰になるか（および議会上院においていずれの政党がどの程度の多数を確保するか）に強く依存することになる。仮に共和党の大統領が誕生して保守的な裁判官が任命されることとなれば，従来のイデオロギー配置は大きく崩れることはなく，基本的に継続していくこととなる。そうだとすれば，本章で検討した「スカリアの遺産」は，今後さらに引き継がれていくもの，ということになる。他方，民主党大統領が，ガーランドか，あるいはさらにリベラルな裁判官を任命するとすれば，連邦最高裁のイデオロギーバランスは大きくリベラル寄りに傾くこととなる。この場合，本章の整理は，21世紀序盤の最高裁において，振り子が保守側に振れた到達点（ないしは限界），という位置付けになろう。

　とは言え，後者の場合でも最高裁が，判例の見直しを含め，リベラルな方向に急速に舵を切るということあまりないだろう，というのが筆者の観測である。というのも，第一に，裁判所がイデオロギー的機関と受け止められることを裁判官が嫌う，ということがある。裁判官の構成の変化が結論を左右することをあからさまに示すことは，裁判所に対する国民の信頼，法を司る部門としての裁判所の権威にネガティブな影響を与えかねない。だとすれば，中長期的にリベラル派の裁判官が勢いを得るとしても，そのような受け止められ方を避けるべく，短期的には慎重な動きになるのではなかろうか。第二に，長官としてのロバーツの采配がある。彼はイデオロギー的には保守派にカテゴライズされつつ，これまでもプラグマティックかつミニマリスト的な最高裁運営を行ってきている[103]。だとすれば，裁判所全体としてリベラル色が強まるとしても，裁量上訴における事件の採否や争点の定式化の際に，判断されるべき法律問題の射程を限定する方向で影響力を行使しようと

---

102　少なからぬ共和党上院議員が候補としてのガーランドと面会することさえ拒絶した。
103　本書第1章参照。

するのではないかと予想できる[104]。一つの事件で判例法を一変させるような大判決はなかなか出てこない一方で、射程の短い、部分的／断片的／段階的な判断が積み重ねられていくこととなって、短期的には判例法が複雑化し、その把握が困難になることもあり得よう。

## 2　保守派裁判官としてのスカリアの遺産

本章では、保守派の法律家としてのスカリアの事績、存在感と司法哲学を、特徴的な事件群、意見中に現れた価値観、Heller判決の分析という3つの観点から整理した。一口に「保守的」と言っても幾つかの要素に分析できるが、本章では特に、社会的保守の奉ずる価値、司法消極主義、憲法解釈における原意主義的方法論という3つの分析視角からアプローチした。

社会的保守の価値を奉ずることと司法消極主義とが整合的に共存するのは、社会的保守の立場を執る側が社会においてマジョリティであり、デモクラシーの政治過程においてその主張を優位に展開することができる、という状況が前提となる。そのような状況が変化するとすれば、この二つの志向は両立が困難になり、選択を迫られることになる。そして実際、状況は変容しつつある。性的志向の問題系に顕著であるが、社会的保守派は文化闘争において敗北しつつあると言ってよい。そのように見ると、社会的保守にとってのヒーローであったスカリアの退出は、ある種の象徴的な出来事とも位置付け得る。

（従前の）社会的保守がマイノリティになっていき、その価値主張と司法消極主義とが乖離していくと、前者を擁護しようとする側は、新たな問題領域で法的争点を提起し、裁判所の「積極的」な判断を求めてくることになるだろう。そして既に実際、そのような動向はオバマ政権の推進する政策に対する抵抗として現れつつある。例えば、社会的保守が全国政治でグリップを

---

104　なお、スカリアの後任人事が滞って、8名の裁判官で最高裁が運営され続けることから、最高裁の判断が4対4でのデッドロックに陥りがちになるのではなかろうかという予想もあった。だが、2015-16開廷期については4件に留まった。もっとも、期待されていた争点について判断せず、実質的に判断を先送りにした事件もあった。*See, e.g.,* Zubik v. Burwell, 136 S. Ct. 1557 (2016)（オバマケアの宗教的非営利法人への適用に対する異議申立を許容）。この辺り、本文の議論と同軌のロバーツの法廷運営の妙が垣間見える。

失ったとしても地域的には勢力を確保している場合，連邦制の問題が改めてクローズアップされることになるかも知れない[105]。あるいはヨリ個別的には，自らの信念と異なる政策からの免除を求めるという形で，信教の自由の問題が先鋭化することととなる[106]。

　では，「スカリアの遺産」としては何が残るのか。先に触れたようにもし最高裁がリベラルな方向に振れるのだとすれば，ひょっとするとスカリアが賞賛したものは判例集のページに埋もれていくことになるのかも知れない。本章第III節では原意主義の限界を指摘した。だが繰り返しになるが，彼が原意主義の隆盛の重要な契機となったということは改めて指摘に値する。原意主義そのものがどう変容するか，生き残っていくかは別にしても，憲法理論の意義を前景化した，という点は確認しておくべきであろう。Constitutional theory matters. これが彼の最大の遺産になるのかも知れない。

【追記】

　脱稿（2016年8月26日）後，共和党のトランプ（Donald John Trump）候補が大統領に当選し，連邦議会上下両院の多数派も共和党が確保した，との報に接した。

---

105　See Texas v. United States, 809 F.3d 134 (5th Cir. 2015), *affirmed by equally divided Court*, United States v. Texas, 136 S. Ct. 2271 (2016)（オバマ政権による移民政策に対しテキサス州が暫定的差止を求めた事例）.
106　See Hobby Lobby, *supra* note 24;. Zubik, *supra* note 104.

# 補　論

大林　啓吾

　本書では，ロバーツコートの10年を振り返るべく，ロバーツ（John G. Roberts, Jr.）およびロバーツコートについて考察を行った上で，憲法の各分野における判例動向を分析し，ロバーツコートのゆくえを検討した。以上の内容は章ごとに独立しているものの，全体としては連続性のあるものとなっている。そこで最後に，各章を概観しながら全体を少し整理しておきたい。

## 1　総論

　第1章では，ロバーツ自身がどのような法思想や司法哲学を持った人物で，いかなる裁判官像を抱いているのかを考察した。公聴会におけるロバーツのアンパイア発言は物議をかもし，司法のあり方をめぐる議論に発展した。ロバーツ自身は控えめな裁判官像を提示したものの，その実現可能性や比喩の妥当性，あるべき司法態度などが問われたのである。また，ロバーツはミニマリズム的発想を掲げながらも，長官としての役割を相当意識しており，法廷意見の執筆の割当などを通して判決内容にも実質的な影響を与えていることがうかがえる。このように，ロバーツは謙虚な姿勢を見せながらも，長官としてのマネジメントを通じて司法による憲法価値の実現をはかるというしたたかな一面を持っているところが特徴的である。このように，司法の謙抑性を基調としつつ，しかし一歩ずつ司法による憲法価値の実現を試みるスタンスがロバーツの考える憲法秩序のあり方，ひいては立憲主義の姿だと考えられる。

　第2章では，ロバーツコートの陣容を明らかにしながら，その特徴といえる部分を抜き出している。ロバーツコートの各裁判官をみると，全員が名門大学および名門ロースクールを卒業していること，信仰がカトリックとユダ

ヤの2つとなっていること，ケイガン（Elena Kagan）裁判官を除き全員が連邦高裁の裁判官を経験していること，などの特徴が挙げられる。多様な経験を積んだ者が多かった時代と比べ，やや画一化する傾向にあるといえる。また，ロバーツコートは保守とリベラルの対立が激しいのも特徴であり，とりわけスカリア（Antonin Scalia）裁判官とブライヤー（Stephen G. Breyer）裁判官の法解釈をめぐる対立は学説上も注目を集めているところである。また，5対4に分かれることが多い中で，キャスティングボートを握る裁判官が重要になり，ケネディ（Anthony M. Kennedy）裁判官の存在感が増す傾向にある。もっとも，ロバーツコートの特徴はイデオロギー的対立に収斂されるわけではなく，企業よりの判断を行う傾向にあることや裁判へのアクセスに消極的な判断を下す傾向があり，司法が社会的正義の文脈において積極的な役割を果たすのに否定的な側面がある。このように，党派的対立による断絶を止められず，社会正義との距離を保とうとするロバーツコートには立憲主義における一種の危うさをはらんでいると指摘される。

## 2 各論

　ロバーツおよびロバーツコートの特徴は，実際の判決をみることで鮮明になる。各分野の判例を吟味していくと，以上のような特徴が如実に表れている場面とそうでない場面とがあることがわかる。たとえば，ロバーツのマネジメントをみると，ヘルスケアの問題やテロ対策の問題の分野では政治部門との関係を考慮しつつ，司法の最低限の役割を果たしている。一方，同性婚の問題では，ロバーツは多数派に入れず，判決を主導することができなかった。また，ロバーツコートに目を移すと，保守派とリベラル派との分断により，ケネディ裁判官がキャスティングボートを握って連邦最高裁の動向を決めている分野が少なくない。たとえば，アファーマティブアクションの領域や刑事手続の分野ではケネディ裁判官が法廷意見を書くことが多く，その影響力が強まる傾向にある。他方で，表現の自由の分野では保守派とリベラル派が行動をともにすることが多く，必ずしもすべてではないが，表現の自由を優先させる傾向にある。また，中絶や宗教の分野では，保守派とリベラル

派の立場の違いが明らかになりやすい領域であるが，それのみが問題となっている場合は行動がわかりやすいものの，他の分野——たとえば表現の自由——と重複する事案になるとその行動パターンがよめなくなることもある。したがって，各分野においてどのような判断が行われているのかを考察することは重要である。以下では，各論の各章を概観する。

第3章では平等の問題を扱った。平等の分野では，アファーマティブアクションにおける動向が注目されていた。Parents Involved in Community Schools v. Seattle School District No. 1連邦最高裁判決[1]ではロバーツ長官が相対多数意見を書いたものの，ケネディ裁判官が一部しか賛同しなかったため，法廷意見を形成できなかった。もっとも，FisherⅠ連邦最高裁判決[2]（7対1）ではケネディ裁判官が法廷意見を書き，厳格審査を要求して差し戻し，いったん方向性が定まったかのようにみえた。ところが，翌年，アファーマティブアクションを禁止した州憲法の合憲性を認めたSchuette v. Coalition to Defend Affirmative Action連邦最高裁判決[3]では再び相対多数意見にとどまった。これはアファーマティブアクションの是非そのものが争われたわけではないが，この分野では意見の一致をみることが難しいことが確認されたともいえる。なお，本書の対象期間からは外れてしまうが，差戻後のFisherⅡ連邦最高裁判決[4]（4対3）では厳格審査を適用したものの合憲判決を下した。ここでもケネディ裁判官が多数意見を書いたが，僅差の判断となっている。

第4章では中絶分野の判例動向を考察した。この分野では，保守派とリベラル派の意見が分かれやすく，裁判官の交代が影響を及ぼしやすい領域ともいえる。現時点では，Gonzales v. Carhart連邦最高裁判決[5]が大きな判決であり，ケネディ裁判官の法廷意見は連邦の一部出生中絶禁止法を合憲とした。ロバーツコート以前，連邦最高裁はStenberg v. Carhart連邦最高裁判

---

1 Parents Involved in Community Schools v. Seattle School District No. 1, 551 U.S. 701 (2007).
2 Fisher v. University of Texas, 133 S. Ct. 2411 (2013).
3 Schuette v. Coalition to Defend Affirmative Action, 134 S. Ct. 1623 (2014).
4 Fisher v. University of Texas, 136 S. Ct. 2198 (2016).
5 Gonzales v. Carhart, 550 U.S. 124 (2007).

決[6]において同種の規制立法（州法）を違憲にしていたが，その後の裁判官の交代もあり，本件では合憲判断が下された。もっとも，Gonzales v. Carhart判決はStenberg v. Carhart判決の変更を行っておらず，事実上の先例変更となっている。また，Roe v. Wade連邦最高裁判決[7]やPlanned Parenthood v. Casey連邦最高裁判決[8]も変更されておらず，今後連邦最高裁がいかなる事案の裁量上訴を取り上げるかが注目されている。

　第5章では信教の自由および政教分離を取り上げた。信教の自由については，連邦法であるRFRAやRLUIPAの問題が中心となって展開している。そして連邦最高裁は信仰への配慮を認める傾向にあるといえる。とはいえ，信仰を優先させ続けるとは限らず，どこかで限界が生じる可能性がある。政教分離の事案では，町議会での祈祷の合憲性が争われたTown of Greece v. Galloway連邦最高裁判決[9]がメインケースであり，ケネディ裁判官の相対多数意見はこれを合憲とした。保守派は合憲の結論では一致したものの，強制の判断をめぐり意見が分かれたため，法廷意見を形成するには至らなかった。そのため，判断結果だけをみれば，保守対リベラルの構図になっているが，実質的には保守派も一枚岩にはなっていない。なお，信教の自由および政教分離の事案につき，各裁判官の信仰が反映しているかどうかについては必ずしも判決をみるだけでは把握できないので，今後のさらなる判例の積み重ねをみていく必要がある。

　第6章では表現の自由を分析した。この分野は，ロバーツコートの特徴が顕著に出ており，表現の自由を他の利益に優先させる傾向にある。ケースによっては，保守派とリベラル派との間で意見が分かれることもあるが，判断結果として表現の自由を優先させることが多い。とりわけ，ある表現が表現の自由として保護されるかどうかが微妙なケースにつき，保護領域に含まれるとする点が特徴的である。そのため，ロバーツコートを修正1条絶対主義と呼ぶ見解も出てきている。ただし，政府の裁量が認められる領域や専門機関の判断が必要な分野では表現の自由が劣後することもある。

---

6　Stenberg v. Carhart, 530 U.S. 914 (2000).
7　Roe v. Wade, 410 U.S. 113 (1973).
8　Planned Parenthood v. Casey, 505 U.S. 833 (1992).
9　Town of Greece v. Galloway, 134 S. Ct. 1811 (2014).

第 7 章では広範囲にわたる刑事手続の分野を検討した。対象分野としては，修正 4 条，修正 5 条，修正 6 条，修正 8 条に関する判例動向に光を当てた。修正 4 条については，令状主義に関する判断が多く，各裁判官の間でプライバシー権の概念などについて見解の相違がみられるものの，判決結果としては令状を要求する傾向にある。修正 5 条はミランダルールをやや限定的に捉え，修正 6 条は裁判を受ける権利や対質の手続保障を強化し，修正 8 条は死刑を科すことに限定をかけながらも死刑制度自体は維持している，という傾向にある。刑事手続の分野では，ケネディ裁判官がキャスティングボートを握り，保守的な判断結果になることが多いが，保守派の裁判官の中での見解の相違が目をひく。とりわけ，スカリア裁判官やアリート（Samuel A. Alito Jr.）裁判官が独自の見解を披歴している。

　第 8 章では統治の分野を考察した。統治の分野も幅広いが，ここでは連邦レベルの三権と連邦制（連邦と州の関係）という形で取り上げた。連邦議会の権限についてはNational Federation of Independent Business v. Sebelius連邦最高裁判決[10]が，州際通商条項，課税条項，支出条項にまたがる形で判断を下しており，社会的にも大きな判断であった。大統領の権限については，休会任命，外交，軍事委員会などにつき，どこまで法的統制が及ぶかが争われ，裁判所の権限については州の主権免責との関係が問われている。連邦制については専占に関わるケースが多く，中にはプロビジネス的判断もみられた。各裁判官の政治的選好が関係しているようにみえる判断が多い中，やはりSebelius判決においてロバーツ長官がリベラル側と組んでまで法廷意見を執筆したことが目立っている。また，休会任命や外交につき，政治部門の判断や慣行に敬譲する姿勢を見せながらも，軍事委員会については最低限の手続保障をはかったことも重要である。

## 3　終論

　ロバーツコートにおける最初の10年の判例動向は，裁判官のイデオロギー的選好に影響されることもあればそうでないこともあり，その判例動向を一

---

10　National Federation of Independent Business v. Sebelius, 132 S. Ct. 2566（2012）.

貫して説明できるような原理は存在しない。とはいえ，保守派とリベラル派に分かれていると考えられる判決が多くみられるのも事実であり，裁判官のイデオロギー的選好は無視できない点でもある。

そうした中，保守派の重鎮であるスカリア裁判官が2016年に死去したことはロバーツコートの動向に影響を与えると予想される。終論（第9章）では，スカリア裁判官が判断してきた内容を考察することがロバーツコートのゆくえを考える際の一助になるのではないかという問題意識の下，スカリア裁判官の判断を振り返った。

スカリア裁判官の保守性を軸に，その価値観やDistrict of Columbia v. Heller連邦最高裁判決[11]の分析を行い，さらに司法動向や社会状況を考察した結果，文化闘争においてリベラル派が優勢になりつつある状況を踏まえると，スカリア裁判官の死去は保守派の退潮を示す象徴的出来事のようにも見えてくる。もっとも，そのゆくえは2016年の大統領選挙（および連邦議会選挙）にかかっている。もし，保守派が勝利すれば，スカリア裁判官の遺産が継承される見込みが高まる。一方，リベラル派が勝利すれば，スカリア後任もリベラル派の裁判官が任命される可能性が強まる。そうなると，連邦最高裁がリベラルな方向に振れていき，スカリア裁判官の保守的遺産は埋もれていくかもしれない。それでもなお，スカリア裁判官の遺産があるとすれば，それは保守的遺産ではなく，彼が原意主義を唱えることによって憲法判断における憲法理論の重要性を浮き上がらせたことに求められるかもしれないとされる。

## 4 整理

以上の内容を振り返ると，まとまりのある司法を目指して長官に就任したロバーツであったが，保守派の裁判官とリベラル派の裁判官との対立を解消できず，キャスティングボートを握るケネディ裁判官のプレゼンスが増す傾向にある。また，保守とリベラルの中においても裁判官の意見の対立があり，連邦最高裁のマネジメントは一筋縄ではいかない様相を呈している。

---

11　District of Columbia v. Heller, 554 U.S. 570 (2008).

このような党派的対立の中で，アンパイアとしての裁判官を目指すロバーツは，事実を審査基準に当てはめながら淡々と判断していくようなスタイルをとることが多く，そうすることで保守とリベラル双方の裁判官の同意を集めて，少なくとも表面上は全員一致の判断をすることがある。たとえば，McCullen v. Coakley連邦最高裁判決[12]はその典型例である。

もっとも，ロバーツコートは各裁判官の党派的イデオロギーの対立だけで説明できるわけではない。McCullen v. Coakley判決を再び例にとれば，保守派の裁判官も中絶施設周辺の規制に対して違憲の側に回っている。

こうした状況を踏まえると，ロバーツコートの特徴を一言で説明することは難しいが，あえて一言で表すとすれば，プラグマティックなミニマリズムということができるかもしれない。

ロバーツコートは，基本的に個々の憲法問題を粛々と処理し，深みのある原理的判断や将来に向けて広範な影響を及ぼすような判断はしない傾向にある。もちろん，原理的判断を行う裁判官が法廷意見を書くこともあるが，ロバーツが多数意見の側に入った場合，大きな事件についてはそのような裁判官に法廷意見を割り当てない傾向がある。かかるスタンスはミニマリズム的であるといえるが，しかし，時にはヘルスケアや同性婚のような大きな問題を取り上げて判断を下すこともある。それは，状況に応じてプラグマティックに対応することを示すものである。また，先例変更をしないまま，先例の趣旨とは少し距離のある判断を行うこともある。それは，先例変更によって大きな変化をもたらさずに，当該事件の解決に必要な判断を行うものであり，ミニマリズムを軸としたプラグマティックな判断を行っているようにみえる。

また，軍事委員会の合憲性に関する判断のように，政治部門に敬譲しながらも，一定の手続的保障を墨守する姿もプラグマティックなミニマリズムを実践しているといえよう。

ミニマリズムを基調としている以上，司法が積極的に憲法秩序を形成していくことを目論んでいるとはいえない。ただし，控えめではあるものの憲法判断を積み重ねていく姿は，憲法価値の実現を少しずつ漸進させているとい

---

12　McCullen v. Coakley, 134 S. Ct. 2518 (2014).

う意味で，漸進的立憲主義のような印象を受ける。ただし，それは現在のイデオロギーバランスが維持された場合のことであり，スカリア後任の裁判官次第で変化する余地がある。

## 5　ロバーツコートの現在(いま)

　第9章でも触れたように，スカリアが亡くなった後，後任人事がなかなか進まず，ロバーツコートは8人でかじ取りを行うこととなった。この間，4対4の同数になり，当該ケースについては原審の判断がそのまま効力を有する事案が出てきた。そうなると，同種の問題が再び連邦最高裁で争われる可能性がある[13]。かかる事態は訴訟の効率性からしても好ましくないことに加え，連邦最高裁が半分に割れている状況を浮かび上がらせてしまうので，ロバーツにとってはゆゆしき事態になっているように思える。

　4対4以上にやっかいな問題なのが，4対3のケースである。裁判官が1人審理に参加しなかった場合，4対3になることがありうる。そのとき，その多数意見は先例拘束性を有するのだろうか。これについては必ずしも答えが定まっているわけではない。9人がそろっている場合に，結論部分では過半数の賛同を得ていてもその中心となる意見が4人の賛同しか得られていなければ相対多数意見となり，先例拘束性を有しないことになる。しかし，それは過半数が5人である場合に，過半数に至らなかったケースである。そのため，8人の場合は，4人が過半数であることから，理論上は，4人でも法廷意見を構成することになりうる。また，6人が連邦最高裁の定足数であることからすれば，定足数を満たしている場合の過半数が法廷意見になると考えることもできよう。

　他方で，全員が参加していない判決はその権威が弱くなるとの指摘もある[14]。かつてHepburn v. Griswold連邦最高裁判決[15]を覆したLegal Tender連

---

13　Adam Liptak, *Victory for Unions as Supreme Court, Scalia Gone, Ties 4-4*, N.Y. TIMES, March 30, 2016, A1.

14　Jonathan Remy Nash, *The Majority That Wasn't: Stare Decisis, Majority Rule, and the Mischief of Quorum Requirements*, 58 EMORY L.J. 831, 835（2009）.

15　Hepburn v. Griswold, 75 U.S. 603（1870）.

邦最高裁判決[16]は，所定の人数がそろっていないままHepburn判決が下されたことを理由に先例を覆している[17]。この観点からすれば，9人全員が出席していない判決は権威が弱くなり，先例拘束性の力も弱いということになろう。

実際，ロバーツコートにおいてもこうした事態が生じた。2016年のFisher Ⅱ判決（4対3）である。従来の判例法理がアファーマティブアクションを終わらせようとしていた中，同判決は多様性を前面に出してアファーマティブアクションの継続を支持した。ゆえに，本件が先例拘束性を有するとすればアファーマティブアクションの推進に大きな意義があり，先例拘束性を有しなければアファーマティブアクションの衰退が続くことになる。そのため，4対3の判決をどのように位置づけるかは，ロバーツコートにおいても重要な課題であると考えられる。

もっとも，本書の対象はロバーツコートの10年間であり，これらの事象は射程外であるため，これ以上の分析は行わない。トライブ（Laurence Tribe）[18]やドルフ（Michael C. Dorf）[19]が指摘するように，そもそも連邦最高裁の動向は不確実性に満ちているとすれば，10年の分析だけで将来のゆくえを占うことは困難であるともいえる。ただし，少なくともロバーツ自身はかかる問題を気に留めているであろうし，将来のロバーツコートの評価にも関わる問題であるともいえる。本書は2016年11月の大統領選挙前に脱稿したため，その後の連邦最高裁人事に接していないが，オバマ（Barack Obama）大統領の後の大統領が決まれば滞っていた連邦最高裁人事も動くとみられており，ロバーツコートのゆくえに大きな影響を与えると予想される。

もっとも，その後の動向がいかなるものであれ，最初の10年の積み重ねを

---

16 Legal Tender Cases, 79 U.S. 457 (1871).
17 1869年裁判所法により，連邦最高裁の定員が9人となったが，Hepburn判決の時点ではまだ補充されておらず，8人の裁判官で判断された。当時の裁判官の定員数の変動については，大林啓吾「憲法と法貨――アメリカのグリーンバックの合憲性をめぐる司法と政治の関係」林康史編『貨幣と通貨の法文化』264-266頁（国際書院，2016年）を参照。
18 LAURENCE TRIBE AND JOSHUA MATZ, UNCERTAIN JUSTICE: THE ROBERTS COURT AND THE CONSTITUTION 1-14 (2014).
19 Michael C. Dorf, *The Future of the Supreme Court, Regardless of Who Wins the Election*, VERDICT (21, Sep. 2016), https://verdict.justia.com/2016/09/21/future-supreme-court-regardless-wins-election (last visited 22, Sep. 2016).

飛ばして判断されるわけではない。そのため，ロバーツコートの動向が今後変化するとしても，この10年の内容を分析することは重要であると思われる。

# 事項索引

## あ 行

アファーマティブアクション …… 46, 50, 51, 53, 57, 68, 69, 70, 84, 90, 91, 92, 94, 100, 103, 104, 109, 110, 127, 128, 368, 369, 375
アメリカ自由人権協会 …………………… 84
アリート …… 55, 62, 117, 197, 200, 202, 205, 210, 215, 226, 237
アンパイア …… 11, 13, 14, 15, 17, 21, 30, 36, 37, 367, 373
生ける憲法 ……………………… 54, 60, 61
違憲審査基準 ……………………………… 92
イデオロギー ……………………… 24, 39
ウォーレン ………………………… 43, 47
ウォーレンコート …… 48, 60, 61, 64, 76, 193, 248
エマソン ……………………………… 245
エンドースメントテスト ……… 161, 181, 182
オコナー …… 4, 8, 42, 43, 56, 65, 70, 85, 92, 94, 114, 138, 208, 330, 362, 375
オバマケア ………… 30, 73, 168, 291, 306, 336

## か 行

過小包摂 ……………………………… 199
過剰包摂 ……………………………… 200
課税権限 ………………… 299, 300, 301
課税条項 ……………………………… 293
カテゴリカルアプローチ …… 194, 195, 196, 240, 241, 243
過度広範ゆえに無効 ……………… 197, 198
カトリック ……………………… 46, 133
観点差別規制 ………………………… 211
観点規制 ………………… 215, 216, 236
規制内容区分論 ……………………… 212
祈祷 ………………… 160, 179, 180, 181
キャスティングボート …… 26, 68, 69, 72, 368, 371, 372
休会任命 …………………… 311, 312
強制テスト …………………… 181, 182
虚偽表現 …………………… 203, 204, 205
緊急性の例外 …………………… 253, 254
ギンズバーグ …………………… 52, 102
グアンタナモ …………………… 314, 315, 316
クラスアクション …………………… 340
グラックスバーグテスト …………… 121
クリントン …………………… 54, 58, 112
軍事委員会 …………………… 314, 315
ケイガン …… 17, 23, 58, 59, 80, 330
敬譲的厳格審査 …………………… 235
結社の自由 …………………… 231, 232, 233
ケネディ …… 19, 23, 27, 28, 49, 50, 68, 70, 80, 90, 96, 98, 99, 103, 110, 114, 118, 122, 124, 125, 127, 128, 145, 204, 238, 287, 368, 372
原意主義 …… 48, 60, 61, 83, 123, 134, 332, 353, 354, 358, 360, 361
厳格審査 …… 96, 101, 102, 106, 110, 128, 149, 200, 217, 218, 220, 244, 369
原告適格 …………………… 183, 184
現実の悪意 …………………………… 192
限定的パブリックフォーラム ………… 232
憲法訴訟 ……………………………… 83
憲法秩序 ……………………… 14, 37
憲法判断回避 ………………………… 33
公聴会 ………… 10, 11, 18, 19, 242, 367
合理性の基準 ………………………… 36
合理的観察者 ………………………… 180

合理的嫌疑 ..................................... 257, 258, 259
合理的な疑い ..................................... 269
個人の尊厳 ..................................... 75
国教樹立禁止条項 .... 158, 160, 161, 163, 176, 179, 180, 181, 183, 184, 187
個別意見 ..................................... 28, 29
コモンロー ..................................... 18, 272
婚姻の自由 ..................................... 111

## さ 行

裁判官像 ..................................... 11, 13
残虐で異常な刑罰 ..................................... 283
サンスティン ..................................... 32
死刑 ..................................... 278, 279, 280, 281, 282
自己負罪拒否特権 .... 248, 265, 266, 269, 338
支出条項 ..................................... 302
思想・表現区分論 ..................................... 206
実質的負担 ..................................... 162, 163, 165, 167
児童ポルノ ..................................... 195, 196, 201
司法行政 ..................................... 21
司法積極主義 ...... 13, 36, 47, 60, 61, 134, 248, 361
司法哲学 .......... 33, 34, 36, 37, 38, 43, 51, 367
司法による憲法価値の実現 ..................................... 38
司法の謙抑 ..................................... 8, 9, 10, 19, 29, 36, 37
宗教免除 ..................................... 188
州権主義 ..................................... 64, 66, 67
州際通商 ..................................... 291, 293, 294
州際通商条項 ..... 291, 293, 294, 296, 301, 319
修正11条 ..................................... 171, 318, 319
修正14条 ..................................... 66, 116, 248
修正14条5節 ..................................... 162, 318, 319, 320
修正1条 ..... 16, 63, 158, 194, 195, 196, 197, 197, 199, 201, 202, 203, 204, 205, 208, 212, 222, 226, 229, 235, 236, 237, 240, 242, 244
修正1条絶対主義 ..................................... 192, 216, 370
修正2条 ..................................... 61, 76
修正4条 ...... 62, 248, 249, 250, 251, 252, 254, 257, 258, 259, 263, 264
修正5条 ..................................... 116, 248, 264, 268
修正6条 ..................................... 269, 270, 271, 272, 274, 277
修正8条 ..................................... 278, 279, 283, 284
主権免責 ..................................... 171, 172, 318, 319, 320, 321
主題規制 ..................................... 211, 215, 216, 236
順繰り意見 ..................................... 24
証拠排除法則 ..................................... 248
象徴的表現 ..................................... 234
情報プライバシー権 ..................................... 212
訴務長官 ..................................... 58
信教の自由 ..................................... 159, 163
信教の自由回復法 ..................................... 162
人種的均衡 ..................................... 96
人種的多様性 ..................................... 92, 93, 94, 98
人種的マイノリティ ..................................... 93, 106, 107, 109
人種分離 ..................................... 98, 99, 102
人身保護令状 ..................................... 281, 314, 316
真の脅威 ..................................... 208, 209
審判 ..................................... 11, 12, 14, 15, 16
スウィングボート ..................................... 23, 25, 27, 100
スカリア ...... 23, 30, 48, 49, 61, 116, 120, 199, 330, 331, 332, 333, 334, 335, 336, 337, 338, 340, 341, 343, 345, 347, 348, 351, 353, 355, 357, 362, 363, 364, 365, 372
制限免責 ..................................... 230
政治過程の法理 ........ 105, 107, 108, 109, 110
政治資金規正 ..................................... 35, 218, 219, 221, 239
政治的表現 ..................................... 221, 235, 239
政府言論 ..................................... 226, 227, 228
善意の例外 ..................................... 262, 263
全員一致 ..................................... 24, 26, 71
選挙資金規正 ..................................... 33
専占 ..................................... 67, 322, 323
せん動 ..................................... 192
先例拘束 ..................................... 14, 18, 20, 21

事項索引　379

先例変更 ……………………… 20, 146, 154, 370
捜索 …………………………………… 249, 250, 253
相当の理由 …………………………………… 256
ゾーニング …………………………………… 127
訴訟社会 ……………………………………… 339
ソトマイヨール ……………… 23, 57, 108, 109, 330
ソドミー ………………………………… 112, 119
尊厳 ……………………………………… 117, 118

### た 行

大学の自治 …………………………………… 93
対質権 ………………………… 271, 272, 273, 277
高められた審査基準 ……………………………… 213
タシュネット ………………………………… 59, 84
多様性 ……………… 93, 96, 98, 101, 107, 109
中間審査 …………………………………… 218
中絶クリニック ……………………………… 150
長官 ……………………… 5, 21, 23, 24, 38, 39
懲罰的損害賠償 …………………………………… 201
著作権 ……………………………………… 205, 206
低価値表現 …………………………………… 242
テゴリカルアプローチ …………………………………… 244
デュープロセス …………………………………… 66
テロ対策 ……………………………………… 233, 235
伝統的パブリックフォーラム …………………… 227
テンペラメント ……………………………… 24, 25
同性婚 …………… 34, 74, 111, 112, 113, 116, 121, 127
投票権法 ……………………………………… 126
動物虐待表現 ………………………………… 197
トーマス ………………………………… 51, 62, 102
独立行政委員会 ……………………………… 310
トップ10パーセント法 …………… 102, 103, 104
トライブ ……………………… 42, 84, 85, 375
ドルフ ……………………………………… 375

### な 行

内容規制 …… 204, 211, 213, 214, 215, 216, 217, 218, 233, 235
内容中立規制 ….. 211, 215, 216, 217, 218, 235
ニクソン ……………………………………… 91
二次的効果 …………………………………… 211
二重の危険 …………………………………… 264, 269
納税者訴訟 ……………………………………… 183, 185

### は 行

バーガー ………………………………………… 43
バーガーコート ……………………………… 26, 111
バーク ………………………………………… 32
陪審 ……………………………………… 269, 270, 271
漠然性ゆえに無効 ………………………… 200, 234
発展する良識の基準 …………………… 278, 279
パブリックフォーラム ……………………… 215, 233
ハミルトン …………………………………… 60
ハンド ………………………………………… 8, 9
判例変更 …… 101, 134, 162, 220, 252, 263, 277
比較衡量 ……………………………………… 222, 224
ピカリングテスト …………………………… 222, 223
ヒスパニック ………………………………… 57, 109
必要かつ適切条項 …… 293, 295, 296, 297, 298, 301
表現の自由 …… 34, 63, 192, 193, 194, 197, 198, 205, 207, 221, 223, 234, 238, 244
フェアユース ………………………………… 206, 207
フェデラリストソサエティ ……………………… 83
不快表現 ……………………………………… 202
不法侵入テスト ……………………………… 250
プライバシーの合理的期待 …… 249, 250, 251
ブライヤー ……………… 23, 54, 55, 60, 80, 142
プラグマティズム ……………………………… 33
プラグマティックなミニマリズム ……… 373
フランクファーター ……………………… 9, 10
ブランダイス …………………………… 8, 9, 10
フレンドリー ……………………… 7, 8, 9, 10, 12
プロテスタント ……………………… 46, 133, 352

プロビジネス ................................ 34, 35, 219, 371
文化闘争 ........................................... 353, 372
分断されたコート ................................................ 5
弁護人依頼権 ............................... 274, 275, 277
編入理論 ................................................... 159
法廷意見執筆の割当 ..................... 21, 22, 29
法と秩序 ................................................... 248
法の支配 ............................... 12, 16, 17, 18, 60
暴力ビデオゲーム ............................ 199, 200
ボーク ........................................... 10, 44, 49
ホームズ ........................................................ 8
保守 ............................................................ 43
保守的コート ............................................ 285
保守派 ............ 16, 27, 30, 48, 67, 182, 238, 263, 286, 332, 341, 368
ホッブズ法 ................................... 142, 143

## ま 行

マーシャル ................................................ 24
マイノリティ ......................... 102, 104, 108
マイヤーズ .................................................. 8
マディソン ............................................... 60
ミース ...................................................... 60
ミニマリズム ........... 29, 30, 32, 33, 37, 39, 182, 211, 367, 373
ミランダルール ......... 248, 249, 266, 267, 268, 286, 371
民事訴訟 ................................................... 83
無令状捜索 ................... 252, 253, 254, 255, 261
明白な準則 ............................................. 252
名誉毀損 ........................................ 192, 203, 204
黙秘権 .................................. 266, 267, 269
最も厳格な審査 ..................................... 204

## や 行

やむにやまれぬ利益 ...... 54, 96, 97, 102, 159, 199, 211, 235

有害表現 ................................................ 201
優遇措置 ....................................... 104, 105
ユダヤ ..................................................... 46

## ら 行

リーダーシップ ............................. 22, 23, 25
立憲主義 ................................................. 38
リバタリアン ............................ 34, 50, 74
リベラル ........................................... 43, 63
リベラル派 ........ 27, 53, 54, 57, 182, 238, 263, 287, 368
ルール ............................................. 11, 12
ルール創造 ........................................ 14, 16
令状 ..................................... 251, 254, 255
レーガン ................................. 7, 12, 48
レーンキスト .................. 4, 7, 8, 9, 42, 64, 65
レーンキストコート .... 26, 42, 43, 50, 56, 59, 64, 66, 71, 76, 78, 112, 158, 277, 278, 283, 286
レモンテスト .................... 160, 161, 182
連邦主義 ............................................... 117
連邦制 ................................................... 291
ロークラーク ............................ 7, 9, 12, 86
ロバーツ ..... 4, 6, 7, 8, 9, 10, 11, 12, 13, 14, 15, 16, 17, 18, 19, 20, 21, 22, 23, 24, 25, 26, 27, 28, 29, 30, 32, 33, 34, 35, 36, 37, 38, 39, 45, 49, 65, 68, 73, 80, 90, 95, 98, 99, 120, 126, 149, 197, 201, 215, 236, 293, 367
ロバーツコート ....... 26, 34, 42, 44, 47, 59, 62, 64, 70, 76, 77, 78, 82, 83, 85, 86, 90, 110, 111, 123, 127, 129, 132, 133, 134, 136, 158, 163, 174, 176, 182, 187, 192, 193, 194, 219, 244, 249, 263, 279, 283, 286, 290, 295, 322, 330, 333, 367, 368, 370, 372
ロバーツの立憲主義 ............................ 37
DOMA ........ 113, 114, 115, 116, 117, 118, 121
G・W・H・ブッシュ ............................... 7

G・W・ブッシュ ................................ 4, 6, 7, 8
GPS ................................................ 249, 250, 263
O・ロバーツ ................................................ 13, 14

## 判例索引

Apprendi v. New Jersey ……… 269, 270, 277
Arizona v. Gant ……… 251, 263
Atkins v. Virginia ……… 278, 279
Ayotte v. Planned Parenthood of Northern New England ……… 68, 71, 136, 137
Boumediene v. Bush ……… 31
Bowers v. Hardwick ……… 111, 112
Brown v. Board of Education ……… 91, 96, 99, 123
Brown v. Entertainment Merchants Association ……… 55, 63, 71, 198, 200, 201, 243
Burwell v. Hobby Lobby Stores, Inc. ……… 165, 170, 174, 187, 336
Chaplinsky v. New Hampshire ……… 195, 198
Chevron U.S.A. Inc. v. Natural Resources Defense Council, Inc. ……… 304, 307
Chimel v. California ……… 252, 253, 254
Citizens United v. Federal Election Commission ……… 33, 35, 47, 49, 51, 58, 77, 84, 219, 333, 336
City of Los Angeles v. Patel ……… 260
District of Columbia v. Heller ……… 36, 37, 48, 56, 61, 76, 84, 332, 354, 357, 360, 361
Dred Scott v. Sandford ……… 6
Employment Div. v. Smith ……… 160, 161, 164, 166, 174, 175, 176
Federal Election Commission v. Wisconsin Right to Life, Inc. ……… 33
Fisher I ……… 100, 104
Fisher II ……… 104
Flast v. Cohen ……… 20, 21, 82, 83, 183, 184
Garcetti v. Ceballos ……… 71, 222
Gonzales v. Carhart ……… 20, 50, 53, 56, 136, 144
Gonzales v. Oregon ……… 305
Graham v. Florida ……… 283, 284, 285
Gratz v. Bollinger ……… 70
Grutter v. Bollinger ……… 51, 70, 94, 96, 98, 100, 101, 103, 110
Hamdan v. Rumsfeld ……… 315, 316
Hamdi v. Rumsfeld ……… 314
Hein v. Freedom from Religion Foundation ……… 68, 82
Herring v. United States ……… 262, 263
Hudson v. Michigan ……… 261, 263

判例索引　383

Illinois v. Caballes ······ 258
Katz v. United States ······ 249, 250, 251
Kennedy v. Louisiana ······ 32
King v. Burwell ······ 306
Lawrence v. Texas ······ 75, 112, 116, 122, 123, 341
Ledbetter v. Goodyear Tire & Rubber Co. ······ 53
Loving v. Virginia ······ 91, 119, 123
Marbury v. Madison ······ 6
Maryland v. King ······ 62, 259
McCullen v. Coakley ······ 136, 147, 214, 243
McCulloch v. Maryland ······ 295, 297
McCutcheon v. Federal Election Commission ······ 77
McDonald v. City of Chicago ······ 56, 76
Michigan v. Jackson ······ 274, 275
Miranda v. Arizona ······ 248, 266, 267
National Federation of Independent Business v. Sebelius ······ 31, 39, 44, 290
New York v. Belton ······ 252
Obergefell v. Hodges ······ 31, 51, 75, 90, 118, 123, 352
Parents Involved in Community Schools v. Seattle School District No. 1 ······ 50, 52, 54, 55, 58, 68, 70, 84, 95, 128
Philip Morris USA v. Williams ······ 66
Plessy v. Ferguson ······ 52
Reed v. Town of Gilbert ······ 216
Regents of the University of California v. Bakke ······ 69, 93
Ricci v. DeStefano ······ 33, 78, 124
Richmond v. Croson ······ 92
Riley v. California ······ 253
Roe v. Wade ······ 50, 66, 71
Romer v. Evans ······ 113
Roper v. Simmons ······ 283, 284, 348, 349
Scheidler v. National Organization for Women, Inc. ······ 136, 140
Schuette v. Coalition to Defend Affirmative Action ······ 57, 104, 110, 123, 64, 72, 84, 292, 293, 294, 296, 297
Shelby County v. Holder ······ 126, 127
Sherbert v. Verner ······ 159, 161
Snyder v. Phelps ······ 201, 202
Stenberg v. Carhart ······ 20, 56, 71, 146

Tinker v. Des Moines Independent Community School District ·············· 228, 229, 230, 231
United States v. Alvarez ································································································· 204
United States v. Carolene Products ·········································································· 107, 108, 110
United States v. Comstock ··························································································· 295, 296
United States v. Jones ··································································································· 62, 249, 250, 264
United States v. Stevens ································································ 16, 196, 197, 198, 199, 200, 201, 202
United States v. Windsor ······························································· 74, 113, 114, 120, 121, 122, 123

## 執筆者紹介（五十音順）

会沢　恒（あいざわ　ひさし）
　　北海道大学大学院法学研究科教授
　　主著　「米国憲法訴訟の"外部"へのまなざし」長谷川晃編著『法のクレオール序説――法融合の秩序』197頁（北海道大学出版会，2012年）所収
　　担当　第9章

青野　篤（あおの　あつし）
　　大分大学経済学部准教授
　　主著　「公立学校における個別的嫌疑に基づかない捜索と合衆国憲法修正4条──合衆国最高裁判例の分析を中心に」大阪市立大学法学雑誌62巻3・4号739頁（2016年）
　　担当　第7章

小竹　聡（こたけ　さとし）
　　拓殖大学政経学部教授
　　主著　「アメリカ合衆国憲法と同性婚──Obergefell判決をめぐって」拓殖大学論集政治・経済・法律研究18巻2号55頁（2016年）
　　担当　第4章

髙橋正明（たかはし　まさあき）
　　帝京大学法学部助教
　　主著　「憲法上の平等原則の解釈について(1)–(3)・完──社会構造的差別の是正に向けて」法学論叢178巻1号85頁，2号105頁，5号95頁（2015-2016年）
　　担当　第3章

高畑英一郎（たかはた　えいいちろう）
　　日本大学法学部教授
　　主著　「アメリカ州憲法における宗教教育援助禁止条項について」日本法学82巻3号73頁（2016年）
　　担当　第5章

御幸聖樹（みゆき　まさき）
　　横浜国立大学大学院国際社会科学研究院准教授
　　主著　「議会拒否権の憲法学的考察──権力分立論の観点から(1)–(5)」法学論叢173巻2号70頁，6号102頁，174巻1号101頁，4号173頁，5号110頁（2013-2014年）
　　担当　第8章

## 編者紹介

**大林啓吾**（おおばやし　けいご）

慶應義塾大学法学部政治学科卒業・慶應義塾大学大学院法学研究科博士課程修了　博士（法学）

現在　千葉大学大学院専門法務研究科准教授

主著　『アメリカ憲法と執行特権―権力分立原理の動態』（成文堂，2008年）
　　　『憲法とリスク―行政国家における憲法秩序』（弘文堂，2015年）

担当　第1章，第6章，補論

**溜箭将之**（たまるや　まさゆき）

東京大学法学部卒業・東京大学法学部助手・ニューヨーク大学スクール・オヴ・ロー法学修士（LL.M.）

現在　立教大学法学部教授

主著　『アメリカにおける事実審裁判所の研究』（東京大学出版会，2006年）
　　　『英米民事訴訟法』（東京大学出版会，2016年）

担当　第2章

---

ロバーツコートの立憲主義　定価（本体6000円＋税）

2017年4月20日　初版第1刷発行

| | |
|---|---|
| 編　者 | 大　林　啓　吾<br>溜　箭　将　之 |
| 発行者 | 阿　部　成　一 |

〒162-0041　東京都新宿区早稲田鶴巻町514

発行所　　株式会社　成文堂

電話　03(3203)9201(代)　　FAX　03(3203)9206

http://www.seibundoh.co.jp

製版・印刷　藤原印刷　　　　　　製本　弘伸製本

© 2017 K. Obayashi　M. Tamaruya　　Printed in Japan

☆落丁・乱丁本はおとりかえいたします☆　検印省略

ISBN978-4-7923-0604-5　C3032